KB249409

教育行政哲學

教育行政哲學

C. 핫지킨슨 著

朱 三 煥 譯

한국학술정보(주)

역자 머리말

행정가는 수많은 행정활동을 한다. 하급자나 상급자에게 말하는 한마디 한마디가 다 행정행동이요, 공문을 기안하고 결재하는 사인 하나 하나가 다 행정행동이다. 그런데 행정에 있어서 지금까지 겉에 드러나는 행정행위, 즉 의사결정, 계획, 조정, 의사소통, 변화, 집단과정, 지도성 등에 주로 관심을 기울이고 그 행위를 일으키거나 발전적 사고와 혜안(慧眼)을 제시해주는 잘 보이지 않는 행정철학(行政哲學)에 대하여는 관심이 적었던 것 같다.

그러다가 미국에서 1960년대 후반과 1970년대 전반에 걸쳐 소장파를 중심으로 가치전제적(價値前提的)이고 윤리제일주의(倫理第一主義)를 내세운 신행정학(New Public Administration)이 나타나면서 행정학에서도 행정의 철학적 측면에 관심을 돌리기 시작하였다. 이 책은 행정가와 철학자 사이에 대화를 트고 또 행정가들에게 철학적 의식의 수준을 높이려는 목적을 갖고 쓰여진 Christopher Hodgkinson 의 *Towards a Philosophy of Administration 6th ed.*(New York: St. Martin's Press, 1978)을 번역한 것이다. 이 책은 원래 3부로 되어 있는데 교육행정가의 철학과 관련하여 역자가 쓴 논문 두 편을 첨가하여 제4부로 꾸며 관심 있는 사람들에게 도움을 주고자 하였다.

앞에서 말한 행정가의 여러 행정행위는 결국 그의 철학에서 비롯된 것이다. 철학 없는 행정가는 나침반 없이 항해하는 사람과 같다. 방향감각도 없이 바람 부는 대로 물결치는 대로 가는 수밖에 없다. 또는 사소한 관리적 일이라는 넓은 바다를 미친 듯이 헤엄치

듯 일하고 나서는 일을 많이 했다고 자위하기도 한다. 또 철학 없는 행정가는 눈치 보기에 바쁜 기회주의자가 되고, 생각 없이 닥치는 대로 즉흥적으로 일을 처리하기도 한다. 어떻게 보면 기회주의나 생각 없이 행동하는 것 자체가 그 사람의 철학이 될 수도 있는데 그렇다면 더 이상 할 말이 없다. 우리나라 교육과 교육행정에 철학없이 했기 때문에 조령모개라는 비난을 많이 받았던 것 같다.

그러나 사사로운 개인의 행동과는 달라서 행정가의 중요한 어떤 정책결정이나 의사결정은 수많은 사람에게 많은 영향을 준다는 점을 생각할 때 행정가의 철학 없는 행동이나 잘못된 철학에서 나온 행동은 경계해야 한다. 좋은 철학, 굳건한 철학이 중심을 잘 잡아야 콤파스에 달려 있는 연필은 크고 등근원이라는 행정행위를 그릴 수 있는 것이다. 원의 중심은 철학에 비유되고 원주는 그 사람의 철학이 그려낸 행정행위에 해당된다.

이 책은 이제 막 교육행정학을 향하여 항해를 시작하려는 행정학도나 이미 항해를 하여 바다에 나와 있는 기성 행정실제가들에게는 나침반이 될 것이며, 이제 흰 종이와 연필을 마련해 놓고 원을 그리려는 행정가와 행정학도에게는 중심이 튼튼한 콤파스가 될 것이다.

이 책의 저자는 행정가를 행동철학자라고 하는 입장을 견지한다. 상위 행정직에 있는 사람일수록 더욱더 철학적인 일을 하게 된다. 위로 올라가는 사다리를 타기 싫어하는 사람은 별로 없을 것이다. 사다리의 한 계단 한 계단을 오를 때마다 철학을 더 필요로 하는 것이다. 이 책이 좋은 행정가가 되도록 도와주는 사다리의 한 단이 되었으면 하는 마음 간절하다.

처음부터 이 책을 번역하려고 했던 것은 아니다. 미국서 공부할 때 '교육정치(教育政治)' 과목의 교수로부터 이 책을 소개받았으나 그 당시는 너무 바빠서 못 읽고 귀국해서 좀 철저히 읽으려 하다

보니 흥미도 있고 또 새로운 접근이고 하여 번역을 결심하기에 이르렀다. 평소관심은 있었던 분야이지만 워낙 철학적 배경도 약하고 또 여러 나라 말과 속담, 격언 등이 섞여 있어 어려움이 많았고 아직도 난해한 부분이 많다. 지적해 주시면 추후 바로 잡기로 하고 우선 세상에 내놓는다.

이 책은 원래 1985년에 출간되었으나, 이 책의 학문적 가치와 보급의 필요성을 높이 산 한국학술정보(주)의 도움으로 이 세상에 다시 새롭게 태어나게 되어 이에 감사한다. 그 동안 이 책을 애용해주신 독자 여러분과 그 동안 이 책을 중심으로 학문적 대화를 나누었던 대학원생 여러분에게 감사한다. 특히 교정을 봐준 충남대 박사과정의 정일화와 박소화 원생의 수고를 기억하고자 한다. 이 책이 행정가와 행정학도의 지침이 되었으면 하는 마음 간절하다.

2005년 8월
역자 朱 三 煥

序 文

Max weber 이래 行政이 科學이나 經濟學과 마찬가지로 '合理性'(rational)을 다루는 科目이라는 것은 널리 인정되어 왔다. 現代性을 알리는 매개체가 갖는 이 세 분야의 공통점은 分離라는 公約數, 手段과 目的의 分離, 中立性, 냉정성이라고 한다. 이리하여 眞理를 추구하는 科學者는 특별한 結果를 "잡지" 못하고 開放的 態度(open-minded)를 갖게 된다. 즉 客體(objects)는 하나하나에 測定可能한 價値를 매기는 공식적 規則의 主體이지만 客體는 자유로이 變化可能한 客體로 남기 때문에 市場의 機能을 한다. 예를 들면 사람들은 原始經濟에서만 하나하나의 조개껍질에 화폐 단위를 매긴다. 마침내 行政家는 우정, 혈연성, 감정적 연관성, 이념적 유사성에 상관없이 단지 직무할당, 진급, 계약상으로 합당한 기준에 의하여 모든 대상자를 평등하게, 또는 이방인으로 다루는 것이다.

중요한 것은 이 책에서 저자 Hodgkinson이 行政의 合理的─現代的인 質을 향하여 도전하려는 것이 아니다. 그 대신 저자는 行政이 價値中立的(valueless)이고, 中性的이며, 哲學的·倫理的으로 中立的이라는 提案을 교묘하게 除去하려는 것이다. 저자는 行政家[저자는 이를 실천적 철학자(Practising philosopher)로 보고 있다]와 行政學徒에게 哲學的 메모(agenda)와 중요한 요지를 마련해 주려는 것이다.

저자 Hodgkinson의 脫 Weber적 입장의 중요한 암시 하나를 설명하고 나서 독자로 하여금 이 名著를 탐독하게 하는 게 좋을 것 같다. 행동하는 모든 사람, 특히 행정가가 행동하지 않으면 안 될 때 그들이 행동하고 있는 것을 反省하는 (reflect) 의미를 갖고, 또 의식적으로 행동하는 사람들은 人間本性에 대한 어떤 암시적, 또는 명시적 假定에 의지하지 않으면 안 된다. 이 行政家들은 그 對象, 上官, 同僚를 本性에 있어서 ① 본래 '善'한 것으로, 또는 ② 부패한 것으로, 아니면 ③ 유순한 것으로 본다. 첫 번째 경우(善)라면 行政家는 격려하고, 判斷과 責任感에 호소하고, 일시적 실수 아니면 나쁜 조건이나 할당, 제도로 인한 부적절한 행동으로 고쳐질 수 있는 것으로 보는 경향이 있다. 두 번째 경우(부패)에는 行政家들은 人間이 다른 사람을 희생하면서까지 가신의 이익만을 극대화하려 한다고 보고, 그들의 일에서 감독, 증명, 제약, 규칙과 규정에 의지하는 경향이 있다는 것이다. 제3의 집단(유순)은 의의 概念 사이에서 왔다 갔다 하게 된다. 여기서 필자가 '正答'이라고 생각하는 것을 설명할 계제는 못된다고 본다. 초점은 行政家들이 人間本性에 대하여 암시적으로 또는 명시적으로 어떤 哲學的 假定을 하든시간에 자신의 行動과 자신이 형성해 나가는 行政行爲에 깊이 영향을 주지 않을 수 없다는 점이다. 저자 Hodgkin-son은 여기서 행정가로 하여금 人間의 本性, 他人의 本性에 대한 假定을 의식하게 하고, 또 이 假定들을 변경시킬 수 있는 지에 대하여 인식할 수 있도록 해줄 것이다. 이어서 倫理學에서 認識論에 이르기까지 哲學的次元에 꼭 필요한 論議를 展開해 나갈 것이다.

콜롬비아 大學校
政策研究所長·社會學 敎授

A. 에치오니

著 者 序 文

行政은 人間行動에 관한 가장 오래 되고 또 人間行動과 가장 밀접하게 관련된 分野중의 하나이다. 이 行政이란 것은 날로 복잡해지고 있는 組織이란형식을 통해서 직접, 간접으로 우리들 生活의 質에 영향을 주고 있다. 行政이 잘 이루어지면 삶을 豊富하게 해주고 (enrich), 自由롭게 하고 (liberate), 文明의 발전을(civilize) 가져오게 되지만, 잘못 이루어지면 破滅을 가져오고(destroy), 非人間化 (dehumanize)를 가져오고, 墮落하게(degrade) 될 수도 있다. 그런데 哲學은 이러한 行政活動의 研究에 무엇을 제공해 주고 있는가? 行政 研究의 '哲學'(Philosphy of administrative study)이 있으며, 또는 있을 수 있는가? 또는 行政研究에 대한 哲學的 接近이 있거나 있을 수 있다는 입장을 옹호할 수 있는가? 어떤 權威있는 사람들이 가지고 있는 생각처럼 行政科學(administrative science)이 있고 또는 있을 수 있는가? 이 책은 이러한 문제에 대하여 해답을 찾고자 하는 것이다.

이러한 종류의 책을 써야겠다는 동기를 더 한층 불러일으킨 것은 行政家養成에 있어서 흔히 價値(values)와 倫理的 訓練이라고 가엽게 스쳐버리는 경향이 있는 평범한 수준, 또는 더 나쁜 경우는 그보다 낮은 수준을 약간 뛰어넘어 도달될지 모른다는 기대 하에 여러 분야의 行政實踐家나 여러 段階에서 行政을 공부하고 있는 行政學徒들이 行政에 있어서의 어떤 價値問題分析이 필요하다고 하는 것을 보고 또 듣고 나서이다. 그러므로 本書를 읽는 讀者들이 노력한다면 行政家와 哲學者 간에, 또 行政學, 社會科學, 人文科學의 존경하는 기라성 같은 學者들 간에 對話回復을 위한 어떤 계기가 충분히 이루어질 수 있다는 희망과 포부를 갖고 있다. Snow卿이 시사한 것처럼 科學者와 文學者들 간에 文化的 틈(gap)이 있을 것으로 추정되는 것은 확실히 좋지 않은 일이다. 더구나 哲學을 제시하는 사람들과 哲學을 行動으로 바꾸는 사람들 간에 서로 결별을 고한다는 것은 더더구나 불행한 일이다.

이 後者의 것이 보다 더 큰 야방이라는 것은 現代에 있어서 소수의 巨星, 즉 대서양쪽에서는 Chester Barnard, 그 반대쪽에 선 Geoffrey Vikers卿을 例外로 하고는 이들 영역 간의 對話에 相互關聯된 文獻이 거의 없었다는 事實로써 증명된다. 政治的 水準에서는 확실한 증거가 될만한 것이 있다. 古代 哲學者 Plato는 行政家와 對話를 하려 하였고, 文藝復與期의 Machiavelli는 哲學者에게 뭔가 말을 하려고 하였다. 前者의 試圖는 Syracuse에서 좌절되고 말았으며, 後者는 어떤 특별히 저질의 가족골격에 해당하는 탁상공론으로 취급되어 왔다. 몇몇 現代哲學者들(Oakeshott, Arendt, Peters)과 公共行政領域에서의 몇몇 저명한 분들(Simon, Smithburg, Thompson)의 업적은 이러한 의와 같은 一般化(generalizations)를 弱化시켰을지 모른다. 그러나 대체로 現代哲學者들은 論理學과 數學의 明確性(cleanliness)으로 인한 망상적 先入見으로, 또 言語의 혼란으로 인한 固定觀念으로 기울어지고 있다. 行政에 關心을 갖는 社會科學者와 心理學者쪽에서는 行動主義와 計量的 經驗主義에 의한 단순화와 축소와 관련된 유혹으로 인하여 시달려 왔다. 그러나 專門的 敎育의 혜택을 받은 行政家나 전문교육을 반지 못한 行政家나 모든 行政家가 다 잘 아는 것처럼 行政의 日常的 活動은 대개 부정확하고, 불명확하고, 非計量的이며, 정서적으로 부담이 가고 고통스러운 것들 이다. 行政活動은 잔꾀(cleverrness)의 적용 그 以上의 어떤 지혜

(wisdom)의 실천, 옛날 말로 바꾸어 말하면 哲學(philosophy)을 요구하는 個人的 特性을 필요로 한다. 讀者여러분이 行政職을 향하여 막 항해를 시작하려 하는 초년병이든지, 아니면 벌써 어느 정도 항해를 하여 이미 大洋에 잘 와 있는 기정 행정가이든지, 하여간 저자는 어떤 기본 가정과 편견을 갖고 讀者를 위하여 이 책을 쓰려고 노력해 왔다. 이러한 기본 가정이나 편견 중에 중요한 것은 첫째, 行政家가 되는데 技術者(technician)와 政治家(politician)라는 전통적으로 생각해 온 專門的 管理專門家(Professional managerial expertise)라는 이중적 측면을 갖추는 것 以上이라는 信念이 필요하다. 둘째로, 政治와 行政의 영역과 政策과 執行의 영역은 우리가 믿을 만큼 그렇게 완전한 區別이 있을 수 없다는 믿음이다. 그리고 셋째로 어느 정도까지 어떤 특별한 의미에서 行政이라는 것은 哲學이 치료(cure)해야 할 질병(disease)이라는 생각이 든다. 이것은 組織內外 生活의 質을 위해서 중요한 의미를 갖는다.

　이 책을 구성하는 세 개의 部는 각각 다른 機能을 하고 각각 强調點을 달리 하고 있다는 것을 주목할 필요가 있다. 물론 연속적인 전체로써 읽혀지길 바라면서 씌어졌지만 그 처리와 양식에 있어서 논리상 연결성을 갖고 部에 따라 바꾸어 갔다. 제1부의 목적은 論理와 合理性(rationality)의 觀點에서 行政分野를 검토해 보는 것이고, 또 첫째 論理의 부분적인 適用 可能性을 보여주고, 둘째 合理性에 대한 制約이라는 특별한 성격을 보여주고, 셋째 行政活動에 있어서의 超論理的 要素(extra-logical component)와 評價的 要素(valuational component)에 관하여 대체적 印象을 심어주려는 것이다. 本書의 제1부를 形成하게 만든 주요 質問은 正統的인 行政理論과 組織理論에서 나온 것과는 좀 다른 점이 있다. 즉, 行政家에게 要求되는 특별한 能力(competency)은 무엇인가? 行政家들이 行政하기 위하여 주장할 수 있는 權利의 효력은 무엇인가? 그리고 어떤 政治的 實際가 내포된 것

같이 보일 때 이 權利는 단지 우리 각자의 공통적 영역에 해당되는 것 인가? 더구나 누구나 行政을 할 수 있는가? 그렇지 않으면 專門的 (professional) 希求者가 따로 있는가? 이러한 質問에 대한 해답을 찾는 과정에서 組織理論에 관한 知識은 行政이란 방패를 장식하는 데 필요한 하나의 장식물에 불과하고, 權力(Power)의 획득과 분배상의 技術(skill)은 필요하기는 하지만, 核心的 能力(essential competence)은 判斷領域(area of judgment)에 놓여 있다는 것을 주장하게 될 것이다. 그리고 차차 나타나겠지만 이런 것은 道德的意味 (moral implication)를 갖는다. 또한 이렇게 論理를 전개하다 보면 指導性에 대한 正統的 知慧를 약간 퇴색하게 될 것이다.

제2부의 目的은 行政의 觀點에서 價値의 哲學的 問題를 탐구하고, 行政過程에 價値가 어떻게 스며드는지 再檢討하고, 제3부에서 다룰 行政의 哲學에 대한 探索의 예비단계로서 價値概念을 명백히 하는 것이다. 저자가 믿기에는 行政家들로 하여금 價値問題가 해결될 수 있는 여러 水準과 여러 狀況的 價値(contextual value)들을 分類할 수 있는 方法으로 行政의 가장 基礎(fundamental)가 되는 價値概念을 여기서 說明하고자 한다. 根本的인 目的은 讀者에게 이 개념적으로 곡해되었던 영역에서 명료한 개념을 제공해주려는 것이다.

마지막 제3부에서는 行政家 자신들의 價値病理(value pathology)를 포함하여 行政狀況에서 價値의 複雜性으로 인하여 逆機能이 되는 경우에 대하여 檢討하는 것부터 언급하기 시작한다. 검토하는 방법으로는 철저하고 빈틈없는 방법(exhaustive)이라기보다는 組織生活의 質을 해치게 되는 價値缺損의 예를 진지하게 설명하려는 것이다. 여기서 行政家의 哲學的 問題에는 두 개의 決定變因(determining parameters), 즉 (1) 組織의 超價値的 印象(metavaluational impress)과, (2) 行政家의 個人的인 哲學的 충동(drives)과 動機的 충동의 多元

的 力動性(multivalent dynamics)이 있다는 점이 시사될 것이다. 이것은 마지막으로 관심의 연속선의 의미에 도달하게 해주며, 보다 더 중요한 것은 自己敎授的(auto-pedagogically)으로 사용되고, 또 본서에 제시된 주장과 관련되어 해석되는 것은 물론 讀者의 身分과 經驗에 따라 특유한 觀點으로 해석될 의도로 씌어진 특별한 종류의 一聯의 命題에 도달하게 해 준다. 이 궁극적으로 內省的인 方法으로써만이 非空理空論的 哲學(non-doctrinaire philosophy)이 전달될 수 있다. 그리고 보다 풍부하고 보다 더 유익한 哲學, 참된 行政的 人間主義가 도래할 때, 실제 行政現象學의 풍부한 代表者로서의 讀者와 行政哲學의 빈곤한 代表者로서의 命題 사이의 對話에서만이 이 非空理空論的 哲學이 존재할 수 있는 것이다.

C. 핫지킨슨

目 次

제1부 論 理

제 2 부 價 値

제4부 教育行政家의 哲學

─朱 三 煥─

제1부 論 理

論理는 굽은 세계에서 직선을 찾는다.

제1장 行政의 一般的 性格

Ⅰ. 行政과 哲學

行政은 行動哲學(philosophy in action)이다. 이것은 行政의 一般的 定義이며, 현시점에서만 주장될 수 있다. 다음에 이어지는 글을 통해서 저자는 哲學과 行政은 서로 영향을 주고 관련성이 있기 때문에 두 영역에 대한 전개와 설명으로 이 定義를 밝히고자 한다. 여기서 哲學은 어떤 主義의 體系나, 하나의 世界觀이나 世界體系, 또는 하나의 특별한 認識論이나 價値論, 審美學을 의미하지 않는다는 것에 주의할 필요가 있다. 여기서 著者는 哲學을 그 본질상 정확한 思考의 過程과 價値化(valuing)의 過程, 즉 (1) 合理性(rationality), 또는 (2) 論理(logic), 그리고 (3) 價値(values)를 의미하는 것으로 쓴다. 이것들은 活動(activity)의 행정과 철학의 兩側面을 구성하는데, 이것 때문에 行政이 哲學的이 된다. 行政으로 분류된 일련의 活動이 직접 간접으로 哲學的 色彩를 나타내는 다른 方法도 있다. 이것은 行政家가 가지고 있는 人間과 人間의 本性에 대한 假定을 다뤄야 한다. 行政에 있어서 필수 불가결한 原料的 對象은 人間이다. 人間(human nature)이란 行政을 낳는 機能을 하는 組織의 基本的 存在이며, 目的追求集團이며 또는 目的體制이다. 行政家의 個人哲學과 인간을 어떻게 보느냐 하는 人間모델(model-of-man)은 集團行動을 결정하는 복잡한 等式을 낳게 된다.

우리는 行政을 '社會關係에 適用된 合理性', 동시에 '人工的體制,

그래 서 항상 말썽 많은(cotentious)것'(Thompson, 1975, 76)으로 생각할 수 있다. 이것은 應用論理(applied logic)의 적절한 연습의 領域이지만 이 領域內에서 實踐家들은, 동시에 價値를 시도하고 倫理를 실천한다(simon, Smithburg, Thompson, 1950, 539, 554). 그러므로 우리는 哲學的行政과 行政的 哲學的 論理的·價値的 側面에 관심을 갖게 된다. 그리고 行政의 實際에 있어서 價値問題가 더 절실하다는 것이 증명될 것이기 때문에 本書의 구성에 있어서 상대적인 비중을 價値에 대한 考察에 더 두게 될 것이다.

이 책의 제1부에서 저자는 合理性이란 見地에서 行政의 一般的, 그리고 具體的 構成長素를 먼저 다루고자 한다. 즉 이것은 行政的이라 부를 수 있는 知識의 體系가 있다는 의미를 正當化하는 어떤 論理와 統合性을 갖는다고 말할 수 있는 하나의 全體속으로 이들 구성요소를 들어가게 하는 방법이다. 제2부에서는 行政의 價値的 特性을 강조하고, 마지막 제3부에서 행정고유의 철학을 위한 要素로 기여할 수 있는 人間活動의 한 갈래에 대한 교육적 命題를 몇 가지 論題에 따라 묶어 내려고 노력하였다.

Ⅱ. 行政과 管理

'行政'이란 用語와 '管理'(management)란 용어의 差를 밝힐 필요가 있다. 엄격한 定義를 제시할 수 없기 때문에 할 수 없이 複合的 槪念의 意味를 갖는 몇 가지를 나타낼 수밖에 없다. 여기서 圖로써 비교할 수 있을 것이다(圖 1).

[圖 1] 行政의 定義를 위한 槪念的 連續線

藝	術(art)	科	學(science)
政	策(policy)	執	行(execution)
價	値(values)	事	實(facts)
上	位(upper)	下	位(lower)
位	階(echelons)	位	階(echelons)
戰	略(strategy)	戰	術(tactics)
質	的(qualitative)	量	的(quantitative)
人 間 的(human)		物	的(material)
反 省 的(reflective)		活 動 的(active)	
一般主義(generalism)		特殊主義(specialism)	

行 政 ... 管 理

어떻게든지 이들 일련의 활동에 해당되는 次元들을 없애지 않고 어떤 定義는 行政의 最高水準으로부터 管理의 最低水準에 이르는 하나의 連續線을 참작해야 한다는 것을 볼 수 있다. 더구나 Barnard가 지적한 것처럼 (1972. 6) 이들 機能이 職位나 표면상의 階級에 상관없이 組織과 組織內의 사람들에 퍼져 나가기 때문에 더욱 그렇다. 그렇다면 우리는 일반적으로 行政을 目的의 設定, 價値가 부여된 이슈, 組織의 人間的 要素를 더 다루는 側面의 意味로 본다. 반면에 管理는 보다 더 日常的 (routine)이고, 限定的이며, 프로그램적이고, 數量的 方法을 허용하는 側面을 의미하는 것으로 본다. 이상하게도 두 用語는 大西洋 건너 유럽에서는 다른 의미로 쓰이고 있다. 예를 들면 여기서의 설명은 Keeling(1972)의 해석과 반대되고 있다. 그러나 이 책에서 사용되는 것은 美國(Simon, Barnard)의 것과 일치하며, 「황실공공 행정연구소」(the Royal Institute of Public Administration)의 專門 用語와 더 일치한다. 대체로 우리들이 쓰는 用語로 行政家는 組織의 身分階層에 있어서 上層에 의치하는 경향인 데 반하여 管理者는 中間, 下層의 監督과 責任을 맡는 경향이다. 대체적으로 말하여 우리는 行政을 사람으로 하여금 組織目的을 달성하도록 영향을 주는 藝術

(art)이라고 생각할 수 있다면 管理는 같은 目標를 달성하기 위한 手段을 具體化하고 實行하는 補助科學과 附隨科學(the ancillary and subordinate science)이라 할 수 있다. 行政이 目標指向的(endsoriented)이라면 管理는 手段指向的(meansoriented)이다. 순수한 行政家는 하나의 哲學者인데 비하여 순수한 管理者는 技術者(technologist)이다. 그러나 行政이나 管理의 事實과 實際에 있어서의 스펙트럼의 양끝의 순수성에 근사치가 없다. 이러한 區別은 모호하고 때로는 일부러 억지로 구별한 것일 수도 있다.

이러한 區別의 모호성 때문에 언어 상 혼동이 심하다. 그래서 어떤 용어의 사용에 있어서 (특히 商業에 있어서) 여기서 말한 것과 정반대로 쓰이기도 한다. 文獻의 여기서기서 상호 교차적으로 또는 同意語로 사용되고 있다. simon은 그의 主著『行政行爲』(*Administrative Behavior*)에서 行政을 '일을 完成시키는 특수한 藝術(art)'(l957. 1)이라 하고, 나아가서 이러한 行政의 단순한 '進行'(doing)에 반대되는 것으로 意思決定(decision-making) 측면을 강조하고 있다. simon은 그의 글의 초점을 行動에 도달하게 하는 選擇의 問題에 두고 있다. 이런 의미에서 그는 여기서 결정한 用語를 지지하는 입장이다. Simon은 그 책의 다음 부분(53~4)에서 政策決定(policy decision)과 行政的 決定을 떼어내려고 시도하지 않고, 단지 事實과 價値의 비중에 있어서 다를 뿐이고 결정적으로 상대적 혼합비율을 밝힐 수 없다는 결론에 이르게 되었다. 本書에서 우리는 價値와 事實의 혼합의 비율이 점점 더 價値에 접근하면 할수록 決定活動은 점점 더 行政的이고, 그 반대라면 管理的 決定이라는 것을 제의하게 된다. 또한 決定에 있어서 價値要素가 보다 더 일반적이고 또 이러한 決定이보다 더 조직목적의 形成과 定義에 영향을 주면 줄수록 이러한 決定은 점점 더 管理에 반대되는 行政的인 것이 되고, 또 점점 더 Barnard가 말한 最高行政家機能(executive function) (222, 223)의 일부가 되는 것이다.

Barnard의 이론은 本書를 쓰도록 영감을 불어넣어준 주요 도서이지만 Barnard 자신은 行政(administration)과 管理(management)라는 用語를 버리고 그 대신 執行(executive)이라는 용어를 즐겨 썼다는 것은 당연한 관심거리이다. 앞으로 執行(executive)이란 말은 行政家(administrator) 또는 行政的 (administrative)이란 말과 同意語로 사용될 것이다.1)

活動의 행정과 관리란 兩 카테고리가 어떤 조직에서나 다 이루어지고 있다는 것을 되풀이하여 강조하여야 할 것이다. 평범한 종업원이 사표를 낼까 고려할 때 그는 行政에 몰두하는 셈이고, 가장 높은 지위에 있는 執行者(executive, 行政家)도 어쩔 수 없이 管理的 課業을 遂行하지 않으면 안 된다. 그러나 어떤 방법으로 구별하든지 일반적으로 조직의 目的과 目標(ends, aims, purposes)에 관한 것은 行政家의 관할범위인 반면 管理者의 주요 관심은 처방된 목표를 위한 手段을 이룩하는 데 있다. 그리고 학문적 구별 이외의 실제 세계에서는 管理者가 行政的 領域에 침입하는 반면 行政家가 '管理로의 후퇴'(retreat into management) 현상에 의하여 責任의 축소현상이 일어나기도 한다.

Ⅲ. 行政의 多樣性

사실상 管理와 行政 사이에서 나온 區別속에 내포된 差에 대하여 언급하지 않고 組織間(學校 對 工場)의 差와 組織內(系線的 십장 對 참모적 이사장)의 差가 일반적 처리로는 안 될 만큼 그렇게 클 때 行政을 一般的 活動水準으로 論議하는 것은 合理的인가? 다시 말하면 독특한 研究가, 예를 들면 敎育行政이나 企業行政이 그

---

1) 本譯書에서는 앞으로 'executive'도 '行政家'로 번역하고 대신 'executive'로 표시해줄 것이다.(譯註)

런 정도로 環境處方的(context-prescribed)이라면 行政이 아닌가?

行政과 行政過程이 産業組織, 商業組織, 敎育組織, 軍隊組織, 病院組織에서 사실상 똑같이 一般化된 形態로 나타난다는 것은 Litchfield의 책(1956)의 主要 主張이었다. 著者의 知識에 의하면 이 主張은 行政을 意思決定過程으로 보는 行政縮小主羨 觀點과 논리적으로 일치하지만, 그것이 하나의 行政理論을 위한 假定으로 출발한 이래 經驗的 證據에 의하여 부정된 적은 없다. 本書에서 저자는 活動의 一般化된 形態, 즉 行政-管理의 意味와 의견을 같이 하는데, 이 의미는 다양한 조직환경에서 얻을 수 있다. 조직 환경에 의하여 흔히 처방되고 또 주어진 조직한계에 의하여 근본적 본질이 제한되거나 결정되지 않는 (1) 行動水準과 (2) 인정된 전문직의 두 가지로서의 행정에 우리의 관심을 둔다(이것은 보다 더 다듬어진 철학적 관점이다. 그리고 예를 들면 개인 자신이 '나는 내 정신의 주인이고 내 운명의 주인이다"와 같은 입장에 함축된 행정과 일치하는 '체제를 구성하는 지에 관하여 우리는 기꺼이 버릴 수 있는 것이다).

이것은 조직 환경에서 나올 수 있는 중요한 변화를 부정하는 것은 아니다. 어떤 조직은 行政-管理라는 연속선의 한 極 또는 다른 極으로 향하는 과정을 상상해 보는 것은 재미가 있다. 그러면 사람들은 분명히 규정된 사명과, 충분히 이해되고 과업수행을 하는 데 적절한 技術을 갖추고 있는 대규모 官僚制의 課의 下位單位가 보다 더 '管理的'이고, 또 한편 광범하게 定義된 目標와 부정확한 方法을 갖추고 있는 敎育機關이 더 '行政的'이 되는 것을 생각할 것이다. 그러나 둘 다 필요한 行政的 下位體制를 갖고 둘 다 行政行動을 하고 있을 것이다.

이 硏究는 敎育行政, 病院行政, 公共行政, 企業行政과 같은 수식어가 붙은 行政의 下位集團(the adjectival subsets of administration)을 넘어서 組織을 통해서 目的을 定義하고 成就하는 人間行動의 一般的

形態, 즉 一般行政(administration-in-general)으로 指向하고 있다. 이 연구는 또한 行政의 보다 일반적 수준에서 行政實踐家들이 하나의 일반적 상황에서 다른 상황으로 비교적 쉽게 넘어갈 수 있도록 하고 있다. 近代行政의 군인은 고도의 학술적 지위도 맡아왔고 또 기업체의 지도자는 주요한 정부요원의 역할도 맡아 왔다. 행정의 고위층에는 어떤 인습이 있고, 행정은 일반 주의라는 주장을 지지해 주는 것 같이 보이는 것으로 부닥친 문제와 채택 될 사이에 어떤 共通性 (Barnard' xxvii)이 있다.

그렇지만 이 행정의 일반적 質이 전적으로 행정을 만들어내는 양식(mode)속에 반영되는 것은 아니라는 점에 주목해야 한다. 여러 가지 이유로 해서, 어떤 역사적인 점도 있고, 어떤 정치적인 점도 있고, 단순히 편리하다는 점에서 行政學界는 별도의 양정교육을 받으면서 公共行政家, 企業行政家, 敎育行政家와 같은 수식어가 붙은 특수 분야로 조직되는 경향을 갖고 있다. California大學校의 Irvine 캠퍼스에서와 같은 一般行政大學은 정상이 아닌 例外로 생각되고 있다. 그러나 다양한 수식어가 붙은 특수 분야 행정대학에서 사용되는 교과서와 행성실습에 뚜렷한 共通性이 있을 것으로 생각한다. 아직도 行政家로서의 行政家 준비 양성은 현재로서는 드문 일이다. 아마도 분명한 마지막의 일반 행정가 양정의 例는 과거 中國과 英國의 관리양성기구(Civil Service)의 관리반과 行政班일 것이다. 영국과 중국에서는 세계 최초로 古典과 人文科目의 研究에서 어떤 能力이 증명되는 것을 토대로 하여 관리를 선발하였다. 이들 양 집단은 試驗成果에서 우수한 기준을 보여줬다는 점에서 또한 엘리트였었다. 現代 프랑스의 국립행정대학원(Ecole Nationale Administrative)에서의 실제가 어느 정도 이 一般行政家(generalist)전통을 계속 한 예라 하겠다.

우리는 여기서 行政家養成과 관련된 골치 아픈 문제에 깊이 들어갈 필요는 없다. 이러한 문제는 어떤 行政哲學에 해당되는 것이기 때문에 뒤에 論議될 것이지만 이러한 문제는 一般行政, 또는 특수 분야가 아닌 행정에 관한 이 책의 초점에서는 벗어난 것들이다.

Ⅳ. 行政思想의 發展

하나의 實踐(practice)으로서의 行政은 人類 자체의 歷史만큼이나 오래지만 하나의 文獻다운 문헌 속에서 行政에 대한 反省的 思考 (reflective thought)의 體系로 출현한 것은 비교적 現代的 현상이다. 東·西洋을 통하여 많은 古典的 作品들이 있다. 예를 들면 우리자신의 전통에서 유명한 Plato의 『共和國』(*The Republic*)은 行政과 직접 간접으로 관련되어 있다. 필자는 이러한 古典에 크게 힘입은 바 크며, 이 책을 써 나아감에 따라 많은 資料가 될 것이다.

西洋의 政治學에는 ‘君主의 像’(the mirror for Prince)같은 Fuerst-enspiegel 作品의 傳統이 있는데, 거기서 Machiavelli의 古典的 文藝 復興期의 作品이 뛰어나고, 그 시사점에 있어서 現代의 著書를 능가한다. 그러나 어느 모로 보나 보다 학술적이고 經驗的 研究 (empirical study)가 대량으로 쏟아져 나온 것은 今世紀라 하지 않을 수 없다. 이러한 책들은 부피를 더해 가고 있다. 여기서 이들을 어떤 가장 요약된 형식으로라도 다루기는 어렵지만 현세기에 이미 발표되었던 것인데, 傳統的 對 反傳統的 對話의 대강에 대하여 라도 注意를 기울일 필요가 있다.

1. 行政에 대한 古典的 觀點

20세기 초 行政的 思考의 정신은 두 사람의 책에서 포착되고 또 설명된 것을 찾아볼 수 있다. 그런데 두 사람은 각각 反對方向과 反對되는 論理性을 갖고 이 분야의 研究에 接近하였다. 첫째, Frederick

W. Taylor는 生産의 科學化를 위한 시도를 한 사람으로 아직까지도
유명하다(Taylor, 1911; 1915; 1964). Taylor의 아이디어는 후에
Gilbreths (1916; 1917)와 Gantt (1916, 1920; Rathe, 1961)의 책에서
보다 더 다듬어졌는데, 근본적으로 일과 일에 종사하는 사람의 觀察
에 근거를 둔 歸納的 方法(inductive method)으로부터 나온 것이다.

Bertrand Russell이 전에 말한 것처럼 만일 일이란 것이 두 가지
종류라면, 즉 첫째, 지구 표면 또 표면가까이 있는 물질의 위치를
비교적 다른 물질로 바꾸는 것이고, 둘째, 다른 사람으로 하여금
그렇게 바꾸는 일을 하도록 시키는 것이라고 한다면, 그리고 만일
우리에게 生産性의 基準이 주어진다면, 단지 겉으로 보아서는 最善
의 유일한 課業遂行方法이 있을 것 같이 보인다(Clayre, 1975).
Taylor의 업적은 時間動作研究(time and motion study)에 이르게
되었는데, 그의 정신은 아직도 管理的 機械라는 생각에 바로 존재
하고 있다. 어떤 의미에서 自動化라는 것은 人間勞動을 순전히 機
械化로 전환시키는 科學的 管理(scientific management) 精神의 논
리적 산물이요, 하나의 누적된 보기라고 주장할 수 있을 것이다.
그러나 Taylor지대의 自動化와 그 자동화의 기술적 부수물이란 것
은 기껏해야 희미하게 비치는 먼빛에 불과했었다.

둘째, 이러한 歸納的 노동자중심 접근(inductive worker-up appr-
oach)과는 정반대로, 프랑스의, 또 당대 미국에서의 매우 성공적인 실
무행정가로서의 Henry Fayol은 보다 演繹的 觀點으로부터 行政研究에
接近하는 길을 택하였다. Fayol의 命題는 조직기능과 구조의 合理的
分析(rational. analysis)과 分類의 형태를 취하였다(Fayol, 1916). 組
織表(organizational chart)란 것도, 行政用語가 되어버린 POSDCoRB
(Planning, Organizing, Staffing, Directing, Coordinating, Record-
Keeping, Budgetting)를 낳게 한 모체로서 태어난 것이다.2) Fayol의
업적은 한 시대를 훌륭히 검증한 것이고, 또 부분적으로 社會學的

관찰과 상상에 바탕을 둔 하나의 理論으로 후에 Max Weber에 의하여 개발된 보다 일반적인 官僚制理論과도 일치되는 것이다. 어쨌든 Fayol은 일찍이 行政的 思考의 合理化 또는 科學化를 試圖했다는 점에서 Weber와 Taylor와 맥을 같이하고 있다.

歸納的·演繹的인 이 두 開拓者的 업적은 行政과 組織의 原理를 탐구하고자 하는 古典的 傳統으로 이어지게 되었다(Gulick and Urwick, 1937; Mooney, 1939). 이러한 탐구는 헛되었지만(simon, 1965) 과학적으로 존중될 만한 방법으로 나타낼 수 있고 또 재구성될 수 있는 고유의 合理性과 근본적 論理性에 대한 믿음을 갖게 했는데 이러한 믿음은 계속되고 있다. 古典的觀點의 하나의 특징은 고도로 어떤 주어진 전제에 의존하고 있다는 점이다. (1) 組織目的, (2) 組織構成員(즉, 量的變因으로서의 사람), (3) 一聯의 技術이 주어진다면 그 다음엔 이들 구성요소를 生産性과 效率性이란 주어진 基準에 따라 배열하는 것이 가능해야 하며 이러한 배열은 科學的 行政을 만들게 하는 것이다. 이들 중 제3의 요소(일련의 技術)만이 合理化에 따르는 것으로 증명된다는 사실은 앞의 權威있는 사람들이 책을 쓰던 그 당시에는 분명히 나타나지는 않았을 것이다. 전쟁 중의 시대에 있어서 제2의 요소인 人間要因에 따른 복잡성은 점점 더 硏究의 對象이 되어 와서 이제는 하나의 論理的으로 주어진 특성으로서는 점점 더 강조하게 되었다. 반면에 마지막으로 최근의 文獻에서 목적과 목표를 다루는 일련의 제1의 전제들은 결정적인 연구를 위한 공격의 대상 속에 들어오게 되었다(제2, 8장).

---

2) POSDCORB의 나중의 수정을 알기 위해서는 Finer(1952, 해진다)를 보시오. Finer는 조직의 목적과 정신(ethos)에 대한 행정가(executives)의 '조화'(attuning)에 해당하는 A(attuning)를 넣어 APOSDCORB를 만들었다.

2. 人間主義者의 反應

古典的思考의 허점은 그 假定에 있어서 여러 性格에 암시되어 왔다. 계속적으로 변화하고 있는 이데올로기와 科學的, 技術的 狀況에 반영된 時代와 歷史는 어떤 단순논리를 배제할 수 있는 目的, 手段, 人間資源에 대하여 어느 정도 多樣性을 가져오는 결과를 낳았다. 19Hodgkinson 년대 初부터 人間變因, 특히 종업원(worker)의 役割에 나타나는 人間變因에 注意를 기울이는 人間關係運動(Mayo, 1933; 1949) 또는 性格理論學派(McGregor, 1960; Argyris, 1957; 1973)가 行政關係 文獻에 꾸준히 나타나 왔다.

이러한 人間關係運動에 대한 哲學的 基盤은 1924~33에 Mary Parker Follett의 著書(Follett, 1924: Pollard, 1974, 161-176)에 의해서 다져졌는데 이 책은 아주 많은 관심을 모았다. 이러한 운동에 기여한 하나의 중요한 요인은 一般的인 前공황기 산업풍토였음에 틀림없는데 이러한 산업풍토는 家父長的이기는 하였지만 Western Electric社(Hawthorne) 硏究(Roethlisberger, 1939) 같은 치밀하고 장기적인 硏究를 하도록 만들었다. 이 획기적인 社會-心理學的 硏究가 밝혀낸 것이 무엇이냐에 대하여는 오늘날 불분명하다. (Carey, 1974). 그러나 의심의 여지없이 組織構成員과 組織行政사이의 포착하기 어려우면서도 날카로운 관계성을 再評價하기에 이르렀다. 도전의 대상이 되지 않은 것은 人間要因을 재는 生産性의 基準變因이었다. 확실히 Hawthorne 硏究가 人間變因을 하나의 단순한 주어진 것으로 보는 고전적 경향을 전적으로 뒤집지 못한 사람들에 대항하였다. 그리고 확실히 職務動機를 주제로 한 많은 연구와 문헌을 낳았다(Steers and Porters, 1975). 결과적으로 行政的 思考體系의 많은 부분이 動機에 관한 社會科學의 研究結果를 참작하게 되었다. '人間體制'(human system)의 行政은 기세를 떨치게 되고, 혹 그렇지 못하다 하더라도 적어도 技術體制(technical system)의 行政과 管理만큼 크게 나타나기 시작하였다. 더구나 추종적이었던 人間모델(model-of-man)은 중요한 변화와 변경이 진행되고 있다(Miles, 1975, 32-43).

人間主義者의 反應을 이끄는 현대의 代表的 人物은 Argyris 교수이다. Argyris교수가 호감을 갖고 있는 論理에 관계되는 평범한 研究文獻考察에서 그는 자기 입장을 지지하는 것만을 발견할 수 있었다(1973). 이 입장은 조직구성원으로 하여금 보다 더 완전히 그리고 보다 더 알차게 성숙할 수 있는 기회를 증대시키도록 하는 관점으로 조직을 채구성하는 결과를 가져왔다. 이러한 성숙은 아마 심리학자 Maslow가 부르는 自我實現(self-actualization)과 비슷할 것이다. 自我實現은 Maslow의 價値體系에서 最高善(summun bonum)이며,3) Maslow는 이것을 그의 저서 『心理的 健康指向經營』(*Eupsychian Management*)(1965)4)으로써 行政文獻에 들여놓았다. 位階的 動機의 原理는 Herzberg의 研究(1959, 1968)에서 또한 잘 다듬어져 나타났는데 그의 연구에서 그는 낮은 수준의 (위생적, 安定的) 욕구와 만족과 높은 수준의 (직무, 동기적) 욕구와 만족을 구별해 내게 되었다. 극단적으로 이 論理에 의하면 기업체는 전통적으로 믿어 온 것처럼 利益追求를 의해서 존재하는 게 아니라 成長과 自我實現의 기회를 제공해주기 의해 존재하며 그래서 이익추구 동기는 조직의 존재이유를 위한 必要條件이지만 充分條件은 아니라는 觀點에 이르게까지 될 수 있다. 결국 이 학과의 思想은 근무조건과 근무조직의 개선을 위한 요구와 일치한다고 말할 수 있다. 이 학과를 지지하는 사람들은 內的 目的에 보다 더 관심을 갖게 되고

---

3) Maslow의 용어로는 價値(values)라는 말 대신 「欲求」(needs)라는 용어를 사용하게 하고 있다(제6장을 보시오).

4) 'Eupsychia'는 심리적 건강(Psychological health) 또는 '건강지향'(health ward)의 움직임을 의미한다. 그렇다면 Eupsychian Management는 모든 사람에게 적정성장과 발달을 가져오게 하려는 분명한 노력이라 할 수 있다. 이것은 제3심리학과의 인간주의 경영이다.(譯註)

고전적인 生産-能率的 사고에서 내포하고 있던 저변의 그리고 외적인 조직적 가치를 위한 수단에는 덜 관심을 갖게 되었다.

이어서 이 학과의 前提들은 비판을 받게 되었다. 그리고 모든 經驗的 硏究者들이 반드시 이러한 主義를 지지한 것은 아니고 (Carey, 1974; Dubin, 1956; Vollmer, 1960), 우리의 보다 더 哲學的인 觀點에서 볼 때 人間關係主義的 思考는 첫째, 조직목적의 문제, 즉 古典的 論理에서 제일 중시한 것을 빠뜨린 경향이 있으며, 둘째로 行政家와 行政의 特性과 특징, 즉 고전주의자들이 주로 고려했던 前提를 빠뜨린 경향이 있는 것 같이 보인다.

요약하자면 人間主義者 반응의 주장은, 人的要因은 計量化할 수 있고 豫測可能한 變因으로 보는 古典的 假定과 대치되는 것이었다. 이러한 假定은 한정된 범위 내에서는 적용가능하나 초기의 人間의 일에 대한 動機의 硏究는 좀 너무 單純化되고 또 예를 들면 Douglas McGregor의 X理論과 Y理論(1960)에 표현된 것처럼 아마 너무 과장된 모델이었던 것 같다. 판에 박힌 초기의 사고방식에 의하면 Y理論은 人間은 완전히 창의적 資源과 잠재 가능성을 나타낸다고 하는 아점에 가까운 반면, X理論은 人間을 조직과 일에 본질적으로 저항하는 존재로 묘사하고 있다. McGregor는 이 類似哲學的 指向性을 行政家의 行爲에 영향을 주는 人間의 本性에 대한 基本信念에 해당된다고 강조하였다(McGregor & Bennis, 1967, 77). 人間은 行政的 事物을 測定하지만 人間의 測定은 이상향이 아니면 健康指向(eupsychian)의 경향인 것 같이 보이는 哲學的 基礎의 전제가 된다.

V. 新古典主義와 新人間主義

行政的 思想에 대한 이 두 파의 공헌은 1935~451년대에 쓰여져 나타났다. 新古典主義와 新人間主義는 둘 다 美國的인 것이고 출판

기록만으로 볼 때 둘 다 行政의 文獻上 古典으로 계속 남아 있으며 行政學徒 모두에게 잘 알려진 것이다. 이들 저서에는 Chester Barnard의 『행정가의 기능』(*The Functions of the Executive*)와 H. A. simon의 『행정행위』(*Administrative Behavior*)가 있다. 두 작품 다 行政의 일반적 성격에 대한 論理的—學問的 두 評價를 다루고 있다. 이 두 책은 모두 分析的이고 綜合的이고, 또 이 두 책은 行政을 복잡한 大組織體制內의 特殊下位體制로 다루고 있다. 이 두 책을 그때까지 내려온 지혜를 모두 상호 보완하는 양대 기둥으로 취급하는 것은 적절하다고 본다.

Simon은 論理實證主義者라고 선언한다. Simon의 主關心은 行政過程에 기반을 둔 合理性의 限界인정에 있는데, 그는 行政過程을 意思決定의 과정으로 보고 있다. 그의 行政分析은 근본적으로 기본규칙의 범위 내에 남아 있지만 그의 哲學的 立場은 行政家의 假定을 적어도 행정가가 한 사람의 組織的 加工者라는 범위 내에서는 價値中立的 또는 倫理不介入的인 것으로 보고 있다는 것이다. 行政家의 價値는 조직의 가치로 생각되고, 또 배우의 가치가 연극적 표현의 가치에 해당되는 것과 똑같이 비유되기에는 부적절하다. 價値를 고려하는 것은 生産性의 基準에 대한 주문에 의하여 조직으로부터 나온다. 그리고 행정은 그 실현에 접근한다. "훌륭한 배우와 임무는 자기의 役割을 알고 또 자기의 역할을 수행하는 것이다. 비록 여러 역할이 내용상 크게 다를 지라도 그 역할수행의 효과성은 그 연극의 효과성과 연극이 펼쳐지는 효과성에 달려 있다고 본다. 行政過程의 효과성은 조직의 효과성과 조직구성원 각자가 그들의 역할을 수행 하는 효과성에 따라 다르게 될 것이다"(Simon, 252). 善(good)이 여기서 의미하는 것은 조직의 超價値(metavalues)에 해당되는 것이다(제11장, 이하). 行政의 價値中立性에 대한 주장이 단지 학술적 문제만이 아니라는 것은 英國公務員養成(the Brith Civil Service) 기구의 상부수준과 같은 유명한 곳에서도 논쟁이 있었다는 증거에서도 분명하다(Report of first division Association, 1972, 168).

　Barnard는 자기 자신의 行政經驗에 의하여 썼는데 그는 최고집행자(executive) 행위에 있어서의 **道德的(moral)** 구성요소에 많은 관심을 가졌던 것과 특히 다르다. 이 道德的 側面은 그의 責任性과 指導性이란 개념과 관련되고 (Barnard, 제17장), 행정가가 최고집행자기능의 이상적 직무수행에 거의 접근하면 할수록 그는 필요한 귀감적 명제를 취하게 된다는 것을 암시하는 것 같이 보인다. Barnard의 집행자 엘리트는 도덕적 엘리트이며, 현세적 성직자이며, 도스토예프스키(Dostoevsky)의 작품『大審判官』(종교재판소장, *Grand Inquisitor*)이 가정과 똑같이 느끼는 그러한 사람이다. 이러한 道德性에 대한 편견은 Barnard에게 이러한 분야의 思想에 있어서 약간 독특성을 주고 있다(그러나 Golembiewski, 1965 참고). 그와 組織內 意思疏通 分析은 人間關係運動을 포함할 뿐만 아니라 대동하는 體制的 接近을 예언하기도 했다.

　Simon과 Barnard의 理論的・記述的 저서가 나온 다음 社會科學으로부터 광범하고 집중적인 많은 주장이 있었고 또 뒤따라 많은 기여가 있었다. 社會學, 社會心理學, 心理學, 經濟學, 政治學의 통찰은 行政을 하나의 '科學'으로 만드는 데 많은 기여를 하였다. simon의 合理性의 限界에 대한 경고와 Barnard의 人間主義는 아마 이러한 노력에서 경시되어 왔다. 그러나 學問間協同的 接近(學際的 接近)의 압력으로 인해서 一般體制理論(General System Theory), 즉 生物學이란 自然科學에서 나온 類似科學型態를 일으켰고 (Bertalanffy 公, 1956) 또 때때로 宗敎的 색채를 띠게 되었다(Granger, 1971).

　行政에의 體制的 接近이 불모상태였던 것은 아니었다. PERT(Program Evaluation and Review Technique)와 MARS(Model Analysis and Redesign System)와 같은 技法들은 인간의 달 착륙과 핵잠수함

건조 같은 집단노력에 있어서 획기적인 성공을 기록했다(Granger, 19기, 115, 139-155). 더구나 싸이버네틱(cybernetic) '블랙박스'(black box)와 피드백(feedback) 原理를 통한 體制理論은 人間變因과 같은 측정 불가능한 變因들을 다루는 훌륭한 좋은 방법을 가지고 있다. 보기에 따라서는 OR(Operations Research)과 컴퓨터공학에 다른 여러 가지 計量的 方法과 같은 體制的 思考와 거기서 나온 여러 論理的 技法들은 科學的 管理 라는 古典的 立場의 보다 높은 수준으로 복귀한 것으로 생각될 수 있다.

行政思想의 변증법상 다른 분파는 이제 組織發展(organizational development) 또는 人間資源論學派(human resources school)의 형태를 취하게 되었다(Blake and Mouton, 1964; Miles, 1975; Argyris, 19기; French and Bell, 1973). 이러한 觀點은 경영의 인간관계 이론의 전초였는데, 이제 조작적으로 이용되기도 하고 출처불명인 것처럼 되었으며, 行政實際에서 많이 악용되기도 하고 있다. 이러한 관점은 Whyte의 『組織人間』(Organization Man, 1957)의 集團內의 相互依存性과 社會倫理를 非人間化하는 반면 이 관점은 보다 더 創意的 組織構造(Likert, 1967)를 위한 가능성을 추구하고 또 보다 더 충만한 근무환경을 꾸미고자 노력하게 만들었다.

대체로 20세기 후반 수십년 대에 발생한 것은 대부분의 社會科學과 대부분의 人文科學(哲學을 제외하고는)에서는 더 많이 또는 더 조금 行政을 主題로 다루어 왔다. 그러나 行政科學(science of administration)을 成立시키려는 시도는 실패로 끝났다(Dunsire, 1973). 그러나 만일 行政科學(administrative science)에 대한 주장이 실패한다면 그렇다면 行政研究는 무엇인가? 이에 대한 대답은 아마 社會科學의 主流가 스며드는 學際的(interdisciplinary) 연관이라고 해야 할 것 같다. 그것은 계속해서 다양한 學問, 특히 社會學, 社會心理學, 政治學의 도움을 받는다. 行政은 소설가, 극작가에게 소재를 제공해 주고, 그래서

자연히 간접적으로 人文科學 속에 스며들게 된다.5) 그러나 이상하게
도 行政이 哲學者의 집중적인 음미의 對象 下에 들어가지는 못하였
다. 1945년부터 이 책을 쓸 때까지의 哲學專門文獻을 考察한 결과 行
政領域에 정확히 들어오는 것은 별로 없었다(Lessem, 1973; Ladd,
1970; Subramaniam, 1963; 19기; Subbes, 1961; Cooper, 1968 참
고). 行政哲學(administrative philosophy)은 상상에서 조차 전적으로
실패한 반면 行政科學(administrative science)은 잘못 이해되어 온 것
같다.

이 마지막 사실이 재미있다. 왜 哲學的 接近은 제외되는가? 철학자
는 行政에 대한 관심을 포기하는 반면 社會科學者들의 관심을 끌게
한 이유는 무엇인가? 그것은 철학적으로 다루기 힘들기 때문인가
(Plato, Machiavelli)? 哲學과 行政의 이 두 학문영역은 서로 접근하
기에 부적절하며 또 분리돼야만 하는가? 이에 대한 대답이 무엇이 되
었든 本書는 이 두 영역간에 잃어버린 대화, 끊어진 내화를 연결시키
고 회복시키는 데 영향을 주려는 지도로 씌어지는 것이다. 그리고 이
책의 첫 주장은 行政은 人文科學의 하나로 또 철학을 위한 기초로서
올바로 고려되어야 한다는 것이다.

이 주장을 뒷받침하기 위하여 行政實際論理의 기본형태를 우선
은 일반적인 방법으로, 그 다음은 보다 직선적인 방법으로 탐구해
야 한다. 행정(그리고 행정가)의 일반적 성격은 무엇인가? 그리고
이 분야와 이 분야의 實踐家의 대체적인 특징과 속성은 무엇인가?

---

5) C. P. Snow의 英國官僚制에 관한 소설에서와 마찬가지로 Shakespeare의
   歷史戲曲은 行政的 通察이 많다.

VI. 行政의 特徵

行政-管理的(經營的)인 일, 즉 대통령이 되었든 교육감이나 깽집단의 지도자가 되었든 여러 종류의 행정가가 하는 일에 대하여는 그동안 비교적 철저히 연구해 왔다(Homans, 1950; Noustadt, 1960; Carlson, 1951; Stewart, 1967; Shartle, 1956; Stieglitz, 1969; Sayles, 1964). 조직이란 경계선을 넘은 연구, 조직 내 여러 變異에 대한 연구가 많이 있었다. Mintzberg(1973)의 총괄적 연구에 의하면 행정[Mintzberg의 용어로는 관리(경영)]에 대한 결론은 다음과 같이 요약될 수 있다. 행정의 본질은 행정가나 경영자가 첫째 지극히 바쁘게 오랜 시간 동안 일하고 또 다른 조직구성원에 비하여 비교적 거의 자유시간이나 개인지간을 가질 수 없다는 것이다. 행정가의 일은 간단하며, 다양하고, 똑똑 끊어지는 토막 같은 것으로 특징지어진다. "피상적 일의 성격은 管理者 직무의 하나의 직업적 모험이며", "행정가는 자기 일의 보다 더 活動的要素, 즉 현실적이고, 구체적이며, 정확히 정의되고, 일상적인 일이 아닌 활동에 더 끌리게 된다."(51, 52).

많은 시간을 자기가 좋아하는 비문서적 의사소통과, 계획된 또는 계획되지 않은 회의, 비공식적 접촉으로 소비하게 된다. 행정가의 목소리는 비밀을 애기할 때의 귓속말에서부터 권위적인 고함에 이르기까지 펜(pen)보다 강하며 (The voice is mightier than the pen), 交信은 규칙적인 처리일지라도 형식 성을 갖는 경향이 있다. 더구나, 아마도 더 나쁘게는 "管理者는 실제로 자기 일에서 간결성과 중단을 좋아하는 것으로 나타났다. 관리자는 자기 일의 부담에 의해서 조건지어지며, 자기 자신의 시간을 허비하여 기회를 잡고자 한다. 그리고 어떤 때 어떤 일이 이루어질 수 있으며 또는 이루어져야 할 것인가에 대하여 항상 주의를 기울이며 살아간다."(51).

Mintzberg는 5명의 최고집행자를 대상으로 실제적 관찰을 한 결과로부터 차례대로 對人役割(interpersonal roles), 情報的 役割(informa-tional roles), 決定의 役割(decisional roles)(54-99)의 세 종류의 집단으로 묶어질 수 있는 管理的(행정적) 機能을 위한 몇 개의 역할을 가정하게 되었다. 이 중에서 첫 번째의 對人役割에서 행정가는 대표자·지도자·연락자로서 활동하고, 의식적·상식적 기능을 수행하며, '조직분위기'를 결정지으며, 조직 외부의 주요 인물과는 水平的 關係性을 유지한다. 두 번째 情報的 役割에서는 조직 내에서 정보의 내적흐름을 청취하고 또 전파하는 일을 요청받으며, 외적으로는 조직을 대표하여 대변자로서 활동한다. 마지막으로 意思決定의 상황 하에서는 조직변화를 주도하고 또 설계하며, 체제의 혼란을 막으며 조직의 보상체제를 청취하고 통제하며 資源의 흐름을 다루고, 외부와 협상시에는 조직을 대표하여 활동한다(ibid.).

概要로서 여기에 제시되었지만 조직의 다른 역할과 대조적으로 行政的 役割의 어떤 특징적 속성을 나타내 주고 있다.

첫째로, 행정가는 하나의 접촉적 公有領域 내에 존재한다. 행정가는 조직과 환경의 접경에 서 있다. 환경이 행정가에게 유리하든 또는 적대적이든 행정가로 하여금 조직의 발전과 번성을 일으킬 수 있는 技術을 발전시키도록 해야 하는 부담이 지워진다. 이러한 것은 전통적으로 외교관에게 해당되는 기술들인데 외교관은 순수한 행정가에 속하는 사람이다.

둘째로, 행정가는 계속적으로 言語的 '情報'(intelligence)와 관련된다. 즉 행정가는 받아들이고 전달하는 양측의 의사소통과 기술을 개발할 책임을 진다. 여기에는 좀 유창하게 의사전달을 하는 능력으로부터 범위 상 유사법률적(quasi-legalistic) 또는 철학적인 것이 되는 다듬어진 분석적 기술에 이르기까지 다양한 종류의 행위를 포함하는 광범위한 카테고리가 해당된다.

셋째로, 이것은 행정의 논리를 따르게 되는데 행정가는 전문가가

아닌 一般主義者(generalist)이다. 조직의 관점에서 볼 때 행정가는
一般主義 내의 專門家(Specialist in generalism)다. 이것은 決定의
大權을 의미하고, 빠르고, 일하는 사람에 대한 '전술'(tactical)과
'전략'(strategic)에 이르기까지 의사결정 기능의 범위까지 의미한다.
이 모든 것은 行政職務의 모든 특징들이다. 이것들은 役割(role)에
서 생기는 要求에 해당되고 여기엔 많은 함축과 한정, 내포가 주어
져 있지만 役割擔當者(role-incumbent)의 실제 人性(pereonality)에
대하여는 아무것도 말해 주지 않고 있다. Mintzberg의 觀察에서 機
能의 여러 범위의 反省的 또는 哲學的 目的에 대하여 어떤 혐오감
을 발견하였는데 이 발견에서 후자, 즉 人性에 대한 하나의 힌트를
받을 수 있다. 그러나 Mintzberg는 자기 자신의 편견의 어떤 편견
을 갖고 있으며, 다음의 인용문에서 어느 정도 엿볼 수 있을 것이
다.

　　지난 세기 후반 공장수준에서 능률성을 증진시키는 방법으로
Frederick Taylor가 실험을 실시한 이래 管理科學은 組織位階에
대한 영향을 확대해 왔다. 그러나 지난 10년에 접근법의 전환은
발전의 속도를 늦추어 왔다. 管理科學者는 그 技能의 수준을 높
이고자 추구해 왔다. 그런데 이 관리과학자가 고도로 구조화된
문제를 다루기만 한다면 이러한 접근은 알맞을지 모른다. 그러
나 政策수준에서 발견된 것은 그렇게 질서정연하지 않고, 또 어
떻게 문제들을 구조화하느냐를 알려면 시간이 걸릴 것이다. 기
능수준을 높이고자 추구하는 속에서 管理科學者는 높은 수준으
로 어느 정도 준비교육을 받았어야 하며, 技能에 맞는 問題를
추구하기보다는 問題에 따라 技能을 맞추어 조절할 수 있도록
준비가 되어 있어야 한다. 管理科學은 다시 한번 관리문제에 대
한 기본적 분석-즉 외현적 자료에 의지하는 분명한 체제적 사
고-를 적용해야 한다(196).

현시점에서는 質的-量的 論爭에 대한 판단은 일단 뒤로 미루기로 한다. 行政을 하나의 藝術(art)로 특징짓는 게 더 좋으냐 또는 科學 (science)으로 특징짓는 게 더 좋으냐 하는 문제가 어떤 증거에 의하여 行政이라 불려질 수 있는 일련의 독특한(distinctive) 조직 활동이 존재한다는 일반적 관찰결과의 가치를 떨어뜨릴 필요는 없다. 이러한 생각이 바로 '아무나 할 수 없는 어떤 전문성을 보장하는 데 충분히 특이한 것일지 모른가. 이것이 바로 하나의 專門職(Profession), 完全한(full-brown) 전문직이었든 혹은 新生(embryonic) 전문직이었든 하나의 전문직을 구성하며, 통일된 지식체계에 대한 영역적 요구를 갖고 있는 전문직과 어떤 전문화된 기술을 가진 전문직에 대한 상상적 요구를 하는 전문직을 구성한다. 이러한 專門職과 그 專門的 일의 論理는 有目的的 集團性內의 人間의 關係性으로 넘어가게 된다. 더구나 專門主義(Professionalism)는 어떤 절대적인 필요는 아니라 하더라도 어떤 종류의 형식화된 준비의 필요성을 암시하고 있다. 그리고 행정에서 이제 아마추어는 사라져야 할 것이다.

VII. 行政家의 特性

行政家의 人性特性(personality traits)은 좀 광범한 연구대상이었다. 특히 指導性의 特性理論(trait theory of leadership)을 탐구하고자 하는 데서 중요한 연구대상이었다(Stogdill, 1948; Shartle, 1949). 그러나 명백한 연구결과가 없고, 또 조작적으로 정의할 수 있는 人性特性을 밝힐 수 없기 때문에 이 특성 이론적 설명은 마침내 사라지게 되었다. 그러나 최근 행정가의 행정활동과 有意한 관계가 있고 또 豫測的 관계를 갖는 人性特徵을 밝혀낼 수 있다는 아이디어에 대하여 보다 더 복잡하고 정교한 수준이 있다는 복고적인 연구들이 나오고 있다(Reddin, 1970; Fiedler, 1966). 이 주장은 성공적인 행정수행과 의의 깊게 상호 관련되는 어떤 특성적 속성이 반드시 있어야 한다는 것과, 이러한 속성을 가진 사람을 지도성을 갖고 있는 자리에서 어떤 방법으로는 발견할 수 있고 또 그런 사람을 추천할 수 있다는 것에 아직도 어느 정도 說得力이 있다. 이러한 가락은 아직 사라지지 않고 있다. 이 대부분의 또는 모든 경험적 노력에서 행정가와 道德的 屬性과 立場은 어떤 주의 깊은 경험적 연구를 무시하는 경향이 있었다는 것은 철학적으로 특이한 점이다(Schutz, 1955 연구는 이에 합당하고 흥미 있는 것이었지만 Golembiewski, 1965는 이를 뒷받침하는데 실패하였다). 물론 많은 文獻을 통하여 어떤 힌트와 제안이 나오고 있다. 공공 행정의 고전적 책에서 따온 다음 인용문이 이를 설명해 주고 있다.

　　아주 높은 이동성을 갖고 있는 사람−매우 강한 개인적 야망을 갖고 있는 사람−은 權力(power)을 갖는 地位에 마음이 끌린다. 계층적 사다리에서 높이 올라가기 위하여 흔히 냉혈적인 행동을 하거나 결정을 내리는 것이 필요하다. "꼭 필요한 사람과 한잔 하러 가야 한다." 때로는 친구라도 지나쳐 버려야 한다. 때때로 직무 수행이 불량하기 때문에 다른 사람을 해고시켜야 한다. 무능한 사람의 갈망과 열망, 바램은 흔히 무시되어야 한다. 강한 개인적 야망을 갖거나 유난히 강하게 目標에 집착하는 사람 이외에 대부분의 사람은 이러한 행동적 어려움을 발견하게 된다. 결과적으로 높은 이동성을 갖고 있는 많은 사람들은 일종의 自己選擇에 의하여 마치 등산하듯 조직위계의 상층부로 올라가고 있다(Simon, Smithburg, Thomson, 1950, 395).

Barnard가 집행자 행위에서 도덕적 요소라고 한 그의 통찰과 중요성의 강조에도 불구하고 위와 같은 좀 설명적이지만 실제 정치적 논평만으로는 행정가의 特徵(characteristics)과 반대되는 행정가의(도덕적) 特性(characters)에 대하여 우리는 아직 事實的으로 또는 科學的으로 말할 수 없는 실정이다(330, 331).

行政家는 다른 사람에게 힘(Power)을 가하는 자리를 차지 한다는 점을 인정할 때 행정가의 특성은 두드러지게 나타난다. 이것은 行政機能의 하나의 기본특성이다. 물론 행정의 권력(power)적 측면. 이 政治的水準에서 분명하게 나타날 때 권력요소의 명백성과 그 도덕적 암시는 자서전작가와 역사가, 정치학자들의 주의를 끌게 된다(Collins and Moore, 1970; Lewis and Stewart, 1958는 보다 점잖게 그들의 주의와 관련되어 있다). 그러나 다시 일종의 도덕적 공백이 있는 것 같이 보인다. Hitler와 Churchill, Ignatius Loyola와 Lucrezia Borgia 가 같은 시내였던 偉人의 民主主義가 과거처럼 존재한다. 이들은 人間의 행정에서 공통적인 技能領域을 모두 공유하고 있다. 행정적 정예주의의 공동체 또는 權力(Power)의 결합체가 존재한다.

政治的 行政界의 外的 예는 있지만(Clark, 1969) 하나의 종류로서의 행정가 특성에 관한 경험적 증거가 부족하기 때문에, 그리고 특성의 경험적 증거가 복잡하고 종잡을 수 없기 때문에 만일 行政哲學者가 이들 요소에 대하여 어떤 가정을 만들어 낸다 해도 그는 너그럽게 받아들여질 수 있다고 본다. 여기에 고대인과 현대인 사이에 재미있는 대조가 있을 수 있다.

저자 자신의 연구에 의하면 고대인은 행정가의 일반적인 비관적 견해에 쏠리는 경향이 있다는 것이다(제9장을 보라). 권력추구적(powerseeking), 출세지향적(success-oriented), 매정한(ruthless), 공격적(aggressive), 超道德的(amoral) 등의 수식어는 주어를 행정가로 하는 명제를 서술하는 말로써 알맞다. 이러한 견해는 그리스人을 거쳐 Machivelli에 이르기까지 계속되었다. 『共和國』(*The Republic*)에서의 Plato의 역작(tour-deforce)은 냉소주의의 증거 바로 그것이었다. 그러나 현대의 행정문헌에서는 대부분 이러한 풍자주의와 부정주의의 기풍은 사라졌다. 예를 들면 Simon과 March(1958, 1945)의 책에서 행정가는 組織의 목적을 추구하기 위하여 倫理으로 中立的인 일종의 道德的 者으로 나타난다. 이러한 도덕성 배제는 조직을 뒤엎거나 나쁘게 이용할 만한 충분한 잠재력이 있는 자기 관심을 실제로 가지고 있다는 사실은 별로 관심을 끌지 못하고(Simon, 1957, 242) 또 전혀 고려의 대상이 되지 못했다(이 반대되는 것으로 Wright, 1973; Brittan, 1964를 보라).

물론 현대에 행정의 도덕적 특성(character, characteristics에 반대되는 개념으로서의)에 대하여 무관심한 데에는 뚜렷한 이유가 있음에 틀림없다. 철학과 행정사이에 결합이 이루어지지 않고, 學術誌 문헌이 학문적 과학적 탐구의 대상으로도 승격시키려 노력하고, 그래서 끝없이 경험주의에 대한 노력을 기울이고, 많은 관심을 가지고 신생전문직으로 부상하고, 새로운 학문을 위한 정치적 안정이 이루어지고, 價値에 대한 다원적·개념적 혼란이 있는 역사-문화적 환경이 주어진다면 이 모든 것이 함께 작용하여 행정에 대한 도덕적 개입에 대하여 어떤 우선적 고찰을 하는데 방해를 주고 있다. La Porte는 무관심이 이러한 풍조를 낳게 하였다고 하며 행정연구에 대한 哲學的 意識의 결여를 개탄하고 있다(Marini, 1971, 20). Barnard 는 이러한 일반적 경향 속에서 意義있는 예외적 인물 중의 하나였는데 그의 책의 많은 부분이 특히 이 문제에 집중되었다(162, 200-201, 258-284 그 외 여기저기에).

그러나 이때에 이것은 특별히 엘리트주의자의 색채를 띠고 있으며 행정의 (도덕적) 특성에 대한 그의 해석에 대하여 反平等性을 보여 주고 있다.

그러나 Barnard의 노력에도 불구하고, 또 다른 고대인들의 편견에도 불구하고 우리는 이 책의 이 부분에서 도덕적 특성을 채택하는 극단적 입장, 다시 말하면 龜鑑性(paragonship), 빠져버린 부패성

(obsessive corruption), 공허성(零, cipherhood)을 피할 것이며, 또 대체적으로 그리고 비교적 理想主義(idealism)(Plato-Barnard), 現實主義(realism) (Machiavelli), 論理實證主義(positivism)(simon)의 견해를 대표하는 관점을 피하게 될 것이다. 잠시 동안 우리는 여기서 행정이 특별히 도덕성을 요청함에도 불구하고 일상적인 사람이 실천한다는 것을 단지 가정할 뿐이다. 이 점에 대하여는 후에 재검토될 것이다. 여기서 우리의 관심은 行政論理의 一般的 性格에 있다. 이러한 論理에 대하여는 行政機能을 간단히 다시 살펴봄으로써 재 강조될 것이다.

Ⅷ. 行政機能

우리는 지금 행정에 관한 광범한 전통적인 지혜에 대하여 일반적으로 살펴보았는데, 여기서 생긴 하나의 질문은 "人間行動의 이런 분파를 특징지을 수 있는 분명한 논리 또는 기본적 형태가 존재하는가?"이다. 아마 이러한 행정의 필수적 성격을 Simon과 Barnard의 전망으로 가장 쉽게 또 빠르게 포착할 수 있을 것이다.

前權威者 simon은 行政의 진수는 의사결정의 과정이라는 입장을 취한다. 그러나 모든 의사결정이다 행정적인 것도 아니며, 또 조직구성원에게 효과적인 것으로 밝혀지는 것은 아니다. 개인을 위하여 조직이 흔히 하는 의사결정은 (1) 자기의 기능, 즉 자기 의무의 일반적인 범위와 성격을 구체적으로 밝히는 것이며, (2) 권위의 배분, 즉 조직 내에서 누가 개인을 위해서 더욱 더 의사결정을 하는 권력(power)를 갖느냐를 정하는 것이며, (3) 조직 내 여러 개인의 활동을 조정하는 데 필요한 선택의 한계를 확정하는 것이다(p.8). 우리가 行政과 管理의 연속선이라 부르는 것의 후속처리는 이것에 따르고 있으며 흥미거리이다. simon에게 행정적 결정은 의사결정 과정자체에 특별하게 지향하는 것들이다.

　　그러면 우리가 계층의 상층부로 올라감에 따라 '行政
的'(administrative) 임무는 행정가의 더 많은 시간을 차지하며
'技術的'(technical) 임무는 줄어든다는 말은 극히 조심스럽게 해
석해야 한다. 만일 '行政的 任務'라는 용어가 단지 조직결정기능
(organizationdetermining function)에만 해당된다면 위에 말한
것은 眞이라고 본다. 그러나 行政家에게 떨어지는 광범한 결정
기능이 행정적 임무로서 고려된다면 그것은 眞이라고 본다.
　　"계층의 하위수준에서의 行政的 機能과 '技術的' 機能사이의
差는 무엇인가? 계층상 상위의 행정가의 결정내용은 하의 행정
가의 결정보다 더 궁극적 목적과 보다 더 일반적 과정을 다룬다
는 것을 의미하는가? 우리는 하의행정가의 목적은 상의행정가의
과정이라고 말해야 할 것이다"(245-6).

　　우리가 이 글에서 받은 행정가의 중심기능은 조직결정과 결정규
칙을 정하는 것이 된다.
　　Barnard는 보다 더 광범한 입장을 취한다. Barnard의 집행자 기
능은 (1) 조직의 의사소통체제의 유지, (2) 개인에게서 중요한 조직
봉사를 보장받는 것, (3) 조직의 목표와 목적을 성립하는 것이라고
한다(pp.215-234). Barnard는 體制理論의 適用이 널리 전파되기 전
의 體制理論家였다. 情報의 흐름에 대한 Barnard의 관찰은 가장 현
대적 연구발견의 선견지명이 되고 예측이 되었다(Mintzberg, 1973).
그도 결정기능과 과정을 완전히 무시한 것은 아니다. simon과
Barnard 두 권위자의 것을 합치면 행정의 범위는 管理的－技術的
인 표면적 관심으로부터 조직목적에 관한 심층적 관심에 이르기까
지 넓어진다. 球體의 中心에 해당하는 哲學으로부터 表面에 해당하
는 行動에 이르기까지의 범위이다.

행정의 기본성격은 지대의 흐름에 따라 변화하지 않았다. 그러나 특별한 혼적을 갖고 나타난 전문직으로서의 출현, 즉 專門家團體와 專門學校의 출현은 현대적 현상이다. 여러 가지 다양한 이유로 동기와 다양한 방법으로 대개 남자가 아직도 행정가가 많이 되고 있다. 그러나 專門主義는 전문직 능력(special competence)과 전문직・비교적 비법의 지식체계라는, 적어도 두개의 기준을 내포하고 있다. 이러한 기준이 충족되느냐 하는 문제와 또 다른 기준에 의한 행정가가 모든 각 조직이 만든 행정적 역할을 담당하는 데 특별한 요구를 받고 있느냐 하는 문제는 정확히 대답하기 어려운 거북한 질문들이다. 그러나 현시점에서 행정적 지식기반에 대한 요구는 적어도 組織理論, 意思決定論, 指導性理論에서 검토되어야 한다는 입장을 취한다.

그러나 행정은 아는 것으로 충분한 게 아니라 행동으로 실천하는 것이며 행정은 특히 뚜렷한 行動指向性으로 특징지어진다. 그래서 다른 말로 말하면 행정가는 意思와 政策을 決定하기 때문에 그리고 행동의 반영과는 독립적이고 또는 행동에 대한 지식과는 독립적인 자기정당화에 의하여 조직을 유지해야 하기 때문에 하나의 指導者라고 주장할 수 있다. 프랑스 극작가 Moliere의 인물이 자기가 말해온 천생애가 무미건조하다는 것을 알게 될 때 행정과 동시에 철학을 실천하고 있다는 것을 알고는 놀라게 된다. 반면에 행정가는 조직내의 다른 조직 구성원과 구별해 주는 어떤 責任性을 실천한다는 것을(그리고 이리하여 곧 철학에 대한 결정을 한다고) 의심하지 않고 주장한다. 그러면 행정의 형태는 행동중심(action-focused)이고 또 행정의 일상적 태도는 實用的이다. 이것은 철학의 영역과 행정의 영역 사이에 상호작용이 부족하다는 것을 설명해주는 것이지만 조직과 행정은 서로 중복된다는 사실-즉 우리 모두는 조직의 일에 의하여 직접 간접으로 영향을 받거나 그 조직 구성원이며, 또 우리 모두는 행정을 받거나(administered) 행정을 하는(administering) 입장이라는 사실—의 관점에서 볼 때 이상할 게 거의 없으며, 이러한 상호중복성은 생활의 의미와 질에 많은 의미를 갖고 있는 것이다.

제2장 組織의 性格

I. 組織理論

행정전문직이 누구냐에 대한 주요 假定은 행정전문직 구성원은 비행정직 조직구성원에 비하여 조직에 대한 우수한 지식을 갖고 있으며 상급자라는 점에서 구별될 수 있다. 그러므로 行政哲學에 대한 關心은 이러한 주장의 本體에 관한 것이 될 것이다. 조직이론체계의 밑바닥에 깔려 있는 論理는 무엇이며 조직이론체계가 내포하고 있는 價値는 무엇인가? 인간 조직의 현장은 학가와 연구자의 열렬한 주의와 관심을 끌어왔다. 行政理論을 포함하여 조직이론과 이론 간의 관계성에 관한 많은 문헌만 봐도 이를 뒷받침하기에 충분한 증거가 되고 있다. 그러나 社會科學은 학술단체에서 특수명제(subaltern)에 해당되며, 예를 들면 조직심리학, 정보이론, 조직발전과 같은 사회과학의 보다 최근의 분파는 하나의 연구 분야로 볼 때 行政의 下位水準에 해당하는 것이다. 이와는 대조적으로 公共行政은 정치학의 후원 아래 하나의 학문으로서 오랫동안 위치를 지켜왔다. 그리고 Waldo(1961)는 행정이론과 組織이론을 구별하는 경향, 즉 20세기 중엽 행동주의의 유행과 일치하는 하나의 전환이라고 시사한 바 있다. Waldo는 또한 행정이론은 '세계와의 결합, 즉 가치추구'를 암시하는 반면, 조직이론은 보다 事實的인 것을 함축하고 가치개입이 적게 포함되었다고 지적하였다. (ibid. 217, 218). 물론 조직이론은 행정행동에 따른 가치문제의 어느 것도 피하지 못하고 충분히 해결하지도 못하지만, 이 조직이론

은 이론의 가능성, 모델의 가능성, 특별한 능력(competence)과 거리
의 평범한 사람과 조직 내 아무나 쉽게 접근할 수 없는 능력, 그리고
더구나 '과학적' 기반을 두고 지적으로 존경받을 만한 능력을 갖고
행정에 學여될 수 있는 개념적 수단의 가능성을 암시한다.

　이러한 주장에 대한 次元은 무엇이며 생명력을 갖고 지지될 수 있
는 가능성은 무엇인가? 조직연구에 우리의 주의를 집중함으로써 行
政論理를 보다 날카롭게 구획 짓는 것은 가능한가? 이 章에서 우리는
의의 첫 질문에 대한 해답을 얻고자 한다. 두 번째 질문에 대하여
Waldo는 政治學의 관점에서 어떤 示唆를 하지 않았다. 코끼리를 설
명하는 장님들의 우화에 비유하여 Waldo는 "오늘날 組織理論
(Organizational Theory)이란 제목 하에 여러 가지를 포함하는 포함
성, 다양성, 무정형성의 관점에서 볼 때 만일 모든 것이 同一한 코끼
리에 관련된 것이라면 일반적인 象皮病(elephantiasis)을 가진 매우
큰 코끼리라는 결론을 우리는 내려야 한다."고 말한다(ibid. 組織6).조
직이론가들 자신은 이러한 점을 뛰어넘어야 한다. 예를 들면 Haas와
Drabek는 조직에 대한 思考와 硏究에 대한 개념, 가설, 자료의 대표
성에 대하여 8개의 '관점'(Perspectives), 즉 (1) 合理主義, (2) 古典主
義, (3) 人間關係論, (4) 自然體制論, (5) 葛藤論, (6) 交換論, (7) 工學,
(8) 開放體制論의 관점을 구별하였다(1973, 23-93). 이러한 관점들의
각각은 이론적 모델로 특징지을 수 있고, 각 관점은 연구자의 지각과
연구자의 연구를 위한 變因의 선택을 구성하는 데 기여한다. 그리고
각 '설명'(explanation)은 그 자체의 세계관(Weltanschauung)을 반영
한다. 그러나 저자들에 의하면 의의 아무것도 하나의 완전한 적절하
거나 독립된 이론적 기반으로 작용하지는 못한다(ibid.). 다른 표준적
교과서에서 Hall은 폐쇄체제(closed system)하에서는 管理論(management),
경제학, 구조주의자 이론들을 구별하고, 개방체제 관점 하에서는 집
단, 개인, 공학, 권력이론가들을 구별하였다(1975, 35). 그러나 다시

조직에 대한 이해는 조직 내 사람들로 하여금 "자기들 자신의 욕망 (desires)을 달성할 수 있도록 하고 또 조직으로 하여금 조직의 목표를 달성할 수 있도록 하기에는 아직도 충분치도 못할 뿐만 아니라 조직으로 하여금 조직이 社會를 위하여 할 수 있는 모든 것을 달성할 수 있도록 허용하기에도 충분치 못하다"는 결론이 있다(38). La Porte는 文獻의 '허튼소리'(babble)에 대하여 말하고 또 그는 '어의적 변화의 끝없는 전망과 개념이 무한성인 것같이 보이는 것으로부터 도피하고 싶은 유혹을 받는 그런 분야를 찾고 있는 학생'들을 가엾게 여긴다(Marini, 1971, 26).

여기서와 같은 큰 제목 하에서 다뤄질 수 있는 결과의 집합체와 연구·이론적 상상을 반복하거나 심지어는 조사한다는 일은 불가능한 과제일 것이다. 그래서 우리가 여기서 노리는 것은 行政行爲의 기본논리를 확실히 포착하는 데 함께 기여하는 조직이론에서 선정된 어떤 주제에 대하여 간단히 고찰하려는 것이다. 만일 科學의 대상을 事實的(그리고 경험적으로 검증할 수 있는) 문장만으로 제한한다면, 조직에 대한 하나의 과학을 위하여 금을 그을 수 있는 경계에 대하여 우리가 관심을 가져야 하는 일이 따르게 된다.

사회과학과 행정과의 관계성은 하나의 생산적인 관계였다. 公共行政은 확실히, 그리고 私設機關의 조직에 대한 행정은 거의 확실히 Max Weber의 사회학적 통찰과 관료구조이론으로부터 덕을 보았다(1947). Parsons (1951), March와 Simon(1958), Etzioni(1961), Blau와 Scott(1962) 등이 제공한 복잡한 조직이론은 최소한 조직논리의 분석, 여러 형태의 組織逆機能의 진단, 행정능력의 지적 기반을 향상시켜 온 개념모델이나 해석체제를 제공해 왔다. 물론 모든 행정가가 다 의의 학자들의 연구결과의 전 범위에 숙달되는 것은 아니나, 그럼에도 불구하고 주어진 전문직의 硏究側面(study arm)과 實踐側面(practitioner arm)의 일종의 공생적 형태로 결합하는 경향이 있는 專門職化(professionalization)의 양상이 존재하고 있다. 정보의 교환이 있고, 또 경험과 높은 지위를 갖고 있는 집행자 중에 조직 이론에 대하여 지식을 가지고 있지 않은 사람은 거의 없다. 많은 사람들 이 여러 사회과학의 전문용어에 대하여 정말 아주 잘 알고 있으며, 의에서 예를 든 여러 개념적 관점에 대하여도 많은 사람들이 익숙히 잘 알고 있다.

人間組織에 관심을 가짐으로써 나온 다른 성공적인 결과는 생물학에 그 기원을 두고 있는 하나의 음직임이며(Bertalanffy 公, 1950), 종합적 哲學에 모두 이르게 하는(Laszlo, 1972) 하나의 움직임인 一般體制理論의 開發이었다. 組織에 대한 思考에의 體制的接近은 學際的(interdisciplinary) 기여를 위한 하나의 틀을 제공해 준다. 생물학으로부터의 유추는 때때로 너무 과장되기도 하며, 또 한쪽에서는 하나의 機關으로서의 社會學으로 알려진 巨大體制(macrosystem)로 변해 가고 또 다른 한쪽에서는 '1次的 集團'(Primary group)의 微示體制(microsystem)로 변해 가면서 人間組織에 대한 定義는 희미해지게 되었다. 그러나 경계(boundary)를 정의하는데 어려움이 있음에도 불구하고 에너지와 정보의 유통에 대한 개방체제의 개념은 조직 현상에 대한 직접적인 知的關心을 자극했고, 행정현상에 대하여는 간접적인 관심을 자극했음에 틀림없다. 이미 밝힌 바 있는 것처럼 Barnard는 그 시대에 앞선 하나의 體制的 思考를 한 사람이다.

그러나 體制理論은 조직에 대한 관심의 범위를 넘어 그 범위를 넓혔으며, 쉽게 하나의 哲學 또는 生에 대하여 바라보는 하나의 方法이 되었다(Allport, 1960; Boulding, 1956; Etzioni, 1968; Laszlo, 1972; de Chardin, 1959). 조직적 차원, 즉 능률(efficiency)과 효과(effectiveness)의 초가치(metavalues)로 제한되는 하나의 차원으로 한정하여 볼 때일지라도 그것은 반대로 가치배제적인(valuefree) 입장, 즉 理念的 입장을 지지하는 데 이용될 수 있다. 그래서 민주적 또는 참여적인 것으로 생각될 수 있는 조직실제를 위하여 사회심리학, 그리고 경험적으로 지지되는 자료에서 어떤 合意가 존재한다(Likert, 1961; Katz and Kahn, 1966, 470; Wiener, 1954). 다시 본질적으로 체제이론이 아니라면 조직이론은 예를 들면 유대-기독교인 윤리(Golembiewski, 1965)와 '人間資源'(human resources) 모델(Miles, 1975; Leavitt, 1972)을 지지하는 데 사용되어 왔다.

조직은 여러 가지로 정의되기도 하고 또는 아직도 정확히 정의하지 못한 상태로 남아 있다 (Waldo, 1961). 그래서 Simon은 다음과 같이 말하고 있다.

人間組織은 참여자의 의식수준에서는 공통적으로 인정하고 기대하는 對象物이 되는 目標(ends)를 향하는 행동의 합리적 방향감의 정도가 얼마나 높으냐 하는 정도에 의하여 흔히 특징지어지며, 적어도 몇 개의 1次的 集團을 포함하는 상호의존적인 활동의 체제이다(simon, 1954, 157).

Simon의 정의는 전형적인 것이며 조직의 합리적 특징에 강조점을 두고 있다. Bakke(1960, 37)는 보다 더 정교하게 정의하고 있다.

하나의 **사회조직**은 일련의 특별한 **人的, 物的, 資本,** 관념형**성, 天然資源**을 환경 속에 있는 人間活動과 資源의 다른 體制와 상호작용하는 특별한 人間欲求를만족시키는 데 기여하는 독특한 **문제해결**이란 전체 속으로 함께 **녹여 넣고** 함께 **전환시키고 이용하는** 구별되고 조정된 **인간활동의 하나의 계속되는 체제**이다(역주: 밑줄은 역자가 추가).

여기서 조직은 문제해결 단위이며 **체제**가 강조되었다는 것이 분명하다. 보다 더 간결하게 **Argyris**는 "조직은 많은 노력을 요구하는 목적을 달성하기 위하여 개인이 창조한 거대한 전략이다"(1960, 24)라고 말한다. 여기서 우리는 현상학적 경향, 즉 마침내는 자신들을 個人의 주관적 생활에 기반을 둔 인간경험의 구성으로 보는 인간조직의 관점을 발견할 수 있다.

우리들 자신의 목적으로 볼 때 인간조직을 제한된 환경 내에 존재하며 적어도 둘 이상의 인간 구성원을 갖는 체제적 실체로 이해할 수 있다. 체제적 실체는 목적의 형태와 나눠진 상태와 소재가 불분명하고, 의식되지 않고, 심지어는 숨겨져 있다 할지라도 목적과 관련된 구조의 통합체를 의미한다. 적어도 둘 이상의 구성원은 조직을 이루는 전제조건이며 그래서 결정적으로 하나의 사회구조와 계층이 존재한다는 사실에 주목해야 한다. 근본적으로 組織力動性이나 긴장의 원인이 되는 집단목적과 개인목적이 공존한다는 사실에도 또한 주목해야 한다. 순전히 집단적 수준에서 일지라도 조직목표는 그 자체가 力動的 또는 辨證法的 갈등 내에 존재하며, 이러한 갈등은 행정가의 분야에서 의식적인 또는 무의식적인 역동성이 될 것이다.

조직의 목적적 측면은 여러 가지로 분류하여 묶어서 제시할 수 있다. Perrow는 다음 4가지로 분류하고 있다.

(1) 산출목표(물건과 서비스),
(2) 체제목표(유지와 성장)
(3) 생산목표(물건과 서비스에 대한 요구와 질·양을 다루는 것),
(4) 파생적 목표 (예, 정치적 목적, 투자, 종업원 개발).

人間組織을 定義하는데 여러 학자들 간에 의견의 일치를 보고 있지 못하지만―즉 simon은 "인간조직을 어떤 곳에서는 1次的 集團(이것은 '人間關係'學派의 기본단의인 小規模의 對面關係의 작업집단 또는 가족집단) 이상의 人間集團의 수준으로 생각하고, 어떤 곳에서는 예를 들면 '강철공장', '소매장사', '공공행정'과 같은 곳에서는 '하나의 機關'이라 부르는 실체 이하의 人間集團 수준으로 생각하는 것"처럼 인간조직의 정의가 다양하지만(Dunsire, 1973, 112-13) 조직행위에서 有目的的 行動이 두드러지다는 점, 즉 조직은 有目的的 特性을 갖고 있다는 점에 대하여는 합의점이 있다. 그러므로 만일 조직이론·組織哲學에 이르게 된다든지 또는 그 반대에 이르게 된다면 그것은 組織論理의 이 事實 또는 이 側面의 자극으로부터 나오게 되는 것이다.

Ⅱ. 組織構造

조직 내의 구성원은 어떤 형태의 社會構造(social structure), 다시 말하면 어떤 형태의 身分差를 만든다. 論理的 觀點에서 분명치 못하지만 경험적 사실로 봐서는 대체적으로 진실인 것(시간과 문화의 양면을 초월하여)은 흔히 系線과 幕僚(line and staff)로 알려진 형태를 형성하는 것 같다. 例外가 있긴 하지만6) 權力과 權威(power and authority)7)는 조직영역의 哲學的 核(philosophical core)으로부터 組織의 바깥 둘레의 行動水準으로 하나의 系線을 따라서(along a line) 흐르는 것이 正常인 것으로 생각된다.8) 譯註 이러한 흐름과 이 흐름에 해당되는 系線은 궁극적으로는 조직목적에 근본 뿌리를 둬야 하는 명령과 계층의 원리를 암시한다. 이것은 조

---

6) Algonquin Indian에 관한 Millerr의 文化人類學的인 例가 설명이 될 것이다(1955, 해 온).
7) 또한 影響(influence)의 개념을 창조하라. Franklin, 1975, 153.
8) 圓의 중심으로부터 원주에 직선을 긋고, 중심에 '철학적 핵'이라 쓰고 최고행가－국장－과장－계장－계원 순으로 직선에 따라 쓰고 원주에 '행동'이라 써 보시오.(譯註)

작구성원 간에 차례로 下級者－上級者－調整者(Subordinate-superordinate-coordinate) 關係性 체제를 만들어 내고 또 이 관계성에 의해서 분명해진다. 이러한 순서를 정의하고, 분명히 하고, 방어하고, 확대하고, 꾸미는 것은 행정의 특별한 권한에 해당된다. 조직의 지위와 보장체제는 명령계통과 동일구조를 갖는 경향이고, 이것이 기능적이고 유익한 것으로 전통적 지혜 속에서 믿게 되었다(Barnard, 1946, 46). 결과적으로 모든 행정가와 관리자는 系線과, 좀더 정확하게는 系線上에서의 자기의 위치가 의미하는 것이 무엇인지 알게 되었다. 현대이론가들은 이런 원리를 인정하고 또 Max Weber의 官僚制의 合理的・形式的 理論속에서 가장 분명한 표현을 찾으려는 경향이 있다.

많은 경험연구와 대부분의 이론요약은 외현적으로 또는 내현적으로 공식조직에 대한 Weber적 개념에 기초를 두고 있다. Katz와 Kahn의 저서 『조직사회심리학』(Social Psychology of Organizations)은 분명히 당대의 걸작임에 틀림없었는데 이것까지도 이러한 생각과 일치하고 있다. Katz와 Kahn의 형식은 현저히 다르다고 사람들을 믿게 만드는 체제와 역할이론에 대한 포괄적인 조사를 바탕으로 하여 그들의 논리를 전개했기 때문에 Weber와 Katz의 경우에는 Weber에 기초를 두었는지 즉시 분명하게 드러나지 않는다. 그러나 그건 그렇지 않다. Katz와 Kahn의 分析의 밑바닥에 깔려 있는 관료제의 계층적 형태는 그들의 지도성 개념화에서 밝혀졌다. 이들의 개념적 틀에서 조직목적을 달성하기 위한 구조변화에 대한 소개는 역할체제의 頂點에서 주도한다. 그리고 中間層의 지도성 수준은 주어진 목표를 달성하기 위하여 주어진 구조를 다듬고 수정(개찬, interpolation)하는 데 관심을 기울인다. 그리고 마지막으로 지도성 체제의 下層部는 주어진 구조의 이용에 관심을 둔다. Weber의 모델을 외현적으로 이용하고, 또 조직의 실체는 '모델'의 매개변인과 매우 밀접하게 거의 관련되지 않았다는 것을 보여주는 수많은 경험적 연구가 있다. 전형적으로 이런 계층적 배열에 대한 '순수한' 결과로부터 이탈하려고 탐구하고 개념화하였으나 기본원형(Paradigm)은 근본적으로 의심의 여지없이 Weber적인 것이다(Marini, 1971, 144).

系線에 보조적인 것은 古典理論에서 系線人事에게 보조적이고 후원적인 기능을 하는 조직구성원들이다. 결정과정에서 참모는 조언할 수는 있지만 명령할 수는 없다. 말하자면 마치 가톨릭에서 추기경단(the College of Cardinals)은 로마교황(Pope)에게 조언은 할 수 있지만 교황(Pope)－주교 (bishop)－사제(Priest)로 구성되는 系線에서 주교에게 지시하는 것을 뒤엎을 수는 없는 것과 같다. 그러나 참모의 개념은 系線의 개념처럼 명백하지는 않다. 참모인사는 계선을 향해서 그리고 계선으로부터 이동함으로써 자기의 역할정의에 있어서 변동시키거나 또는 法律上(de jure)이 아니면 事實上(de facto)의 계선적 권위를 행사한다는 것을 경험적 관찰에 의하여 제시되었다(Thompson, 1961; Dalton, 1950, 342). 이러한 문제를 해결하기 위해 문제 삼을 필요가 없다. 만일 조직이 철학(목적)으로부터 행동(조직의 일)에 이르는 하나의 '계선'을 가지고 있는 有目的集團性이라는 논리를 받아들인다면 모든 조직구성원은 어느 정도 이 계선에 존재한다는 것을 인정할 수 있다. 그러나 이러한 제안은 조직의 補償體制에 대한 곤란한 문제를 일으키게 되며 또 사실상 이 논리는 일반적으로 받아들일 수 없다. 모든 참여자는 통솔범위와 일에 대한 조직에 관심을 갖는 데 있어서 전통적인 지혜로는 계선－참모의 구별을 주장한다(Ouchi and Dowling, 1974; Blau and Schoenherr, 1970).

참모와 계선의 구조는 하나의 原型을 構成하는 것으로 오늘날 行政意識 속에 깊이 뿌리박은 개념적 피라미드를 만들어 냈다. 피

라미드 구조는 專門化(specialization)와 分業(division of. labour)과
같은 계선과 참모의 논리와 관련된 결과로부터 나온 것이다. 그렇
지만 다른 代案的 構造排列을 하려는 인습타파적 시도가 때때로
있었다. Likert와 Miles의 저서에서 따온 [圖 2]는 연결핀
(linking-Pin) 구조 A, B, C와, 課題 팀(Project team) D, 同僚모델
(collegial model) E와 같은 代案들을 보여주고 있다.

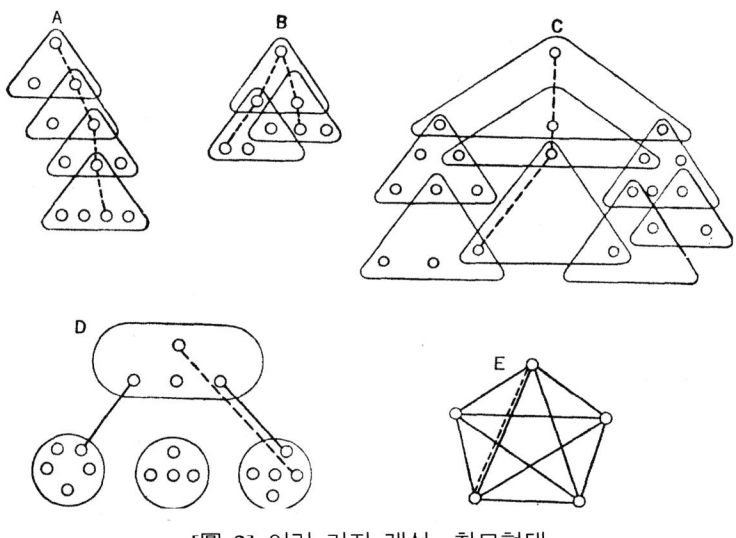

[圖 2] 여러 가지 계선 – 참모형태

(譯註: 점선은 계선관계)

그러나 다섯 개의 각 모델에는 계선이 존재하고(그림에서 점선으
로 나타낸 것), 또 조직구성원 누구도 동시에 2개 이상의 1次的 集
團의 구성원인 사람은 없다는 것을 언뜻 보아도 알 수 있다. 同僚
모델 E를 제외하고는 계선의 정점은 항상 '行動水準'(action level)
과 멀리 떨어져 있고 管理的 또는 監督的 中間層을 통해서 의사소
통할 수 있다는 것도 또한 의미 깊은 일이다. 다시 Golembiewski

의 책에서 따온 [圖 3]은 일을 조직하는 두 가지 방법을 보여주고 있는데 둘 중에 어느 것도 계선과 참모, 즉 계층적인 것을 본질로 하는 구조적 논리와 조직의 의사결정 과정의 흐름을 바꿔 놓지 못하는 것 같다[비정통형(unorthdox)은 수정을 시도하기는 하지만].

우리의 관점은 여기서 이러한 排列들이 비교적 장점을 가지고 있다는 것을 주장하려는 것이 아니고─이에 해당하는 몇몇 저자들이 그럴싸하게 이러한 목적을 달성하였지만,─ 그 대신 기본구조에는 별 변함이 없다는 것을 보여주려는 것이다. 이러한 심층적 구조는 조직배열에 있어서 태양 아래 어떤 새로운 것을 발견하기 곤란하게 만들고, 또 行政態度에 가장 기본적인 것으로서 피라밋 原型을 의심의 여지도 없이 지지하게 된다.

이러한 구조주의의 전통적 특성은 조직이 어떤 정체적 본질 (essence)을 가지고 있다는 것을 전혀 암시해주지 않고, 이와는 반대로 이것들은 목표 지향적 흐름을 나타내는 필수적 요소(compositions)이며 목표달성을 위한 전략적 지도이다. 구조의 다른 측면은 기능, 즉 구조의 구성인자인 역할배열의 力動的 側面이다. 그리고 구조는 다시 우리로 하여금 목적의 요소에 눈을 되돌리게 한다. 어떤 조직구조나 최종 분석에서는 목적 측면에서 기능을 해야만 한다. 이것이 세월이 흘러도 변함없는 力動的 實體이다. 기능은 단순히 역할을 구성해야 하는 것이 아니고 의사결정 절차를 구성해야 한다. 그리고 이 것은 최소한 (1) 지도성 선택(행정), (2) 역할구성(직무정의), (3) 목표설정 (정책), (4) 목표달성(운영)(Morphet et al; 1967, 88)을 위한 절차를 가져야 한다는 것을 시사한다. 이것은 우리가 원래 행정을 목적, 기술(technologies), 사람의 셋을 복합적으로 축소시킨 것을 예시해 준 것이다.

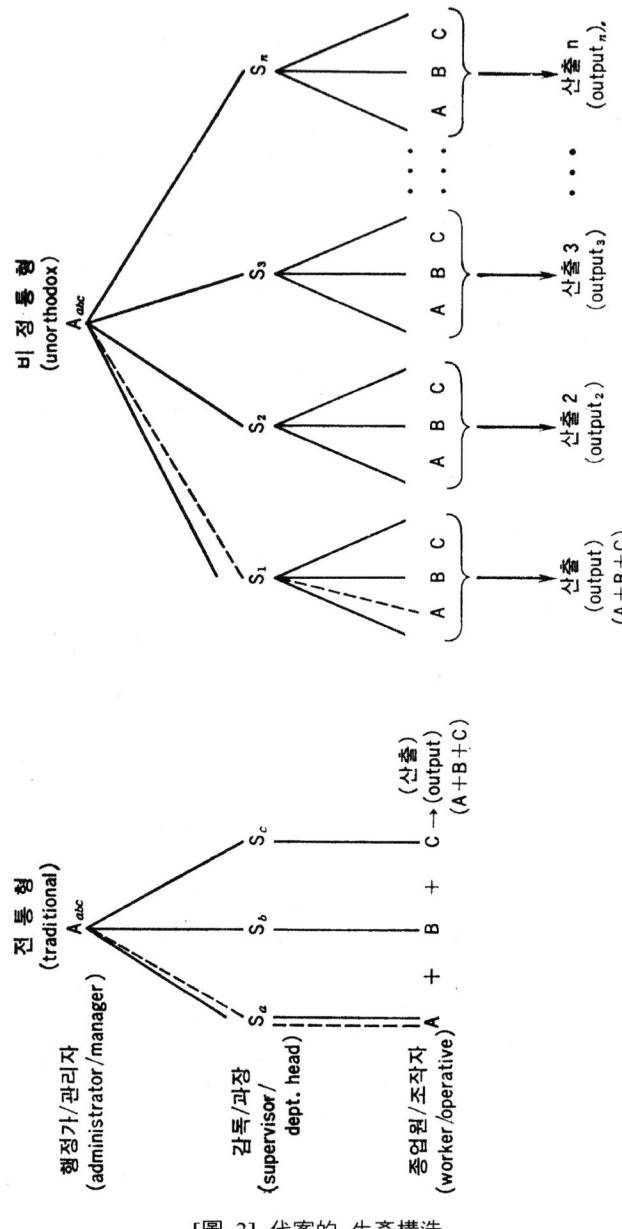

[圖 3] 代案的 生產構造

Ⅲ. 組織類型

種[species; 역주: 생물학에서의 동식물분류에서 온 것으로 目(order)
－科(family)－屬(genus)－種(species)의 순서를 참고]에 의하여 屬
(genus)에 해당하는 조직을 분류하려는 수많은 진지한 시도와, 조직
유형학(typology) 또는 분류학(taxonomy)을 도출하려는 많은 시도가
있었다. 그리고 조직의 하위단위가 존재한다면 이것이 조직의 구조와
기능의 어떤 공통성에 바탕을 두고 있는 行政哲學의 가능성에 어떤
영향을 미칠지 모르기 때문에 위와 같은 시도와 노력은 우리의 주제
에 매우 중요하다. 가장 많이 알려진 분류는 Blau와 Scott(1962)의 것
이다. 이들은 조직을 (a) **相互受益協會**(mutual benefit association: 조
합, 교회), (b) **企業會社**(business concern: 제조 회사, 은행), (c) **奉仕
組織**(service organization; 병원, 학교), (d) **公共福利組織**(commonweal
organization: 군대, 경찰)의 4가지로 분류하였다.

Blau와 Scott의 분류는 누가 受益者인가(cui bono)라는 의미에
기반을 두었다는 의미에서 분명히 가치가 있다. 말하자면 조직을
분류하는 방법 중의 하나는 조직이 생산해낸 補償의 性格과 分配
에 의하여 類型化될 수 있다. 바꾸어 말하면 目的과 受益에 의하여
조직을 유형화할 수 있다. Etzioni는 社會學的 觀點에서 受益構造라
는 變因에 의하여 조직을 분류하였다. 그래서 조직은 受諾構造에
의하여 (a) **强制的**(coercive) 조직, (b) **利益追求的**(remunerative) 조
직, (c) **規範的**(normative) 조직으로 분류되고, 반면에 조직구성원인
個人은 (a) **疎遠的**(alienative), (b) **計算的**(calculative), (c) **道德的**
(moral) 方法으로 반응한다. 그래서 학교는 强制的－疎遠的 조직이
되고 반면에 교회는 規範的－道德的 조직이 된다(1961). 이런 분류
도 또한 가치가 있다.

社會體制的 接近法을 취하는 Katz와 Kahn은 다시 조직을 4가지로

분류하는 방식을 개발하여 (a) **生產的**(productive), (b) **維持的**(mainte-nance), (c) **適應的**(adaptive), (d) **管理-政治的**(managerial-political) 조직으로 분류하였다 (1966, 112). (a) 生產的 또는 經濟的 조직은 社會에 物件과 奉仕를 제공해 주고, (b) 維持組織(학교, 교회, 정당)은 社會의 理念, 信念體制에 의하여 社會를 유지, 지원하며, (c) 適應組織(병원, 연구부서)은 사회문제를 해결하고 또 사회에 새로운 지식을 제공해 주고, (d) 管理-政治的 組織은 서로 경쟁하고 있는 사회집단들(예, 노동조합과 국가관리)을 조정하고 판결한다. (147). 여기서도 Blau와 Scott의 분류에서처럼 누가 受益者(cui bono)이냐의 논리가 존재하지만 전반적인 수익자는 크게 볼 때 社會라는 입장이다. 社會라는 것은 이익 추구를 위하여 서로 경쟁하는 조직의 변증법적 논리가 작용하는 合에 해당하는 것이다. 社會的 合의 代表인 國家는 최종적인 조직의 중재자적 기능을 갖고 있다.

Katz와 Kahn은 또한 '제2차적 수준'(second order)의 분류법도 만들어 냈다. 이것은 조직을 (a) 조직의 최종산물에 근거하여, 이것이 사람을 다루어야 하느냐 물건을 다루어야 하느냐(학교: 공장)에 따라, (b) 조직의 보상의 종류에 근거하여 이것이 표현적이고 내적이냐(궁극적 가치) 아니면 외현적이고 외적이냐(道具的 價値), (c) 조직이 높은 정도 또는 낮은 정도의 官僚化에 있느냐에 근거하여, (d) 조직이 안정지향 경향이냐 성장지향 경향이냐에 근거하여 구별하였다(ibid. 148).

우리는 조직을 여러 가지 방법으로 분류할 수 있다는 것을 알았다. 첫째, 상하개념의 屬(genus)에 의하여 분석 수준에서 組織(organization)과 機關(institution)사이의 구별이 명확치 않다. 국가에 귀속된 상징적 과정에 의하여 사회는 行動의 조직적 영역과 행정적 영역의 궁극적 決定因子가 된다. 둘째로, 조직은 種(species)에 의하여 여러 가지가 있다. 그리고 분류의 선택이 임의적이거나 변증법적인 방법이 있는가 하면, 또 이론적으로 권위 있는 학자 중에는 관심과 가치에 관련된 기준에 의하여 분류하려는 경향이 나타난다. 또한 이러한 전통적 분류에 있어 어떤 것도 조직형태의 다양성에 따른 행정과정의 공통성에 대한 Litchfield의 주요명제를 전적으로 부정하지 않는 것 같다. 그리고 끝으로, 물론 조직을 개별적으로 분류할 수 있다는 점이다. 그 조직에 적용되는 조건을 가치며, 또 이런 경우 行政行動을 가장 날카로운 가능한 방법으로 정의하여 각 조직은 그 자체의 독특한 현상학적 실체라고 보는 것이다.

그러나 조직 내에서의 하의분류(subdivision) 또, 조직이론, 즉 공식적 조직과 비공식적 조직이란 생각에 많은 주의를 기울이는 하위분류가 더 있을 수 있다. 전자의 각각은(조직 내에서의 분류) 하나 이상의 후자(공식, 비공식조직의 분류)를 가지고 있다고 말할 수 있다. Barnard 자신이 비공식 조직을 처음으로 주장한 대표적 인물이었다 (1972, 114-123). 그 후 행정가가 비공식조직을 안다"는 것은 최근의 논문이 되었다. March와 simon이 이 공식적 조직과, (2) 합리적 행동, (3) "조직참여자를 가장 행복하게 하는 조직의 수단이 아니고 주어진 일련의 조직목표달성에 가장 알맞은 조직의 수단을 위한 추구"를 이미 소유하고 있었기 때문에, Etzioni가 March와 Simon의 저서를 古典(찬사적 '현대'에 對가 되는 비난적 '현대'가 되는 경향이 있는 용어)이라 이름붙인 것은 아직도 생생하며 충분한 문제로 남아 있다(Etzioni, 1964, 31). 그렇지만 현재의 이론발달 단계에서 비공식적 조직과 공식적 조직의 관계성을 조직 형태를 바꿈으로써 영향을 받는 것으로 완전히 이해할 수 없다고 말하는 것은 정당한 것 같다. 이해할 수 있는 것은 하나의 조직 내에 존재하는 비공식적 관계성의 형태는 여러 가지 면으로 고려해 볼 때 특히 조직풍토, 사기, 지도성, 의사소통 등 여러 가지로 표현된 제목아래에서 행정가에게 매우 중요하다는 점이다. 이 내적 정체와 조직형태 중에 존재하는 정체는 모두 하나의 質, 補償要因, 關心, 價値를 공유한다. 조직은 논리적으로 분류될 수 있으나 그 논리 자체는 근본적으로 가치 있는 것이다. 조직형태이론 내에는 하나의 종합적 철학형성을 방해할 만한 아무런 요인이 없기 때문에 조직비교분해(역주: 앞의 조직 유형 비교)로부터 다른 엄격한 의미의, 본래의 분해로 나아가고자 한다.

IV. 組織生物學

組織體와 有機體를 비유하고자 하는 유혹은 오랫동안 계속되어 왔다. 그리고 실제로 그 유혹에 빠진 사람도 많았다. 가장 넓은 가능한 분석수준을 택하여 de Chardin은 '生物圈'(biosphere)에 관하여 말하고(1959), 또 Spencer는 규모에 주의를 기울이며 하나의 전체로서 社會에 대한 有機體的 비유를 주장해 왔다. 그래서

> ……유기체의 세포는 한 사회의 개인에 해당되고, (세포) 조직 (역주: 예, 근육조직, 신경조직)은 단순한 자원집단에, 器官(역주: 예, 발성기관, 청각기관)은 보다 더 복잡한 조직에 해당된다. 경제적 활동, 사법활동, 정치활동은 유기체의 생리학적 측면, 형태학적 측면, 단일 측면과 맞먹는다. 거래되고 있는 상품은 소화되지 않은 음식에 해당된다. 지배자는 男性이고 피지배자는 女性인데, 이들의 일종의 투쟁은 난자를 둘러싼 정충들의 투쟁에 비유된다(1910, 430 ff.).

Selznick는 機關과 組織을 구분하지만 前者 機關을 '反應的·適應的 有機體'로 설명하고 있다(1957, 5). 그리고 Michel(1915)과 Parsons(1951)는 조직의 '자연적 전체'(natural whole)를 하나의 '살아 있는, 반응적인 유기체'로 말해버리고 있다. 환경 내에서 존재하고자 하며 生存을 위해 적응적 변화를 하고자 하는 욕구를 가지고 있는

體制로 보는 組織에 대한 아이디어는 잘 확립된 아이디어이며
Plato시대로 거슬러 올라갈 수 있다.

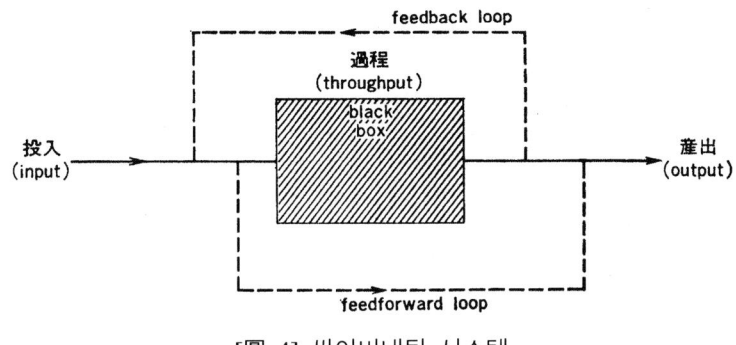

[圖 4] 싸이버네틱 시스템

이렇게 오랫동안 계속되어 온 비유에 대한 현대판 설명은 보다 더
추상적이고, 보다 더 기계적이며 (역주: 짜임새 있으며), 보다 더 수학
적인 경향이다. 이것은 生物學이란 母學間에 기원을 두고 있는 學際
的(interdisciplinary) 綜合을 위한 이론체제, 일반체제이론의 기본적
또는 핵심적 의미로서 단순히 표현되는 것 같다(Bertalanffy 公,
1968). [圖 4]는 필수적 要素를 제시해 준다. 일반체제의 형태는 目標
指向과 피드백機制(mechanism)에 의하여 自己指示的(self-directing)
인 하나의 활력적 投入(input), 過程(throughput), 産出(output)로 구성
되어 있다. 대부분의 경우 하나의 체제내부에서 실제로 무엇이 이루
어지고 진행되는지 알 필요도 없고 또 알 수도 없기 때문에 개념적
체제는 또한 '블랙 박스'(black box)의 논리적 경제성을 제공해 준다.
産出, 投入, 그리고 양자 간의 추상적 관계를 충분히 알 수 있다. [圖
4]와 같은 체제는 에너지와 정보를 환경과 교환하기 때문에 開放的이
다. 그리고 이것은 熱力學의 물리적 법칙에 의하여 지배된다. 이 법칙
의 첫째는 物質은 새로 만들어지지도 않고 또 없어지지도 않는다는

것, 즉 우주 내의 에너지의 양은 제한되어 있다는 것이다. 두 번째 법칙은 에너지체제는 다른 조건이 같다면(ceteris paribus) 질서나 복잡의 상대에서 무질서나 임의의 상태로 이동하는 경향이라는 것을 말한다. 有機體와 組織이 이 자연 법칙적 경향을 무질서(disorder), 혼동(chaos), 동질(homogeneity)로 혼동하는 한 負的엔트로피(negentropy, negative entropy)의 체제속성을 나타낸다. 이때의 情報理論에서 좀더 假定될 수 있는 것은 엔트로피의 정도가 어떤 체제나 조직에서 거기에 가지고 있는 정보의 양에 반비례하여 포함된다는 것이다(Shannon and Weaver, 1949).

체제의 다른 特性은 恒常性(homeostasis), 分化(differentiation), 同終着性(equifinality)으로 밝혀지는데, 이들은 모두 분명히 생물학적 유추에서 나온 것이다. 또한 개방체제(open system)는 항상 환경과 교호작용하고 있다는 것이다. 이것은 모든 체제가 다 上位體制(supersystem) 내 下位體制(subsytem)로, 또 이어서 자기체제 내의 下位體制의 上位體制로 개념화할 수 있다는 것을 의미한다. 이 논리적 극단론에 이르러 이것은 우주에 대한 중국적 사고(chinese-box)의 견해를 제공해 주는데, 이 견해의 한 極端은 大宇宙의 폐쇄적 에너지체제이고, 다른 한 極端은 亞原子(subatomic; 역주: 예, 양자, 전자 등)的 무한대 범위 내 어디에서 사라지는 것이다.

여기서 생물학적 同形異質(種)(isomorphism)의 문제로 돌아가 보기로 하자. 이제까지는 단지 조직을 유기체와 비유하여 보았다. 조직과 유기체 둘 다 有目的的 實體이지만 이들이 다 똑같은 방법 또는 똑같은 의미에서 有目的的인 것은 아니다. 하나의 조직은 '意識'(consciousness)도 '意志'(will)도 가질 수 없다. 이 의식이라든지 의지는 조직 내의 個人 구성원만이 가질 수 있는 것이다. 행정철학은 조직의 도덕성과 책임성의 문제에 많이 기울어져 있기 때문에 行政哲學을 위한 이러한 특징이 암시하는 것은 중요한 것이다. 조직의 형태와 유기

체의 형태가 다르다는 것을 우리는 주목해야 한다. **Katz**와 **Kahn**은
다음과 같이 지적하고 있다.

> ……기본적인 체제적 과정은 역학적이며 에너지의 흐름과, 전
> 환, 교환을 포함한다. 그러나 인간조직은 개방체제의 다른 항목
> 에 있어서 차이가 있는 어떤 독특한 성질을 가지고 있다. 아마
> 가장 기본적인 독특한 성질은 움직이는 때 정지상태로 관찰할
> 수 있고, 움직임 속에서 체제적 기능을 포함한 활동을 만들어내
> 고 또 활동을 수행하며 구별 가능하고, 지속적인 물리적 구조가
> 없다는 점이다. 이런 해부학적 의미에서 볼 때 인간조직에는 구
> 조성이 결핍되어 있고, 그 인간조직이라는 敷地와 빌딩은 장식
> 물이며, 그 구성원은 그 속을 들락날락 한다. 그러나 어쨌든 구
> 조를 가지고 있으며, 또 어떤 사건의 임의적 결합을 만들어내는
> 데 종사하는 상호작용적인 개인을 아무런 형태 없이 혼합해 놓
> 은 무형의 개인집합체는 아니다(453, 454)

다른 말로 하면 하나의 인간조직은 단백질이지만 논리적 형태를
가지고 있는데 이는 마치 하나의 江은 제방(뚝)의 덕택에 존재하는
것과 같으며, 또는 人間이란 존재는 이기적 자아(ego) 또 나만의
'자아'(I-ness)라는 神秘의 덕택에 지속된다. 그렇지만 전자의 경우
인간은 같은 강물에 두 번 다시 발을 담글 수 없고, 후자의 경우
우리의 모든 세포는 항상 죽어가고 또 대체되고 있다고 우리는 믿
게 된다. 생물학적 비유에 대한 오류를 현대에 와서는 다음과 같이
비판한다.

> ……體制理論에 있어서 조직에 대한 지배적인 생각은 하나의
> 유기체라는 이미지이다. 조직은 존재한다. 조직은 조직 자체의
> 생명을 갖고 있는 관찰 가능한 실체이다. 조직은 사람과 같다.

비록 때때로 성숙한 成人이라기보다는 말 잘 안 듣는 어린아이
보다 더한 이미지를 갖고 있긴 하지만, 어떤 경우에도 이론은
조직에다 人間的 屬性을 부여해 준다. 조직은 目標를 갖고 있고
그 目標를 향해서 조직의 활동을 하고 또 조직을 둘러싸고 있는
환경에 대하여 반응하고 또 환경에 적응한다. 조직은 또한 환경
에 부적하게 되는 유기체의 운명을 피할 길이 없다. 정말 조직
의 운명은 점점 더 복잡해지고 소용돌이 치는 환경에 얼마나 적
응할 수 있는 능력을 갖고 있느냐에 달려 있다. 조직에 대한 이
미지에 있어서 Darwin의 진화론의 논리에 따라서 체제이론가들
은(Bennis, 1968) 소규모이고, 재빠르고, 민주적인 조직이 우리
주위에서 이제 생명을 다해 가고 있는 거대하고, 관료적인 형태
를 대체해 가고 있는 것으로 보고 있다. 마치 생물체가 적자생
존이라는 엄격한 법칙에 복종해야 하듯이 관료조직이 전에 없이
대형화하고, 튼튼해지며, 무적의 상태로 나타난다는 사실은 마치
생물체가 적자생존이라는 엄격한 법칙에 복종해야 한다는 것과
같은 조직 내의 질서정연한 신념을 뒤흔들어 놓는 것으로 나타
난 것은 아니다……(Greenfield, 1974, 4).

그 다음에 社會科學指向的인 학자들과 人間主義的·現象的 接近
에 보다 더 기울어진 학자들 사이에 조직이론에 있어서 분파가 생
기기 시작하였다. 이들의 주장은 社會現實의 實在에 달려 있는 것
같은데 前者의 집단은 과학적 설명, 합리적 질서, 計量的 分析을
추구하는 반면 後者의 집단은 個人, 변증법적 질서, 質的言語分析
을 강조하는 경향이 있다. 이러한 논쟁의 차원은 주로 1975년
Greenfield의 많은 논쟁을 일으킨 논문에서 진지한 발단이 되었다.
현실주의자 집단에 해당하는 '과학적'학파에 기울어지면서 저자는
근본적인 철학의 差는 現實主義(realism, 實在論)와 理想主義(idealism,
觀念論) 사이에 존재하는 것으로 해석하고 있다. 그러나 이 저서의

관점에서 볼 때 현실주의와 이상주의의 이중성은 적절치 못하며 잘못된 견해를 갖게 할 가능성이 있다. 조직을 일종의 '자체의 생명'을 가지고 있는 실재적 실체로 취급하려는 경향이 있는 思考의 학과(體制的 觀點)와, 조직을 사회적 산물, 즉 조직구성원이 만들어 낸 文化的 성격의 人造物로 보려는 경향이 있는 학과(현상학) 사이에 주장의 논법이 존재하는 것을 확실히 주목할 수 있다. 集團性(collectivity)을 강조하는 전자의 집단(Parsons, 1937; Parsons and Shils, 1962)은 유기체적 오류를 범할 모험을 안고 있으며, 반면에 個人에 해당되는 강조점을 두는 후자의 집단 Greenfield, 1975; Filmer et al., 1972)은 조직적 형태(Gestalt)의 아이디어의 가능성을 무시할 모험을 안고 있다. 조직은 그 部分의 단순한 合 이상의 것이다. 조직은 조직구성원의 가입과 존속을 통제하여 어느 정도 불멸성을 가지고 있으며, 조직의 상징적 생활은 價値를 內面化(제도화)하고 조직성원 간에 바꾸어 가며 價値遂行者로 봉사하는 한에 있어서는 類似性格 또는 特性을 가지고 있는 것이다. 그래서 어떤 의미에서 더 세속적 인간조직이 '政治體系'(body politic)의 한 부분이 되는 것과 꼭 마찬가지로 기독교(Christain Church)를 '그리스도의 신비적 체계'(Mystical Body of Christ)로 비유할 수 있다. 조직을 체제이론에서 하는 것과 똑같이 논리적으로 분석할 수 있다. 그러나 이 책의 저자는 이 책 전반을 통하여 주장하고자 하는 것은 행정가의 특별한 보호대상이 되는 귀중한 '자체생명'을 걸고 이 논리적 틀을 제공하는 것이다. 조직에 대한 행정이 바뀔 때 하나의 조직은 '멸망'(die)하지 않는다는 것은 무엇을 의미하느냐 하면 새로 들어오는 행정이 에너지와, 정보, 의사결정 흐름의 논리적 체제뿐만 아니라 보다 더 중요하게는 조직의 진정한 존재이유를 만들어 주는 귀중하고 흥미 있는 복잡성까지도 지시할 수 있다는 것을 의미한다.9)

合理的이고, 과학적이며, 지적인 기초를 추구하는 하나의 신생 전
문직을 위하여 체제이론은 광범하게 암시적 비유를 갖고 있으며, 생
물학과 수학에 기초를 두고, 다 학문적(multidisciplinary) 용어를 바
꿔 쓰고 번역하도록 허용하는 능력범위를 가지고 있기 때문에 체제이
론은 매력적이며 유혹까지 받는 영역이라는 것을 남겨둬야 할 것 같
다.

V. 組織과 人間動機

체제적 관점에 대하여는 물론이고 구조주의자 접근에 대한 비판은
개인과 그 개인의 동기를 적절히 고려하지 못했다는 점이다. 그렇지
만 이제 일의 동기 문제에 관한 많은 이론과 연구가 쌓이게 되었다
(그 중에서도 특히 Steers and Porter, 1975; Vroom, 1964; Herzberg,
1968; Maslow, 1965). 현존하는 지식과 가정(supposition)이 과다할
정도로 많아지면 우리는 더 이상 문헌에 무엇인가 첨가하려 할 때
위축감을 느끼게 된다. 그러나 다음에 제시된 모델은 현 상태에서의
이해를 설명해 주고 또 전형적인 것인데 여러 수준의 분석을 통한
형태나 행동모양(syndrome)의 일관성을 나타내기 위한 하나의 시도
이다. [圖 5]는 기본행동형을 나타내 주고 있다. 점선 원으로 표시된
한 사람의 조직구성원은 보수, 승진, 임기 보장 같은 조직의 보상체
제가 제공하는 우측에 있는 目標, 誘引價, 熱望추구로 향하게 하는

---

9) 行政的 熟練이란 인습적으로 조직의 파괴(destruciton)보다는 조직의 유지
   (maintenance)와 보존(preservation)에 직접적으로 관련되어 있다. 그러나
   사회과학자들은 국제정치의 무기로서 전자에 관심을 기울여 왔다. 유감스
   럽게도 이러한 주장의 증거는 저술의 시기에나 분류되지만 만일 파괴적
   기술(방법)이 이용 가능하다면 이외 존재는 조직이론과 행정능력사이의
   관계를 강화해 주는 경향을 가질 것이다.

그 개인 특유의 이기적 자아(ego)와 복합적 가치(value complex)를 가지고 있다. 이러한 目標를 달성하기 위하여 그림의 중간 부분에 열거한 여러 종류의 장애물을 극복하고 일의 형태로 노력을 기울인다. 이 목표에 대한 그 개인의 投入程度[commitment; (C)]는 P(목적달성의 가능성(probability)]와 v(그 목표에 대한 그 개인의 평가, value)의 함수(f)(function), 즉C＝(f)p, v가 될 것이다.

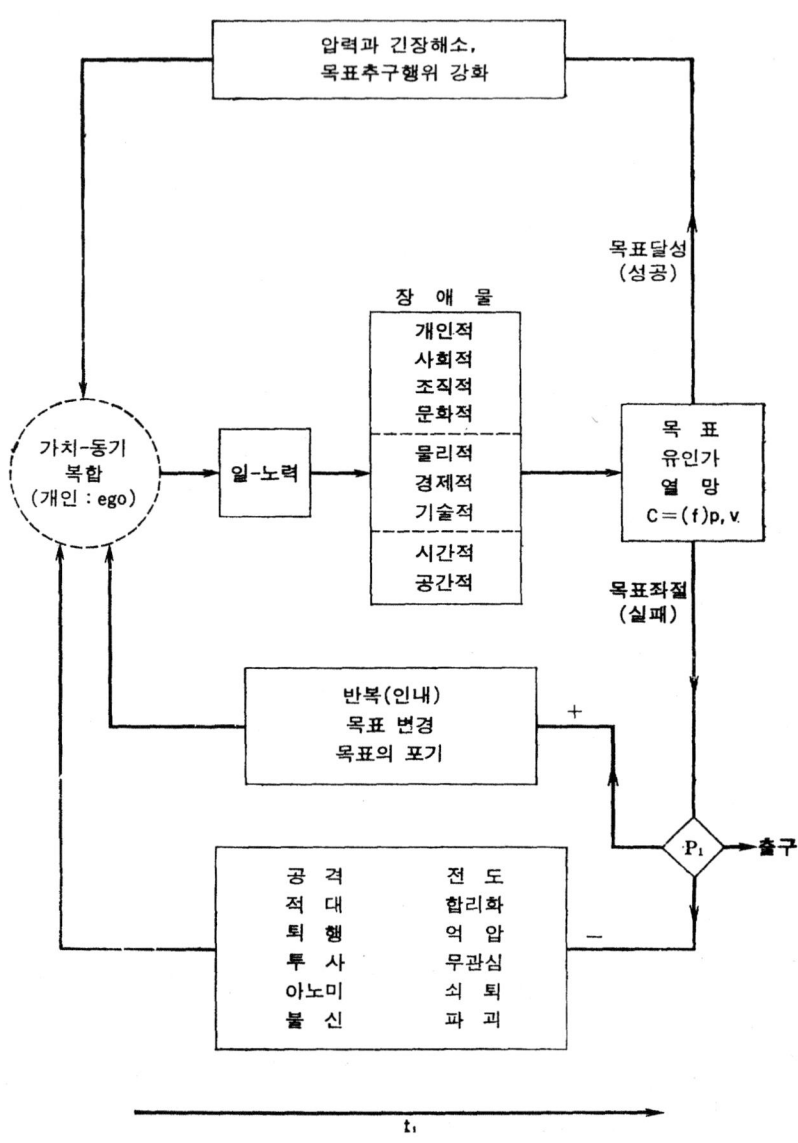

[圖 5] 組織內의 個人의 價値行動(미시적 분석)

논리적으로 목표는 달성되거나 아니면 목표달성이 좌절되거나 둘 중의 하나일 것이다. 만일 달성된다면 조건은 성공이라 이름 붙여지고, 그 조직 구성원은 즐거운 긴장완화를 맛보고, 목표추구행동을 강화 받게 된다. 그래서 그 사람의 가치-동기복합은 더욱 튼튼하게 된다.

반대로 만일 필요한 시간이 흘러가고 노력을 기울였는데도 불구하고 목표달성이 안되면, 예를 들면 기대한 승진이 따라오지 않으면 실패경험이 따르고 결정점(decision-point) P_1에 도달하게 된다. P_1은 3개의 代案的 갈림길을 갖게 되는데: (1) 만일 이것이 가능하다면 조직으로부터의 탈퇴(Exit or departure), (2) 목표달성을 위한 재시도 또는 목표에 대한 知覺을 바꾸는 것, (3) [圖 5]의 맨 밑의 네모 칸 안에 공격……파괴(sabotage)로 분류된 여러 형태의 행동을 하는 것이다. 선택지 (2)와 (3)은 조직 내에 그 구성원을 머물러 있게 하는 것이고 대개 +(정적)와 -(부적)로 표시되게 된다. 이것은 각각 다시 점선 원 안의 가치복합에 영향을 주고, 이어서 그 옆에 있는 일의 노력에 영향을 주게 된다. 이런 형태의 주기가 반복되는 동안 시간 t_1은 경과하게 된다.

이러한 미시적 수준의 분석에서 적용된 똑같은 동기적 논리가 조직 내의 집단행동을 위한 중간수준의 분석에까지 확대될 수 있다(圖 6). 여기서 가치복합은 앞에서 개인이었던 대신 하나의 集團的 性格이며 집단은 조직 구조, 과업, 기술의 형태를 통해서 조직목표와 집단목표와 집단 유인가에 도달하도록 노력을 기울인다. 이제 이 목표에 대한 投入程度(commitment) (C)는 조직의 유지와 성장(M_1, M_2, 그리고 제11장을 보라)의 超價値(metavalue)의 부분적 함수, 즉 $C = (f)M_1$, M_2이다. 성공은 먼저와 마찬가지로 強化되고 超價値(M_{1-4})는 더욱 확립된다. 실패는 P_2에 의치한 3가지 선택의 길, 즉 (1) 집단의 해체, 또는 (2) 정적(+), 또는 (3) 부적(-) 반응의 代案이 있다.

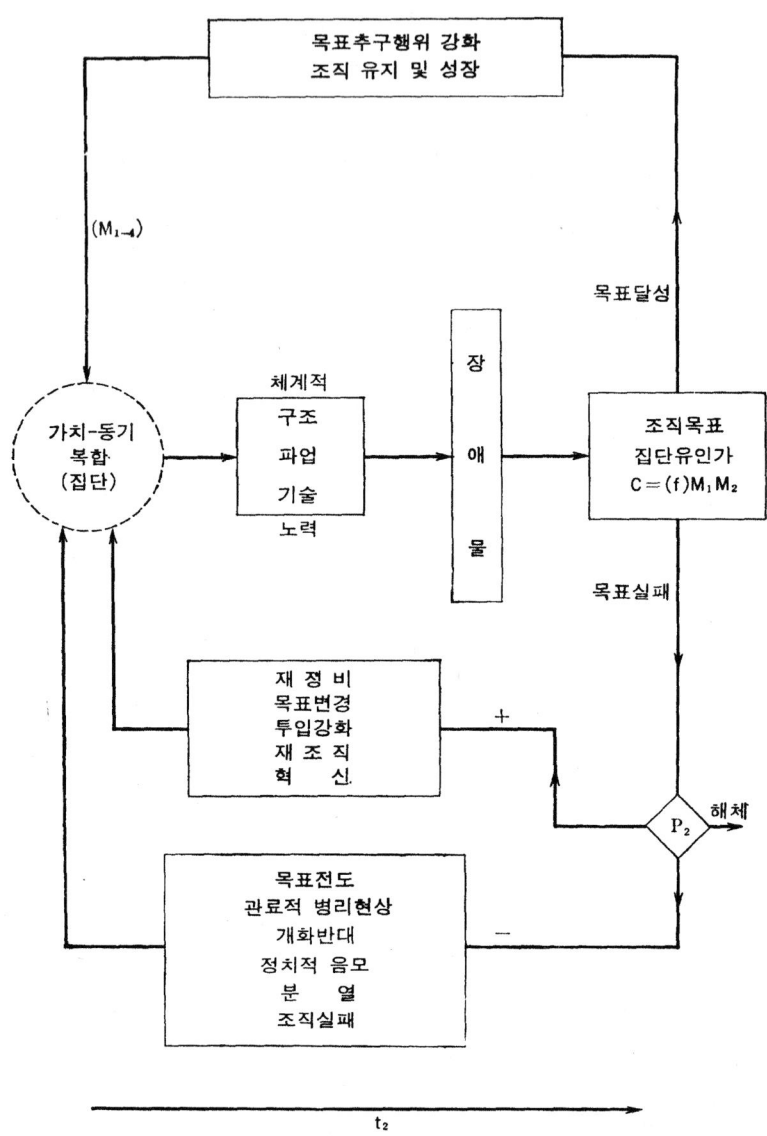

[圖 6] 組織內의 集團의 價値行動(중간적 분석)

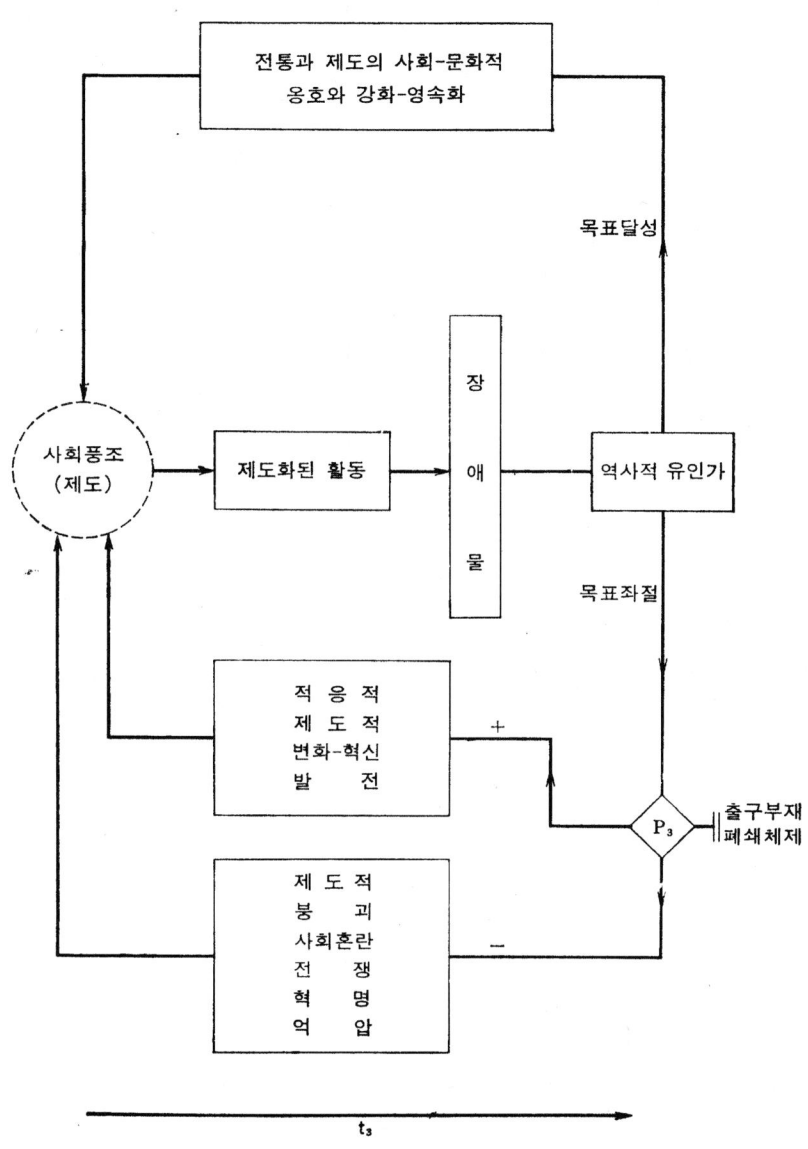

[圖 7] 社會內의 組織의 價値行動(거시적 분석)

가장 대규모 또는 거시적 수준의 분석(圖 7)에서 조직은 사회풍조에 의해서 생기고 또 지배되는 制度(institution)(상업, 군대, 공교육)와 연결된다. 앞의 두 수준의 형태와의 가장 중요한 차이는 이 수준에서 좌절의 경우에 P_3에서 出口(exit, 탈퇴, 해체)의 선택의 길이 없다는 점이다. 社會는 그 자체로부터 탈출할 수 있는 길이 없기 때문이다. 歷史的 時間 t_3는 경과한다.

이 세 모델은 행동주의적 스타일이다. 행동주의는 補償과 處罰의 개념에 주로 기반을 두고 있는데 인간은 보상을 보장받기 위하여, 또는 보상을 잃는 것을 피하기 위하여 행동한다는 점에 주목하는 것이 중요하다(Simon et al., 1950, 472-3 참고). 이 모델들은 또한 적어도 두 가지 의미에서 분명히 가치가 있다. 첫째, 각 경우에 個人, 集團 그리고 社會的 價値體制에서 행동의 主導가 있다는 점이고, 둘째, 正的(+) 또는 負的(−)의 代案的 失敗의 反應의 특징은 한 종류의 반응이 다른 것보다 얼마 간 나은 것이 있는데, 이것은 순수한 가치판단이라는 것을 내포하고 있다는 점이다.

VI. 行政哲學의 基礎로서의 組織理論

조직이론이란 제목 하에 결실을 맺어온 노력의 확대를 어떤 틀 속에 묶거나, 요약하거나, 분류한다는 것까지도 쉽지 않을 것이다. 組織科學의 硏究結果와 檢證에 확실히 바탕을 둘 수 있는 行政原理 또 行政理論의 假定이 무엇인지 정확히 말한다는 것은 훨씬 더 어렵다. 그렇지만 조직이론과 행정이론을 위한 매개변인(parameter)을 설정하는 필수적 요인의 형태를 명백히 밝히는 것은 가능하다. 가장 최초의 형태에서 이들 요소는 한쪽은 하나의 조직구성원으로서의 個人과 관련된 變因과, 다른 한 측면은 個人構成員의 目標指向的 集團으로서의 組織과 관련된 변인의 두 종류의 변인으로 구성되었다고 보았다. 前者는 人間性格, 價值, 態度 ,欲求, 動機, 能力, 技術(skill)과 관련된 變因들이 확대되는 영역을 포함한다. 반면에 後者는 技術(technology), 目的, 構造, 機能의 變因을 포함한다. 이 두 측면(개인과 조직)을 연결 또는 종합하려는 시도는 行政的 變因이라는 제3의 부류가 되는데 이 중에 가장 중요한 구성요소는 效果的(effective) 行政哲學, 行政專門性의 水準, 資源흐름, 超價值의 효력 등이다. 그러면 우리는 대충 構成員, 集團性, 行政에 해당되는 3부류의 변인으로 묶을 수 있다. 각 부류가 經驗的 探究의 근원이 되어 왔고 또 현재도 탐구의 근원이 되고 있다. 그러나 이러한 노력으로부터 논쟁의 여지가 없는 일반원리가 나왔다고 말할 수는 없다. "단일 최고집행자를 두는 것이 조직효과성을 높인다"거나, "권위의 위임을 통해서 조직효과성을 높일 수 있다", 또는 "고도의 分化(分業)(division of labour)로 된 조직이 낮은 分化의 조직보다 더 能率的일 것이다"와 같은 유사행정법칙은 논쟁의 대상이 되고 있다(Miller, 1965, 403; March and simon, 1958, 41-42; Haas and Drabek, 1973, 29 이하). 반면에 이 연구의 많은 부분의 특징이 되는 '과학'과 '과학적 방법'에 대한 찬성으로 인하여 行政資質 分野를 위한 倫理效果의 형태란 의미에서 價值를 평가 절하시키는 결과를 가져왔다.

다른 분석수준에서는 이념의 영역, 즉 과학적 방법과 경험주의가 설정한 논리와 합리성이란 범위 내에서 어떤 논리 실증주의적 발판을 찾아낼 수 없는 신념과 태도, 기치양식과 대규모 복합체의 영역에 대하여 논쟁이 있다. 그리하여 조직구조의 독재적 관료제이론(monocratic-bureacrat heory) 신봉자들과 이와 반대되는 민주적 동료모델을 옹호하는 사람들 사이에 논쟁이 있다. Max Weber는 前者立場의 할아버지격 인물이다. 다음 인용문에서 Weber의 논법의 맛을 볼 수 있는데, 그의 주장의 강점은 관료제 형태가 지속되고 또 성장해 왔다는 역사적 증거를 통해서 알 수 있다.

관료제가 더욱 더 완전에 가깝게 발전하면 할수록 사무적인 업무에서 사랑, 증오, 계산적으로 따질 수 없는 모든 순수한 사적, 비합리적, 감정적 요소들을 더욱 더 성공적으로 제거할 수 있다. 관료제의 핵심은 바로 合理性이다. 형식 존중의 非人情性(impersonality)의 정신은 종업원의 私生活로부터 조직의권리와 의무를 분리시키는 것을 필요로 하고 있다. 관료제에서 일하는 사무원(공무원)은 단지 非人情的으로 직무수행을 함으로써만 의사결정시 合理性을 보장할 수 있고 이렇게 함으로써만 모든 下級者를 공정하게 대할 수 있다(Abott and Lovell, 1965, 42-3)……

경험에 의하면 행정조직의 순수한 관료적 형태-즉 관료제의 여러 독재적 형태-는 순전히 기술적(technical) 견해로 볼 때 가장 높은 수준의 效率性을 달성할 수 있고 또 이런 의미에서 인간에게 불가피한 통제를 가하는 가장 합리적인 수단으로 알려져 있다. 이 관료적 형태는 정확성, 안정성, 규율의 엄격성, 신뢰성에 있어서 다른 어떤 형태보다도 월등히 좋다. 이것은 또한 조직의 상급자에게 또 그 일과 관련하여 행동하는 사람에게 특히 고도의 計算性을 제공해줄 수 있다. 끝으로 고도의 能率性과 운영의 範圍의 양면에서 우수하며 또 어떤 종류의 행정과제에도 공식적으로 적용할 수 있는 형태이다(Weber, 1947, 337).

현대의 많은 革新主唱者, 특히 유명한 Thompson(1961, 1965)은 Weber의 주장에 반대되는 항목들을 열거하였다. 이러한 조직이론에서의 논쟁은 근본적으로 가치 있고 경험 이외의 것에 기반을 두고 해결책을 찾아야 한다는 데 있다는 것을 우리는 주목해야 한다. 그러므로 해결책은 가치분석과 가치기반에 바탕을 두고 있는 哲學的인 것이다. 동시에 이슈를 일으킨 것처럼 조직이론은 사실적 발견과 객관적 실재에 대한 가설을 검증하는 범위에서는 論理的 次元에 따라 行政哲學에 기여하고 있다. 이렇게 해서 行政의 哲學化를 위한 事實的 基盤은 확대된다. 人間, 그리고 아마 인간 아닌 조직에 대한 연구는 분명히 관리자, 집행자, 행정가에게 중요하다. 조직이론이 경험적 자료를 찾는 방법에서는 科學的이고 개념적 조작방법 에서는 論理的 인 한 이 활동은 行政哲學을 위한 기반을 제공해 주며, 또 조직이론 이 처방적인 한 행정철학은 조직이론을 위한 기반을 제공해 준다.

끝으로 적어도 한 가치는 同意할 수 있겠는데 그것은 만일 어떤 조리가 선 행정철학이 존재하려 한다면 조직이론이 만들어낸 모든 학파의 의견과 그 경험적 연구결과의 모든 것을 설명하는 입장을 취 해야 한다. 조직사회학, 사회심리학, 심리학, 체제이론에 관한 문헌 은 풍성하고 또 증대되고 있다는 점을 생각할 때 이와는 대조적으로 철학과 같은 문헌은 아직 찾아보기 어렵다는 것은 이상한 사실이다. 말하자면 科學 自體는 形式論理와 數學의 관계와 같은 과학에 해당 되는 科學哲學을 가지고 있으나, 조직이론에 뿌리를 둔 관련 行政哲 學은 아직 형성되지 못하고 있다. 이러한 비교에서의 불균형을 초래 한 데는 하나의 분명한 설명이 있다. 즉 科學과 數學의 탐구는 어렵 고 난해하지만 기본 原型은 단순하고 價値中立的(value free)이다. 이와는 대조적으로 行政과인간조직 내에서 실천하는 그 활동영역은 어느 정도까지 감소시킬 수 없는 복잡성으로 구성되어 있고, 또 그 행정의 論法은 일상 언어의 구체화에 있어서 공통영역을 이루어 단 순화된 반면 그 행정의 내용은 결코 가치중립일 수 없고 항상 **客觀 的 그 以上**의 것이다. 이러한 행정의 主觀性조직의 여러 부분, 특히 조직목적과 인간 동기를 논의하는 데 있어서 組織의 理論化에 개입 된다. 이것은 組織論에 構造와 機能, 公式組織과 非公式組織, 組織規 範的 側面과 個人的 側面의 범위를 넘어서 價値와 事實 사이, 事實 (what is)과 當爲(what ought to be) 사이의 근본적인 분리에 이르기 까지 확대되는 二重性을 제공해 주고 있다.

제3장 意思決定

Ⅰ. 要求되는 必須的 能力

하나의 行政專門職의 형성에 보탬이 되는 조직론에 관한 지식기초를 추구한다는 것은 전연 불가능한 것은 아니지만 아직 엄격한 과학적 이상의 부족에 부닥친 것으로 밝혀 졌다. 이 분야는 여러 가지 질서의 혼란상태, 즉 외골수 아닌 다양한 형태(polymorphous)인 것으로 나타났다. 그럼에도 불구하고 행정가는 專門家의 專門職的 能力(Professional competency)이라는 건물의 한 기둥을 그 (1) 硏究로 보고 다른 한 기둥은 (2) 意思決定이라는 두 기둥을 전문가 능력이라고 본다.

조직론의 중요한 부분은 행정이 이루어지고 있는 行動의 범위(field)이다. 이 범위 내에 다시 하나의 구체적인 행정활동(act)–행정행위(behavior) 중에서 가장 핵심적 기능을 구성하는 것–이 존재한다는 데는 널리 인정되고 지속적인 合意가 있었는데 이것이 바로 意思決定活動인 것이다. 이 기본 입장을 Litchfield가 *Administrative Science Quarterly* 저널의 창간호에서 상술하였다. 그의 논문 "행정의 일반이론에 관한 고찰"(Notes on a General Theory of Administration)에서 Litchfield는 行政活動을 (1) 의사결정으로부터 시작하여 (2) 구체적 계획(Programing), (3) 의사소통, (4) 통제, 다시 의사결정에 대한 (5) 재평가로 돌아가는 하나의 사건의 주기라고 분석하였다. 그리고 그는 의사결정은 '합리적, 심사숙고적, 분별적, 유목적적'이거나 아니면 그 반대인 '불합리적, 습관적, 의무적, 임의적' 또는 '이들의 어떤 조합'(combination)일 것이다는 점을 조심스럽게 강조하였다. 합리적, 즉 論理的 意思決定은 (1) 문제의 定義, (2) 현존상황의 分析, (3) 代案의 계산과 윤곽 정하기, (4) 심사숙고적 검토, 마지막으로, (5) 선택 (op. cit., 1956)의 단계의 형태를 따른다. 이렇게 분명히 밝혔는데도 불구하고 숨겨진 깊은 불명료성이 있다는 점을 주의해야 한다. 예를 들면 어떻게 심사숙고적 검토를 할 것인가? 심사숙고란 말에 내포된 의미는 무엇인가? 그리고 어떤 경우에 마지막 단계인 選擇은 어떤 방법으로 중복되지 않으며 또 어떻게 잘 요약될 수 있는가? 選擇하는 것은 決定하는 것이고 意思決定行動은 代案들 중에서 선택하기 위하여 決定하는 행동이다. 더구나 선택이 어떤 방법에서 자유롭고 또는 어떤 방법에서 强要받느냐 하는 것은 우리들을 단숨에 진흙투성이의 哲學이란 물에다 집어넣는 격이다. 그러나 Litchfield의 단계는 아직 널리 인정받고 있으며 높은 평판을 받고 있다.

다른 행정이론가인 Griffiths는 Litchfield 이후 몇 년 후에 썼는데 좀 확충하였지만 상반되는 것 없이 같은 주제를 계속하여 썼다.

(1) 行政은 모든 인간조직에서 발견되는 행동의 일반화된 형태이다.
(2) 行政은 社會組織內에서의 生活을 指示하고 統制하는 過程이다.
(3) 行政의 구체적 기능은 의사결정 과정을 가능한 한 가장 효과적인 방법이 될 수 있도록 개발하고 규제하는 것이다 (Griffiths, 1959, 91)…….

그리고 확대하지 않고 대신 좀 줄여서는 대개 다음과 같이 말하고 있다.

(1) 조직의 구조는 의사결정 과정의 성격에 의하여 결정 된다…….
………………

(4) 만일 행정가 자신이 스스로 조직을 위하여 최종결정을 하는
대신 오히려 의사결정 과정에서만의 決定으로 制限한다면
이 행정가의 행위는 그의 부하 직원에게 보다 더 많이 受容
된다.

(5) 만일 행정가가 자기 자신을 조직의 결정을 위한 決定者로
보기보다는 차라리 의사결정 과정의 조정자로 知覺한다면
그 決定은 보다 더 효과적일 것이다……(ibid., 89~91).

Griffiths는 뒤에 의사결정 과정의 모델을 만들었는데 3, 4단계
(대안의 계산과 윤곽 정하기; 심사숙고적 검토)가 좀더 구체적이라
는 것이 이외에는 Litchfield의 것과 근본적으로는 동일하다.

(3) 해결책이 요구에 맞는지 평가하거나 판단할 基準이나 標準
을 설정하기; (4) 자료의 수집(ibid., 113).

의사결정 과정에 가치요소가 개입되는 점에 대하여 이제 상술된
다.

물론 意思決定은 모든 사람이 한 때 또는 다른 때─아마 영원히─
종사하게 되는 보편적인 人間的 機能이라고 말할 수 있을 것이다. 이
러한 기능이 반드시 그리고 내적으로 유쾌한 것만은 아니라는 것은
행정을 받는 사람들이 때때로 나타내는 행정에 대한 어떤 일반적인
敵意感 때문에 생기는 심리적 顚倒만 봐도 알 수 있다. 그러나 行政
的 意思決定은 적어도 세 가지 점에서 특징적이다. 첫째, 행정적 결정
은 다른 사람을 위해서 그리고 다른 사람에 대하여 이루어지며, 그리
고 Barnard와 Simon이 보여 준 것처럼 조직구성원이 누리는 自由의
程度와 관련된다(Barnard, 1972, 168-9; Simon, 1965, 12, 18).

둘째, 이러한 결정은 조직, 즉 집단성에 관련된 범위에서는 責任
性 또는 도덕적 측면의 특별한 책임을 져야 한다. 셋째, 의사결정은

조직 내에서 의사결정 과정자체와 관련되는 한 제2순서(second-order)
의 결정 또는 결정에 관한 결정(decisions-about-decisions)인 경우가
많다. 우리는 조직을 결정의 흐름의 형태로 생각할 수 있는데, 결정
의 흐름 속에서 조직생활과 목적을 다루어야 하는 중요한 또는 철학
적 결정은 行政家가 하고 조직의 과정을 다루어야 하는 부수적·기
술적·수단적 결정은 다른 조직 구성원이 하되 행정가가 설계하는
것이다. 의사결정이 行政技術(art)에 중요하다는 것은 거의 논의의
여지가 없다. 그러나 행정가는 조직 내 다른 사람과 구별되는 그 機
能에 있어서 어떤 특별한 전문성을 가지고 있는 것인가? 다시 말하
면 이 영역을 처방할 수 있는 전문가 지식체계, 즉 과학이나 기술
(technology)의 구성요소가 따로 있는가? 이 중요한 過程의 論理는
무엇인가?

Ⅱ. 基本原型(paradigm)

논리적으로 말하여 의사결정은 하나의 결정에 이르는 過程이다.
흔히 이것은 마음을 정하는 아주 고통스런 일이다. 말하자면 Hamlet
이 아주 참을 수 없는 것으로 생각한 일이다. 그러면 그 과정을 시
작하는 데 본질적인 것은 선택이란 시점이다. 결정자가 미래의 사건
의 흐름에서 代案의 길을 만나게 되는 상태이다. 우리는 이것을 '시
점'(Point)이라고 부르지만 이것은 시간적 간격을 말하는 것이고 공
간적으로는 十字路와 같은 것으로 가장 잘 나타낼 수 있을 것이다.
이러한 간격에서 여러 개의 代案들 중에서 하나의 선택을 해야 하는
데, 하나의 길을 선택한다면 다른 것을 제외시키는 셈이다. 그러므로
적어도 두 개의 代案이 있어야만 한다. 끝으로 저자는 좀더 나아가
서 두 개 以下의 代案이어야 한다고 주장하고자 한다. 이것은 논리
적으로 두 개 이상 사이에서 선택하기란 어렵기 때문에 그렇게 주장

하는 것이다. 선택의 상황에서 두 개 이상의 代案이 있을 때 일어나는 현상은 한 쌍의 선택지를 계속하여 고려하여 마침내 최종분석에서는 代案의 수가 둘로 줄어드는 것이다. 처음에는 a, b, c의 선택지를 갖는 것 같이 보이나 시간이 지나면 a 또는 b, 또는 c의 선택은 제거되고 최종선택에서는 ab, ac, 또는 bc 사이에서 이루어지게 된다. 그런데 제거된 선택이 결정과정으로 슬그머니 다시 들어오게 될 때만 의사결정은 우왕좌왕 흔들리게 된다. 아마 우리는 최고집행자의 의사결정을 거절되는 선택지를 돌려놓고 고립시키는 하나의 예술이라고 요약할 수 있을 것이다.

점점 더 선택의 폭을 좁혀 나가는 한 쌍씩의 비교절차에 의해서 복잡한 결정상황은 분석될 수 있다. 이 복잡한 과정을 심리적 수준으로 적절하게 이해한다. 그 저자, 아니 저자가 생각하기엔 어떤 사람도 주장하지는 않을 것이다. 그리고 무의식적 개입으로 의식적 과정을 변경하는 것 같다. Kennedy 대통령이 다음과 같이 말한 바와 같다.

> "궁극적 결정의 핵심은 제삼자인 관찰자에게……때로는 결정자 자신에게 까지 와 닿을 수 없는 것으로 남아 있다. ……항상 의사결정 과정의 어두컴컴한 뒤얽힌 연속, 즉 가장 깊이 의사결정에 개입한 사람에게까지도 신비의 상태가 있을 뿐이다"(1963).

아직 우리는 정치적 신비주의(mysticism)나 정신분석적 계몽반대주의(obscurantism)의 도움을 청할 필요는 없다. 만일 결정이란 일이 완전히 불가사의한 것이라면 행정가는 보통사람들과 주사위놀이를 잘 해야 할 것이며, 난수표(tables of random numbers)에 의해서 주먹구구식으로 조직을 다스려야 할 것이다. 조직생활의 실제 세계에서 행정결정과 선택은 계속적으로 이루어져야 하며, 그리고 모든 조직수준에서 논리적으로 각 결정을 하나의 최종적인 '이거나 저것'(either-or, this-or-that, to be or not to be)으로 분석할 수 있다. 이 둘 중의 구별은 Aristotle의 논리와 현대과학과 전적으로 일치한다. 어떤 한 가지는 선택되거나 아니면 선택되지 않는 것이다. 결정이란 여러 가능성이란 나ant가지에 있는 스위치이다. 그리고 결정하지 **않는** 결정까지도 하나의 결정이며 그 한 쌍의 代案은 결정을 위한 결정이다. 행정철학에서는 이 궁극적 이중성으로부터 도피하는 길이 있을 수 없다.

선택에 당면하여 우리는 물론 合理的으로 반응하지 않을 수 없다. 이 대신에 어떤 사람은 충동적으로 행동하거나, 동전 던지기식으로 하거나, 점쟁이의 자문을 받을 지도 모른다. 또는 어떤 경우에는 다른 사람에게 결정을 넘겨줌으로써 간단하게 결정을 포기하기도 한다. 그러나 이러한 경우 결정은 원래의 결정자의 결정을 중단하고 다른 사람의 결정에 대하여 나중에 '통과'(pass)로 결정되는 것이다. 그러나 행정행위의 정상적인 코스에는 合理性의 假定이 있다는 것을 우리는 인정하는데 이러한 가정에 바탕을 둔 의사결정의 여러 모델은 다음에 열거한 여러 형태를 띠게 된다. 이러한 형태나 원형은 다음과 같은 단계로 구성된다.

(1) 최종적 한 쌍 代案의 대강 정하기
"마지막에는 이것이냐 저것이냐(this or that)로 떨어지게 된다."

(2) 각 代案의 結果(영향)評價
이 단계는 事實과 價値로 다시 나누어질 수 있다. 事實과 관련하여 결정권자는 자기가 가지고 있는 정보의 해석에 의해서는 물론이고 자기가 가지고 있는 정보와 지식의 根源과 범위에 의해서 제한을 받게 되고, 나중에는 통찰력, 능력, 경험은 물론 심

리적 요인의 기능과 의식적 무의식적 성향에 의해서 영향을 받
는다. 價値의 측면에서 이것은 직접 간접으로 이 책을 쓰는 데
대부분의 先入見을 이룩하고 있는 것이다. 이것은 의사결정을
하는데 그 사람이 가지고 있는 선입견과 ,직접 또는 간접적 관
심과, 묵시적 또는 현시적 관심과 같다고 말할 수 있다.

많은 내적 어려움에도 불구하고 합리적 결정자는 選擇結果(outco-
mes)의 가능성을 타진하려고 할 것이다[이후로 이 가능성(Proba-
bility)을 p로 표시]. 그리고 적어도 原理上으로 代案의 結果에다
각각의 가치를 할당하는 것이다 (여기서부터 가치(value)를 나타
내는 v로 표시한다).

(3) 기대되는 가치의 계산

計量化시킨 p와 v를 곱하여 어떤 결과에 대한 '기대되는 가
치'를 계산할 수 있기 때문에 결과와 할당된 p와 v를 가지고 결
정과정의 최종단계는 단순히 계산하는 문제가 된다. 그러면 합
리적 선택은 단순히 최고의 기대된 가치가 된다.

단순화시킨 설명이지만 이러한 과정을 명백히 해줘야 한다. 기본
적 행정결정을 고려해 보기로 한다. 이것은 조직의 어떤 지위(rank)
에 새로운 한 사람을 임명하느냐 임명하지 않느냐 하는 것이다. 정
보의 단계, 즉 이력서의 수집과 검토, 말하자면 면접, 동료로부터의
인상과 의견의 수집 등을 모두 끝마쳤다고 합시다.

이제 代案段階는 한 명의 후보자를 두고 집중하는 선택과정으로
압축되었다고 가정합시다.10) 만일 새로운 사람을 고용한다면 그 사람
의 역할에 있어서 적당하거나 아니면 부적당할 것으로 시간이 지남에
따라 밝혀질 것으로 가정할 수 있을 것이다. 여기서 4개의 논리적 결

10) 한 명의 후보자로의 축소는 설명의 목적으로 선택한 것이다. 각 후보자와
모든 후보자는 아마 상호작용적 선발과 비교라는 복잡한 과정에서 같은
형태의 분석의 대상이 된다는 것을 기본논리는 내포하고 있다.

과를 얻을 수 있을 것이다. 즉 (O_1)은 고용, 또 적당한 것으로 밝혀질 것이다. (O_2)는 고용, 부적당으로 밝혀진다. (O_3)은 불고용, 그리고 만일 고용한다면 적당한 것으로 밝혀질 것이다. (O_4)는 불고용, 그리고 만일 고용한다면 적당한 것으로 밝혀지지 않을 것이다. 이제 행정은 결과(outcome) O_1과 O_4에는 무관심하다고 가정합시다. 이러한 가정에 대한 합리적 이유는 선택과정에서 아주 중요한 점은 단순히 고용의 실패를 피하고 훌륭한 사람을 고용하는 것이며 그래서 이 결과를 결과 O_2(고용-실패)와 O_3(고용하면 성공일 것을 안 해서 실패)과 대조적인 가치중립적이라는 것이다. O_2와 O_3는 둘 다 조직에의 손상 또는 손해를 가져오게 할 수 있어 때문에 특히 만일 비슷한 조직이 동일인물을 놓고 경쟁한다면 더욱 손해가 되기 때문에 부정적 의미를 내포하고 있다. 여기서 우리는 임시로 v의 값을 매기기로 한다. 즉 O_2에는 -0.6, O_3에는 -0.2, v의 범위는 완전 負的인 -1로부터 평가에서 무관심인 0을 거쳐서 완전 正的評價인 $+1$로 한다.

설명으로 되돌아오기 위하여 마지막으로 하나 더 假定을 해야 한다. 후보자의 적당 또는 부적당의 가능성에 대하여 불확실하다는 점이다. 그러므로 우리가 통계적으로 가장 잘 예측한다 해도 하나의 가능성 아니면 다른 것의 가능성의 기회로 가능성은 같다.11) 이제 [圖8]과 같은 계산표를 만들 수 있다.

---

11) 물론 우리는 다른 가능성(확률), 예를 들면 **80%**의 성공적 선택에 **20%**의 실패의 선택을 가리키는 **0.8**을 가정할 수 있다. 여기에 뽑은 그림은 보통의 '동전 던지기'(toss up)상황을 반영하기 위하여 선택된 것이다.

[圖 8] 決定을 위한 계산

産出(outcome)	p	v	p×v
O_1	0.5	0	0
O_2	0.5	-0.6	-0.3
O_3	0.5	-0.2	-0.1
O_4	0.5	0	0

기대가치(O_1+O_2)=-0.3
   (O_3+O_4)=-0.1

두 개의 기대가지치 합계는 채용의 경우는 (O_1+O_2)이고 채용하
지 않는 경우는 (O_3+O_4)이다. 가장 높은 기대가는 후자의 경우이
기 때문에 이 경우에 이 p와 v에 의한 合理的 意思決定은 '채용하
지 않는 것'이 된다. 그리고 실제상황에서는 '출발점으로의 복귀'가
된다.

이 계산의 변인들에게 분명히 다른 일련의 價値가 배당되었다.
여기서의 목적은 단순히 하나의 原型(paradigm)을 보여 주려는 것
이고 또 分析에 필수적 요인(代案의 대체적 윤곽)과 부여된 값(p와
v의 값)에 대한 내적 의존의 정도를 보여주려는 것이다. 이 原型이
극히 單純化되었다고 인정하더라도-즉 결정을 제약하고 영향을 주
는 조직환경, 사회문화적 요소, 개인적 요인, 정치적 요인들은 고려
치 않았지만-선택 바로 직전에 최종적인 축소는 아직 가능성과
가치의 영역으로 보여 질 수 있다. 그리고 이 원형은 적어도 원리
상으로 볼 때 이들 요인 중의 둘은 計量化할 수 있다는 것을 암시
하고 있다. 즉 價値와 같은 본질적으로 質的인 현상을 수적인 값으
로 바꿔 놀 수 있다는 것이다. 그래서 의사결정자는 分析하고 계산
하고가 애쓰는 불확실성과 가치의 세계에서 살고 있다고 할 수 있
다.

偏在의 價値構成長素는 그 성질상 不合理性의 책임을 인정하지 않는다는 것을 주목해야 한다. 超價値(metavalues)(제11장을 보라)와 조직방침(Policy)에 의하여 지시되는 先驗的 選好에서 나온 가치의 量을 合理的으로 추출한다는 것은 이론적으로는 가능할지 몰라도 順序的 價値(ordinal values)(選好, preferences)를 基本的 價値(cardinal values)(결정 v)로 전환시키는 것은 '原理上' 가능하다 하더라도 실제 결코 쉽지 않고 이해하기 조차 어렵다. 그러나 우리는 여기서 단순한 가능성과 합리성이 正當可能性(justifiability)을 내포한다고 할 수 없다는 점을 주목해야 한다. 그리고 원형이 합리적이고, 논리적이고, 과학에 따를 수 있느냐는 의문이 남아 있다.

계산학(computerology)과 정교한 체제론 시대의 개막에 즈음하여 언급하면서 Gore와 Silander는 의사결정에 있어서 不合理性과 非合理性은 둘 다 '무시할 만한 요소'로 줄어드는 하나의 박두한(현재 박두라기보다는 오히려 내재하는) 管理科學을 내다보고 있다.

예상되는 결과(outcomes)를 나타내는 숫자적 가치가 결정을 하기 위하여 해결해야 할 조직목표를 나타내는 하나의 公式에서 言語的 象徵을 代身할 시대가 올 것이라 내다보는 사람들이 있는 것 같다. 이것을 믿을 수 없다고 하더라도 오래 전에 Frederick Taylor가 운용자의 결정에서 사용되었던 것이며 그때 그의 기대가 관리자 문제에 대한 오늘날의 보다 강력한 도구를 적용함으로써 實現되고 있다는 것을 주목해야 한다.

만일 管理科學이란 용어가 단순히 科學的 管理를 뒤집어 놓은 우연한 것이 라고 한다면 현재 진행 중인 科學的 合理主義運動은 근본적으로 새롭고 또 광범하게 보다 강력한 도구로 무장한 科學的 管理라는 의미가 있기 때문에 전연 의미가 없는 것은 아니다. Taylor가 대수와, 산술, 공학적 지식, 상식을 사용했던 대신 계산, 확률적 통계, 과학적 방법을 찾아 볼 수 있다 (Gore and Silander,

1959, 112).

科學的 管理와 管理科學이란 말들이 쓰여 진지 거의 20년 이상 이 지나갔고, 어떤 특별한 측면에서 많은 발전이 있었는지 확실히 질문을 해볼 수 있다. 그래서 예를 들면 보다 최근에 Thompson은 다음과 같이 쓰고 있다.

> "'새로운 과학'은 크게 번성하지 못했다. 예를 들면 정부차원의 결정에서 보다 더 合理性을 달성하려는 하나의 도구로서의 기획 예산제도(Planning, Programming, Budgeting, PPB)에서처럼 여기저기서 실패로 증명된 것이 많다. PPB는 거의 완전한 실패였으며 1965년 Lynden Johnson 대통령이 연방정부 전체를 통하여 적용하도록 명령하여 빠른 속도로 채택되었던 것과 꼭 마찬가지로 거의 모든 주정부에서 사용치 않고 있다"(1975, 95).

과학적 의사결정은 계속해서 회피되고 있으며 망상적인 것으로 되고 있다.

III. 軍組織에서의 評價

기본원형은 하나의 논리적인 축소된 변형이다. 그러나 기본형태는 아무리 복잡한 수준에서도 여러 결정과정의 변인들 속에 내포되어 있고 또 숨겨져 있다. 이것은 군대의 평가 예에서 볼 수 있는데 게임이론(game theory)의 요소에 포함된 실제적 기술에서 나타난다(Neumann and Morgenstern公, 1947). 이 방법은 時間變因內에서 적용될 수 있는데 시간의 分의 문제에서 月의 문제로 확대될 수 있다. 이것은 다음과 같은 段階를 밟는다.

첫째, 狀況을 먼저 검토해야 된다. 여기서 상황이란 行動(action)

을 위한 적절한 환경(context)을 의미한다. 물론 검토가 얼마나 종합적이냐 하는 것은 평가과정에 이용 가능한 時間, 資源, 熟練性에 달려 있다. 상황은 또한 어떤 '주요한 요인들'을 결정하려는 구체적 의도를 갖고 검토되어야 한다. 이것들은 시간과 같은 제약요인이 되는데 군대에 있어서 연료, 병참, 사기, 정치적 고려 같은 것이 된다. 이 주요한 요인을 밝히는 것은 결정을 '機會的'으로 본 관점과 마찬가지이다.

"이상적인 결정과정은 전략적 요인을 구별해내는 것이며, 또 현재의 상황과 과거의 역사와 경험과 지식에 비추어 보아 행동에 대한 미래의 결과를 예측하는 데 근거를 두고 목적을 再定義 또는 변화시키는 것이다"(209).

Etzioni(1976)가 설명하고 이스라엘 군대에서 사용된 바 있는 '혼합적 精査'(mixed scanning) 방법이 또 이 段階에서 알맞을 것이다. 다른 예는 우주공학에서 찾아볼 수 있는데, 첩보위성이나 氣象衛星은 두개의 카메라를 갖고 있는데, 하나는 표면적으로 광범위한 지역을 맡아 촬영하고 다른 하나는 보다 자세히, 예를 들면 태풍구름의 형성이나 미사일 설치를 탐지하기 위하여 선정된 지역을 精査하는 것이다. 물론 精査過程에 내포된 것은 일반적 목표(게임, 싸움, 전쟁에서 이기는 것, 문제를 해결하는 것)인데, 이 목표는 나아가서 기본적 評價나 일반화된 精査過程에서 밝혀진 가능성과 대안에 대한 태도나 개방성을 내포하게 된다. 그러나 軍組織에서의 評價는 전적으로 사색적이거나, 홍행적이거나, 自由記述的일 수 없다. 여기서는 선발의 전략적 원리에 의하여 이루어져야 한다. 그리고 또 고도의 구체성을 가져야 한다. 그러므로,

둘째, 段階는 目標를 定義하는 것이다. 目標 또는 '활동의 對象'은 單純하고, 明瞭하며, 單數이어야 한다. 그래서 '전쟁의 승리!'는

좀 안 먹혀 들어가지만 'Bismark 타도!'는 아주 잘 먹혀 들어가는
말이 된다.

셋째, 가장 일어나기 쉬운 상대방의 적대행위를 찾아내려는 관점
을 가지고 행동의 적대적 코스를 탐색해내고 또 그에 따른 예측성
도 부여한다. 이것은 장기(바둑)게임과 아주 비슷한데 이 게임에서
는 장기의 말을 옮기기 전에 상대방의 앞으로의 움직임의 의도를
조심스럽게 평가해야 한다. 장기를 잘 못 두는 사람은 흔히 상대편
의 의중을 살피는 이 중요한 단계를 무시하거나 가볍게 여기는 사
람들이다.

넷째, 전 단계에서 나온 결과분석에 의하여 의사결정자에게 가능
한 선택지를 결정하는 것이 이제야 가능해진다. 이것은 결국 前節
에서 설명한 기본원형(basic paradigm)의 분석을 마치게 되는 셈이
다.

마지막으로 이 최종까지 남은 代案들을 최선의 행동방향과 계획
작성, 예를 들면 운영의 管理的 側面을 결정하기 위하여 평가해야
한다. 물론 한번 실행에 옮겨지고 또 실행에 옮기지 않았던 것까지
도 변경될 수 있으며, 또 역동적인 상황은 변화하며, 계속적인 평
가의 필요성은 남아 있다.

이 과정에 스며드는 가능성과 가치의 구성요소에 대하여 꼼꼼히
살펴 볼 필요가 있다고는 생각지 않는다. 전 과정을 통해서 p와 v
를 추측하고, 계산하고, 예측하고, 직관적 사고도 하고, 전산처리도
해보게 되는 것이다. 언제나 합리성을 계속 추구해야 하는데 특히
장기와 같은 게임과 비슷할 때는 더욱 그렇다. 여기서 합리적이고
이성적으로 장기 두는 사람은 이길 가능성이 큰 것으로 생각된
다.12) 그러나 이러한 분석적·계산적 노력에 대한 곤란 점과 장애

---

12) 만일 合理性이란 이름 아래 상상(imagination), 직관, 의욕과 같은 심리적
   요인을 포함하도록 주의를 기울이지 않는다면 假定은 매우 의심스럽게 된

물을 행정적 마음으로 즉각 감시해야 한다.

기계가 아닌 人間의 어떤 決定에도 p와 v의 요소는 포함된다. p와 v는 둘 다 불안정성과 불확실성이 있다. 機械에 의한 決定 또는 프로그램에 의한 決定의 경우에는 機械나 컴퓨터가, 어떤 경우에는 人間管理者가 p와 v를 단지 計算만 할 수 있다. 그리고 이미 청해진 上位水準의 p 또는 v의 프로그램에서 나온 것 이외는 기계는 p와 v를 할당할 수 없다. v값에 대한 진정한 할당과 같은 프로그램이나 方針의 결정은 人間活動과 의도에 전적으로 맡겨진 것이고 이것은 意識(consciousness)이 하는 기능이다.

Simon의 견해에 의하면 個人은 정말 合理的 決定에 도달하기 위하여 p나 v에 대한 충분한 지식을 가질 수 없다는 것이다. 단지 '폐쇄체제의 變因'만이 合理的·客觀的·事實的 理想에 거의 接近할 수 있다는 것이다(1957, 83). 그러나 이러한 理想까지도 決定이 계산으로 전락해버리는 곳에서는 체제 밖에서 나오는 '選好나 價値의 프로그램을 전제로 하며 논리적으로 다른 수준의 분석을 포함하게 된다.

Ⅳ. 閉鎖的 決定과 開放的 決定

決定에 대한 가장 단순한 분류는 앞에서 한 논리로부터 나온다. 決定은 기본적으로 '開放的' 또는 '閉鎖的'인 것으로 분류하여 생각할 수 있다. 이 둘 사이의 구별은 추상적 計量性의 정도와 그 計量性의 伸縮性과 容易性의 차를 가지고 있다. 閉鎖的 決定은 客觀的이고 合理的인 理想에 거의 가깝게 접근하는 것이다. OR(Operations

---

다. 좀더 엄격히 발하여 만일 두 선수가 모두 완전히 합리적(rational)이라면 게임은 논리적으로 말하여 끝나지 않고 완전한 수준의 장기(chess)의 보통 형태가 아닌 상황이 될 것이다.

Research), 待期行列理論(queuing theory), 線型計劃(linear programming)
은 비행장과 고속도로 교통통제, 농작물 윤작, 재고조사 문제, 최적폭
격 형태와 같은 결정의 문제에서 적정해결을 얻을 수 있는 예시를 제
공해 준다. 이러한 決定은 대체적으로 事實的이고 管理的인 것이며,
가치는 이미 '주어진'(given) 것이며, 目標가 정확한 것이며, 代案들
은 분명히 확인될 수 있는 것이며, 結果(outcomes)는 예측할 수 있는
것들이다. 더구나 결정상황에서 주어진 가치나 유용성을 극대화하거
나 적정화하는 것은 가능하며 또 정교한 수확적 기법과 컴퓨터적 기
법을 적용하기가 비교적 가능하다.13) 이러한 의사결정이 극히 합리적
이라는 것은 최선의 해결책을 추구한다는 사실 때문이다. 이에 대해
simon은 다음과 같이 말하고 있다.

> "대체적으로 말하여 合理性이라는 것은 행동결과를 평가하는
> 가치체제에 의하여 選好하는 行動代案을 선택하는 것과 관련되
> 어 있다"(1957, 75).

이러한 合理性에 대한 대체적인 정의는 '어떤 가치체제'를 결정
하는 데 적어도 다른 **수준**의 合理性이 있다는 것을 암시하고 있는
데 이것은 合理性自體에 어떤 경계선을 은연중에 긋고 있는 것이
며 결정의 전 과정에서 불합리성의 그림자를 제거하려고 한다는
점을 알 수 있다.

이와는 대조적으로 開放的 決定과 開放的 決定過程은 決定者와
결정자의 環境 사이에 있는 상호작용효과의 평가가능성을 인정하는
것이다. 복잡성과 불확실성에 부닥쳐 적정해결책을 찾는 것은 실질

---

13) 컴퓨터의 출현은 저절로 'Kaplan의 망치의 법칙'에 의지하게 되었다. 한
조그만 소년이 망치의 사용을 발견하였을 때 이 소년은 모든 물건은 망치
질이 필요하다는 것을 발견하려는 경향이 있다는 것을 말해 준다(Kaplan,
1964, 28).

적으로 안전한, 그리고 적절하거나 '만족한'(satisficing) 해결과 결정에 승복하게 되며 그리한 해결이나 결정 속에서는 내기식 돈을 거는 모델이나 기업적 모험가를 따라서 어느 정도 조직의 便益計算을 하게 된다.

이 開放的 모델은 보다 더 典型的인 行政的 意思決定모델이라고 주장하고 싶은데 이것은 合理性에 있어서 先驗的 制限 때문에 그렇다고 할 수 있다. 여기에는 구체성을 나타내지 못하지만 다음과 같은 요소들이 포함된다. (1) 결정자나 의사결정집단과 관련된 주관적이고 개인적인 요인들, (2) 조직의 투입된 비용과 과거의 참여, 정책적 제약과 조직의 결정규칙을 함께 묶어 매는 형태로 존재하는 歷史的 要因, (3) 객관적 실체와, 확인하지 못한 결과와 상상치 못한 代案들 (특히 후자), 또 의사결정자의 技能과 能力을 왜곡시킬지도 모르는 情報傳達과 知覺에 해당되는 要因, (4) 合理的－認知的 또는 不合理的－感情的·心理的 항목 어느 쪽에도 분류하기 곤란한 의지와 결단에 해당하는 要素들이다(제6장 이하를 보라). 閉鎖的 意思決定에서는 결정규칙과 가치결정의 형태에 있어서 모든 근본적 결정요소가 결정과정에 앞서 이미 설정되었다는 데 근거를 두어 開放的 決定 만이 진짜 결정이라고 철학적으로 주장하기까지 한다. 이리하여 閉鎖的 決定은 사실상 유사결정 또는 단순한 계산이라고 할 수 있다.

근본적으로 초점은 이렇다. 의사결정과정에 價値가 개입되는 것은 피할 수 없을 뿐만 아니라 이것이 바로 決定의 本質이라고 할 수 있다. 그러나 결정과정에서 다른 피할 수 없는 것이 있는데, 즉 개방적 결정이 다루는 미래의 사건은 항상 어느 정도 평가하기 곤란한 것이기 때문에(그렇지 않다면 전연결정의 영역이 없다) 사실적 불확실성이 존재한다는 것이다. p와 v를 확실히 구체화시킬 수 있는 한 그 정도까지 의사결정 과정은 閉鎖的이며 그리고 그 반대는 開放的이

다. 결정을 취하는 현존상황의 변덕과는 아주 달리 결정과정에서 결
정자에게 두 종류의 행동을 불러일으키는데 p에 대한 認知的 決定과
v에 대한 초인지적 결정이다. 超認知의 意味에 대하여는 제6장에서
다음에 논의할 것이지만 우선 여기서는 개방적 모델에서는 直接的으
로, 閉鎖的 모델에서는 간접적으로 價値의 質的 要素의 一般的 意味
는 가장 중요한 것이라고만 해두기로 한다. 이러한 어쩔 수 없는 요
소는 論理的 領域밖의 全過程에 걸쳐 존재한다. Wittgenstein(1961,
641 이후 페이지)은 論理的 對話에서 價値的 命題를 용납하는 것을
거부하는 데 반하여 Kaplan(1964, 6-11)을 추종하는 다른 철학자들
은 論理의 定義를 크게 확대하고 있다. 이 책에서 우리는 眞僞로 평
가할 수 있는 論理的命題와 眞 또는 僞라는 용어가 부적절한 價値的
命題를 구별하는 데 관심을 갖고 있다.

   말하자면 의사결정에서 合理性에 대한 희망이나 규범의 어느 것
도 포기하는 것이 아니다. 오히려 이러한 희망과 규범을 과정자체
를 보다 더 정교하게 만들기 위한 바람직한 필수조건으로 갖추어
야 하는 것으로 본다. 여기서 우리는 不確實性을 줄이는 일(p의 구
체화)은 그 성격상 基本的으로 科學的인 것이고 반면에 價値를 明
白히 하는 것(v의 구체화)은 哲學的이고 行政的이라고 간단히 정리
하고자 한다.

V. 複雜性

   단순화시키려는 의도로 모든 意思決定의 根本이 되는 基本原型
에 대하여는 그대로 뒤로 미뤄 두었었다. 예를 들면 여러 종류의
결정이 있고, 또 개인은 물론 집단이 결정을 하거나 결정을 하도록
평가한다는 것은 분명하다. 우리들이 여기서 하고자 하는 것은 意

思決定에 관한 文獻을 조사하고자 하는 것은 아니지만 哲學形態에 대한 一般的 探究에서 上述한 單純하고 축소적 모델에 축적된 복잡성에 대하여 주목하라고 충고하고 싶다.

첫째, 合理的 意思決定過程에서 사용할 수 있는 자유재량의 범위가 어떻든지 의식적 무의식적으로 스며드는 人性要因이 있다. 만일 自己關心, 理念, 野望, 想像, 態度的 傾向性, 偏見이 작용한다면 이 人性的 要因은 p와 v의 계산에 差를 만들게 될 것이다. 우리는 또한 심리학자들이 흔히 利己的 强調라고 부르는 意志(will) 要因을 論議하지 않고 그대로 두었었다. 이러한 요인은 학문적 심리학에서는 별로 좋게 평가하는 것은 아니지만 意圖(intention)와 關與(commitment)라는 의미와 밀접하게 관련되어 있고 또 의사결정과정의 여러 면에서 의사결정과 결정 실시에 크게 영향을 줄 수 있다. 그리고 이것은 정말 복잡한 전체 결정행동에 중요한 것으로 밝혀졌다. 이리한 요인은 論理性과 創意的 合理性의 한계를 넘어서 확대되기 때문에 다음의 論議거리로 남겨 두기로 한다.

그러나 이 모든 要因은 단지 心理學的으로 複雜한 것이다. 뿐만 아니라 의사결정자에게 항상 대답하기 쉽지 않은 중요한 정치적 문제가 있다. 누가 정말 결정을 하는가? 결정에 대한 책임은 흔히 集團에게 있다. 특성집단이 어떤 결정을 할 것을 요구하는 곳에서는 이것을 공식화한다. 때로는 공식적 결정자에 대한 자문 집단이 설득력을 행사하거나 아니면 중요한 자료를 통제한다. 상임의원들, 자동적으로 선발되고 또 공식적으로 선발된 개인들, 조직의 공식적 의사결정 과정의 內·外의 權利行使集團의 代表者들─이들 모두는 복잡한 결정 構造를 더욱 복잡하게 만들고 原型에서 v-要因의 해결과 決定을 더욱 곤란하게 만들고 있다. 이것은 누가 決定을 할 것인가에 대한 결정을 하기 위한 行政의 표면적 기능인 반면 이 규제적 기능은 복잡한 조직 속에서 여러 가지 방법으로 뒤집힐 수 있고, 또 잘못하여 또는 어떻게 달리 이 기능의 기초가 의사결정에서 순수한 논리에 별로 기여하지 못하게 된다.

환경(setting)과 狀況性(contingency), 결정의 形態는 또한 決定을 복잡하게 만든다. 환경은 前述한 바 있는 開放的 모델과 閉鎖的 모델과 관련 된다. 많은 文獻考察 후에 Stufflebeam外는 네 종류의 환경으로 분류하였는데 이에 대하여는 다음 章에서 論議할 것이다. 이들은 또한 세 유형의 決定, (1) 構造的 (structuring) 決定, (2) 實行的 (implementing) 決定, (3) 再週期的(recycling) 決定을 構成·開發하였다(Stufflebeam et al., 1971, 79-80). 이들의 類型에 대한 論理는 Litchfield의 分析과도 일치하고 또 哲學的 核으로부터 行動의 表面으로 의사결정에 있어서의 組織의 흐름에 대한 우리들의 槪念과도 일치하고 있다. 이 분류에서 다만 보다 더 技術的이고 管理的인 實行的 (implementing) 決定만이 비교적 價値排除的인 것으로 고려될 수 있다.

끝으로 決定은 결코 眞空 속에서 이루어지지 않는다는 것이다. 각 결정은 狀況性, 相互關聯性, 手段－目的의 연쇄라는 대단히 복잡한 그물網과 연결된다. 이 網은 또한 실제적인 것뿐만 아니라 가능한 것까지 포함하고 있으며, 이 가능성은 인간 상상력의 한계성으로 제한을 받는다. 각 취한 결정은 미래행동을 제한하는 가능성이 되기도 하고 미래행동을 자유롭게 하는 가능성이 되기도 한다. 역설적으로 말하여 自由度가 작으면 작을수록 논리적 계산에 따를 가능성은 점점 더 커지고 p와 v要因의 決定에 대한 容易性은 더욱 커지기 때문에 아마 가장 합리적 결정은 가장 제한을 받는 결정이 되는 경향이 있다. 그러나 우리의 일반적 주장에서 보다 더 우발적이고 숙명적인 결정은 보다 더 管理的·技術的 범주에 떨어지게 된다는 점을 주의해야 한다. 진짜 중요한 行政的 決定이란 모든 것을 완전히 터놓고 완전히 새로운 상황이 되는 전체적 형태를 만들어 내는 결정이다. 因果關係의 악순환이 완전히 깨질 때만이 行政

的 또는 哲學的 行動은 가능해진다.

VI. 例外的 問題

Simon은 여러 곳에서(1955, 111; 1959, 272; 1965, 33) 의사결정 과정에서 最大化라는 의미상의 合理性이란 理想을 포기하고 最適化(optimize)보다는 결정자가 滿足하는(satisfice) 현실바탕의 原型(reality-based paradigm)에 안주하는 경향을 보였다. 滿足하는 決定者를 非合理的이라고할 수는 없다. 이 만족하는 결정자는 복잡성이란 측면에서 자신의 포부수준을 단지 조절하고, (1) p와 v의 계산의 문제와, (2) 代案의 結果에 대한 상상적이고 창의적인 탐구의 문제에 대하여 실제적인 행정적 해결에 안주하게 되는 것이다. 이것은 實用的인 것이지 非合理的인 것은 아니다. 그러나 非合理的이고, 이탈적이고, 철학적으로 의심스러운 것으로 생각되는 의사결정에 대하여 다른 反應이 있다. 이탈적이라는 反應은 특히 의사결정문제에 있어서 價値判斷的 要素에 대한 反應에서 생기는 것 같다.

價値的 命題는 경험적으로 검증할 수 있는 命題나 論理的 命題처럼 眞·僞를 밝힐 수 없기 때문에 計量的 方法으로 해결할 수 없는 超事實的(metafactual) 또는 超科學的(metascientific)인 것으로 생각된다. 이것을 否定하는 것은 자연적 오류를 범하는 것인데 이것은 어떤 사실이나 'is'는 가치진술이나 하나의 'ought'를 증명할 수 없다는 주장을 범하는 것이다(Moore, 1903, 10, 13. 14). 이것은 얼마만치의 事實蒐集이나 情報蒐集도 결론적으로 '正義'(the right)라고 할 수 없다는 것을 行政家들에게 알려주는 것이다. 事實的 基礎는 價値前提에 도달하는 데 바람직한 것일지 모르지만 그 자체로서는 아무것도 증명하지 못한다. 그러나 자연적 오류가 철학적 全無狀態나 현상을 만드는 것을 허용한다고 할 수 없다. 이것은 아마 실제적 행동범위에서

하나의 破門이 되며 그래서 組織에서 현재 일어나고 있는 문제에서 價値決定의 문제를 해결하기 위하여 많은 技法이 나타나고 있다. 이 중에서 우리는 兩極反對者의 參與와 評價를 고려할 수 있는데 둘 다 가치의 곤란을 위한 合理的 接近인데 이 둘 다 쉽게 변질되기 쉽다.

參與(participation)는 意思決定過程의 심사숙고 범위를 확대하기 위하여 관련 집단이나 지식집단을 자문하고 협동하게 하는 技法이다. 이것은 價値問題에 대하여 근본적으로 合意를 찾고, 만일 완전합의를 얻지 못할 지라도 투표의 형태나 비중을 둔 배정에 의하여 v-要因을 決定한다. 이것은 行政家單獨의 지혜에 대한 만성적 믿음이나 신뢰의 부족으로써 보다 多數의 지혜에 대한 Aristoteles적 신뢰로써 훨씬 덜 분명하지만 이 방법은 압도적인 民主理念의 영향을 많이 받는다(소련의 同僚的 決定에 대한 신뢰를 생각해 보라. 'soviet'란 말 자체가 '위원회'(committee)라는 뜻을 의미한다). 極端에 이르러 方法은 合理性에 기초를 두지 못하고 政治的 說得에 기초를 둔 決定과 價値決定에서 벗어나게 된다. 참여로 價値問題의 '해결'(settlement)을 가져온다는 것과 그게 무얼 '증명'(Prove) 할 수 있다는 것은 서로 다른 문제이다. 그리고 물리적 힘이나 조작으로 완전히 다른 것으로 뒤집을 수 있다.

參與의 反對戰略은 가치전문가에게 가치문제를 떠맡기는 것이다. 이것은 자문을 통한 임시조직(ad hoc)이 되거나 아니면 評價者 役割을 등으로써 공식적으로 임시조직이 되는 것이다[14](Stufflebeam et al., 1971, 43, 297-307). 위의 어떤 경우에도 決定者(decider)나 決定採擇者(decision taker), 즉 결정에 대하여 조직에서 責任을 지고 있는 사람과, 助言者(adviser)나 決定者, 즉 分析과 評價的 役割을 맡은 사

---

14) 평가자가 의사결정과정에서 멀리 떨어져 있어야 하는지, 개입이냐 객관성
    이냐에 달린 주장과는 멀리 떨어져 있어야 하느냐에 따라 의견은 다르다
    (stake, 1967, 523-40: Tyler *et al.,* 1967).

람 사이에는 구별이 있는 것으로 미리 전제한다. 實際的 行政哲學者에게 이러한 구별을 한 번 지각하는 誤謬가 있다는 것은 놀라운 일이 아니다. 이것이 뒤집힐 가능성을 다음과 같이 간결하게 표현하고 있다.

> 이리하여 전문가의 권고에 많은 존경을 표해야 하는 일이 생기며 또 이 권고는 전문가까지도 의식하지 못하는 행정적 결정 가치속에 암암리에 소개되는 일이 일어난다. 더구나 비전문가는 전문가와 대치되는 것을 주저하기 때문에 전문가는 자기가 결정적으로 의식하는 행정적 결정에 가치선호를 注入하게 된다. 그리고 전문가는 기본적 이유를 거의 또는 전연 이해하지 못하고 표준화된 해결책을 흔히 배우기 때문에 이 전문가들은 융통성이 없고 또 새로운 아이디어에 저항한다(Simon et al., 1950, 547).

어떤 사건에서 이러한 실천은 결정과정에 커다란 어려움의 개입을 인정하는 것이다. 의사결정의 全過程에서 궁극적인 선택을 하는 시점은 아직 행정가가 제시된 최종대안 사이에서 결정을 하는 때이기 때문에 객관적 분석가의 단순한 개념 속에는 非論理的 要素가 있다. 그렇다면 助言者는 자신의 '客觀性'(objectivity)을 훈련하지 않고, 또 행정가 機能을 강화하지 않고는 조언을 제공할 것으로 기대할 수 없다. 반면에 조언자의 代案을 형성하는 바로 그 일은 자기의 評價를 포함하고 그래서 의사결정 原型의 중요한 부분에서 행정가의 기능을 높이게 된다. 케케묵은 진퇴유곡의 딜레마가 안개 속에서 희미하게 나타나기 시작한다.

다른 例外的 이탈은 事實的이고 計量的인 의사결정 문제의 이러한 측면에 과도 집중하는 형태를 취하는 것이다. 컴퓨터 하드웨어(hardware)와 관련 技術(technology)의 出現은 이러한 자기기만의 형태를 크게 도와준 셈이다. 도구에 관한 Kaplan의 法則은 이러한 종류의 心理的 퇴행에 적절하다.

그러나 '開放的' 意思決定의 실제를 통하여 보다 더 잘 스며드는 '다른 非合理的 양식이 생겨날 수 있는데 거기서 '開放的'이란 말은 公衆이나 조직구성원에게 접근할 수 있다는 의미에서, 즉 '개방적 결정은 공개적으로 도달한 것'이라는 의미로 사용된다. 이러한 절차는 形式性에 대한 필수 측정으로 공통적으로 제한을 받고, 또 이것은 유사법적 해결(quasi-judicial solution)에 기울게 하고 여기서 상상적 또는 창의적 해결보다는 정책의 前件的·문자적 해석에 의하여 가치문제를 해결한다. 다시 이것 그 자체는 비합리적인 것은 아니며 가치적 입장으로부터 原理와 原理의 明白化를 불러들이는 정도까지는 이익이 될 것이다(제6장을 보라). 그러나 이것은 보수주의나 낡은 전략에 이르게 한다. 더 나쁘게도 개방적 공중토론회는 단지 조작적 목적을 위한 展示에 불과하며 실제 결정은 토론회가 있기 전에 사적으로 암암리에 過程上의 主集團이 미리 정해 놓은 것이며 그래서 節次上에 合理的 이유를 무시하게 되는 것이다.

마지막으로 決定上의 곤란에 대한 例外的 반응의 가능성을 설명하지만 결코 배제하지 않는 것으로 유사중립 또는 '관료적' 입장에 대한 행정가의 설 자리가 있다. 그런데 이런 유사중립 또는 관료적 입장에서는 의사결정 原型이 곤란하고, 평가적이며, 質的인 측면을 外的 制約과 주어진 것(givens)으로 다루거나 또는 약간 過程外的 存在로 함께 무시하거나 거부하는 것이다(Tribe, 1972, 95). 이것을 '우리의 문제가 아니라는 태도라 부르고, 이것은 管理主義로의 퇴보일지라도 조직의 역기능적 효과와 함께 평가자와 자문자의 역할까지 확대될 수 있다.

이 章 전체의 관심은 의사결정과정 자체가 완전히 과학적일 수

없다는 것을 의사결정을 다루는 특수 지식체계에 의하여 밝히려는
것이었다. 내적 가치의 구성요소가 있다는 것은 철학적 위치의 과
정을 보장한다. 行政家는 자기의 非行政동료보다 더 철학적 전문가
라고 할 수 있는가? 현시점에서 저자는 의문을 간직한 채 人間行
動의 가장 곤란한 영역에서 행정가는 매우 특별한 관심을 갖고 있
다고 단순하게 주장한다. 만일 의사결정을 위한 중요한 지식이 인
간가치를 다루어야 한다면 조직에서 결정을 하는 행정가는 적어도
이 主題에 관한 한 전문성을 가져야 한다는 입장을 취하는 것 같
다. 論理的 世界에서 행정가는 특히 價値概念에 대하여 잘 알아야
할 것이다. 이들에게 價値에 대한 지식은 특별한 能力에 속할 것이
다.

제4장 政策決定

I. 政策決定과 政策決定者

　政策決定과 意思決定의 관계는 戰略과 戰術의 관계와 같다. 정책결
정은 주로 組織使命이나 目的에 관한 측면과 일반적인 節次의 方法
(modus operandi)에 관한 측면의 양측면의 조직생활과 관계되는 決
定을 하는 것으로 생각된다. Geoffrey Vickers卿은 정책결정을 '보다
더 일반적인 용어로 말하여 目標나 目的設定(setting of goals, objectives
or ends)으로 생각하기보다는 구체적인 용어로 다스리는(governing)
關係나 規範의 設定으로 생각한다(Vickers, 1965, 31). 정책결정을
'行動을 안내하는 原理의 體系'로, 또 '과거로부터 현재로 흘러오는
어떤 경향에 영향을 줌으로써 未來의 모양을 형성하는 하나의 설계
(design)'라고 흔히 말한다(Lerner and Lasswell, 1951, ix). 政策과
哲學은 결국 合同이다. 하나의 조직은 잠재력을 가지고 있는 것이다.
어떤 경우를 막론하고 정책은 조직의 歷史와 동시에 조직의 미래의
형상에 대한 潛在力과, 조직 자체의 所有와 조직을 둘러싸고 있는 전
체 環境의 總體를 복잡한 형태로 代表하고 있다. 조직의 存在와 미래
에 대한 潛在力의 質은 政策으로 집약되고 公式化되어 분명하게 됨으
로써 조직의 哲學요로 表現되고 論理와 價値의 綜合으로 表現된다.
그리고 이 高度로 哲學的인 일은 계속적이고 꾸준한 작업이다. Barnard
가 강조한 것처럼 意思決定과 政策決定은 끝이 없는 일이다. "끝없이
변화하는 現在는 계속되는 조직 속에서 끝없이 새로운 目的을 만들어

낸다"(210). Katz와 Kahn은 一般性 또는 抽象性의 程度에 근거하여 政策決定을 구별하여 분류하였다. policy decision의 政策決定은 조직의 규모(space)와 시간에 있어서 크고 장기적이며 policy making의 政策決定은 '조직구조의 변경, 창조, 또는 축소 등을 포함하여 指導性 水準에 해당하는 決定의 側面'을 말한다(Katz and Kahn, 1966, 259). 후자의 정책결정은 조직의 목표와 목적(substantive goals and objectives)의 형성에 해당되며, 물론 목표달성을 위한 절차와 방법과 직무수행의 평가도 포함한다(ibid. 260).

論理的, 價値的 양면으로 보아 政策決定을 行政行動의 縮圖, 行政의 眞髓-行動哲學이라고 할 수 있다. 이것은 하나의 중요한 문제와, 여기서 갈라져 나온 적용의 문제를 갖고, '行政家'라는 말로 定義된 사람과 對面하게 한다. 政策決定을 하는 사람은 누구인가? 저자가 이미 말한 것처럼 정책결정자로 지정되었든 안 되었든 누가 결정하든 결국 그는 行政家라는 것을 암시 한다. 또한 行政이란 공식적 行政役割의 범위 안으로 엄격히 제한할 수 없는 조직행위 속에 스며드는 바로 그러한 형태라는 것도 암시한다. 어떤 의미에서는 매일 매일의 부가적 조직 생활과 맞먹는 것인데 거기서 인간은 生得的으로 哲學者라고 생각하는데, 아직 이 방면에 대한 진지한 연구는 많지 않다. 그러나 만일 行政專門職이 있다면 아마 그 責任은 분명해질 것이다. 行政家야말로 진지하게 哲學硏究를 해야 할 것이다.

때로는 Anglo-Saxon 文化에서 理念的 問題로까지 제기되는 강력한 정치적 독단 때문에 특별한 형태의 문제가 되기도 한다. 이렇게 되면 政策機能은 아마추어 또는 조직 내 非專門人, 심지어는 時間制(part-time) 構成員에게도 속한다는 입장이다. "專門家(expert)는 곁에(on tap) 있는 것이지 위에(on top) 있는 게 아니다." 또 그래야 할 것이다. 專門家(Professional)의 영역은 명령받은 바를 실천

하는 것이고 또 이들은 手段에 있어서 (in means) 專門人(expert)이
며 반면에 非專門人(layman)은 目的에 있어서(in ends) 專門人
(expert)인 것이다. 그래서 선거에 의하여 뽑힌 市民의 立法機構는
국가나 道의 정책을 결정하고 또 병원이나 학교에서는 理事會와
教育委員會가, 그리고 會社에서는 중역회(boards of directors)가 정
책을 결정한다.

이들 代表 또는 政治集團이 政策을 결정한다는 것은 부인할 수
없으나 이들 '만이' 정책결정을 한다고 생각하는 것은 잘못이며,
또 조직 내의 상위 行政家가 정책을 결정하지 '않는다'고 꾸미는
것은 극단적으로 순진한 사람이 하는 말이다. 만일 이들이 정책을
결정하지 않는다면 이들은 우리의 用語로 말하여 단순한 管理者(manager)
에 불과한 것이다. 그러나 이들이 직접 또는 간접으로, 공식적 또
는 비공식적으로, 설득을 통하여, 정보의 통제를 통하여, 또는 어떤
수단으로든 정책을 결정하는 한 이들은 집행관(executive)이거나 행
정가(administrators)이다. 그렇다면 다음 세 종류의 行政家가 있다
고 할 수 있다. 첫째, 政治的 過程의 어떤 형태, 즉 임명, 선거, 또
는 선임에 의하여 자리(office)를 차지한 사람이 있다. 이들은 政治
家的 行政家이다. 이들의 조직과의 관계는 임시적·일시적이고 따
라서 공식적인 行政準備教育을 받지 않은 사람들이다. 둘째로, 어
느 정도의 직업적 형태의 준비교육을 받고 조직과는 영구적 관계
를 맺고 있는 終身職(tenure)이거나 또는 종신직이 아닌 行政家가
있다. 이들은 行政家로서 지정된 役割을 담당하고 있다. 우리는 이
들을 專門的 行政家(Professional administrator)라고 부른다. 셋째로
현대사회에서, 특히 소위 協同的 原理(collegiate principle)를 적용
하는 조직에서 機關的 중요성이 증대되고 있는 중요한 혼합적인
종류가 있다. 이 종류의 행정가는 協同的 行政家(collegial administrator)
인데, 그 조직의 職業的·專門的(career professional) 成員이지만

일정 기간 동안 行政的 役割을 담당하도록 조직 내에서 선출되거나 임명된다. 行政이란 행정가의 表面上의 專門職 또는 最初부터 專門職인 것은 아니다. 그리고 行政家는 그 분야의 준비교육을 받지 않기도 한다. 여기에 해당하는 전형적인 예는 大學의 學長, 어떤 경우는 校長 敎育監(長)을 들 수 있다. 이 세 번째 집단은 아마 추어와 프로의 속성을 결합시킨 것이지만 흔히 行政家라기보다는 專門家에 해당된다.

이러한 분류에 대하여는 뒤에 살펴보게 될 것이다. 단지 專門的 行政家의 카테고리에서만 行政的 資質(competence)에 해당하는 준비교육이나 훈련을 가정하는 것이 논리적이라는 점에 대하여 잠시 주목할 필요가 있다. 그리고 여기서조차도 哲學的 分析技能과 價値明僚化의 敎育을 前提로 하기는 곤란하다(Wiles, 1974; Hodgkinson, 1975). 그러나 이 세 집단 모두 행정에 종사하며, 정책을 결정하고, 따라서 행정가이다. 만일 내세우는 것(rationality)이 조직생활에서 價値的인 것이고 專門主義(Professionalism)를 요구한다면 적어도 西歐社會에서 현재의 行政實際는 非合理的이라고 시인하지 않을 수 없다.

Ⅱ. 計劃과 目標

조직이란 관점에서 볼 때 政策은 內的이거나 外的인 것에 해당된다. 內的 政策(方針)은 부하직원의 전 영역과 그때그때의 우발적 결정을 하고 정의하는 결정규칙이나 매개변인을 설정한다. 예를 들면 예산배분의 지침 또는 매일 아침 일정계급 이하의 직원에게 출근부에 서명하도록 요구하는 것, 또는 반대로 자기 근무시간 내에서 직원들이 마음대로 출퇴근을 결정하도록 허락하는 것 등이다. 이러한 정책은 성문화된 규칙으로 공식적으로 결정되거나 인습과

습관, 전통이란 형태로 비공식적으로 발전된다. 이것은 과거처럼 조직의 게임 속에서 만들어지는 어떤 움직임과 게임규칙을 결정한 다. 技術的(skilled)인 行政家는 능수능란한 게임선수이며 자기의 기술을 통해서 게임을 고정시키기도 하고 변경시키기도 한다. 반면에 外的 政策은 計劃을 다루어야 한다. 서로 경쟁하고 갈등하는 환경 요인들 속에서 조직을 위한 행동코스를 정해야 한다. 이것은 哲學 的 槪觀은 물론 특별한 組織的 展望, 對外的 展望을 요구한다.

政策決定은 二重的意味에서 '높은 水準'이다. 즉 정책은 흔히 조직 계층의 높은 수준에서 이루어지고, 또 특히 조직의 전반적 목적이나 사명, '생활'(life)과 관련되는 價値를 포함하는 경우에 높은 수준이 다. 이 정책은 조직의 철학을 형성하고, 철학이란 용어는 흔히 정책 수준의 行動者(actor)에 의해서 엄격하지 않은 의미로(loosely) 그리고 무의식적으로(casually) 사용되고 있다. 原型(paradigm)의 구성요 소, 즉 代案(alternatives), 可能性(Probabilities), 價値(values)는 고도 의 집단적 의미를 갖기 때문에 이 수준의 決定은 大書特筆할 만한 결성인 것이다. 代案의 探索은 調査(investigation), 硏究(research, study), 報告라는 공식적 장치를 거쳐서 심사숙고한 計劃이나 硏究・ 開發機能으로 擴大된다(물론 이 공식적 장치는 즉시 연기되기도 하고 비상적 조치로 제쳐놓기도 한다). 조직의 투자위험이 크기 때문에 p要因(probability)은 또한 보다 더 중요하게도 된다. 이러한 사실은 行政的 屬性에 대한 要求를 낳게 되는데 행정적 속성은 도박이나 '나 머지 계산'의 경향에 도움이 된다. 그러나 注意的이고 保守的이어야 한다는 조직의 압력은 이 모험감행적 행정가가 있으므로 대칭적으로 균형을 유지하게 한다. 그렇다고 모든 행정가가 다 Hitler적 또 Napoleon적인 직관적 모험 감행의 특질을 가지고 있는 것은 아니다. 끝으로 정책결정의 범위와 조직 내 다른 수준에 대한 정책의 중요성 때문에 決定原型(paradigm)의 v要因(value)은 이 수준에서 확대되는 것도 분명하다. 극단적으로 말하여 아주 나쁜 정책은 조직의 파멸을 가져오기도 한다. 요약하자면 정책결정의 수준을 일반적으로 높이는 것은 논리적 형태를 탐색하는 과정에서 정책결정 '전략'을 특성화시키는 방법을 찾는 사람에 이르게 한다.

III. 一般戰略

前章에서 意思決定의 環境(setting)에 대하여 간단히 언급했었다. 그것은 政策問題에도 특별히 적절한 부분이 있다. 一般的 要素는 [圖 9]에 나타나 있다. 이 그림은 Braybrooke과 Lindblom의 원래의 개념과 Stufflebeam과 그의 共著者가 수정한 것을 옮겨놓은 것이다. 이 두 집단의 이론가들은 근본적으로 똑같은 입장이다. 즉 결정을 포함된 變化의 범위와 理解水準의 兩次元으로 분석한다면 狀況要因 (p와 v)을 잘 이해하고 의견이 일치하는 그런 경우(제1상한) 이외에는 이 순수한 합리적 원형(paradigm)은 파멸의 지경까지 약해진다. 그러나 분석에 선택된 차원은 불확실성과 평가사이, 또 가치와 사실 사이의 구별을 분명히 하지 못한다는 점을 주목하게 된다. 우리가 사용하는 용어로 p와 v는 [圖 9]의 배열에 설명된 모든 부분에 배어들고, 또 이것을 정확히 확인해낼 수 있는 것은 제1상한 뿐이다. 달리 설명하면 價値와 事實은 제2, 3, 4상한이 나타내는 행정행동의 영역에서 서로 얽혀 있으나 제1상한에서 순수한 합리적 原型에 성공적으로 적용하기에 충분한 가치와 사실을 구별하는 것이 가능하다. 다시 우리가 이 개념적 틀에서 오른쪽으로 옮겨감에 따라 不確實性은 증가하고 또 價値가 事實보다 더 중시되는 것 같다. 특히 제2상한, Stufflebeam 등이 變形(metamorphism)이라고 이름붙인 곳에서 더욱 그렇다. 水平軸의 아래의 理解나 情報捕捉(아마 事實과 價値가 복합된 것일 텐데)은 낮은데(低) 이것은 政策戰略에 반영된다.

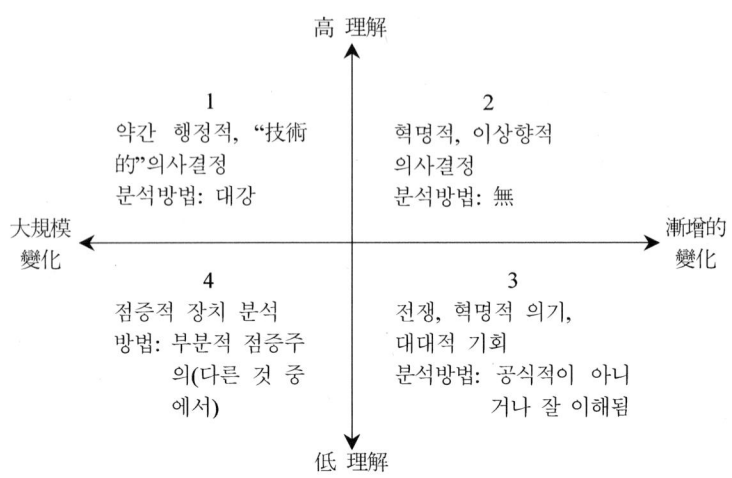

Stufflebeam et al.의 분석의 틀

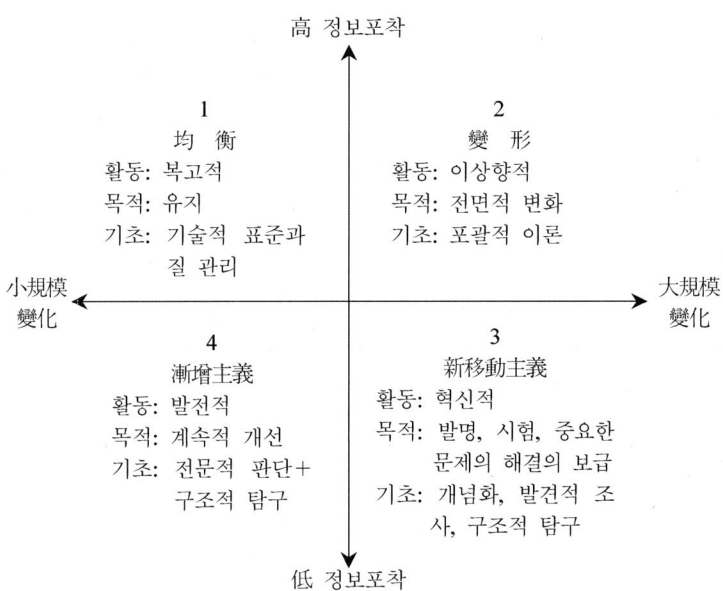

[圖 9] Braybrooke와 Lindblom의 變化에 基礎한 分析의 틀

大規模 變化戰略: 조직(조직은 아마 國家-州 또는 國家-集團, 예를 들면 OPEC 같은 조직이라는 것을 기억하라)에 영향을 주는 大規模變化는 [圖 9]의 垂直軸의 오른 쪽의 政策行動을 要求한다. 최초의 저자인 Braybrooke와 Lindblom은 혁명적 또는 이상향과 같은 행동이라 記述하고 전쟁, 위기, '대대적 기회'라는 예를 제시한 반면 수정한 저자인 Stufflebeam 등은 이상향적 또는 혁신적 활동이라 불렀다. 그리고 前者들은 次元에 의한 意思決定을 위한 分析方法을 자신 있게 제시하지 못한 반면 後者들은 결정의 기초는 포괄적 이론(예, Marxism)이나 또는 '개념화, 발견적 조사, 구조적 탐구'가 되어야 한다고 암시한다. 모험성과 불확실성이 확대됨에 따라 또 다가오는 사물의 형태를 형성하려는 대규모 전진적 시도를 함에 따라 정책결정자는 어떤 종류의 이념적 형태에서 강화를 필요로 하는 것 같다. 이 理念이라는 것은 哲學的, 宗敎的 또는 政治體制가 될 것이며, 그렇지 않으면 政策科學에 관한 Tribe의 책(1972)에서 제시되고 Stufflebeam의 '신이동주의'를 위한 기초에서 암시된 것처럼 p와 v要因에 대한 類似科學的(quasi-scientific) 客觀主義者-合理主義者의 계산이 될 것이다. '科學的' 熱望에도 불구하고 대대적으로 조직의 미래를 형성하려는 행정가는 일반적인 合理性이라는 테두리를 뛰어 넘어 信賴, 信念, 價値, 意志- 이 모든 게 조직이론자들에겐 어려운 용어이고 行政科學에서는 破門이 되는 것인데-라는 현상으로 특징지어지는 地域으로 옮겨가야 하는 것이다.

部分的 漸增主義(disjointed incrementalism): 이제 제4상한이란 왼쪽으로 넘어가기로 한다(圖 9). 이것은 아마 깊이 생각해 봐야 할 가장 중요한 政策領域인 것 같다. 왜냐하면 이것은 가장 널리 쓰이고 또 실제 사건의 현실성에 바탕을 두고 있는 것이기 때문이다. 여기 行動의 주변에서 조그마한 결정들을 하고, 전문가(expert)의 判斷과 行政技術(administrative skill)과 組織의 經驗의 專門性(expertise)에

근거하여 分析方法을 사용한다. 이 領域의 政策에서 手段과 目的, 價
値와 事實을 엄격히 구별할 수 없고 서로 '얽혀 있는 것으로 다룬다.
政策決定者는 根本的으로 다른 代案과 커다란 價値葛藤은 피하고자
한다. Lindblom은 그의 고전적 논문(1959)에서 이것을 枝葉
的(branch) 方法이라 불렀는데 제1상한(圖 9)의 根本的(root) 接近과
對가 되는 것이다. 이것은 나무라는 有機體의 發展에 비유된다. 政策
水準에서는 價値에 관한 合意는 없지만(전형적인 政治的 狀況에서)
대신에 즉각적인 行動路線에 대하여는 단지 제한된 범위에서 合意를
요구한다는 것을 認定한다. 이러한 行動은 아마 實驗的이거나 一時的
이고 方法은 계속적인 제한된 비교방법이라 부른다. Lindblom 자신
은 이것을 '얼렁뚱땅(muddling trough)의 科學'(ibid.)이라 표현했다. 반
면에 Boulding은 이것을 '친절한 불빛으로의 안내 '(Lead Kindly
Light)(1964)의 哲學이라 비평하였다. 이러한 槪念下에서의 政策決定
은 아마 근본적으로 조심스럽고, 保守的이며, 實用的이고, 傳統-根
據的, 經驗-根據的이다. 情報의 精神은 공리공론적이 아니고, 현상
유지 지향적이며, 급진적이고 격정적이기보다는 확실하고 느린 성장
을 지향하는 것이다. 方法은 위에 記述한 세 종류의 행정가에게 동등
한 호소력을 갖고 있다. 예를 들면 美國의 豫算決定의 基本技法
(Bailey and O'Connor, 1975)과 社會가 대부분의 결정을 하는 方法
(Arrow, 1964)이 이에 해당된다. 어떤 行政哲學이고 간에 그 위치를
認定해야 한다.15) 만일 포착할 요인과 변화의 요인에 서서히 주의를
기울인다면 이 모든 것은 이용 가능한 광범한 일반적 전략이 된다.

---

15) Dror(1964)는 전략을 대규모 상황과 급변하는 상황에 알맞지 않고 무기력
    한 것이라고 비판하였다. 이러한 반대에 대하여 이것은 아마 이러한 상황
    에 대처하는 방법으로 옹호될 수 있을 것이다.

Ⅳ. 關心과 政策戰略

行政의 合理性의 限界를 보여주는 데 있어서 중요한 반면 決定狀況(decision setting)에 의한 이 分析形態는 人性과 動機要因이 어떻게 政策決定 過程 속에 介入되는지 그 方法을 저절로 설명하지는 못한다. 關心(interest)이라는 용어를 수식어를 가진 복합용어로 사용하기로 한다. 그러면 이 세 종류의 關心에 대하여 論理的으로 말할 수 있는데, (1) 自己關心(self-interest), 政策決定者 個人의 關心; (2) 組織의 關心(organization interest), 조직으로 구조된 집단의 관심, 또는 조직구성원으로서의 정책결정자의 관심; (3) 超組織的 關心(extra-organization interest), 환경과 조직 외적 정책의 보다 '큰'(larger) 관심, 또는 市民으로서의 정책결정자의 관심이 있다. 이 관심의 수준은 前述한 제2상위 [圖 5~7]의 動機行動樣式(syndrome)과 마찬가지이다.

이들 관심의 세 형태는 서로 독립적이 아니라는 것을 한번 인정한다면 행정가의 각 형태의 특징을 가장 논리적으로 생각해보고 싶은 마음이 생긴다. 超組織的 關心을 대부분 정치적형성가의 특징이라고 할 수 있고 또 이들이 가장 대표적이라고 할 수 있을 것인가? 아마 이런 생각은 조직의 일에 있어서 Anglo-Saxon법규의 아마추어적 우수성을 설명할 수 있을 것이다. 또는 組織의 關心을 행정가의 전문직 카테고리 내에서 가장 구체화할 수 있을 것인가? 그리고 그렇다면 協同的 行政家(collegial administrator)는 어디에 가장 적합하게 해당될 것인가? 이러한 질문들이 마음을 이끌리게 하지만 아마 정신을 혼란하게 하고 있는지도 모른다. 우리가 인정할 수 있는 것은 關心이란 政策形成과 밀접한 관련이 있고 또 기초적인데, 그러므로 지배적인 關心形態와 政策戰略 사이에는 어느 정도의 相關關係가 있으리라고 기대할 수 있다는 점이다. 이러한 思考는 어떤 기본적인 또는 고전적 형태를 암시한다.

政策形成의 기본형태에 대한 논리적 가능성은 제한되어 있지는 않고, 그 대신 어떤 잘 정해진 형태가 흔히 대신한다. 앞에서 분석한 關心의 세 종류와 어느 정도 맞먹는 세 형태의 전략은 (1) **機會主義的**(opportunistic), (2) **合理主義的**(rationalistic), (3) **教條主義的**(doctrinaire) 전략이다.

機會主義的 戰略은 결정자의 自己關心(self-interest)속에 나타나는 것에 근거하여 정책을 해결한다. 이러한 구조 하에 있는 정책결정자는 정책으로부터 나오는 여러 갈래의 관심을 분명히 知覺할 수 있는 한 合理的이고 論理的이라고 할 수 있다. 이에 관한 simon의 論評은 아주 흥미롭다(1965, 149). 合理的 人間行爲(개인 또는 조직행위)에 관한 命題는 흔히 心理的인 것은 아니라고 그는 주장한다. 그의 사고에 의하면 合理的 行動은 완전히 價値(개인적 또는 조직의 가치)에 의하여 결정되고, 그리고 心理學의 유일한 역할은 상궤를 벗어난 또는 非合理的 行爲를 설명하게 될 것이다. 이 전략을 계속적으로 추구하는 행정가는 물론 두 개의 더 큰 다양한 關心과 自己關心이 합치는 또는 두 개의 關心下에 포함되는 많은 경우를 발견하게 될 것이다. 葛藤이 존재하는 곳에서 이런 행정가는 기본성책을 위장하거나 숨기는 그런 방법으로 자기의 公共發言과 組織發言을 표현하게 된다고 또한 쉽게 상상할 수 있다. Simon, Smithburg, Thompson(1950, 392-3)은 機會主義를 組織維持와 일치되는 것으로 보는 경향이 있는데, 조직유지는 行政의 自己追求者(self-seeker)가 조직을 目標達成의 수단으로 삼거나 또는 構成員이란 프라이드(Pride)의 對象으로 삼고, 또는 개인적 權力, 地位, 收入의 根源으로 보존하고자 추구하는 것을 말한다. 그러나 이것이 전적으로 무리한 사례가 아니라는 것과 또 무모한 機會主義가 조직적으로 逆機能이 된다는 것을 묵과해서는 안 된다. 야심적이고 상향적인 組織間 出世主義者는 자기들 뒤에 있는 조직의 고통의 해소를 추구하고 기회주의적 정책전략의 최종산물을 추구할

수 있다.

合理主義的이라고 저자가 이름붙인 정책지향의 형태에 대하여는
특별히 注目를 끌만한 가치가있다. 이 합리주의적 전략이 지배적으
로 추구하는 것은 組織의 關心인데 여기에 존재하는 결과적 假定
이 있는데 조직을 위해서 좋은 것은 개인을 위해서도 좋고 보다
더 큰 社會를 의해서도 좋다는 가정이다. 이것은 實證主義的, 客觀
的, 주로 目的보다는 手段에 초점을 둔 경향성을 내포하고 있는데,
目的에 초점을 둔 것을 흔히 주어진 그리고 명백한(즉, 이익추구,
전쟁에서의 승리) 것으로 가정하고 그래서 어떤 目的을 추구하든
技術은 지원할 수 있고 또 資源도 지원할 수 있다는 것을 정당화
한다. 그러나 여기에는 두 종류의 오류라는 모험이 따르는데 첫째
는, 目的(결국 정책)은 논리적인 것으로 事實研究로부터 나온다고
가정하는 흔히 있는 自然的 오류이고, 둘째는 事實的 客觀性과 合
理性의 科學的 規範과 동일시되는 오류이다. 自然科學 또는 精密科
學(hard science)에 알맞은 規範은 아마 人文科學에는 아주 부적절
할 것이다.

客觀的 政策決定의 기원은 아마도 古典的 經濟學의 강력한 영향
을 추구하고 그 理論을 택하는 단순한 假定들을 따른다. 哲學과 知
識社會學의 觀點으로 연구하면서 Tribe는 이란 형태의 政策科學의
指向을 비판해 왔는데 다음과 같은 점을 보여주고 있다.

  "政策科學은 어떤 형태의 방법, 즉 아주 理解할 수 있고 때로는
  아주 불행한 맹목적 체제, 왜곡된 체제를 만들어 내는 방법으로
  현실을 분할하고 또 현실을 왜곡하는 경향이다"(Tribe, 1972,
  106).

이것은 정책과학을 매우 관대하게 그리고 겸손하게 보고 있는 것

인데 Tribe의 전면적 공격은 강력하였다. 그러나 行政의 論理를 추구함에 있어서 정책에 대한 論理-合理的 接近(logical-rational approach)은 저절로 反機能的(contra-functional)이고 그래서 끝에 가서는 非論理的이라고 밝혀질 수 있다는 점을 주의해야 한다고 주장한다. 물론 똑같은 비판이 機會主義的 接近과 敎條主義的 接近에도 붙여질 수 있다. 政策은 論理를 초월한다.

끝으로, **超組織的 關心**(extra-organizational interest)에 해당하는 형태에 대하여 살펴보기로 하자. 전형적으로 이 형태는 약간 분명한 敎條主義的 형태로, 또는 쾌락주의적 공리주의자(hedonistic utilitarianism)들이 신봉하는 지침원리, 또는 (말하자면) 社會黨(Socialist Party)의 政綱같은 형태로 나타나는 것이다.16) 하나의 敎條로서 이 초조직적 관심은 잘 조직(wellformed)되거나 잘못 조직(malformed)되고, 또 未完成의 상대이거나 아직 미숙한 상태일 가능성이 많다. 예를 들면 여성해방운동, 또는 '현실주의 세대'(now generation) 같은 문화운동의 대표가 되는 공허한 의미까지도 政策으로 안내되기에 충분하다. 일반적으로 이것을 지지하는 사람에게 충분히 분명하다면, 이것이 철학이나 이념수준으로 오르든지 못 오르든지 어떤 형태의 설득은 정책결정인자로서 이용될 수 있다. 복잡한 조직이 한 국가나 도(道)라는 크기를 가질 때 이 敎條主義(doctrine)는 물론 대개 政治的 陣述-일단의 정치적 명제로써 표현된다.

마지막으로 自由放任主義와 否定主義의 反對戰略이 있다. 前者(자유방임주의)는 고전적 자유주의 경제학과 정치학에서처럼 敎條主義(doctrine)의 수준을 달성할 수 있으나 여기서는 비형식적 또는 일관성 없는 방법으로 환경에 반응하는 다른 의미로 사용하고자 한다. 이

---

16) Braybrooke와 Lindblom(1963)은 공공정책결정과 Bentham의 功利主義(그리고 쾌락주의적 계산)의 일치를 위한 설득력 있는 케이스를 제시하고 있다.

러한 歷史順應主義는 조직의 정책이나 지도성이 부족하다는 증거가
될 것이며 또 이러한 상황에 있는 조직은 적극적이지 못하고 수동적
이다. 이러한 조직은 超組織生活의 형태라기보다는 초조직생활의 質
에 의하여 형성된다. 반면에 否定主義(negativism)는 정책결정자가
무엇을 원하지 않는가에 대하여는 아주 분명히 하지만 긍정적 목적에
대하여는 전연 분명히 하지 않는 상황에 해당된다. 하나의 형태
(pattern)는 있지만 否定的 형태이다. 敎育委員會는 세출을 줄이고자
원할지 모르고, 많지 않게 하려 할지 모른다. Nixon시대 백악관한 사
람의 행정가로서의 Ehrlichman은 긍정적 공공정책에서 主導權(initiatives)
이 부족하였다는 비난을 받을지 모른다(Rather and Gates, 1975,
270-272). 否定主義와 自由放任主義라고 반드시 非論理的인 것은 아
니지만 조직적인 면에서 행정적인 면에서 超價値(metavalue)(제11장)
와 모순 되고 조직의 이익이란 법칙에 위배된다.

　이러한 모든 점에 비추어 볼 때 政策決定은 사실상 거의 하나의
哲學을 번역해 놓은 것이라는 것이 분명하다. 敎條主義와 信念에 대
한 어느 정도의 분명한 체계는 行動이 된다. 組織行動, 이것은 부수
적인 복잡성과 분석적 방법에 대한 이해의 부족과 함께 논리적 **단순
성**(simpliciter)으로 도달할 수 있는 그 이상의 行政能力(administrative
competence)의 영역이 있다.

V. 水準의 問題

　政策決定은 높은 水準이 하는 機能이라고 말하여 왔다. 政策은
전통적으로 실제 행동영역에서 멀리 떨어진 심의적 분위기에 있는
회전의자나 책상주변에서 형성되었다. 政策과 실천으로의 그 정책
의 번역 사이에 길고 짧은 '지저분한 관리적 문제'(sordid managerial
detail)라는 고리가 있어 연결되게 된다. 이 고리는 복잡한 조직의

구조에 따른 논리적 필연성의 문제이다. 그러나 이 고리는 行政哲學에서 무시될 수 없는 心理的 影響을 수반하게 된다. 회사의 理事室과 組立工사이, 또는 戰線의 총사령부(G. H. Q.)와 戰場 사이의 一貫性의 단절은 단순한 量的, 즉 물리적 거리의 문제뿐만 아니라 質的, 즉 知的 展望의 問題이다.17)

"……행정직에 있는 사람은 특히 이들이 종업원의 행동을 다루는 계획을 하게 되는데 종업원들과의 사이에 겹겹이 여러 층이 있을 때 조직 내의 사람과 물질을 '그 조직의 목적을 (또는 행정가가 중요하고 바람직하다고 생각하는 목적)달성하기 위하여'사용되는 단순한 수단으로 다루기 쉽다"(Simon et al., 1950, 496).

이 心理的 距離는 적어도 **위험한** 것이다.

Katz와 Kahn은 中國을 共産主義로부터 구해야겠다는 독트린의 전제에 근거하여 미국은 장개석을 원조하기 위한 정책결정을 하였다는 설명을 하고 있다(280). 잘못된 情報를 포착하는 실수는 여기서 거리와 수준에 해당될 수 있다. 반면에 意思決定의 論理的 原型(paradigm)은 또한 管理的 基盤에 의한 合線(쇼트)이라고 Katz와 Kahn은 강조하고 있다. 말하자면 창의적 政策代案은 처음부터 流産되기 때문에 고려의 對象으로까지는 가지 못하는 것이다. 창의적 정책대안은 '비실제적'(impractical)인 것으로 생각되고, 그리고 조직은 벌써 반대 방향으로 준비하고 참여하기 시작하며, 管理的 곤란은 극복되기 어렵게 되고, 또는 '달걀을 이미 버터와 휘저어 익힌' 격이 된다. 이런 경우에 政策水準이나 行政水準은 管理的 水準과 낮은 水準으로 뒤바뀌게 된다. 조직의 慣性의 힘은 행동의 정지나 방향의

---

17) Parsons(1960)는 質的 破壞에 대한 社會學的 主張을 제시하고 있다.

전환을 할 수 없게 되는 저거노트(Juggernaut, 역주: 인도의 신화에 나오는 神으로 이 神을 태운 차에 치여 죽으면 극락에 갈 수 있다고 믿었는데, 사람을 희생으로 바치는 불가항력적인 것을 의미함) 현상이 나타난다. 이것은 말할 것도 없이 나쁜 것인데, 行政이란 상부를 管理라는 하부가 쥐어흔드는 하극상이 되지만 반대 현상도 있는데, 이때 정책이 中心으로부터 인간적 관점에서 보아 극심한 위험이 일어나는 表面으로 흐르는데 방해를 받게 된다. 사실상 管理에 의하여 行政에 놓여진 制約은 정보포착의 증대와 組織의 回路內의 에너지 흐름을 운반하는 범위에서 유리할지 모른다.

다른 방법으로 볼 때 수준과 거리의 문제는 또한 目的과 手段의 분리의 문제로 보여질 수 있다. 이 모든 것이 분리될 수 있는 한 政策과 執行사이, 政策決定者에게 정보를 주는 價値와 세상에서 이들의 自我實現 사이에 論理的 差를 갖게 된다. 이러한 갭이나 틈은 의사결정자의 인간의 狀況－理解 사이의 고장을 가져오고, 論理는 病理가 될 수 있다. 냉정한 입장에서는 '유태인 문제의 최종적 해결'이나 '캄보디아에 대한 선제침략'은 理性的인 政策으로는 고려할 수 없는데 대학살이란 인간고통의 실제적 결과를 가져왔고, 또는 캄보디아 국민들은 실제 결정의 계산을 하게 되는 것이다. 거리는 또한 言語로 반영된다. Tribe는 '결정타', 'Phillips 커브(역주: 인플레이션과 실업율의 상관을 나타내는 커브)의 교환', 그리고 '세계자원의 몰락형식', '강제적 실업', 대체적인 '천지구의 기아'와 같은 말의 예를 제시하고 있다(1972, 97).

그러나 이러한 감정적 요인을 고려할 수 없다는 것이 계산될 것이다. 외과의사가 수술용 칼을 사용해야 하는 사람이나 신체에 대하여 어떤 감정을 생각하는 것보다 행정가는 더 풍부한 상상적 비교를 할 수 없는 것이다. 이것은 행정가의 합리적 객관성과 특유한 전문직 영역에 방해가 될 것이다. 그러나 이러한 유추는 잘못된 것이다. 과

학자와 마찬가지로 외과의사는 手段에 관심을 갖는 하나의 管理者이
며 目的은 다른 곳에서 결정된다. 그리고 그 문제에 관하여 目的은
合理的이고 正當化될 수 있으며 잘 계산되거나 고통스런 어떤 결과
가 될 것이다. 외과의사의 영역은 기술에 의하여 정당화되는 경향이
지만 政策決定者의 영역은 다른 논리적 질서를 갖는 것이다. 이 수
준의 행정행동에서는 哲學과 心理學이 相互作用하고 또 **論理**(logical)
로서 目的에 대한 강조가 **現實**(realized)로서, 즉 인간적 결과의 완전
한 색채를 가진 상상 속으로의 투영으로서 목적을 고려하지 않는다
면 갭은 열릴 수 있다. 이러한 갭 사이에 다리를 놓는 것은 행정의
문헌에서 별로 진지하게 다루지 못하고 또 과학적 객관성이라는 시
내사조(Zeitgeist)에도 어긋나는 동정, 감정이입, 상상과 같은 質的인
것을 요청하게 될 것이다. 이러한 質의 권장은 행정가 양성의 한 부
분으로서 크게 인정을 받지 못했다. 반대로 '강경한 결정'(tough
decision)을 하는 '콧대 높은', '강경한 자세'의 행정가를 능력 있다
고 존경하는 기풍에 따라서 Weber적 처방과도 일치하는 냉정성과
객관성을 흔히 더 많이 찾고자 하고 있다.

　요약하자면 행정가는 自己關心(self), 組織的 關心(organizational),
超組織的 關心(extra-organizational)의 세 종류에 관심을 두고 정책
결정 기능을 하게 된다. 이 셋 중 어떤 하나가 두드러지기는 해도
이들 세 관심은 서로 중복된다. 마찬가지로 정책 그 자체는 機會的
이거나, 合理的이거나, 敎條主義的이다. 정책과정 자체는 결정의 철
학적 범위를 확대하는 반면 동시에 심리적 통찰의 요인을 희박하
게 하거나 위축시키는 경향이 있는 그런 것이다. 決定과 政策決定
에 관한 지식체계는 合理的－大要的 方法의 광범한 적용에 대한
제한된 가능성을 지적한다. 이 모든 것에 비추어 볼 때 행정가의
역할을 담당하게 되는 행정가는 단순한 合理的 分析 그 이상의 能
力을 필요로 하게 된다는 것을 알 수 있다. 이것은 단순히 논리적

분석과 가치분석에 대한 哲學的 技術로 요사될 수 있다. 그러나 아직도 더 이상 필요한 게 있으며 이것은 감정이입과 자비심, 동정적 상상 같은 '人間的' 質을 포함하는 것 같다. 政策形式에서 行政行爲는 論理的 포착 그 이상을 넘어 도달해야 한다. 이것은 다음 인용문에서 잘 나타나 있다.

> 조직의 의사결정은 특성조직의 목적이란 참조적 틀 내에서 고도로 합리적일지 모르나 이 목적들은 전체 결과가 체계적이고 인간적인 질의 파괴라는 더 큰 의미에서 보면 비합리적일지 모른다. 個人으로서 어떤 사람들은 자신의 건강문제를 해칠 만큼 충분히 알콜을 좋아하지만, 어떤 다른 사람들은 이따 금의 음주로 영향을 받지도 않고, 또 어떤 다른 사람들은 음주자체를 하지도 않는다. 만일 우리가 알콜의 사용과 알콜 관계 일에 헌신하는 집단 속으로 우리들 자신이 들어가게 된다면 짧은 시간 안에 많은 물리적·인성적 타락을 가져오게 된다. 조직은 선과 악과 관계되든 의미나 무의미에 관계되는 개인보다는 더 능률적이다(Katz and Kahn, 1966, 295).

이것은 선이나 악을 위한 조직의 능력을 가리키며, 또 저자도 이들이 한 방향 또는 다른 방향에 의지한다고 주장하고 싶지는 않다. 논리적으로도 정책결정은 연역적으로 中立的인 것으로 생각될지 모른다. 그러나 社會心理學的 거리와 구조적 수준은 적어도 초도덕성(amorality)을 지나서 부도덕성(immorality)을 향해서 가는 경향이 있다는 것을 암시한다.

자기의 도덕성을 위축시키거나 어떤 방책으로 관리주의로 다루는 실무행정가는 자기의 철학적 책임성을 포기하고 있다. 그리고 이것은 이 행정가가 정치적이든지, 전문직이든지, 아니면 협동적이든지, 또 정책결정에서 그 행정가의 능력이 요청되든지 안 되든지,

공개적이든 암시적이든, 공식적 훈련의 산물이든 우연한 경험의 産物일 것이다.

제5장 權力, 權威, 指導性

앞에서 行政을 組織이라 부르는 活動(action)의 영역 내에서의 인간 行動(behavior)의 차등적 등급(differentiated class)이라는 일반적 방법으로 다루어 왔다. 그러면 "行政의 特殊能力(competency)은 무엇인가?"하는 질문을 받게 된다. 좀 모호하고 불분명하기는 하지만 이러한 활동의 밑에 깔려 있는 論理(logic)나 形態(form)가 될 수 있는 아이디어에 대하여도 우리가 探究해야 할 부분이었다. 이제까지 진정한 行政에의 熱望者는 아마추어였든 프로였든 組織理論의 일반적 형태로 社會科學이 제공하는 知識體系나 原理가 무엇이 되었든지 이에 친숙하게 되려고 노력했던 것 같다. 또 意思決定과 政策形成의 技藝(arts)에 대한 통찰과 실제적 技術(skin)을 깊게 하려고 노력해 온 것 같다. 論理的 形態로써 우리는 피드백 機制와 함께 目的體制 槪念으로 설계의 희미한 윤곽을 그려낼 수 있었다. 論理의 날카로운 날, 연결과 분리의 훌륭한 개척, 계산적 合理性의 직선적 행사에 의하여 우리는 複雜性과, 不確實性, 價値要因의 偏在를 계속해서 교묘하게 피해 나갈 수 있는 것이다. 더구나 우리는 아직 行政遂行에 분명히 內的인 行政의 일정한 側面에 대하여는 아직 전연 건드리지도 안 했으며, 행정가들에게 확실히 요구되는 主張, 고유한 權利의 主張, 特殊能力에 대한 主張에 대하여도 전연 건드리지 않았다. 이것들이 바로 이 제5상의 제목인 權力(power, 역주: 여기서 power를 권력, 때로는 권한으로 섞어서 번역함), 權威(authority), 指導性(leadership)의 次元이다.

行政은 根本的인 人間活動이라는 것을 우리는 기억해야 한다. 행정의 기원은 歷史的 記錄 以前의 일이다. 행정은 고전적 문헌의 걸작에 잘 나타나 있는데, 그 중에서 우리는 Machiavelli의 작품(역주: 예를 들면 『君主論』)과 Plato의 『共和國』(*The Republic*)에 특별히 주의를 기울여야 한다. 이들 고전의 中心的 關心이 있었으며 동시에 行政理論이나 哲學의 뿌리에 확실히 접근해야 할 것은 바로 權力이란 개념이다. 만일 行政實踐家가 생생하고 충분히 측정할 수 있는 權力을 가지고 있지 못하다면 여기서 언급한 모든 지식과 기술과 이에 대한 論議는 모두 헛된 것이 된다.

I. 權　力

行政은 集合的 目的의 達成을 추구한다. 행정은 바로 政策形成을 통한 目的形成과 管理技術을 통한 手段開發이다. 目的達成을 위해서는 權力을 필수적으로 요구한다. 간단히 定義하여 權力이란 目的達成을 위한 能力(ability)이라 할 수 있다. 이것은 物理的으로는 에너지의 소비를 통해서, 그리고 心理的으로는 意志의 適用을 통해서 이루어진다. 行政的 權力은 다른 사람을 통해서 目的을 달성하기 위한 能力이라 定義될 수 있다. 目的은 표면상으로 組織的(organizational) 目的이며, 말할 것도 없이 人間行動분야의 權力을 단순한 物理的 힘(Power 또는force)과 동일시하는 것은 잘못이다. 人間에 대한 權力(Power)은 自然에 대한 힘(Power)과는 論理的으로 다르다. 그렇다면 行政的 權力은 意志(will)를 갖고 그 의지를 실현할 수 있는 方法(way)을 갖는 行政家의 能力(ability)이라고 말할 수 있다. 이 점에 동의하는 것은 중요하다. 왜냐하면 組織내의 權力의 分配는 단순한 조직구조와 게임규칙의 문제, 말하자면 논리의 문제가 아니라 보다 더 복잡한 문제이고 능동, 소망, 이기적 정의 같은 心理的

함축성을 갖고 실행되기 때문이다.

사람에 대한 사람의 權力은 行政의 根本이 된다. 深層的 心理學은 권력에 대하여 어둡고 원시적인 어떤 면이 있다는 데 注意를 끌어 왔다. 특히 Adler는 권력을 지배의 본능으로 다루었으며, 또 性別과 함께 커다란 動機的 縮小主義로 權力의 序列을 매겼다(Freud에게는 실례이지만). 만일 우리가 王의 행동(Lord Action)이 따로 있다고 믿는다면 그것은 부패라고 할 수 있다. 絶對權力은 絶對腐敗를 낳는다. 用語에 비난성을 함축하고 있는데 '權力追求'(power-seeking), '權力에 굶주린'(Power-hungry)은 否定的 用語이다. 行政家가 權力追求를 公的으로 또 私的으로 솔직히 인정할 지라도 흔히 자기 행동을 묘사하는 용어로 사용되는 것을 원치 않으며 대신 '야심적인'(ambitious), '추진적인'(driving) 또는 '역동적'(dynamic)과 같은 칭찬적인 용어로 묘사되길 바라고 있다. 그러나 Adler理論의 眞僞와 상관없이 권력의 영향을 받는 사람에 대한 그 사람의 권력의 정지(suspension), 축소(diminution), 또는 전복(subversion)을 권력의 행사란 말이 내포한다는 사실로부터 권력의 원치 않는 측면이 일어나기 쉽다. 權力者를 위해서 권력의 영향을 받는 사람이 자기의 意志를 포기해야 한다면 한 사람의 權力은 다른 사람의 無氣力이 된다. 우리는 모두 유아기 경험의 이 無氣力 즉 自律性의 좌절을 경험하였기 때문에 우리는 政治的 權力 또는 '行政的 權力이란 주제를 어떤 뿌리 깊은 不安感을 갖고 接近하려는 경향이 있다. 결국 人間歷史전체를 이러한 식으로 설명할 수 있다. 아마 그래서 Simon과 Barnard가 權威(authority)라는 제목을 상당한 분량을 가지고 또 내대한 통찰력을 갖고 설명했지만 權力(power)의 보다 基本的(basic)이고 原初的 意味에 대하여는 緘口無言이었다는 것은 별로 놀라운 사실이 아니다.

그렇다고 行政哲學者들이 개념에 대하여 전연 무관심하였다고 생각하지는 않는다. 權力은 行政의 생명적 근원이고, 권력을 궁극적 가

치(terminal value), 즉 권력자체에서 또 권력 스스로 내적으로 바람
직한 目的으로 다루든지 말든지 권력은 어떤 가치의 달성이나 실현
을 위하여 필요한 道具(instrumentality)이다. 體制理論學者 Ackoff와
Emery(1972)는 이러한 思考(reasoning)를 極端으로 생각하여 權力을
窮極的 價値(ultimate value), 最高善(the summum bonum)이라고 찬
사를 동원하여 표현하고 있다. 그러므로 우리는 行政家들이 자기들
의 權力의 量을 증대시킬 방도를 찾는 것을 자연스런 경향이라고 가
정할 수 있다. 個人行政家는 권력에 대한 자기의 욕망에 해당하는 關
心(interest)에 대하여 自問할 수 있다. 그 關心은 個人的 關心인가 組
織的 關心인가? 그러나 만일 心理分析 理論家들이 옳다면 보다 깊이
動機誘發되면 意識的 自己省察(introspection)에 가까이 接近할 수 없
게 되기 때문에 이러한 自問은 쓸데없는 것이 될 것이다. 그러나 行政
哲學의 觀點에서 볼 때는 이러한 질문은 절대로 헛된 것이 아니다.
여기서 우리는 權力의 心理機制(Psycho-mechanics)를 組織的 動機形
態의 統合的 部分으로 이해하고자 한다. 그리고 우리는 여기서 보다
깊이 파고드는 설명을 중단할 수 없다. Goldhammer와 Shils(1939)
는 社會的 觀點에서 權力을 세 가지로 分析하게 되었다.

　　"권력을 갖고 있는 사람이 자기 자신의 의도대로 다른 사람의
　　행위에 영향을 줄 수 있는 정도"라고 權力을 定義한 첫 번째 관점
　　에서 그들은 권력이 **강제적 힘**(force), **지배**(domination), **또는 조**
　　작(manipulation)으로 어떻게 나타날 수 있는지 보여주고 있다.
　　"권력 소유자가 소속된 부하의 개인을 물리적으로 조작함으로써
　　행위에 영향을 줄 때 그는 강제적 힘(force)을 행사하고 [공격
　　(assault), 감금(confinement) 등], 다른 사람이 하기를 원하는 것
　　을 다른 사람에게 외현적으로 표현함으로써 행위에 영향을 줄
　　때 그는 지배(domination)를 행사하고 [명령(command), 요청
　　(request) 등], 다른 사람이 수행하기를 원하는 행동을 외현적으로

표현하지 않고 다른 사람의 행동에 영향을 줄 때 조작
(manipulation)을 행사한다"(ibid., 172).

여기서 작용하는 아이디어는 '行爲의 影響'(influencing of behavior)
이고 權力과 說得에 있어서 言語의 역할에 주목하는 것은 유익하다. 言
語는 거의 항상 청중에게 영향을 주기 위한 試圖라고 Bertrand Russell
은 밝혔다(1973, 25-6, 49-51). 상징논리와 수학의 명제까지도 하나의
결과를 창조하는 목적을 위해서 말로 표현된다. '1＋1＝2'는 하나의 의
도를 갖고 있다. 적어도 '1＋1＝2'를 (안다는 것을)의미한다. 또는 '1
＋1＝2'를 (나는 인식하고 있다는 것을 안다는 것을) 의미한다. 그래
서 言語 그 자체는 權力의 基盤(power-based)이다. 行政哲學者뿐만
아니라 行政實踐家는 言語에 關心을 가질 것인데 前者는 行政用語의
分析에, 後者는 言語를 說得의 道具로 사용하는 데 관심을 갖는다. 변
증법(dialectic)과 修辭學은 둘 다 行政에는 매우 중요하다. 權力의 行
使에 있어서 점점 더 조각(manipulation)인 것이 강제적 힘(force)과
支配(domination)를 능가하는 것 같다.

權力의 必要는 조직생활의 실제정치(Realpolitik)에 박혀 있다. 행정
가가 더 많은 權力을 가지면 가실수록 형성되는 목적은 더욱 크고 행정
적 가능성의 범위는 더욱 더 커진다. 權力은 行政辭典의 기본용어이지
만 그 적나라한 核은 결코 겉에 드러나게 밝혀질 수 없다. 權力의 순
수한 실제는 베일에 가려진 채 나타나고 또 그 권력의 사용은 정교한
言語게임 속에 숨겨져 있기 때문에 권력은 메일이 벗겨져야
(redressed) 하고 다시 나타나야(represented) 한다고 사회기풍과 관습
은 말해 준다.

Ⅱ. 權 威

權力(power)은 合法化될 수도 있고 그렇지 않을 수도 있다. 權力의 存在와 行使가 合法的인 것으로 인식되느냐 하는 것은 조직의 言語게임에 달려 있다(Wittgenstein, 1953, 23; 1969, 65). 權威(authority)는 正當한(legitimate) 또는 適法한(legitimized)[18] 權力(Power)에 해당하는 용어인데 正當性의 原理는 관심꺼리이다. 조직의 목적은 조직 내 活動者(actors)간의 權威의 分配를 결정한다. 만일 조직이 예를 들어 國家라고 한다면 전쟁을 하는 것은 그 조직의 관심과 일치하게 될 것이며 그래서 대리자로서의 행정(제10장을 보라)은 시민을 징집하고 敵으로 규정된 다른 사람에게는 害와 破壞를 주는 權威(正當한 權力)를 가진다. 우리는 아직 한 단계 더 分析을 할 수 있다. 조직의 관심과 조직의 목적을 언어로 표현할 수 있으나 이들 언어의 해석과 의미, 의도는 **知覺**(Perception)의 문제이다. 국가조직의 수준에서 이 知覺은 社會氣風과 慣習에 달려 있다(圖 7, 제2장 p.63 참조). 아테네 시민과 스파르타 시민은 사물을 다르게 볼 것이다. 그래서 국가조직의 구성원은 국가목적을 전쟁을 하는 행정부가 선포한 대로 찬성 하지(正當化하지) 않을 것이다. 국가조직 구성원은 단지 특성 종류의 전쟁만을 기꺼이(**willing**)(이 용어가 중요하다) 치르고 바로 가설적 경우로 인정한 경우일지라도 전연 전쟁을 하려 하지 않을 것이다. 이러한 思考의 맥은 正當性의 根源을 구성원 전체에 두는 것인데 이것은 궁극적 권위가 명령자보다는 명령을 받는 자에게 있다는 Barnard의 주장과 일치한다. 이러한 관점을 Michels는 강화하고 있다.

---

18) 정확한 구별을 하기란 어렵지만 저자는 '정당한'(legitimate)이란 용어를 '대체로 도덕적으로 타당한'(morally valid at large)으로 쓰고자 하여, 반면에 합법적인'(legitimized)은 '조직이나 조직의 행정이란 관점에서 보아 도덕적으로 타당한'(morally valid from the standpoint of the organization or its administration)을 내포하는 것으로 쓰고자 한다.

權威의 根源(origin)이 個人的인 것이든 機關的인 것이든 그것
은 여론에 의하여 생기고 또 유지된다. 그리고 이 여론은 이어서
감상(sentiment), 애정(affection), 존경(reverence) 또는 숙명론
(fatalism)에 의하여 조건지어진다. 비록 권위가 단순한 물리적 강
제에 의존할 때일지라도 그 권위의 수용은 강제적 힘에 대한 두
려움 때문이지만 그것은 지배받는 사람이 수용한다(Barnard,
164).

여러 관점에서 이러한 논제를 다룰 수 있다. 즉 구성원 氣風은
반응에 있어서 매우 안정되고 신축성이 없으며, 구성원의 기풍은
의사소통 매체의 통제를 통하여 조작에 민감하며, 능숙한 행정가는
자기 권위의 정당한 근원을 잘 의식하고 또 어떻게 그 권위를 사
용하고 무시할 것인지에 대하여 알며, 또 어떤 경우에나 명령자의
측면에서 광범한 우선적 수용권 또는 무관심권(a Priori zone of
acceptance or indifference)이 있다는 관점에서 다룰 수 있다. 그러
나 우리가 주목해야 할 근본적인 것은 권위는 조직목적과 관심과
의 지각된 연결로부터 이러한 理解 속에서 그 정당성을 끄집어낸
다는 것이다. 구성원 또는 이방인일지라도 조직적 비상지에는 명령
을 취하는데 비상기간동안 조직의 완전한 강제적 힘(force), 權力,
權威를 수여받게 될 수 있다. 이것은 만일 구성원이 조직의 관심
속에서 활동한다는 자기의 의지에 대한 반응에 의하여 지각될 때
이다. 이것을 현대적 용어로 한다면 전적으로 '신뢰성'(credibility)
의 문제가 될 것이다.

그래서 權威(authority)는 正當化된 權力(legitimized power)이다.
Barnard, Katz와 Kahn, 그 외 사람들이 起源이 되는 協同的 神秘
에 대하여 제안하고 있는 것을 보면 집단적 노력을 통한 공동목표
의 달성이란 필요성 때문에-두 사람은 한 사람이 움직일 수 없는
돌을 움직일 수 있다-조직은 제일의 우선적 위치에 놓인다. 집단

적 노력의 利點을 지각하게 되면 점점 더 복잡한 조직이 개발되고 규칙을 만들고 적용하기 위한 도구나 실천에 의하여 최초의 생산 '체제'를 다듬게 된다. 이러한 실천으로 조직의 권위구조를 만들어 낸다. 그렇다고 우리가 원시적 출발로 되돌아갈 수는 없다. 일상적 으로 존재하는 새 조직까지도 적절해야 하는 기존조직과 권위체제 의 증대된 복잡한 上位構造(superstructure)를 이어받고, 또 자체의 권위구조를 움이는 증대된 복잡한 수단적 技術을 이어받는다. 또 새로운 조직은 Simon까지도 인정한(1965, 133-146) 권위와 認定의 진정한 決定要因이 되는 文化的 氣風을 이어받게 된다. 그래서 실 제상황에서 조직목적이나 權威根源에 대하여 분명히 지각하기란 그 렇게 쉬운 문제는 아니다. 조직목적과 권위근원은 둘 다 진실로 '신뢰'에 바탕을 두어야 한다. 능숙한 행정가는 현 상태의 이점을 취할 수 있고 기술이 없거나 능숙하지 못한 행정가까지도 조직의 권위와 신뢰성에 의해 자연적으로 생겨서 수여 된 사무실을 차지 한다.

權威는 특별한 형태의 活動, 질서를 통한 결정의 의사소통으로 그 자체가 명백해진다(國家-洲 수준의 복잡성에 있어서 이들 명령 (order)은 법령(statute), 포고(decree), 또는 성문법(written *law*)19)의 형태를 취할 수 있다). Barnard는 권위의 실제적 측면에서 정의를 했 는데 다음과 같다.

"권위는 조직에의 기여자가 수용하는 공식조직에서나, 또는 기여하는 행동의 다스림으로서 조직의 '구성원'을 보는 공직조

---

19) 전체주의 정권하에서까지 법의 경멸(flouting of law)에 대한 Barnard의 논 평은 흥미 있다(161). 포고령(decree)에 의한 폭군정부(tyrannical government, 몇몇 현대 Africa국가 창조)는 더 민주적 형태보다는 더 권위 적 (또는 관리적으로 능력 있는) 형태를 반드시 필요로 하는 것은 아니다. 그리고 이것은 앞에서 記述될 권위의 논리 때문에 그런 것이다.

직에 있어서 의사소통(질서)의 성격이다. 즉 자기가 하는 것이나 또는 조직에 관한 한 하지 않는 것을 다스리거나 결정하는 것으로 본다"(163).

그래서 마지막 분석에서 권위는 의사소통의 수용과 함께 존재한다는 데 이르게 된다. 그러나 Barnard는 自由意志(free will)를 가정하고 있는데 이것은 철학적으로 중요하다. 만일 공식적 의사소통을 수용하거나 거부하는 권위를 가지려고 한다면 Barnard의 검증을 적용할 수 있고 또 기꺼이 하고자 해야 한다. 그러나 이러한 조건으로 최종적 권위는 명령을 발하는 사람, 즉 대부분의 경우 행정－관리의 系線에 있지 않게 된다.

조작적 단어가 최종적인 것이다. 아마 최종판단은 일반적으로 묵인하는 영역의 밖에서 만들어질 것이다. Simon-Barnard의 權威觀點에 본질적인 것은 無關心圈(zone of indifference; Barnard, 167-170) 또는 受容圈(zone of acceptance; Simon, 1965, 12, 131)의 아이디어이다. 이러한 연결영역 내에서 下級者는 上級者의 意志에 따라 무조건 동조하게 된다. 이 수용권이나 무관심권의 영역은 行政的 權力의 범위를 定義한다. 무엇이 그 경계를 결정하는가? 이에 대하여 Barnard는 아주 정확하다. 만일 하급자가 하나의 명령(order)을 이해하고 수행할 수 있다면 그 명령에 대한 하급자의 찬동은, (1) 그 명령이 조직의 목적과 일치하지 않는 것이 아니라는 하급자의 신념과, (2) 대체로 자기의 개인적 관심과 일치한다는 신념에 달려 있다(165). 이러한 분석은 예를 들면 Watergate 행정가와 같은 불법적 행동을 설명[만일 정당화(justify)하지 못하면]하는데 크게 공헌한다. 행정행동(administrative action)과 행정이론의 심장이 되는 개념을 논의하는 데 있어서 신념(belief)과 가치(value)의 유사논리적 영역(a-logical realms)에서 발생하는 轉換을 관찰하는 것도 또한 교훈적이다.

이러한 觀點은 行政思想의 現代 正統派를 구성하는 것이라 할 수 있다. 만일 이러한 관점이 옳다면 행정가는 항상 正當性(legitimation), 즉 조직목적과 함께 행정을 同一視(identification)하는 조직의 계급을 知覺하도록 유지하는 데 관심을 갖는 것이 뒤따를 것이다. 이것은 언어게임과 계급과 신분의 올가미를 통하여 상징적으로 이루어질 수 있다. 公衆에 대한 시위를 통하여 왕권(royalty)은 실제 권력이 있는 해당 상관의 권위를 正當化하는 데 사용될 수 있다. 이것과 마찬가지로 정치적 행정가는 우주 비행자(cosmonauts 또는 astronauts)(만일 성공적일 수 있다면)를 사용 할 수 있다. 조직목적이 보다 더 일반적이고 또 보다 널리 보급되면 될수록 정당성과 권위를 조각하고 동일성을 더욱 달성하기 쉽게 될 것 같다(제8장을 보라). 目的이 Kafka의 『城』(castle)(역자주: 소설)의 비밀 迷路 깊은 곳에 깊이 숨겨지면 숨겨질수록 행정가는 더욱 더 성직자적 권위, 신성불가침적 권위, 의문을 불허하는 권위의 속성을 떠맡을 수 있게 될 것이다. 만일 조직과, 사회, 문화, 기술의 복잡성이 애매하고 신비스런 목적(예를 들면 公教育機關의 목적처럼)과 결합된다면 행정권위에 대한 유일한 도전은 한편에서는 自己關心(self interest), 다른 한편에서는 超組織的 關心(extra-organizational interest)에 대한 신념과 우세한 이해체제로부터 나온다.

III. 影 響

모든 權力은 다 影響力을 갖고 있고 또 모든 影響(influence)은 權力이 표현된 것이지만 形式性(formality)에 근거하여 두 용어를 구별하는 게 좋다. 권위의 공식적 구조와 공존하여(concomitant, coexistent) 비공식적 권위 또는 영향의 변형된 형태가 발견되고 있다. 형태는 조직의 게임이 무엇이며 게임선수가 누구냐에 달려 있다. 다음에 이 형태는 그 근원이 전형적으로 고유하고 그 존재도 조직생활의 거시적 안목에서 볼 때 변화하고 있기 때문에 분류하거나 정의하기는 어렵다. 예를 들면 個人은 個人的 매력의 구체적 속성을 가질 것이며 공식적 권위 소유자와 특별한 관계성을 가시고 있을 것이며, 또는 개인은 조직역사의 특별한 시점에서 요구되는 특유한 구체적 기술을 가지고 있을 것이다. 개인은 사람을 끌어들이는 '정치적 기술'(Political skills) 또는 일반적으로 말하여 個人 간 葛藤없이 자기 일을 할 수 있는 能力을 갖고 있다. 다시 영향력을 갖는 집단(party)은 기술적으로 전혀 조직의 外部가 된다. 이렇게 해서 부인들이 權威的 人物이 되고 "裏面엔 반드시 여자가 있다"(Cherchezla femme)란 격언은 良貨가 된다. 또는 영향의 형태는 아마 부정적이고, 個人 간 증오의 산물이며 불화에 이르게 되고, 태업이 되고, 권위손상이 될 것이다. 이러한 방법과 엄청나게 다른 방법으로 조직 내 권위와 책임의 공식적인 '論理的' 構造는 계속적으로 변조된다. 비공식적 권위 작용과 영향을 미리 예상하기도 어렵고 어떤 事實 후에까지도 정말 완전히 설명하기도 어렵다. 事例硏究(case study)는 個人的 影響이 겉으로 보이지 않는 속에서(subcutaneous) 작용하는 것을 구분하고 확인하는 것이 얼마나 어렵고, 가설적이며, 가능성이 희박한지 여러 번 반복해서 보여 주었다.

影響의 현상은 의심의 여지없이 중요하고 또한 病理的인 부분도 있지만 비공식조직에 관한 經驗的 硏究體系는 우리에게 매우 얄팍하고 분명치 못한 결과를 제공해주고 있다. 행정의 논리는 책임이란 개념의 방법으로 權力과 權威를 公式的 組織과 연결시켜주고, 影響의 特性은 조직과 조직의 목적에 공식적으로 책임 있는 존재란 의미이므로 영향은 責任性을 침해하는 權力의 형태를 취한다는 것이다. 약간 정교한 組織表(organizational charts)의 구성에 나타난 일종의 행정논리가 있다. 이러한 論理的 努力은 완벽하게 正當化되

었다. 이러한 노력은 최상의 경우 고도로 機能的일 것이다. 이것은
行政의 合理性에서 規範的(nomothetic) 側面을 대표한다. 그러나 구
조와 감소를 추구하는 현실이란 천(피류)은 결코 전혀 무시될 수
없고 근본적으로 감소불능하고 또 함께 제시된 個人的(idiographic)
측면을 가지고 있다는 것도 우리는 인정해야 한다.

Ⅳ. Thompson의 論題

　Thompson(1961)에 의하면 현대조직은 자체의 機能行使를 위하여
技術的專門家(experts 또는 specialists)의 봉사에 점점 더 의존하고 있
다. 이러한 전문가(specialist)[예, 기사(engineers), 회계사(accounta-
nts), 교수(faculty), 능란한 무역인, 변호사]들은 개인적으로 전문직(p-
rofessional) 훈련이나 직업적 (vocational) 훈련에 대규모(large-scale),
장기적(long-term)·직업적 투자(career investment)를 한 사람들이며
그리고 투자자로서의 이들 전문가들은 많은 조직에 대한 충성과, 관심,
신분상의 만족감을 갖고 있다(Gouldner, 1957). 더구나 이들은行政-
管理의 系線(administration-management line)의 階層으로 나타나는
地位의 權威(authority of Position)와 판이하게 구별되는 專門的 權威
(authority of expertise)를 갖고 있다. 좀더 나아가 이들의 권위의 전문
가 형태는 흔히 階層的 형태와 구별되는 방법으로 조직사명과 직접적
으로 부합될 수 있다. 이리하여 예를 들면 학교는 중심적 **권위** 인물이
교사가 되는 교수-학습상황을 제공하기 위하여 존재한다는 의미가 있
다. 이와 비슷하게 病院은 주요 권위 인물이 **의사와 간호원**이 되는 치료
적 상황을 제공해 준다. 이와는 대조적으로 전통적 권위이론은 行政的
系線(line)을 조직목적과 동일시해서 고전적 피라미드 형태로 분배된 權
利, 地位, 特權을 정통계층에다 부여 한다. 전문적 권위(expertise
authority)의 성장은 여러 가지 기반 위에서 組織內的 葛藤(intra-orga-

nizational conflict)을 야기시킨다. 숙련가(experts)들은 보다 분명한
비전과 조직목적 의식을 요구하고, 지각된 권리(rights)와 능력(ability)
사이의 불균형 때문에 系線的 權威의 正當性에 대하여 도전하고, 또
기술적으로 중요한 기능을 수행하는 데 있어서 무능하고 숙련가의 측
면에서 보아 무능한 '상급자'(superior)로부터 내려오는 '명령'(orders)
을 받는 데 분개를 느낀다. 거꾸로 행정의 신뢰성에 있어서 위협을 느
끼는 행정은 계층적 특권을 확대하고 강화하고자 하거나 연극적이고
퇴행적인 것과 같은 다양한 官僚 病理的 反應에 의지하고자 한다(ibid.
138-78). 어떤 경우에도 조직의 보상체제에 대한 논쟁을 위하여 잠재
적 의지가 존재하고 계속적인 갈등처리는 행정을 하나의 自己關心
(self-interested) 쪽으로 다룬다.

 權力鬪爭은 피할 길이 없다는 것은 그렇지 않은 것 같다. 役割의
相互 依存性과 함께 조직의 역할구조에 대하여 의견의 불일치가
있지 않은 것 같으나 葛藤의 씨는 존재하며 증대되는 권위갈등의
가능성은 기술공학의 성장과 나란히 나아가고 있다. 階層의 古典的
原形(Paradigm), 군대조직은 현대에도 아직 피라미드형이라는 것은
아마도 이 행정실체 때문일 것이다. 예를 들어 비행기 승무원은 대
개 약속된 계급을 갖고 있으며 기술이 덜 발달했을 때와는 대조적
으로 비교적 계급이 없는 非專門家는 적고 비교적 더 많은 長(chief)
자리가 마련된다. 기술적 전문화(specialization)의 증가와 함께 우
리는 일반적 私兵(Private soldier)은 종국적으로 사라졌다고 생각할
것이다. 그리고 어느 정도까지 이것은 일반 노동자와 관련하여 보
아 산업계에서 이미 일어났었다.

 權威에 대한 Thompson型의 도전에 있어서 이슈가 되는 것은 다
시 한번 手段과 目的의 구별이다. 마지막 분석에서 권위는 目標에-
조직목적에 기반을 둔다고 저자는 주장하였다. 만일 이 조직목적들
이 초점에 있어서 분명하고 그 달성을 위하여 專門性에 근거한 手段

의 협동적 연결에 분명히 의존하고 있다면, 또 專門性이 목적과 수
단의 연결, 즉 행정에 책임 있는 사람에게는 접근 불가능하거나 불
가사의 한 것이라면 이러한 목적을 추구하는 조직은 二重的 權威構
造를 가져야 한다. 효과적인 技術이 조직 내(intra-organizational)의
그리고 조직 간(inter- organizational)의 상호의존성을 증대시킬 때
서비스 취소의 위협, 즉 스트라이크의 힘(power)은 결과적으로 확대
된다. 權威에 대한 Barnard적 견해는 강화되고 또 행정에 있어서 哲
學的 · 政治的 · 外交的 技術의 필요성도 강화된다.

　　現代의 複雜性은 行政能力(administrative competence)이 의당 專
門性을 대표해야 한다는 것을 ─ 만일 반드시 요구하지 않는다면 ─ 은
연중에 암시해주고 있다. 만일 행정가들이 조직단결의 후원으로 系
線과 幕僚, 階層과 專門의 두 權威를 화합한다면 행정가들은 '一般
主義 속의 專門家'(specialists in generalism)가 되어야 한다. Thompson
의 分析은 우리들로 하여금 조직의 계급 내에서 긴장이 증대될 것이
라는 예측을 할 수 있게 해 준다. Thompson의 分析은 또한 협동 행
정가를 위한 協同行政(collegial administration)을 향하는 경향은 양
세계에 걸친 한 다리를 가졌다다는 것을 실증해 주었다. 그러나 반
대 관점도 고려해야 한다. 그리고 이것은 논리적으로 말하여 行政專
門性이 技術的 能力을 전제로 하는 것처럼 技術的 能力이 그 소유자
에게 해당 行政能力을 주장하지 않는다는 것이다. Thompson의 論題
에 관한 논의에서 경기되는 경향인 것은 실제는 그렇지 않을지라도
숙련으로 충분하고 전문직 훈련에 대한 자체의 투자로 정당화된 行
政專門職化의 가능성이다. 그러나 전에 이미 말한 것처럼 行政은 하
나의 상상적 직업이며 행정가에는 세 종류가 있을 수 있다(제13상위
命題 P2. 42, 2. 421, 命題 P2. 42: 행정은 많은 아마추어들이 일하
는 專門職이다. 命題 P2. 421 어떤 行政家들은 專門家이고, 어떤 사
람은 政治的이고, 어떤 사람은 專門과 政治 양자의 결합이다).

Ⅴ. 反權威主義

超組織的 氣風이 현저하게 反權威的(anti-authoritaoian)이거나 그 본질상 급진적 民主主義일 때 Weber的 理論과 一般官僚的 實際의 심장이 되는 權威의 合理的·專門的 槪念은 더욱 손상을 받게 된다. 이러한 의견의 풍토를 記述하고 說明하는 것은 社會歷史家(social historians)의 일이다. 이에 대한 이유는 여러 가지이다. 즉 공식적·비공식적 교육의 성장, 의사소통 기술의 향상, 지각된 생활의 질의 저하 등이 있다. 개선된 의사소통 기술을 통해서 전보다 더 친밀하게 된(그리고 경멸할 수도 있게 된) 대부분의 神(權威的 人物)은 죽음을 면치 못하는 보통 사람에 불과하다는 것을 예리하게 知覺하기 때문이다. 反權威的 풍조의 원인이 무엇이 되었든 이것은 行政活動에 영향을 주게 된다(이것이 하나의 풍조나 유행 이상의 것이라면, 그리고 하나의 이데올로기의 한 부분을 떠맡는다면 그것은 行政哲學의 직접적 關心이 된다).[20] 이에 대한 行政的 反應은 수정된 **스타일**(style)의 형태를 취하는 것이다. 즉 행정가는 보다 더 공공연하게 타협적으로, 의사소통에서 보다 더 說得的으로, 보다 더 投入을 수용하는 태도로, 보다 더 열심히 '저자세'(low-Profile)를 유지하려는 등으로 변하게 된다. 構造的 變化도 또한 있게 되는데 의사결정에서 보다 더 互選的이고 더 參與的이며, 補償體制에 있어서 보다 더(어떤 한 점 이상으로) 양보적으로 된다. 전반적으로 무르익은 反權威主義로 조직의 非行政構成員이 많은 것을 얻는 반면 行政家는 많은 것을 잃는 현상이 정말 나타날 것이다.

---

20) Katz와 Kahn(1966, 463)은 권위구조를 위한 권위적 근거에 반대되는 것으로 민주적 근거를 주장하고 후자(민주적 근거)를 '전체성의 꿈에 대한 유일한 답'이라고 언급하고 있다. 그러나 권위를 그렇게 비난하지는 않고 있다.

그러나 만일 權威는 目的으로부터 나온다는 前提가 받아들여진
다면 정당한 合法的 權威의 論理는 논쟁의 여지가 없다는 것은 사
실이다. 目的形成(Purpose-formulation)은 특별한 종류의 哲學的活
動이다. 목적형성은, 첫째 個人 組織構成員, 둘째 組織의 集團, 셋
째 超組織的 政治로 구성된 利益集團의 複合으로 되돌아오게 된다.
이 몇 개의 利益集團들이 어떤 때는 갈등한다는 것은 가능한 일일
뿐만 아니라 있을 법한 것이다. 이익집단을 분석하고 조정하는 것
은 행정철학의 기본과제인데 이 과제가 불이행될 때만 反權威主義
는 논리적으로 따르게 된다.

VI. 指導性

權力과 權威는 指導性의 개념으로 합쳐진다. 이들은 具體化(Personi-
fy, embody)되어 추상적이지 않다. 다시 말하면 指導性은 抽象的인 용
어이지만 指導者는 구체적인 하나의 사람이며, 육체적 피조물이다. 추
성성에도 불구하고 이 用語는 組織生活에서 많이 유통되고 있다. 이것
은 많은 수준의 의미를 희미하게 할 뿐만 아니라 行政的 意味에서 價値
附與的이고 중요한 많은 것을 함축하고 있는 편리한 슬로건적 단어이
고 찬사적 단어이다. 그 용어의 모호성 때문에 그것은 유용한 修辭的
道具가 되고 행정적 지위에 있는 사람은 權力, 權威, 階級을 정당화하
는 語意的인 말로서 한 단어가 많은 기능을 갖는 그 용어에 포함된
적절한 많은 의미를 찾고자할 것이다. '指導性'(leadership)이란 용어
는 흔히, 정말 흔히 무비판적으로 또 분석해보지도 않고 받아들여지고
있다는 사실은 이러한 용어의 사용을 촉진하는 결과가 되었다. 조직의
行政－管理라는 下位體制에다 일종의 묵시적 기능으로서 거의 무비판
적으로 용어를 붙여 사용했으며 또 용어의 슬로건적 사용은 아무런 거
침없이 통과되었다. 下級者가 上級者의 용어 사용에 대하여 "예, 그런

데 당신은 指導性이란 말로 무얼 의미하는 것입니까?"라고 밝히기를
요구하는 것은 평범한 보통의 하급자가 아니라면 약간 건방진 것으로
생각되기 쉽다.

그러나 지도성이 공식적 권위역할의 단순한 속성이나 부수물만
은 아니라고 일반적으로 이해하고 있다. 사람들은 자기의 경쟁자보
다 훨씬 더 높은 정도로 지도상의 질을 가지고 있다는 데 근거하
여 또 그러한 주장을 하면서 行政職을 찾는다. 지도성에 대한 분석
은 다음 4 가정을 포함하는 것 같은데 지도성에 대하여는 일종의
널리 인정되는 신화가 있다. 이 가정은 (1) 지도성은 좋은 것이다.
(2) 지도성의 질이나 구성요소는 밝혀질 수 있다. (3) 이러한 질,
구성요소, 특성, 속성은 개인, 특히 이것을 붙이기를 요구하는 개인
과 관련되거나 동일시될 수 있다. (4) 德의 集合의 자연적 집이나
놓여 있는 자리는 조직의 행정적 인사들이다. 경험적 증가로는 이
가정들을 완전히 실증할 수 없다. 반대로 개념자체가 불분명하다.
우리는 우리가 말하고 있는 것을 전적으로 확신할 수 없다(그러므
로 수사로의 전환과 용어의 커다란 정치적 이점이 된다). "거기에
군중이 간다. 그리고 난 그들을 따라가야 한다. 난 그들의 지도자
이니까"라고 혁명가 Comte de Mirabeau는 말하였다.

이 제목에 대하여 적어도 3가지의 사상적 줄기를 생각할 수 있
는데, 이 경험적 사회과학의 기여, (2) 사회과학자의 상상적 의견,
(3) 정통행정사상의 일반적 관찰의 셋이다. 이 각각에 대하여 차례
대로 간단히 살펴보기로 한다.

指導性의 現象에 관하여 또는 대하여 연구한 연구결과를 요약된
형태로라도 제시하기에는 많은 분량을 차지하게 된다. 이 지도성이란
제목에는 대규모의 Hawthorne 硏究(Roethlisberger and Dickson,
1939)를 우리는 확실히 포함시켜야 하며 물론 말할 것도 없이 古典이
된 Ohio 指導性硏究(Leadership Studies; Stogdill, 1948)와 Bates,

Fiedler, Stogdill, Selznick, Lewin과 같은 이름의 개인의 광범한 노력에 대하여 언급해야 한다. 많은 돈21)과 많은 지적 노력을 기울였으며, 그 결과 우리는 지도성의 복잡성에 대하여 확실히 알게 되었다. 또한 다음과 같은 몇 개의 一般化를 얻을 수 있었다.

첫째, 指導性의 特性理論(the trait theory of leadership)이 개발되었다. 이것은 指導性 行使와 고도로 관련되어 있는 특별한 개인적 속성 또는 특성이 있다는 것을 주장한다. 指導者는 무한하고 다양한 특성(traits)과 속성(attributes)을 보여주며, 共通性과 一般性에 대한 신념이 존재하고 그러한 탐구가 계속되지만(Reddin, 1970) 資料(data)에 의하면 지금까지는 고집스런 것으로 증명되고, 그 일반적 의미는 완전히 무시하지 않는다 하더라도 일단 겉으로 제쳐졌다.

둘째, 要因分析研究(factor analytic study; Stogdill and Coons, 1957; Halpin, 1966, 제3장)들도 文獻에서 여러 가지로 敍述되었으나 결국 (1) 集團의 **課題**(task)와 (2) 集團成員의 士氣(morale)로 쉽게 생각되는 두 개의 直交的 次元(two orthogonal dimensions)를 찾아낸 것과 일치하였다. 간단히 말하여 效果的인 指導者는 이들 兩次元에 동시에 높은 점수를 갖는 사람이다. 배당된 직무를 완성하고 그 일을 하는 사람은 그 일을 함으로써 불행하지 않다는 것을 지도자는 안다.

셋째, 指導性은 적어도 다음과 같은 分析的 次元을 가지고 있는 복합적인 力動的 機能(complex dynamic function)이다. (1) 지도자의 權力과 權威(公式的 그리고 非公式的), (2) 추종자의 비공식적 조직, 즉 狀況의 好意性(favourableness; Fiedler, 1967), (3) 지도자

---

21) 예를 들면, 그리고 하나의 구체적 영역에서 Kellogg 재단은 「教育行政協同프로그램」(Cooperative Program in Educational Administration)에 개정지원을 하고 있다.

(the leader)와 추종자(the led)의 특성과 성격, (4) 일반적 조직구조
와, 歷史, 狀況의 次元을 대개 들고 있다.

　Weber의 指導性 分析(Parsons, 1947)은 傳統的(traditional), 合理
的(rational), 카리스마적(charismatic) 지도성의 세 카테고리로 分類
하였다. 傳統的 指導者는 社會的 因習[군주정치(monarchy), 장자상속
(primogeniture), 친족등용(nepotism), 과두정치적 특권(oligarchical
privilege)]을 통해서 役割을 수행하고, 合理的 指導者는 專門性
(expertise)(bureaucratic Professionals)에 근거를 두고 임명되지만, 그
것은 술책을 꾸미는 카리스마적 카테고리이다. 불완전한 특성이론이
기는 하지만 알 수 없는 카리스마의 質을 가지고 있는 강력하거나 마
력적인　인성(Personality)[Napoleon과　Hitler가　歷史的인　原型
(archetype)이다]이 있다는 것을 일반적으로 인정하기도 한다. 이러한
質을 알맞게 이해하기 어렵다. 즉 이것은 신비스럽기도 하나 그 소유
자는 추종자로부터 특별한 충성을 끌어낼 수 있는 능력을 갖고 있는
것 같으며 또한 추종자에게 비상한 방법으로 자기의 의지를 행사 할
수 있는 것 같이 보인다. 그 개념은 별로 좋지 않고 모호하지만 그 현
상 자체는 때때로 혼란스럽고 실제적이다. 그 조직 표시의 전 범위는
論理의 下位分派下에 있는 것은 아니지만 行政哲學을 위한 또 하나의
다른 문제이다. 카리스마적 지도자는 추종자의(의식적 또는 무의식
적) 소원을 언어로 표현할 수 있는 특별한 재주를 갖고 있는 것이 아
닌가하고 저자는 생각하게 되었다. 즉 추종자가 적절히 표현할 수 없
는 소망을 말할 수 있고 의미감이나 목적의식을 줄 수 있는 특별한
재주를 갖고 있는 것이 아닌가 생각한다. 목적과, 의미, 소명감을 추
구하는 데 있어서 사람은 生自體 以上에 도달 될 것이다. 그리고 틀
림없이 論理以上도 도달할 수 있을 것이다.

　끝으로 이미 말한 것과 관련 없는 것은 아니지만 道德的 垂範者로
서와 지도자에 대한 견해가 있다. 이러한 견해는 유명한 Barnard의

책을 제외하고는 行政文獻에서는 잠간동안의 전환을 받는 경향이다. 正統的이고 傳統的 行政思想은 어려운 지도성의 개념을 마찬가지로 어려운 責任性의 개념과 연결시키지만 직선적이고 자동적 연결을 가정하는 것 같다. Simon의 論理實證主義者(logical positivist)의 指導者는 단순히 組織의 價値에 영향을 주고 그에 대한 心理的 命題의 필요성은 없다(제1장 'Ⅶ 行政家의, 特性'을 보라). Barnard의 아이디어는 보다 더 Plato적이고 특이하다. 이 점에 대하여는 다음 節에서 논의할 것이다. 여기서 지도성은 조직역할구조와 행정의 특권으로 지정된 공식적인 것, 또는 조직의 계급 내 어디에서나 나타나는 비공식적인 것이라는 점을 주목하라는 것만 남아있다. 지도성의 개념이 정말 복잡하다는 것과 평범한 사람 중의 간단한 용어의 사용은 행정 철학에서 그 의미, 참조, 의도와는 구별되어야 한다는 것에 대하여는 충분히 언급하였다고 본다.

Ⅶ. 卓越性으로서의 指導性

民主的 社會氣風 속에서는 平等性의 개념에 감정적 개입이 있고 또 平等性의 槪念에 대한 결과적 혼동이 있으며, 동시에 優秀性에 대한 양면성이 있는 경향이다. 이 점에 대하여는 다른 데서(Hodgkinson, 1973) 이미 다루었는데 實力主義(meritocracy)가 현실적으로 定義 해석될 수 있는데 民主主義보다 더 논리적으로 즐겨 사용하고 싶다는 견해에 어느 정도 설복되었다. 貴屬的 엘리트주의에 대한 논리적 호감은 Barnard의 글 속에, 즉 역설적으로 권력과 권위는 근본적으로 조직계층의 보다 낮은 수준에서 차지하고 있다는 主義의 철저한 신봉자의 한 사람인 Barnard의 글 속에 나타나 있을 수 있다. 論爭은 優秀性(superiority)이 의미하는 것이 무엇이냐에 달려 있다. 技術的 卓越性이나 우수한 능력이란 의미에서의 優秀性은 技術과, 科學, 藝術에 있

어서 논리적으로 바람직하다는 것이다. 이러한 생각은 行政, 管理, 指
導性에 논리적으로 적용돼야 한다. 그러나 優秀性이 공식적 역할권위
와 일치할 때 이것은 다음에 특권, 신분, 책임, 권력의 階層과 일치하
고, 나아가서 이 우수성이 下級者의 組織生活의 質을 결정하기까지
확대될 때 그러면 갑자기 조심해야 할 이유가 있게 된다. 단순한 기술
적 우수성은 어느 정도 아주 충분치는 못하고, 아마 논리실증주의자
에 의해서 금지된 세계에서 존재하게 될 것이다. 이러한 童話의 나라
(Wonderland) 밖에서는 보다 많은 것이 요구되지만 이보다 많이 요구
되는 것이 무엇인지 정확히 구체적으로 지적하기는 어렵다. Barnard
는 그것은 도덕적 탁월성의 능력, 즉 '도덕적 복잡성'의 능력이라고
주장하는 것 같다.

指導者에게 指導性의 質을 부여하는 것은 무엇인가? 첫째, 그것
은 구성될 수 있는 어떤 것이 되는 것 같지는 않다－공식적 권위
는 계획되고, 합법화되고, 구조화되지만 지도성 권위는 **추종자로부
터 인정을 받은** 어떤 것으로 나타난다는 점에서 다르다. 이것은 구
체적이고 전이 가능한 능력이라고 대부분의 행정가들이 주장하는
경향을 가진 것이지만 이것은 추종자의 지각에 달려 있는 정도와
조직 내에 현상학적으로 생각되고 그렇게 꾸며진 사회현실의 조작
적 상황에 달려 있는 정도까지 조직기반이 된다. 그 정도까지 이것
은 고용되지 않은 행정가의 지장에서 거래될 수 없다. 그러나 개인
적 指導性의 質또는 屬性이 있는가?

이에 대한 Barnard의 설명은 이렇다: 指導性에는 兩次元이 있는데
兩次元 다 일종의 優秀性을 내포한다. 그 첫째는 技術的(technical) 熟
達의 결과가 되고, '체력, 기술(skill),지각, 지식, 기억, 상상력'(260)에
있어서의 우수성이다. 둘째는,

더 一般的이고; 보다 더 항구적이고; 구체적 발전의 대상이
되기에 가장 어렵고: 사회와 사회의 일반기관의 태도와 이상을
반영하는 것이다. 이것은 결정, 고집, 인내, 용기에 있어서의 개
인적 우수성의 측면이고: 活動의 質을 결정하는 것이고; 이루어
지지 않은 것으로부터, 불참으로부터 흔히 대부분 추론되고; 존
경 할만한 것이다. 이것은 '책임'(responsibility)이라는 단어에서,
즉 인간행동에 의존과 결정을 주고 목적에 예지와 이상을 주는
질에서 우리가 공통으로 내포하고 있는 지도성의 측면이다
(ibid).

이 귀절은 시적인 접근이고 적절한 지도자는 하나의 전형이라는
것을 시사하는 것 같다. 우리는 단지 전통적인 '德의 자루'(bag of
virtue)에 대해서 뿐만 아니라 자제(restraint), 제거(removal), 절제
(abstinence) 또는 초연(aloofness)의 질에 대한 Barnard의 독특한 강
조에 대하여도 주목해야 한다. 그것은 결정하지 **않을** 때를 결정하는
것이고, 다른 사람이 결정해야 할 것을 결정하지 **않는** 것이며, 이루어
지지 **않을** 것과 중요한 것을 **삼가하는** 것이다. 그리고 하나의 거의
'종교적' 연상이 있다. 위의 인용문보다 조금 전에 Barnard는 다음과
같은 말로 지도성을 묘사하였다.

"……신념을 형성함으로써 협동적 개인적 결정을 위한 영감을
불러일으키는 개인적 권력: (여기서 신념은) 공통 이해의 신념,
성공 가능성의 신념, 개인적 동기의 궁극적 만족에 대한 신념,
객관적 권위의 통합에 대한 신념, 참가하는 사람의 개인적 목적
으로서 공통적 목적의 우수성에 대한 신념이다"(259).

信念, 統合, 靈感! 그리고 협조를 얻는 전략적 요인으로 지도성
을 특징지은 후에 Barnard는 지도성의 구성요소를 (1) 技術的 能力

(technical competence), (2) 道德的 '複雜性', (3) '개인의 도덕적 요인에 대한 同調의 일관성의 경향'이라고 반복해서 말하고 있다 (288).

이러한 말들은 行政科學과 經驗主義의 用語, 즉 '주도성－구조－상호작용'(initiating-structure-interaction)(Halpin), '최소선호의 동료관계성'(least preferred coworker correlations)(Fiedler), 그리고 '인지－정의 양방적 하위체제 지향'(cognitive-affective two-way subsystem orientation; Katz and Kahn) 등과는 완전히 다르다. 이것은 아직 行政哲學者의 음미를 벗어나지 못하고 있다. Barnard는 자기의 最高經營者의 經驗과 反省의 배경에서 나온 말을 하고 있다. 그의 아이디어는 경험적 진리에 기반을 두고 많은 주의를 받아왔지만－결국 이것들은 直觀(intuition)과 하나의 事例硏究의 事例에서 나온 것이지만－도덕에 대한 그의 관심 때문에 Plato의 『共和國』(The Republic)과의 동조에도 불구하고 지도성의 구성요소는 대부분의 현대이론과 연구5)에서 무시되거나 제외되었다. 여기서의 구별은 성격(character)과 특성(characteristics)의 구별로 전에 언급한 (제1장 'Ⅵ. 行政의 特徵'과 'Ⅶ. 行政家의 特性'에서) 것과 같다. 도덕적 우수성이 무엇이 되었든, 그 근본 구성요인이 무엇이 되었든 일상적 사용은 실용적으로 이해되고 있는데 정치적 지도성의 지위를 추구하는 사람의 주장에서 증거가 되는 것과 같다. 이것은 잘 성립된 수사적 기능을 가지고 있고 행정지위를 갖는다는 바로 그 사실은 행정가의 최고의 겸손과 퇴임은 조직의 요구의 일부를 이 특별한 能力, 그러나 논리의 영역을 넘어 가치에 대한 논의로 우리를 끌고 가는 能力에다 두고 있다.

Ⅷ. 問題點

우리의 관찰에서 지금까지 제기된 문제점은 여러 가지이다. 물론 여기서 논의된 개념, 행정분야에 근본적인 개념의 불유쾌한 논리적 부정확성이 있다. 이들 문제점이 단지 언어와 명제의 일관성을 다뤄야 하는 논리적인 면에 관한 한 실제적 정의(working definition)와 구문에 대한 合意를 통해서 곤란은 극복될 수 있다. 혹은 심리적으로 나태한 학자와 사람을 적정하고 초조하게 남겨두고 애매와 모호성 속에서 그대로 생활하기로 무언의 약속을 하는 방법으로 이러한 문제들을 무시할 수 있다. 이 후자의 방법은 이 분야에서 대부분 시행되고 있는 해결책이 되는 것 같다. 그러나 지식체계에서 단순한 무질서와 혼동 그 이상의 문제가 있다. 그리고 이 문제들은 대부분 가치의 문제이지만 가치의 암시가 제기되기 전에 행정적 발언을 거의 할 수 없다는 것을 벌써 보아 왔다.

예를 들면 조직은 이익집단의 구성이라는 명제(P3)*를 고려해 보라. 혜택을 주는 수단으로서 조직은 하나의 내적 보장체제를 만든다 (P3. 61 12). 이 보상체제는 봉급의 형태로 量的補償을 그리고 心理的 感謝, 階級, 身分, 名聲, 內的 職務滿足의 機會, 事務室에 낭만적인 불지피는 아궁이의 설치, 회사의 리무진차의 사용 등의 형태로 質的 補償을 분배해 준다. 누가 이 맛있는 파이를 잘라서 나누어줄 것인가? 전통적인 정통파에서 이것은 行政의 機能이며 特權이다. 어떤 論理에 의하여? 조직목적을 형성하고 달성하기 위한 책임을 行政的 下位體制가 가지고 있다는데 기반을 두고, 그리고 그것은 체제의 전망과 개관을 가지고 있기 때문이며, 그리고 成員들의 기여를 평가하고 결정하는 것은 조직범위 내에 놓여 있기 때문이다. 확실히 그

---

* 괄호안의 숫자는 마지막 장에 열거한 명제의 번호에 해당된다.

럴 듯한 思考이다. 그러나 專門家(specialist) 能力과 專門的 (expertise) 權威의 方向에서 이 주장에 대한 도전이 있다는 것에 대하여는 이미 우리들이 살펴보았다. 행정의 專門家의 專門性에 기반을 두고 이러한 도전이 반박을 받는다면 그러면(그 문제에 대하여 그 동안 있었던 것처럼) 지도성에 대하여 더 가정이 있다는 것도 또한 보아왔다. 그리고 이것은 典型的 質―Barnard와 Plato의 도덕적 지도성―을 내포할 수 있다.

그렇다면 최상의 공헌자에게 최상의 보상이 돌아가야 한다는 것은 보다 더 확실히 합리적이다(우리는 여기서 잠깐 이것이 Plato와 모순된다는 것을 무시하게 되는데 Plato의 후원자들은 정말 엄격한 몫을 갖는다). 그러나 어떻게 행정가가 이들 특수능력을 증명하느냐에 아직 문제는 있다. 이것은 이들의 배경과 훈련의 결과인가? 이들에 이 속성을 주는 어떤 형태의 전문직 學者가 있는가? 아니면 이들은 神授的이거나, 타고나거나, 우연한 것이거나, (말하자면)법적훈련의 부산물인가?

다시 많은 논쟁이 **책임**(responsibility), 우리가 아직 정확히 검토해 보지는 않은 개념이지만 기장 권위자는 '가치에 대한 반응'(responsiveness to values simon et al., 1950, 548)이라고 정의했던 책임의 의미에 관한 것이다. 책임의 분배는 권력, 권위, 신분, 보상의 조직의 분배와 나란한 것인가? 누가 더 많은 무책임을 가질 수 있는가? 근로자 또는 부회장? 이 문제는 우리들로 하여금 곧 행정과 조직의 논리의 영역을 넘어서 이미 제시한 바 있는 [圖5와 6](제2장 'V. 組織과 人間動機'와 'Ⅵ. 行政哲學의 基礎로서의 組織理論'에서)의 점선 원으로 표시된 지역의 구성의 개발에 이르게 한다.

이 行政論理에 관한 최초의 고찰을 통하여 行政專門職을 구별해 주는 특별한 능력을 우리는 지금까지 추구해왔다. 이것에는 적어도 다음과 같은 것을 포함하는 것 같다. 즉 이 제목에 대하여 오늘 날까지 축적된 이론체계와 조직에 대한 특별한 이해이다. 또 의사결정, 특히 정책개념에 포함된 그런 수준의 결정에 있어서의 이론과 실제에 관한 특별한 지식과 이해도 있다. 이것은 이어서 (1) 조직 분석, (2) 가치분석의 차원에서 특별한 능력을 암시하고 있다. 이것은 또한 심리학적 속성(상상, 의지, 감정이입 등)도 시사하는데, 인간의 타고난 재능의 부분에도 불구하고 이 심리적 속성은 특히 행성실천에서 요청되고 있다. 끝으로 도덕적 구성요소와 개인 간 관계기술의 방법으로 생기는 모든 것을 가진 불분명한 지도성의 개념이 있다.

이러한 능력을 충분히 이해하지 못하고 있으며 개념과 정의에 있어서 모호성이 있다는 것을 저자는 먼저 인정한다. 그러나 분명하든 않든 행정전문직은 그 자체가 精通해야 한다. 이에 대한 代案은 수박 겉핥기 지식(dilettantism), 아마추어적 무능력, 아마추어와 전문가 양자의 복합적 부패가 된다. 중요한 것은 조직생활의 질, 조직 내·외에서의 갈등 對조화의 비율이다. 이것 이상이 있다. 우리 모두는 상호의존에 의하여 조직조화나 부조화의 결과를 나누어 갖고 있다. 우리 모두는 직접적으로는 조직의 구성원으로서 또는 간접적으로는 조직과의 연결자나 고객으로서 조직 내에서 조직에 의하여 살고 있다. 그러므로 우리는 모두 행정을 받거나 행정을 하고 있는 사람이다. 인간가치, 인간의 존엄성, 인간생활의 의미는 모두 여기에 포함되는 말이다. 그리고 이렇게 되면 우리는 이미 論理의 문제를 넘어서 다음 部에서 다루게 될 價値의 문제로 넘어가고 있는 것이다.

제1부의 要 約

이 책의 제1부에서는 행정은 하나의 合理的 追求인 반면 그 合理的 境界는 엄격하게 한정되어 있다. 이것은 이 활동의 인간성격 때문에 그렇다. 이 활동을 완전히 달성하기 위하여서는 유목적적 조직에 모여든 사람의 협동적 노력에 달려 있는 활동이다. 사회가 점점 더 복잡해지고, 분업화되고, 조직되고, 행정을 받게 됨에 따라 행정행동은 점점 더 의미 깊게 된다. 만일 독특한 行政專門職이 존재한다면 또는 專門職化하고 있다면 그 사실을 하나의 社會的 觀點에서 주목할 가치가 있다. 만일 행정전문직이 존재하지도 않고 우리의 집단생활이 아마추어의 손에 달려 있다면 이 사실도 또한 중요하다.

상상적인 행정전문직에 대한 이러한 고찰과 行政論理에 대한 일반적인 탐색으로 인하여 우리는 어떤 命題에 이르게 된다. 여기서 가장 중요한 것은 (1) 행정은 행동의 철학으로 구성될 수 있다는 신념과, (2) 우리 모두는 行政을 받고 있거나 行政을 하고 있다는 신념, (3) 사람은 組織 속에서 자기 生의 意味의 대부분을 발견한다는 신념, (4) 行政은 하나의 道德的 活動이라는 신념, (5) 權力은 行政講義의 중심용어라는 신념이다.

專門家는 合理的 原理와 專門家(specialist) 知識이나 論理의 體系를 찾는다. 社會의 補償體系에 대한 이들의 主張은 社會的 要求에 있는 능숙한(expertise) 형태에 기반을 둬야 한다는 것이다. 이상적인 것은 흔히 아름다운(eulogistic) 용어, 즉 科學으로 나타난다. 그러나

행정은 반대로 주장할 것도 있지만 하나의 科學으로서 자격을 갖출
수 없다. 知識의 體系가 있고 社會科學의 하나의 下位集合이라는 것
도 사실이다. 그래서 조직이론으로서 앞으로 나아갈 수 있고 특별한
행정능력에 대한 주장을 위한 근거로서 부분적으로 기여할 수 있다
는 것도 사실이다. 그러나 주요 행정행동은 決定하는 것이고 행정의
眞髓的 형태는 政策을 결정하는 것이다. 이것은 哲學的 技術
(philosophical skins)을 내포하고 權力, 影響, 權威, 指導性의 행사를
수반한다.

　　그러나 行政家는 자기의 役割을 가치며 논리적으로 다른 세 개의
방법으로 역할을 수행하는데, 이러한 행정가는 조직의 보상체제를 통
제하는 일을 그 조직의 기능 중에 포함시키는 조직 내에 있는 하나의
階層과 同一視되게 된다. 점점 더 組織權威의 問題點이 있는데 그것
은 專門家의 專門性(specialist expertise)에 근거를 두고 있으며 階層
的이 되는 조직권위의 문제이다. 行政의 심장에 해당하는 문제는 “누
가 지배하는가?”하는 질문을 다루어야 하는 것이다. 많은 正統的 또
傳統的 지혜에 의하면 아마추어 행정가가 專門的 管理者(professional
manager)를 지배해야 한다고 주장된다. 그러나 現代行政의 論理는
이미 아마추어가 만일 無氣力(impotent)하지 않다면 적어도 非論理的
이 된 결과가 된 것이다.

　　行政家는 평균 잡아 超人間(superman)이 아닌 凡人(ordinary man)
이라고 가정하는 것은 아마 合理的일 것이다. 그렇지만 어떤 신비
와 신념은 行政指導者에게 특별한 質에 해당된다. 고대의 Plato와
현대의 Barnard는 이러한 개념을 뒷받침해 주는 예이다. 더 놀라운
것은 最高經營者는 자기 조직의 價值를 로봇같이 의인화에 가까워
질 수 있다는 논리실증주의자의 아이디어이다.

　　행정의 특성과 행정가의 성격에 관한 문제점 때문에 우리는 어
쩔 수 없이 價值를 다루는 論理의 領域으로 안내되어 넘어가게 된

다. 行政은 하나의 類似科學(quasi-science)은 아니다. 그리고 行政은 마음대로 管理的 類似技術을 가지고 있는 반면 行政은 근본적으로 哲學的 努力, 일종의 人間主義이다. 行政의 가장 중요한 사명은 權力의 文化이다.

제2부 價 値

검토되지 않은 삶이 價値가 없다면
검토되지 않은 價値는 지닐 價値가 없다.

제6장 價値의 本質

이 책의 제1부에서는 보통 사람의 것을 얼마간 뛰어 넘은 價値의 知識은 行政에 있어서 바람직한 專門家의 屬性이라는 것을 주장하였다. 이러한 주장은 結論없는 說得일지 모른다. 市井 사람의 直感的 또는 精巧하지 않은 價値知識은 管理와 行政의 실제적 추구에 알맞다는 것을 어떤 사람들은 아직도 주장한다. 왜 행정가는 다른 사람들 보다 더 價値－知識的이어야 하는가? 이것은 약간 虛勢的이고 불필요한 것이 아닌가? 결국 가치는 도처에 있는 문제이며 그 가치갈등은 일상생활 중에서 해결되고 있는 것이다. 행정가들이 조직운영에 집중하고 있는 동안 哲學者와 政治 科學者들은 이러한 문제의 形成과 解決에 대하여 걱정하도록 하자는 것이다.

저자는 이들 문제에 대하여 해답을 찾고자 하는데 밑에 깔려 있는 自由放任的(laissez faire) 態度를 다루고자 하지만 그러나 현재로서는 아마 우리는 행성실제에 많은 가치판단의 요소들이 있다는 것에 同意하고, 또 行政活動이 組織生活과 組織外 生活의 質에 영향을 준다는 사실에 일단 동의할 수 있다. 이것은 충분히 고무적임에 틀림없다. 價値問題의 세밀한 고찰에 들어가기 전에 먼저 用語들을 定義하여 공통적 이해에 도달하는 것이 필요하다. 그 다음은 技術的인 것인데 보통의 행정의 논제에서는 분명히 많이 벗어난 것이지만 행정에 있어서 價値의 문제를 보다 깊이 이해하는 게 근본적인 것이다.

Ⅰ. 基本的 二重性

行政은 제1부에서 나타난 것처럼 여러 가지 二重性으로 특징지어 지지만 (P(명제) 1.1초가치; 1.3212; 1.3212; 1.34; 2; 3.2; 4.2) 여기서 가장 직접적으로 관심을 갖는 二重性은 事實과 價値 사이의 二重性의 문제이다. 이들 간의 區別은 哲學的으로 가장 중요하며 상식적으로도 쉽게 포착할 수 있으나 우리를 믿게 하는 實證主義 觀點으로 쓴 Simon이 말한 것처럼 그렇게 쉽지는 않다. simon은 "事實的 命題는 觀察可能한 世界에 관한 陳述이며 실제 운영하는 方法에 관한 陳述이다"(1965, p.45) 라고 말하고 있다. 아마 simon은 '世界'라는 말로써 측정할 수 있고 同意가 가능하며 색깔, 모양, 소리 등 평범한 언어로 된 적절한 이름을 붙일 수 있고 그 이름으로 확인할 수 있는 公的으로 검증하는 경험의 영역을 의미하고 있다. 그러나 확실히 좀 私的인 검증을 할 수 없는 진술도 또한 事實이다. 내 이빨(齒)의 아픔은 나 이외의 다른 사람이 결코 경험할 수 없으나 그것은 내 치과의사의 관찰 가능한 세계의 事實的 命題이고 또 의사의 수술하는 方法에 영향을 준다.

문제는 우리가 두 개의 세계, 價値와 事實이 중복되는 세계에서 동시에 생활하고 있다는 것이다. 事實을 物理學的 命題의 用語로 정의하는 것이 아주 옳다고도 할 수 없다. 왜냐하면 이 후자는 직접적인 感覺的 經驗속에 영원히 접근할 수 없는 개념적 가설이기 때문이다. 나의 펜은 分子 粒子의 움직이는 존재(comprosence)(또는 공간—시간 교차상의 원자파동)일 것이지만 그것은 비교적 만질 수 있는 심체적인 것이고, 비교적 지속적이며, 나의 생활범위 내의 특징적 事實이다. 그리고 이것은 나에게 유용하고, 고장 없이 말 잘 들으며, 사랑하는 여성이 선물로 준 것이며, 오랫동안 내 생활의 주변에 있었다는 등에서 이미 價値를 가지고 있는 것이며, 근본적으로 가치

없는 사실적 대상도 어느 정도의 價値(value)나 값어치(worth)를 가지고 있는 것이다. 그래서 價値, 事實, 科學的 槪念의 假說은 서로 결합되며 동시에 공존한다. 그러면 어떻게 區別할 것인가?

이것은 정확한 것은 아니지만 우리들의 이 두 세계 중의 하나 다시 말하면 事實의 세계는 주어진(given) 것이고 다른 세계 즉 價値의 세계는 만들어지는(made) 것이라는 전통을 아마 우리는 따를 수 있을 것이다. 前者는 客觀的이며 우리가 거의 또는 전연 손을 쓸 수 없다. 後者는 主觀的이며 우리가 원하는 만큼 다를 수 있다. 주어진 事實의 世界의 특징은 공개적으로 검증가능하고 논리적으로 일관성이 있다는 것이다. '하나 더하기 하나는 둘'이라는 산술적 公理(axiom)와 前提가 주어지면 이 命題는 개념적이거나 지적인 사실이다. 事實의 세계는 또한 현저하게 관찰 가능한 체계의 형태로 우리들 앞에 존재한다. 이 세계는 知識(perception)의 대상이며 科學은 지각 활동에 따르는 區別, 分析, 理解의 綜合이다. 이것은 서로 상호작용 한다. 지각과 개념이 점점 더 정교하게 되고 다듬어짐이 따라 科學的 討論의 下位言語나 전문용어는 불어나고 선택과 선호에 따라 세계는 생물학이나, 화학, 물리학, 심지어는 두 학문 간의 이상한 接木과 下位－原子에너지 分野의 超越과 분리로까지 좁혀진다. 이 수준에서 사실 세계의 견고한 부분과 날카로운 날은 무한성(infinities), 무가능성(improbabilities), 무확정성(indeterminacies) 속으로 함께 사라지게 된다. 에너지는 물질주의의 최후의 보루이다. 이것은 모두 行政的 事實에 관한 論題의 성장적인 범위를 훨씬 넘어선 것이다. 적어도 核溶解爆發이나 이러한 폭발을 가져오기 위한 자금을 위한 협상과 같은 사건으로 초점이 될 때 까지는 정상적 행정사실의 논제의 범위를 넘어선 것이다. 이것은 또한 논제 수준의 변화는 가치의 변화를 반영한 경우이다. 왜냐하면 物理學者의 價値가 반드시 자기를 고용하고 있는 행정가의 가치가 아니거나 행정가의 가치와 같지 않기 때문이다. 그러나 아무리 정의하기 어려울지라도[1] 事實이라는 것은 표면적이고, 공개적으로 검증가능하고, 어떤 방법으로 眞實的 存在의 질을 갖고 있는 命題에 해당된다는 점에 우리는 일단 同意하기로 한다.

價値는 결코 眞 또는 僞가 될 수 없기 때문에 이것은 事實과 價値를 가장 분명히 잘 구별해주는 마지막 속성, 즉 眞의 質인 것이다. 價値는 일종의 事實(facts of a kind)이다. 또 槪念들이다. 또 主觀的이다. 이 가치는 단지 머리 속에서만 일어난다. 가치는 '動機誘發의 힘'(motivating force)을 가진 바람직한 것의 槪念이라고 잠정적으로 定義될 수 있다.

여기서 확실히 해야 할 중요한 점이 있는데 그것은 價値는 특별한 종류의 事實(special kind of facts)로 생각되는 반면 論理的으로 구별된다는 것이다. 더구나 價値의 世界는 共存하고 또 겹쳐지기도 하지만 事實의 世界와는 완전히 다르다. 이 점에 대하여 설명하기로 한다. 가치는 단지 價値所有者(value-holder)의 마음속에서만 존재할 수 있고 또 그것은 바람직하다는 어떤 의미나 일의 選好狀態, 또는 當爲의 한 조건에 해당된다. 이 가치가 言語로 표현되거나 觀察의 對象이 되면 그것은 '事實的'인 것으로 된다. 그러나 事實의 'is'나 論理의 'is'로부터 價値의 'ought'로 옮겨가기 위해서는 돌연한 비약을 해야 한다. 事實的 經驗의 世界는 價値없다! 空間-時間의 연속선에서 대량-에너지(mass-energy)의 轉換은 완전히 가치 없다.

科學과 論理의 客觀的 用語는 眞과 僞를 다룬다. 價値의 主觀的 用語는 '善'과 惡, '正'과 '誤'이다. 行政家와, 哲學者, 市井의 사람들이 알고자 하는 것과 科學이 이들에게 결코 해답해줄 수 없는 것은

---

1) Wittgenstein도 Russell도 事實(facts)을 定義하지 않았다. 前者는 정의하지 않은 채로 묵시적으로 내버려두었고(1922, 1961), 반면에 後者는 사실의 公理的 立場(axiomatic status)을 표면적으로 주장하였다(1973, p.276).

善과 惡, 正과 誤를 어떻게 '아느냐' 하는 것이다. 이것이 바로 行政哲學의 特別한 關心이다. 科學은 價値가 아닌 문제에 답을 주지만 과학이 事實의 궤변의 분야까지 확대될 때 價値의 문제까지 만들어 낸다.

價値와 事實을 混同하거나 前者가 어느 정도는 後者로부터 나올 수 있다고 가정하는 것은 Moore가 말한 自然的 誤謬(naturalistic fallacy)(1903, 10, 18. 20)를 범하는 것이다. Moore는 특히 '善'은 言語上으로 基本的 用語(primitive term)이기 때문에 더 이상 定義하거나 分析할 수 없다하고 '善' 이란 價値用語에 관심을 가졌다. 그것은 근본적으로 私的인 것이다.

善의 經驗은 완전히 主觀的이라는 것과 客觀的 바탕 위에 놓여진 것이라는 데 著者는 동의한다. 價値는 개인적 마음(individual mind)과, 直觀(sentience), 意識(consciousness)의 涵數이다. 사실은 個人의 意識과 독립적으로 生存할 수 있다(단지 기대한 대로). 내가 관찰하고 있는 나무, 그 나무가 自然의 일부가 되고 있는 세계는 내가 지금 관찰자(I-now observer)가 된 후 다른 관찰자를 위하여 계속되는 사건으로서 계속될 것이다. 그리고 '나'로서 알려진 사건의 집합은 가정된 미래의 관찰자를 위하여 지금 여기(here-now)의 부분이 되는 것은 중지되거나 분해 된다. 그러나 저자가 正當하게 할 수 없는 것은 사건의 현재 시나리오에서 價値를 발견해 내는 것이다. 善이라는 세계에는 '客體'(object)가 없다. 어두움이나 만지기에 무거움이나 거칠음이 있는 세계에는 善은 없다(금전적으로). **귀중한**(valuable) 것은 많이 있을지 모르지만 가치로운(of value) 것은 아무 것도 없다. 이와 꼭 마찬가지로 아름다운(beautiful) 것은 아무 것도 없다. 知覺의 바탕은 우리가 善과 美, 모든 價値라는 팔레트(palette)를 계획하는 빈 화폭(canvas)이다. 우리는 아무것도 평가하지 않는다. 그것은 가치를 가지기 때문이고 그러나 우리가 어떤 것에다 가치를 주기 때문이다. 前者를 하는

것(행정가들이 흔히 하고자 유혹을 받을 때)은 自然的 誤謬를 범하는
것이다.

要約하여 보기로 합시다. 인간의 知覺과 분리된 세계는 가치가
없다. 세계와 인간의 相互作用은 事實을 발견하고 價値를 부여한
다. 이 두 활동이 서로 합쳐지지만 사실의 발견은 사람들로 하여금
그들의 價値附與를 다르게 만들고 價値形態는 발견된 事實을 결정
한다. 아무리 많은 경험적 지식이나 논리라도 객관적 의미에서 가
치를 증명하거나, 판단하고, 정당화할 수 없다. 우리가 자연의 연구
로부터 價値의 올바름(正)을 발견할 수 있다고 생각하는 것은 自然
的 誤謬를 범하는 것이다.

II. 價値用語

될 수 있는 대로 事實로부터 價値를 분리해내는 것은 우리들의 理
解에 한 발짝 전진하는 것이지만 우리는 이제 다른 언어 상의 혼동
에 대처해야 한다. 이것은 상식으로부터 또 사실과 심리학의 이론으
로부터 양쪽에서 나온다. 하나의 例는 '欲求'(needs)라는 용어에서
볼 수 있다. 위대한 心理學的 價値理論家인 Maslow는 별로 價値라
는 말에 대하여는 안 쓰고 대신 欲求에 대하여 말하기를 좋아하였
다. 欲求란 무엇이며 이 욕구는(말하지만) 소망(wants)이나 욕망
(desires)과 어떻게 구별되는가?

욕구 뒤에 있는 아이디어는 현 상태에서 差 또는 원치 않는 불균
형이 있다는 것이다. 욕구는 긴장과 不均衡을 내포하고 있으며 행동
을 바로잡기 위한 力動性을 제공해 준다. 우리는 행정행동을 위한
결과적 가능성이나 경향성을 가지고 있는 개인이나 집단의 결핍이나
부족의 상태를 일으키는 척도로써 욕구와 같은 성질의 '소망'이나
'욕망'이란 말을 사용하고 자한다. 이러한 것이 價値의 根源

(Sources)이다.

欲求, 所望, 欲望은 또한 動因(motive)이란 概念과 관련되었다. 動機誘發된 행동의 뒤에 있는 아이디어는 동기유발 된 행동자에게 어떤 종류의 예상목표 (end-in-view)가 흔히 있다는 것이다. 이러한 해석에 따른 곤란은 목표를 볼 수(in view) 없게 될지도 모른다는 것이다. 그것은 半意識的(semiconscious) 또는 無意識的(unconscious)이기까지 하다. 행동의 충동은 잠재의식(subliminal)일 것인데 心理學的 言語로는 훨씬 투쟁과 결론 없는 실험이 있는 '충동'(drives)과 '충동상대'와 같은 개념을 포함한다. 우리의 목적으로 우리는 動因 (motives)을 의식적 理性이나 무의식적 충동, 價值의 根源 (source)이 되는 이 양자의 결합이라고 하기로 한다. 나는 나의 행동의 동인을 완전히(fully)의식하거나, 부분적으로(partially)의식하거나, 총체적으로(totally)의식할 것이지만 나 자신이나 다른 관찰자가 그 동인에다 가치판단을 전할 수 있다는 사실은 價值는 動因, 欲望, 所望, 欲求 그 이상의 어떤 것이라는 것을 보여주기에 충분하다.

動因은 그러면 意識과 推理能力과 이 밀고 당기는(push-pull) 상관관계를 갖는다. 완전히 동기유발 되지 않는 것은 감각력이 있는 존재로 존재하는 것이 아니다. 우리 모두의 動機를 완전히 의식하는 것은 최상의 감각력이 되는 것이다. 그리고 그들을 모두 시인하는 것은 초인간이 되는 것이다. 개인의 본능적 충동의 어두운 세력(dark forces)으로써 정신의 심층부분에 존재하는 動機, 또는 安當化되고 正當化된 이유로써 대낮에 완전히 적나라하게 노출된 動機는 또한 態度現象과 相關關係가 된다.

저자는 態度를 表面現象, 행동의 傾向性(predispositions), 또는 비교적 안정되거나 지속적인 방법으로 자극에 대하여 반응하는 것으로 定義하고 싶다.2) 動機가 價值의 根源을 제공해주듯이 價值는 態度의 根源이다. 態度는 피부와 세계의 접촉부분의 價值의 表現이다. 세계는 아주 여러 가지 방법으로 注意를 요구한다. 우리가 어떻게 注意하느냐는 우리의 態度의 함수이다. 그리고 態度는 세계에서 측정 가능한 事實이다. 만일 우리가 단순한 생물학적 유기체를 택한다면 우리는 아마 관찰에 의하여 태도의 수를 둘이나 셋, 즉 學쟁, 도피, 동결로 줄이고 또 분류하게 될 것이다. 복잡한 인간유기체를 위하여 태도는 분류상의 屬(legion)이 될 것인데 그 이유는 이 수준의 유기체적 복잡성은 언어적이고, 계속적으로 言語게임을 하고 있는 것이며(그 중의 하나가 行政이라 불려지는 것이다), 언어 카테고리(그 중의 어떤 것은 의견이라 불리는데) 내에서 태도를 표현한다. 그래서 여론조사는 집단 태도를 평가하고, 그 집단속의 개인은 개방적(openminded) 또는 閉鎖的(close-minded), 保守的, 急進的, 權威的, 許容的, 革新的 등 무한한 심리상태가 있을 수 있다.

그러나 이러한 추론의 線의 산술에 주목해 보기로 한다. 첫째 單一自我가 있다(심리분석적 문헌에서 기술된 나누어진 다원적 인성의 복잡성을 우리는 피한다). 다음은 극히 적은 기본적 동기, 즉 생존을 위한 순수한 위치 또는 Eros와 Thanatos의 Freud적 이중성, 중지를 위한 소망으로 반대적 균형이 잡힌 생에 대한 촉구가 있다. 보다 더 표면적 수준에 그러나 아직 내적이고 自我의 統合과 밀접하게 관련된 심층적 동기는 價値體制속에 표현되어 있다. 이들 가치콤플렉스나 가치지향성은 가치소유자의 환경, 성장배경, 문화에 달려있다. 예를 들면 친절과 정직은 공공연히(의식적으로) 표현되지만 무자비한 것과 부와 성공에 대한 부정직한 획득은 비밀리에 또는 잠재의식적으로 우러러 보이는 때처럼 이 가치 소유자는 무의식적이고 또 논리적 모순 속에 있다. 가치는 동기3)보다 수적으로 많으나 태도보다는

---

2) 이것은 이 어려운 개념을 정의하려는 현대적 지도와 모순되는 것은 아니다. 예를 들면 Lambert and Lambert, 1965, 50; Woodruff, 1942, 33을 참고하라.

적다. 그러나 둘 다 체제 속에 약간 응집력 있게 조직되었다. 태도는 정신과 세계의 접촉영역과 표면에 있었던 것처럼 나타나고 생활과 생활스타일의 수많은 무한한 문제에 대한 반응에서 선호와 경향성의 표현은 나타나고 있다. 이들은 개념적 의미를 가질 수 있도록 관찰되고, 분류되고 조직되는 한은 공통분모와 같다. 태도는 그들이 대표하는 밑에 있는 가치보다 논리적으로 훨씬 수적으로 많다. 끝으로 무한한 가능성을 가지고 있는 행동과 활동의 영역이 있다. 행동은 원인과 결과의 사슬을 통해서 태도, 가지지향, 가치, 동기, 자아개념의 심리적 현상과 추론적으로 연결된 관찰 가능한 사실로써 분명해진다. 위에 기술된 틀은 [圖 10]에 설명적 그림으로 나타나 있다. 이 그림은 독단적이거나 완성된 결정적인 것으로는 생각지 않는다. 이 그림은 예를 들면 意志의 자취나 기능을 지적하지 못하고 있는데 이 점에 대하여는 뒤에 더 언급되어야 할 것이다. 또한 이 그림은 몇 개의 요소들이 어떻게 연결되었는지 설명해주지도 못한다. 그러나 이것은 다음의 주장을 위한 記述的 裝置와 說明的 裝置로서 실용적으로 유용하다. 私的(그러나 계속적인) 價値現象이고 아마 주로 사적이고 공적 검증에 접근하기 어렵게 되는 한 끝에 있는 連續線을 가정해 본다. 그리고 연속선의 다른 한 끝에 목적적 행동이 있고, 등기가 목표와 집단목적으로 언어적으로 말해 질 수 있는 관찰가능하고, 공적·집단적 영역과 가치가 이상, 最高善, 사회규범, 문화기준으로서 원어적으로 표현될 수 있는 관찰가능하고, 공적·집단적 영역에서 노력이 생기고 있다. 이러한 가치는 法의 體系, 倫理綱領, 體系化된 哲學, 이데올로기로 客觀化된다. 이 양 극단 사이에 태도, 의견,

---

3) 가치의 양적 모호성을 가진 채 우리는 價値의 數를 구체화 하지는 못한다. 그러나 Rokeach는 16개의 도구적 가치(instrumental value)와 16개의 궁극적 가치(terminal values)로 모두 32개의 가치를 명세화 하였다(19~68, 1973). Scott(1965)는 12개를 구체화하였다. 이 수자는 文化에 따라 언어의 정교성에 따라 다양할 것이라 생각된다.

選好의 전 범위가 놓이게 된다. 피드백과 피이드포워드(feed forward)
를 조절하는 행동을 통해서 연속선은 역동적이다. 감각적 자료의 공
적 역할에 있어서 적절성에 대한 개인적 의식 속에 있는 그 터전으
로부터 보편적 세계는 의도적이고 목적론적이다.

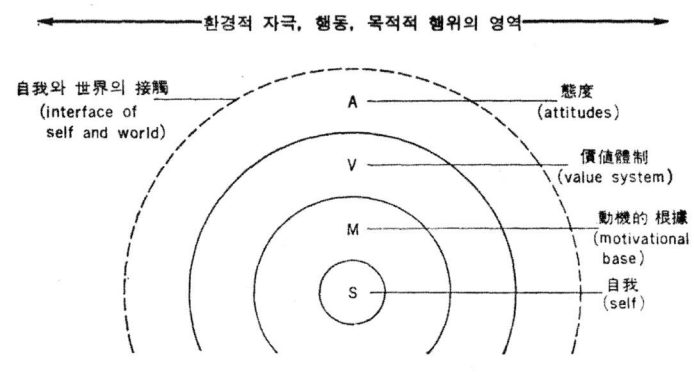

[圖 10] 價値와 관련된 用語의 體系

Ⅲ. 價値모델

著者는 이제 價値混亂의 바다를 건너갈 우리의 길을 밝혀주는
데 강점을 가지고 있다고 믿는 價値槪念의 分析的 모델을 제시하
고자 한다. 이 모델은 또한 우리들로 하여금 가치를 분류할 수 있
게 해주고 결과적으로 가치갈등 해소를 위한 어떤 근거를 세울 수
있게 해 준다. 그러나 여기서의 사용목적은 여기서의 탐색의 나머
지 부분을 위한 공통적 이해와 용어를 개발하는 데 있다. 이 모델
은 [圖 11]에 제시되어 있다.

모델에서 추출된 첫째 특징은 가치의 기본개념은 '옳음'(right)과
'좋음'(good)의 두 요소로 쪼개 놓는 것이다. 이것은 '바람직한 것

(desirable)'과 '좋아하는 것(desired)' 사이의 差이고(Kant, 1909, 285 참고), 價値論(好)과 義務論(正) 사이의 구별로 기술적으로 알려졌다. 前者는 즐길 수 있는 것, 좋아할 수 있는 것, 유쾌한 것에 해당되고, 後者는 올바른 것, '道德的'인 것, 義務的인 것, 또는 단순히 '해야 하는(ought to be) 것에 해당된다. '좋은'은 직접적으로 選好의 문제로 알려졌다. 우리가 이미 알고 있기 때문에 우리는 '좋다'는 말을 듣는 것이 필요 없다(Madison Avenue(뉴욕 선전광고 중심지)는 계속적으로 노력하고 있지만). 우리가 갈증을 느낄 때 그리고 맥주를 좋아할 때 마신다. 그렇지 않으면 차를 마신다. '좋은'에 대한 지식은 충동(impulse) 또는 직접적 內觀으로부터 자동적으로 나오고 우리가 다른 동물과 공통으로 가지고 있는 일종의 가치 경험이다. 이것은 타고난 것이거나, 생화학적, 유전적, 또는 다른 학습된, 프로그램 된, 조건화 된 것이다. 이것은 우리들의 생물학적 구조의 부분이고, 즐거움을 찾고 고통을 피하려는 기본요소적 심리학으로 요약되는 근본적으로 快樂主義이다. 이것은 내적 갈등이 없는 상태(그래서 인간이 아닌 동물은 '가치문제'를 가지지 않는다)를 야기시키나 제한된 자원으로부터 만족을 위한 일반적 경쟁 속에서 외적인 인간간의 가치갈등의 잠재 가능성을 만들어 낸다.

가치의 다른 측면은 우리가 말하고 싶은 것인데 진실로 고통의 원인이 되는 것인데 이것은 논리적으로 다르다. 우리는 또한(다른 철학자들이 부정하지만) 道德意識, 또는 集團責任感, 또는 아마 心理學的으로 말하여 '超自我' (superego)를 가지고 있다. 개인적 수준에서 이것은 우리가 한 쪽에서는 애정의 끌어당김을 느끼고 다른 쪽에서는 상황의 요구를 받아 무엇을 완성해야 한다는 것을 느낄 때 이것은 일종의 내적갈등－單－自我의 가슴 속에서 적대적인 두 개의 바람직한 것을 야기시킨다. 다른 보다 규범적 요구를 좋아하여 앞의 自我－放縱的 欲望속에서 일어나는 일상적인 訓育의 공통적 경험이다.

　　그러나 이러한 要求는 어떻게 正當化될 것인가? 무엇에 근거하여 우리는 우리의 정서적 요구와 충동을 극복할 것인가? 이것이 행정가와 철학자 양자를 위한 기본적 가치문제이다. 어떻게 우리는 주어진 상황에서 바람직한 주어진 개념을 妥當化하고, 正當化하고, 決定하고 順序를 매길 수 있을 것인가?

[圖 11] 價値槪念의 分析的 모델

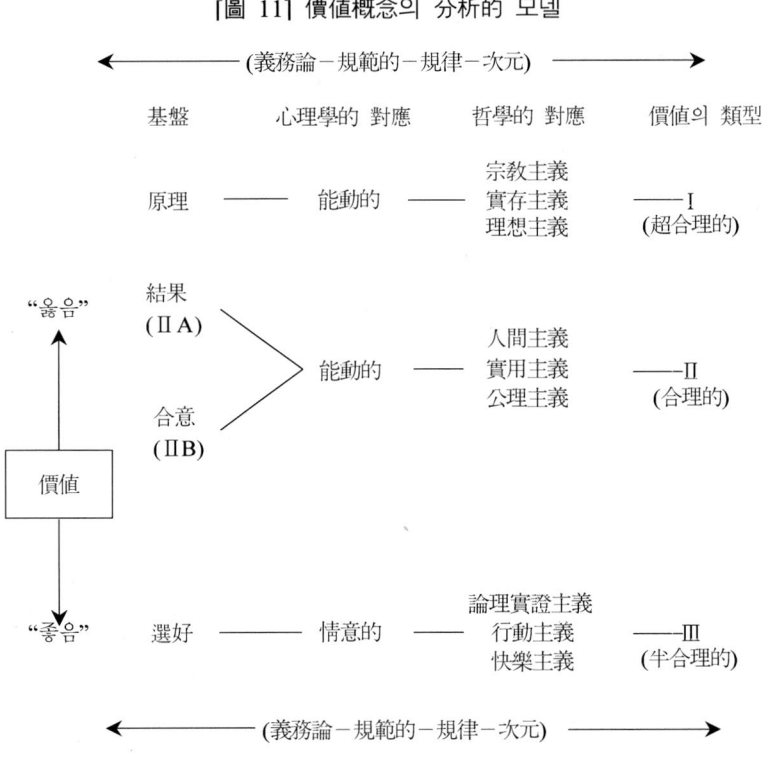

　　[圖 11]의 첫 세로줄은 가치판단을 위한 몇 개의 '基盤'(grounds) 을 분류해주고 있는데 저자가 결정할 수 있는 한 모두 포함되었다고 본다.4) 우리는 이 네 가지 방법 중의 하나로 단지 우리의 가치

를 형성할 수 있다. '結果'(ⅡA)와 '合意'(ⅡB)가 하나의 類型 Ⅱ의 價値基盤의 下位類型(subtype)으로 생각된다는 것을 인정한다면 이것은 우리에게 세 개의 특징적인 가치 유형을 제공해 준다. 그러면 '밑에서부터' 위로 올라가며 차례로 간단히 살펴보기로 한다.

類型 Ⅲ의 價値는 個人的 '情意'에 기반을 두고 있고 개인의 '選好'構造를 구성하기 때문에 自我判斷的이다. 왜 x는 '좋은'가? 내가 좋아하기 때문이다. 왜 나는 그것을 좋아하는가? 내가 좋아하기 때문에 나는 그것을 좋아한다. 나는 그 이상 더 나아갈 수 없다. 類型Ⅲ의 價値는 原初的인 것이다. 本質的 事實이다. 世界는 있는 그대로이고, 어떤 다른 것이 아니기 때문에만 정당화될 수 있다.

階層上의 위로 옮겨감에 따라 하나의 가치가 '옳음'(right)으로 생각되는 세 가지 방법이 있다. 첫째, 주어진 集團性 내에서 대다수의 意志와 일치한다면 상황의 集團性이 된다. 이것은 '合意'의 기반인데 類型 Ⅱ B價値를 만들어 낸다. 둘째, 미정의 가치판단이 '結果'의 理性的 分析을 일으키게 한다면 어떤 미래의 결과 상대는 바람직한 것으로 생각된다. 이것은 類型 Ⅱ A의 價値이다. 類型 Ⅱ의 價値는 우선 (Ⅱ B)으로 고려하든 부수적인 것(Ⅱ A)으로 평가하든 理性, 認知的 能力을 포함한다. 그리고 그 基盤은 集團性과 集團的 判斷에 의존하기 때문에 社會的(social)이다. 結果의 分析은 社會的 狀況을 전제로 하고 또 사회규범, 기대, 기준의 주어진 체계를 전제로 한다. 만일 理性的 推理(reasoning)가 개인적 쾌락적 만족을 극대화하려는 목적을 위한 편리한 근거로 순전히 '차의 계산'만을 위해서 사용된다면 이것은 類型 Ⅱ A가 아니고 오히려 類型 Ⅲ의 價値行動이 될 것이다.[5] 類型 Ⅱ A의 價値가 '바람직한'(desirability) 상태에 대하여 미래를 계획하는 한은 基盤의 문제를 빌어온다는 것을 또한 주목해야 한다. 그 계획된 바람직한 것의 기반은 類型 Ⅰ이나 類型 Ⅱ B를 기반으로 하여 또는 論理實證主義者들이 주장하는 것처럼 類型 Ⅲ의 集團的으로 選好하는 基盤에 의하여 判斷되어야 한다.

끝으로 類型 Ⅰ의 價値가 있다. 類型 Ⅰ의 價値의 基盤은 形而上學的이다. 우리는 이것을 설명의 여지없이 認定할 수 있다. 저자는 이러한 基盤을 '原理'의 基盤이라 부른다. 이 원리는 Kant의 카테고리적 명령이나 Mosaic의 "살인을 해서는 안 된다"와 같은 倫理綱領이나, 命令, 誡命의 형태를 취한다. 그러나 이러한 원리가 가정된 도덕적 통찰로부터 나오든 주장된 종교적 계시로부터 나오든, 개인적 드라마의 심미감에서 나오든 공통적 특징은 科學的 技術로는 검증될 수 없고 단순한 論理的 主張으로는 正當化될 수 없다는 것이다. 主張이 이끌고 갈 수 있는 가장 먼 곳은 계몽적 自己關心(self. interest)의 윤리까지이다. 그러나 이것은 基盤에 있어서 근본적으로 類型 Ⅱ A이다. 즉 쾌락적(類型 Ⅲ) 만족의 極大化의 문제에 대한 일종의 게임이론적 해결이다. 더구나 類型 Ⅰ의 價値는 보다 더 相對的 類型 Ⅱ의 價値와 완전히 상대적인 類型 Ⅲ의 價値와 구별되는 絶對性의 質을 가지고 있다. 原理는 合理性과 葛藤할 필요가 없는 반면 똑같이 合理的이고 類型 Ⅱ의 觀點으로부터 (일본의) 다양한 Kamikaze식 인간희생이 극단적 애국심에 기반을 둘 때처럼, 또는 '實存的 基盤에서 보아 살인이 바람직하다는 것을 발견한 때처럼(Camus, Dostoievsky) 원리가 외고집이고, 불합리적이고, 불합리한 상태로 원리는 또한 '초합리적'(transrational)이다. 類型 Ⅰ 價値의 특성은 이들이 이성적 추리 능

---

5) 관여한 논리실증주의자가 자기의 가치 근거를 類型 Ⅱ A나 심지어는 類型 Ⅰ로 변장하기는 매우 편리할지 모르지만 그 자신은 진실한 類型 Ⅲ 基礎를 거꾸로 인식할 것이다.

력보다 의지에 근거를 두고 있다는 것이다. 이들의 채택은 어떤 종류
의 신뢰, 신념, 공약(commitment)의 행동을 내포하고 있다.

　[圖 11]의 두 번째 세로줄은 세 類型의 價値의 각각에 대한 '心
理學的 對應'(psychological correspondences)을 나타내 주고 있다.
類型 Ⅲ의 價値는 '情意的' 構造에 뿌리를 두고 있는데 이들은 情
意的이고, '個別特殊的'(idiographic)이고, 個性特質的(idiosyncratic)
이고, 直接的이다. 이들은 기본적으로 反社會的(a-social)이고 쾌락
주의적이다. 類型 Ⅱ의 價値는 이성적 추리 능력에 작용한다. 이들
은 특별히 '合理的'이고, '認知的'이며, 集團的이고, 社會的이다. 이
들이 個人的 放縱의 경향과 갈등하고 개인적 방종의 경향을 무시
하는 한 이것들은 '規律的'이고 '規範的'이다. 논리적·인지적 능력
이 윤리적 결정이나 도덕적 명령체제 속으로 들어갈 수 있는 한
類型 Ⅱ의 價値는 계몽된 自己關心의 倫理나 人間主義的 自由主義
의 어떤 형태에 이르게 되는 경향이 있다. 類型 Ⅰ의 價値는 意志
에 호소한다. 신뢰나 공약의 행동이 필요하다. 이 행동은 단지 개
인적으로만 이루어질 수 있다. 그래서 어떤 의미에서 類型 Ⅰ의 價
値는 규범적으로 뒷받침되기는 하지만 고도로 個別特殊的이다. 이
점을 설명하기로 한다.

　발레단은 예술적 업적을 장려하고, 군대조직은 애국주의의 가치
를 높이 사고, 축구팀은 필승을 위해 헌신한다. 이들 각 경우에 땀
흘리는 무용수, 피 흘리는 군인, 멍이 든 선수에 의하여 개인적으
로 채택되어야 하는 類型 Ⅰ의 價値가 설정된다. 무용수, 군인, 선
수는 어떤 점에서는 존중하는 가치에 대하여 개인적 공약의 행동
을 각각 해야 한다. 만일 이들이 그렇게 하지 않는다면 合意의 水
準으로 저하된 類型 Ⅰ의 價値를 아직 받아들여야 할 것이며 하나
의 규범으로서 또는 그 집단성에 특별한 기대수준으로서 類型 Ⅱ
B를 받아들일 것이다. 말할 필요도 없이 이런 경우라면 참여

(commitment)의 質에 있어서 變化가 있다. 그리고 行政家는 일반
적으로 下級者의 높은 수준의 참여의 설득을 좋아한다. 類型 Ⅰ의
價値가 작용하는 곳에 構成員이 생각하는 以上의 참여가 있고 이
'以上'이라는 것은 단순한 감정적 選好 문제만은 아니다. 이 '以上'
이란 것 때문에, 가치의 '의무론'(deontological) 또는 의무 때문에
價値槪念의 論議는 충성심, 공약(commitment), 죄책감, 양심, 책임
의 현상에 대한 문제에 쉽게 도달하게 된다. 이러한 개념들은 分析
의 哲學的 水準과 心理學的 水準의 양 수준에서 곤란하지만 이 개
념들은 일반적으로 모델의 두 갈래에서 생생하게 묘사된 가치유형
들 사이의 내적 갈등상태에 대한 개인적 경험에 해당된다.

　　[圖 11]은 세 번째 세로줄에서 주요 '哲學的 對應'의 면을 보여
주고 있다. 類型 Ⅲ의 價値는 '論理實證主義'와 '行動主義'의 환원
을 가져오는 것들이다. 극단적인 경우에 모든 가치는 정의적 선호
의 단순한 표현이라고 주장 할 수 있다. "살인은 잘못된 것이다"(murder
is wrong)나 "살인해서는 안 된다"(one should not kill)를 선언하
는 것은 "살인, 으!" 또는 "나는 살인을 좋아하지 안 해"라고 단지
말하는 것이다(Ayer, 1946, 103-10). 어떤 사람은 아마 이러한 입
장은 自然的 誤謬를 범하고 또 동시에 倫理와 價値(그 자체가 感情
的 選好인) 이상으로 論理와 科學을 정당하지 않게 높이 추켜세우
고 있다. 그러나 여기에 깔려있는 주장의 강점은 결코 경시되지 않
을 것이며 行政哲學에서 이 입장은 Simon에 의하여 예증되었다.
다시 社會學的 水準으로 와서 소의 플레이보이(play boy)와 自己放
縱의 히피적 철학은 실증주의자의 입장과 결코 모순 되는 것은 아
니다.

　　類型 Ⅱ의 價値는 이미 지적된 것처럼 '人間主義'(humanism), '功
利主義'(utilitarianism), '實用主義'(pragmatism)의 철학적 입장에 해
당된다. 이 유형의 가치들은 사회신분현상, 기풍, 인습, 법, 관습, 주

어진 문화전통에 의해 지지되고 있다. 이것은 아마 다음에 설명하게 되는 것처럼 퇴보(degeneration)의 원리(postulate)에 의한 것일지 모른다. 일반적으로 理性과 타협을 존경하고 신중함과 편의에 대한 지원은 행정가에게 특히 매력적인 이러한 哲學的 指向性을 갖게 해 준다.

類型 Ⅰ의 價値는 形而上學的 基盤이거나 '超合理的' 基盤이다. 결과적으로 이 유형의 가치는 흔히 '宗敎的' 體制로 나타난다. 물론 이러한 체제는 共産主義(Communism)와 佛敎(Buddhism)의 어떤 형태에서처럼 아주 無神論的(atheistic)이다. Nazi당원들이 숲 속에서 血誓(blood oath)를 하는 것처럼, 또는 프랑스 '實存主義'者들이 우주(the universe)는 성질이 다르고 불합리하지만 價値律(code of values)에 '충실함으로써' '확신성'(authenticity)을 추구한다고 믿었던 것처럼 이 가치들은 또한 不合理的 (irrational)이거나 아마 反合理的(anti-rational)이 될 수 있다. 다시 한번 이러한 가치는 論理實證主義者들에게 사실상 무의미하거나 아니면 다른 어떤 것이 되며 이들 類型 Ⅰ의 價値들은 類型 Ⅱ의 價値들처럼 情意의 表現—하나 또는 두 발짝 거리를 둔 감정적 選好—을 변장시킨다. 우리 는 이 시점에서 哲學學派들 간의 주장에 대하여 깊숙히 들어갈 필요가 없다—우리의 목적은 단지 모델을 이해하는 데 있다. 그러나 우리는 실증주의자들이 상위의 차원을 부정하는 반면 類型 Ⅱ의 價値의 支持者들은 면도날의 한 날 위의 실증적 허무주의와 다른 날의 形而上學的 참여의 양 틈 사이의 면도날 위를 걸어야 한다.

Ⅳ. 假 定

위에 소개된 價値모델은 어떤 암시를 해주는 점이 있다. 이것은 價値 葛藤의 解決問題와 價値理論 또는 哲學의 形成의 양면까지 확대된다. 예를 들면 價値問題는 人間條件의 보편적 현상이고 방종이란 낮은 차원과 否定이라는 높은 차원 사이에 존재하는 긴장에 의하여 정의된다. 聖人, 超人間, 精神病者(psychopath) 등의 例外를 인정하고 모든 사람은 이 변증법적 긴장을 경험한다. 聖人은 해야 할 것(what ought to be done)을 하고자 하기(wish)때문에 성인에게 이 긴장은 사라지고 情意(affect)와 意志(will)는 통합된다. 그리고 Nietzsche적 超人間(superman)에게는 다시 양면 가능성(ambivalence)은 없는데 超人間이 원하는(wish) 것은 바로 옳은(right) 것이다. 超人間은 好·惡을 넘어섰다(jenseits Güte und Böse, beyond Good and Evil). 그러나 평범한 사람은 內的葛藤生活을 갖게 되는데 多學고 있는 道德律의 충돌에 노출되고 內的價値次元 사이의 內的 스트레스에 노출된다. 갈등은 단순히 바람직한(desirable) 것 對 바라는(desired) 것의 문제만은 아니고 둘 이상의 바람직한 것 또는 둘 이상의 바라는 것 중의 하나일 것 같다. 우리는 '옳음'과 '좋음' 사이뿐만 아니라 '옳음'들 사이와 '좋음'들 사이에서 선택해야 한다. 조직행동에 고유한 관심의 계속적인 상호작용과 함께 전체적으로 보면 이 價値複雜性은 行政的 指導性의 중요한 공헌은 道德的 葛藤의 창의적인 해결을 위한 능력이라는 Barnard의 주장을 입증해 준다.

모델은 또한 세 개의 가정을 암시해 준다.

가정1: 位階(Hierarchy) 모델에 내포된 것은 類型 Ⅰ의 價値가 類型 Ⅱ의 價値보다 더 우수하고, 더 신빙성이 있고, 더 정당화 되고, 더 방어할 수 있는 기반을 가지고 있다는 생각이다.6) 마

---

6) 그 자체를 가정하거나 공리적(axiomatic)인 데 기반을 두고 있는 제2순의 가치판단이 있다. 만일 이것이 이어서 끝없는 복귀(regressus ad infinitum)의 문제를 일으키지 않는다면 이것은 저자가 알 수 있는 한에서는 이러한 개념의 어려움이나 한계 때문에 3 내지 4차원보다 더 큰 다차원 공간을 상상하고 이해하는 케이스이다. 저자는 어떤 n-순위 가치판단

찬가지로 類型 Ⅱ의 價値는 類型 Ⅲ의 價値보다 우수하다. 그리
고 規範的 또는 道德的 次元은 個別特殊的 또는 放縱的 次元보
다 우수하다. 순서적 位階가 있다.

　가정2: 退步(Degeneration) 價値는 時間이 지남에 따라 낮은
水準의 基盤으로 가는 경향이 있다. 價値가 자신의 신빙성이나
힘을 잃은 自然的 傾向이 있다. 道德的 洞察의 힘은 희박해진다.

　가정3: 回避(Avoidance) 주어진 상황에서 있을 법한 가장 낮
은 수준의 階層에서 價値葛藤을 해결하려는 自然的 傾向이 있을
것이다. 우리는 道德的 問題(issue)를 회피하고자 한다. 이것은
특히 行政에서 적용되고 있다.

　著者는 이들 가정에 대하여 倫理, 審美學, 行政의 側面에서 예로
들어 설명하고자 한다.

　잘못된(wrong) 간통의 意味(반대로 肯定的 善으로서의 結婚生活
의 忠實性)는 起源에 있어서 도덕적 통찰, 직관, 확신의 기반 위에
창의적·도덕적 思想家나 도덕적 지도자에 의하여 직관적으로 통찰
된 것이다. 시간이 흐르는 과정에서 또 大衆의 受容過程에서 이 直
觀은 退步(역자: 나쁜 의미로 변질되고)하고, 그 起源的·道德的 힘
은 약화될 것이지만 價値는 계몽된 自己關心과 같은 신중하고, 편리
하고, 실용적인 바탕 위에서 아직 정당화될 수 있을 것이다. 예를 들
어 간통이 수용되지 않는 社會는 수용되는 사회보다 전반적으로 보
아 더 機能的이거나 더 이롭다고 認知的 水準에서 주장되고 있다.
다시 忠實性(fidelity)이나 無姦通이 社會 多數集團의 인습적 기대이
기 때문에 그것이 옳은 것이 되는 단순한 규범이나 사회적 기대가
되는 한은 이 인지적·도덕적 思考의 힘은 약화되고 나쁘게 퇴보한
다. 끝으로 모든 도덕적 힘은 다 쓰여지고 價値는 단순한 개인적 선

이 될 것인지 알지 못한다.

호의 문제가 될 것이다. 사람은 자기 자신의 방식대로 살아가고, 또 결혼법과 사회규범의 도덕적 자취에 의하여 제공된 현실제약의 대상이 된다.7)

審美的 側面에서 말하자면 Turner의 그림의 예로 들기로 한다. 미술가가 자기의 작품에 붙어 넣기 위해 노력한 깊은 개념화, 자연에 대한 깊은 통찰의 바탕에 근거하여 미술가는 이들 그림을 생각하여 왔다. 처음에는 통찰력이 부족하여 비평적으로 이것을 이해하거나 감상하지 않았으나 시간이 지남에 따라 認知的 또는 知的水準에서 이 경우 비평가 Ruskin이 이 작품들을 옹호해 주었다. 결과적으로 많은 수의 審美藝術家들은 그들의 價値에 대하여 說得되고 시간이 지나면서 Turner의 감상은 심미적 규범 또는 사회적 인습이 되었다. 끝으로 이 수준의 정당화는 또한 통과할 수 있고, 또 개인적 선호에 의해서만 작품은 다른 작품에, 비교하여 價値를 갖는다고 주장된다. 즉 美는 전적으로 主觀的이고 마침내는 허무적으로 모든 것은 다 아름답다(또는 아름다운 것은 아무 것도 없다). 최초의 비전은 知的 또는 社會的 因襲이라는 렌즈를 통해서는 희미하게나마 더 이상 비칠 수 없으나 게으름과 스쳐가는 선호를 통해서는 어둡게나마 비춰볼 수 있다.

Broudy는 回避의 假定을 '최소 원리의 원리'(Principle of least principle)(1965, 42-58)라 부르고, 그는 흑인들이 주택차별(도덕적 이슈)에 항의하여 행진하는 때 교통방해죄(비교적 사소한 규범)로 체포되는 경우를 예로 들고 있다. 다시 시험부정의 죄를 진 한 학생은 수험료 미납이라는 근거로 제적되어 갈등은 도덕적 수준에서는 회피하고 규범적 수준에서 해소된다.

보다 더 일반적으로 최소의 조직희생의 수준에서 價値이슈를 해

---

7) 6저자는 도덕적 법칙의 엔트로피를 제안하는 게 아니라 하나의 경향성을 가정한다는 것을 주목해야 한다.

결하기 위하여 節次를 合理化하고 日常化하는 것이 官僚制의 目標
라고 우리는 말할 수 있다. '도덕적 이슈'나 原理의 對決의 회피를
위한 行政-管理의 選好는 낮은 수준의 해결은 타협과 설득에 잘
따르는 반면 높은 수준의 갈등은 도덕적으로 뿐만 아니라 인간적
으로 화해될 수 없다는 사실에 의하여도 설명될 수 있다.

V. 代案的 槪念

價値의 槪念을 아주 달리 접근할 수 있고 專門家의 이점을 가지고
學問的洞察로 접근할 수 있다. 文化的 多元主義와 道德的 相對主義,
現代狀況의 變化, 技術의 發展, 西洋民主主義의 사회환경 속에서 價値
問題의 哲學的 처치보다는 心理學的 처치를 좋아하는 합리적 경향이
있다. 이것은 아마 Abraham Maslow(1943, 1954, 1965, 1968)의 책
에 대한 行政理論家의 인기를 보고도 설명할 수 있을 것이다.
Maslow의 책은 影響力이 컸다. 예를 들면 많은 조직은 옛날식의 利
益追求動機에 의하여 조직의 목적을 설명하려 하지 않고 이제 조직구
성원의 自我實現機會라는 Maslow의 用語에 의하여 설명하려 하고
있다. 公敎育體制도 크게 영향을 받아왔고, 또 많은 학교, 프로그램,
교육과정은 이제 고객인 학생의 성장과 자아실현 가능성의 극대화를
위한 기회와 성장가능성을 줄 수 있도록 설계되어야 한다고 주장하고
있다. Maslow 자신이 사정이 나쁜 産業, 商業 世界에서 흔히 '自己充
足'(self-fulfilment)으로 바꾸어 말하면서 그의 책 『건강지향관리』
(*Eupsychian Management*, 1965)에서 행정가에게 말하였다.

Maslow의 人間모델(medel-of-man)은 근본적으로 樂觀的이다. 우
세한 욕구의 동기체계가 [圖 12]에서처럼 階層的으로 정렬되게 된
다(Maslow. 1943, 370-396).

낮은 수준의 欲求는 높은 수준의 욕구가 나타나기 전에 어느 정도

충족되어야 하는 必須的, 一次的, 本質的, 缺乏欲求이다. 사람은 치통 (toothache)을 앓고 있는 哲學者가 될 수 없다. 그리고 사람은 社會的 滿足을 추구하기 전에 또 친구와의 애정관계를 추구하기 전에 적절한 산소와, 온도와, 음식, 옷, 주거지를 가져야 한다. 낮은 수준의 욕구가 적당히 충족되고 나면 보다 높은 수준의 욕구가 나타나게 될 수 있다. 인간은 자기의 사회적 타고난 성질을 개발하고, 사회적·집단적 노력으로 자기 자신을 충족하고, 성숙한 애정(사랑)의 관계성 속에서 만족을 발견하고(예, 가치, 바람직한 개념), 또 만일 階梯의 絶頂에 이르면 自我實現으로 자기의 잠재가능성을 최대한 개발한다 (자기의 최고의 가치를 실현하고자 한다). 이때 그는 잠재가능성을 가지고 있는 만큼의 그가 된다. Maslow는 臨床心理 學者였고, 또 그는 건강한 성장적인 사람을 관찰한 것에 근거하여 자기이론을 성립시켰다. 이것은 전적으로 병들었던 환자를 다룬 Freud와 완전히 대조가 된다. Maslow에 의하면 매우 건강한 사람은 階梯의 自我實現 水準을 향하여 가는 경향이다. 정상의 건강한 사람은 결핍이나 유지적 가치와 반대되는 成長 또는 되고자 하는(being) 價値를 추구한다. 최고수준의 욕구충족을 추구하는 속에서 자비로운 우주와의 통일된 조화 속에 있는 자기 자신을 느끼는 '頂點經驗'(peak experience), 행복의 유사신비의 상태(quasi-mystical states of well-being)를 가지게 된다(1964).

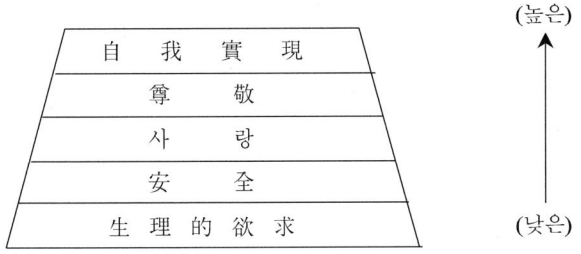

[圖 12] Maslow의 欲求階梯

여기서 잠깐 비평적 논평을 하기로 한다. 이 체계는 근본적 설득력을 가지고 있는 것을 인정할 수 있다. 또 개인으로부터 집단으로 번역될 때 그럴싸한 수긍이 가고, 높은 수준의 개인적 욕구의 충족 가능성을 확대시켜주는 목적을 위한 조직의 아이디어에 호소한다는 것도 인정되어야 한다.

Maslow의 동기이론은 産業心理學者 Herzberg의 연구(1964, 1966)와 여러 면에서 일치하고 있다. 주로 중간관리자의 면접을 통하여 실시된 Herzberg의 연구는 직무태도의 근거가 되는 봉급, 신분, 직무안정, 책임감, 증진과 같은 要因들을 확인할 수 있게 해 주었다. 좀더 分析을 계속하면 Herzberg가 비교적 동기요인(motivational factors)이라 부르고 위생요인(hygienic factors)이라 부른 '滿足要因'(satisfiers)과 '不滿足要因'(dissatisfiers)이라는 二重體系(dualistic scheme)를 만들어 낸다. 이들 價値根源은 Maslow의 成長欲求들 집단과 缺乏欲求들의 집단에 해당된다. 動機要因(motivator)들은 근본적으로 成就感(achievement), 認定感(recognition), 職務上의 內的滿足(intrinsic satisfaction in the work), 責任感(responsibility), 昇進(promotion), 俸給(salary) 같은 것이며, 衛生要因(hygienic factor)들은 (봉급도 포함하여) 보다 더 수자적으로 많고, 직무에 보다 더 外的이고, 보다 더 事前要求的(prerequistc)이다. 첫째로 사람은 매우 단순히 실업의 불만족

을 극복하기 위하여 일하다가 그 다음엔 둘째로 행정적, 관리적, 현실 요인에 의하여 주어진 제약에 복종하도록 직무가 허락했던 것과 꼭 마찬가지로 많은 動機의滿足(自己充足)을 얻기 위하여 일한다.

行政哲學에 대한 Maslow와 Herzberg의 意味性은 樂觀主義의 假定에 있다. Maslow의 이론은 人間의 內的價値(intrinsic worth), 즉 실현돼야 할 自我는 실현될 가치가 있다고 가정한다. 組織內人間(man-in-organizations)의 잠재가능성은 무한하다. 왜냐하면 인간은 근본적으로 善하기 때문이다. 범죄자와 정신병자도 또한 근본적으로는 善하다고 가정되는데 이들의 惡의 表出은 결핍된 성장패턴 때문에 생긴 것이고 그 다음엔 결핍욕구와 성장욕구의 좌절 때문에 생긴 것이다 (이러한 사회적 책임주의는 물론 논쟁의 여지가 있고, 또 이것은 Skinner(1971)와 분명히 일치하고 있는 것이지만 저자는 이 책에서 그것과 떼어서 생각하기로 한다).

마찬가지로 Herzberg의 이론은 일의 內的 價値(worth)를 암시하는 것 같다. 일(work)은 自我實現의 目的을 달성할 수 있는 手段이 될 수 있다. 일은 올바르게 조직되고 계획된다면 적어도 그 가능성에 있어서 무한한 가능성을 가지고 있다. 일은 좋은 것이다.

이 두 이론이 哲學的으로 상당히 시사적이지만 經驗的 水準에서 곤란에 부딪쳤었다. 前者는 操作하고 검증하는 데 어려움이 있고, 또 경험적으로 妥當化하는데 연구는 적어도 실패하였고 적어도 그러한 지도에서 좌절되었다(Alderfer, 1969; Schneider and Alderfer, 1973). Herzberg의 연구도 마찬가지로 경험적 조사의 수준에서 잘못을 일으켜왔다 (House and Wigdor, 1967; Schneider and Locke, 1971). 다른 한편 사례는 어떤 방법으로도 증명되지 않았고, 또 이것이 일어날 때까지 이 이론들은 행정가가 자신의 개인적 철학을 형성할 수 있는 정당한 근거로써 남아 있다. 적어도 논리적으로 방어할 수 있는 인간모델(model-of-man)을 제공해줌으로써 우리는 Maslow

의 업적을 인정해야 한다. 그리고 Maslow의 欲求理論이나 Herzberg 의 職務動機理論도 이 章에서 詳述된 價値의 類型論과 모순 되지 않 는다. 그러나 이들의 心理學的 傾向은 가치 자체의 본질상의 변증법 적 긴장으로부터 注意를 비껴나가게 한다.

Piaget의 도덕적 발달단계의 형성(1932)과 Kohlberg(1963)의 이론 에 있어서의 이 이론의 정교화 같은 도덕적 발달의 心理學的 理論은 [圖 12]의 모델과 일치하지만 發達的이라는 점에서 다시 Maslow의 樂觀主義와 가정과 맥을 같이하고 民主主義的 機關으로 편파적인 것 같이 보인다. 더구나 Maslow와 Herzberg와는 달리 Piaget와 Kohlberg의 업적은 行政分野에 영향력이 없다.

VI. 理解를 위하여

價値는 앞에서(本章 'Ⅰ. 基本的 二重性') '動機誘發의 힘을 가진 바람직한 것(the desirable)'이란 槪念으로 定義되었었다. 물론 이것 은 만일 모든 인간행동이 바라는 욕망(desire)에 의해 동기유발 된다 면 같은 말로 같은 말을 정의하는 말장난(tautology)이 된다. 定義하 는 것이 이해하는 것보다 더 쉬우나 정의들 간의 경쟁이나 주장을 논할 필요 없이 Kluckhohn에 의하여 보다 더 다듬어진 정의가 이루 어졌는데 우리는 이것을 우리의 목적을 위해 그대로 채택할 수 있 다.

> 價値는 가능한 행동양식(mode), 행동수단(means), 행동목표로
> 부터 선택에 영향을 주는 바람직한 것의, 그것이 외현적이든 내
> 현적이든 ,개인의 특징이든 집단의 특성이 든 하나의 개념이다
> (Parsons and Shils, 1962, 395).

이러한 가치는 여러 가지 방법(말하자면), 정치적, 도덕적, 종교

적, 심미적, 경제적 방법으로 특징지어질지 모르지만 저자가 설명하려고 했던 것처럼 이 가치는 動機(검사의 접근가능성이 있든 없든)와 態度 사이에 존재하는 현상학적 실체이다. 가치는 태도지향성과 행동의 일반적 경향성에 반영되는 집단으로 조직된다. 이 가치는 心理學的 對應과 哲學的 對應과 함께 세 類型으로 되어 있는데, 階層·退步·回避의 假定을 만들어 낸다. 어느 정도의 가치갈등은 정상적인 인간 조건이다. 더구나 그것은 行政的 條件이기도 하다. 가치는 行政行爲를 의해서 특별한 적절성을 갖고 있는데 이에 대하여는 다음 두 章에서 논의될 것이다. 우리의 궁극적 목적은 가치와 관심의 갈등에 대한 올바른 해결을 위하여 기술과 정당성을 제공해주는 행정철학의 가능성을 탐색해내는 것이다. 가치의 본질에 대한 정교화가 이 목적달성을 위한 필수요건이다.

제7장 行政에 있어서의 價値

行政은 價値附與的, 價値가 배어든 사업이라는 것을 제1부의 行政論理의 탐색에서 우리는 이미 시인하였다. 傳統的 知慧로도 이 입장을 지지한다. 어떤 行政實踐家도 이것을 理性을 가지고는 거부하지 못할 것이다. 그렇다면 왜 우리는 우리의 경우(case)를 행정분야에 직접적으로 관련되어 있는 道德哲學으로 說明하지 못하고 또 접근할 수 없는가? 그것은 價値의 問題를 동시에 시인하고 또 빌려오는 경향 때문이라고 생각한다. 가치문제에 둘러싸였다는 것을 인정하면 最高經營者는 回避의 原理를 실제에서 설명하고 또 管理主義로 후퇴하는 것은 이상한 일이 아니다. 이것은 변명의 여지가 있다. 이것은 흔히 있는 일이지만 보다 더 깊은 관심은 哲學的 關與(또는 理解)에 대한 자세한 것을 제공해 주는데 행정가의 부딪치는 저항 또는 부족함을 느끼는 점이다. 어떤 점에서 絶對的인 것으로 생각되는 또는 적어도, 모든 價値는 相對的'이라는 말은 文化的 絶對性에 대한 위반으로 생각되는 價値命題를 위하여 싫어하는 현상(혐오)이 때때로 분명히 있다. 實證主義로 되돌아가는 것은 價値問題를 넘겨버릴 수 있는 다른 방법이다. 行政에서 價値의 質에 파묻혀 노력하려는 데 주저하게 되는 것은 완전히 용서받을 수는 없을지라도 이해될 수는 있다. 複雜性 하나만도 주저하게 만드는 이유가 된다. 가치의 명상적인 측면이 활동하고자 하는 사람을 방해한다.

제1부에서 우리는 價値가 行政行爲(administrative behavior)에 스

며드는 것을 암시적으로 보여주려는 데 관심을 기울였었는데 이제
이러한 관심을 보다 외현적으로 직접적으로 살펴보고자 한다.

I. 實證主義

모든 인간행위는, 임의활동은 제외하고, 動機誘發되었다는 事實
때문만으로도 價値附與的이라고 주장할 수 있다. 그러므로 行政도
뭐 특별한 것이 아니라고 주장하기도 한다. 이 주장에 대한 반박의
근거는 行政의 특별한 集合的 特性이란 점에 있다. 行政에 있어서
價値는 行政家 個人에게만 해당되는 게 아니고, 또 심지어는 가족,
친족, 또는 이익집단의 형태로 그 행정가의 확대된 자아(extended
ego)에 까지도 해당되는 게 아니고 그 대신 組織의 規範的 集合性
에 관계된다. 이러한 價値는 구체적으로 類型 II의 價値들이다. 그
렇지만 Simon이 여러 번 주장한 것처럼 행정가는 組織의 단순한
價値的 職員이라고 생각하고 행정가 자신이 대표하는 개별 특유의
관심 복합의 관점을 우리가 놓쳐 버려야 하는 것은 아주 비현실적
이다. 행정가가 類型 I과 類型 III의 價値에 관여하는 것은 아주
중요하다.
問題는 어렵다. 價値의 領域은 相互作用하고 중복된다. 그래서
모든 것을 함께 회피하고 싶은 유혹을 강력하게 받는다. 회피의 한
방법은 管理主義로의 퇴보이다. 유일한 價値實驗은 目標達成의 基
準이 되는 방법으로 目標를 手段으로부터 분리시키고 手段을 관리
에 맡겨 버리는 방법인 것이다. Simon은 이미 말한 것처럼 이러한
퇴보를 때때로 공격하지만 그의 哲學的 입장에서 그는 한 발짝 더
나아가고 論理的 實證主義를 표면적으로 신봉한다(1965, 45).
Simon은 手段을 目的으로부터, 事實을 價値로부터 분리하고자 하

는데 이 두 짝의 前者를 실제 行政科學의 특수영역으로 만들려는
것이다(1965, 45-60; 248-53).

　　" '좋은'(good), '나쁜'(bad)과 같은 單語들이 行政學徒들이 쓰
는 문장에서 흔히 나타나는 것을 보면 行政科學은 本質的인 倫
理的 要素를 포함하고 있다고 종종 생각하게 된다. 만일 이게
사실이라면 行政科學은 아마 불가능하게 될 것이다. 왜냐하면
經驗的 根據 위에 倫理的 代案들 가운데서 선택한다는 것이 불
가능하기 때문이다. 그러나 다행하게도 이것은 참이 아니다. 行
政에 관한 硏究에서 '좋은', '나쁜'이란 말이 나타날 때 순수한
倫理的 意味로 쓰이는 경우는 거의 없다. 具體的 目標를 달성하
기 위한 節次가 알맞아 도움이 될 때 節次는 '좋다'가 되고 그
러한 목표달성에 공헌하지 못할 때 '나쁘다'는 용어가 된다. 이
節次가 목표달성에 공헌적이냐 아니냐는 순전히 事實의 문제이
고, 또 行政科學의 實體를 만드는 事實的 要素이다. 설명하자면
經濟學의 영역에서 '代案 A가 좋다'는 命題는 두 부분, 즉 하나
는 倫理的이고 다른 하나는 事實的인 부분으로 번역될 것이다.
　　'代案 A는 利益을 極大化시키게 될 것이다.
　　'利益을 極大化하는 것은 좋다.'
　　이 두 문장 중 첫 번째 것은 倫理的 內容을 포함하지 않고
일의 실제적 科學的 문장이다. 두 번째 문장은 하나의 倫理的
命令法이고 科學의 여지가 없다"(1965, 249-50).

　　물론 우리는 同意할 수 없다. 事實에 있어서나 哲學에 있어서 '좋
다'(好), '나쁘다'(惡)하는 말은 앞 章에서 살펴본 것처럼 종종 '옳
다'(正), '그르다'(誤)라는 말과 뒤엉켜 혼동되고 있다. 이러한 용어
들은 行政硏究에서 순전히 倫理的 意味로 사용되는 일은 거의 없다
고 말하는 것은 정확하지 않고, 또한 다른 방법으로 이들이 공통적
으로 사용될 때 倫理的 內容을 담고 있지 않다고 말하는 것도 옳지

않다. 行政文獻에서 價値用語의 遍在는 단지 行政科學의 도달에 어려움이 있다는 것을 보여주고 있다. Simon은 目的은 手段을 正當化한다고 간접적으로 주장하고 있으며, 그의 입장은 상상컨대 아마 假說的 管理'技術'을 참조하는 반면 行政活動에 예민하게 적용하지 않는다. '좋다', '나쁘다'는 말은 때때로 어떤 '목표'에 의하여 구체화되고 이것은 가치판단의 요소를 '사실 근처 '(near-fact)로 축소시키지만 이러한 축소는 除外를 의미하는 게 아니고 여기서 價値用語는 조직의 보다 더 넓은 가치문화에 의하여 실질적으로 영향을 받는다. 이것은 예를 들면 能率性의 所望性, 근로정신, 卓越性, 責任性에 대한 下位文化에 달려 있고 또 過程-手段이 生産-目標와 어떻게 관련되어 있느냐에 달려 있다. 狀況은 계속적인 변화에 價値注入的이고, 예민하며, 굴복한다. 예를 들면 '標準'은 時間, 場所, 사람에 따라 변화한다. 반면에 倫理的 命令은 科學的이 아니지만 (non-scientific) 단지 우리가 오랜 동안 말하고 전해 내려온 것을 다시 반복해서 말해주는 것이라고 말하고, 또 行政은 哲學的이라고 말한 simon과 의견을 같이해야 한다.

Simon의 價値問題의 처리는 類型 Ⅱ A 實用主義-價値는 '구체화된 목적'과 관련된 것으로 결과에 의하여 평가되어야 한다-와 같은 것으로 나타나는 것 같다. 그러나 이것은 그렇다면 구체화된 목적은 어떻게 결정되고 가치판단 되느냐에 따른 질문을 가져오고 이것은 논리실증주의자 방식대로 근본적으로 類型 Ⅲ 實證主義로 돌아가게 만든다. 가치는 거기 있기 때문에 거기 있는 것이고 그리고 어떤 하나의 집합은 다른 것과 꼭 마찬가지로 윤리적으로 타당하기 때문에 존재 하는 것이다.

그렇다면 만일 논리실증주의의 철학적 입장이 채택된다면 倫理的 陳述은 價値判斷의 환원법에 의하여 감정적 선호도 사라지는 경향이 있다. 行政家는 단지 選好하는 것을 말함으로써 '倫理的命令'(ethical imperatives)를 거부할 수 있다. 다른 사람의 관심을 제외시키고 자기 자신의 관심을 追求하는 것은 (게임규칙이나 조직의 제약에 복종하는 것처럼) 다른 어떤 입장과 꼭 마찬가지로 妥當할 것이다. 이 허무적 견해는 이 유사－과학적 분위기를 行政에서의 價値論議로 돌리게 하고 심각한 價値論爭을 피할 수 있는 방법의 하나가 된다. 그러나 이에 대한 논박은 價値가 行政行爲에서 機能을 하는 실제 樣式(modes)을 살펴볼 때까지 미루어 두기로 한다. 그렇게 함으로써 우리는 行政家의 價値行爲에 있어서 결점이나 병적인 점에 대한 가능성을 설명 할 수 있을 것이다.

Ⅱ. 監視(monitoring)

行政이란 영원한 진행(becoming)이고 行先地에 영원히 도달할 수 없는 여행과 같다. 전쟁의 종결은 평화의 출발이고, 한 문제 상황은 다른 문제로 분리된다. 어떤 의미에서 政策擔當者에게는 항상 未來가 現在보다 다 절실(real)하다. 이것은 마음에 압박을 가하는 절박한 것이다. 조직은 항상 부적절한 상태를 대표하기 때문에 Simon이 말한 事實的 手段(factual means)과 價値的 目的(valuational ends)의 분리수준에서 이것은 어느 정도 반반이다. 부적절성은 현존 방법－주어진 경우에서 일의 사실적 상태－과 미래의 경우에 사물이 되어야 할 (ought to be) 방법, 구체화된 목표의 달성방법 사이의 갭이다. 現在는 항상 未來와 다르기 때문에 그리고 대부분이 어떤 未來의 조건을 향한 일종의 노력이기 때문에 부적절성의 상태는 미래의 목적이나 목표를 설정하기 위한 단순한 행동에 의하여 정의된다. 이것은 有目的的 實在가 치루어야 할 값이다. 意圖의 값이다.

그러나 '되어야 할'(당위) (ought to be), '바람직 한'(desirable) 미래의 상태는 目標를 향한 手段의 最善의 過程을 달성하고 또 未來를 향한 현재의 最善의 전환을 달성하기 위하여 最善의 手段이 주어진 상황에서 最善의 方法을 사용하고 있는지 확인하기 위한 命令的 (imperative) 方法을 통해서 다른 보다 즉각적인 또는 실제적인 방법으로 현재에 영향을 준다. 저자는 위 문장에서 '最善'(best)이란 말을 네 번, '되어야 할'(ought), '바람직한'(desirable), '命令的'(imerative)이란 말들은 각각 한번씩 사용하였다. 價値的 言語는 피할 길이 없고, 이 경우에 초점은 동시에 어디든지 있는 것 인데 우리가 뒤에서 超價値(metavalue)라 부르는 것이다. 이 超價値(metavalue)는 規範的 (類型 Ⅱ)水準에서 行政價値判斷을 안내하는 效率과 效果, 成長과 生産과 같은 바람지한 것의 槪念이다.

行政家는 管理者의 손을 거쳐서 여기서는 주어진 또는 구체화된 目的의 결정에 들어가는 일도 없이 주어진 목적을 위한 최선의 수단을 찾아내고 또 주어진 수단을 위한 최선의 행동을 찾아내는 짐, 즉 이러한 방법으로 자기의 조직을 감시(monitor)하는 계속적인 짐(의무 또는 책임)을 진다. 이것은 전통적으로 監督的(奬學的) 機能으로 생각되었다. 그러나 이것은 또한 倫理的 要素와 命令的 要素를 갖고 있다.

행정가의 監督的 또는 監視行爲에서 行政家는 의식적으로 또는 무의식적으로 자기 자신의 흥미와 동기형태에 종사하게 되는 것이다. 이것은 그의 개인 특유적 측면의 한 부분이다. 자기의 특유한 것을 자기 조직생활에 적용할 때 다른 것은 '人間모델'(model-of-man), 즉 그의 세계관의 구조가 된다. 이 개인 특유의 구조는 조직의 집합적가지에 대한 규범적 공약과 타협되고 공존하게 된다. 더구나 强制나 誘惑으로 작용하는 超組織的價値(extra-organizational value)가 있다(오염, 범죄, 혼란, 전쟁은 조직 밖의 價値의 예이다), 行政家가 이 모든 요소를 결정적 계산과 감시적 기능 속으로 몰아넣을 수 있느냐 하는 의식의 정도는 Barnard의 도덕적 복잡성을 위한 행정가의 능력, 정교성의 측정을 나타낸다.

아직 이게 전부는 아니다. 각 조직구성원은 행정가에게 부여된 규범적 영역에 대하여 공식적 충성을 가질 필요는 없지만 각 조직구성원은 가치 실천자(value actor)이다. 그러나 만일 구성원들이 감시하지 않는다면 감시를 받고, 여기서 비공식조직에 대한 행정가의 지식과 복잡한 하위체제 내의 가치변화에 대한 지각을 요청받는 것은 바로 여기서이다. 그러면 어떻게 이 가치정보를 수집하는가? 만일 Mintzberg가 옳다면 행정가는 사적인 정보망과 소문에 의존하게 될 것이고(1973, 45, 71-74, 97), 그래서 이것은 정보의 유통을 통제하는 사람에게 정치적 질문을 제기한다. 확실히 여기엔 적어도 어느 정도 權力作用, 술책, 전복의 범위가 있다.

감시하는 것은 행정가의 역할수행에서 행정가의 철학에 작용할 뿐만 아니라 또한 組織의 特殊性의 問題를 일으킨다. 행정가는 자기의 조직생활, 즉 目的과 手段 두 측면에서 가지고 있는 '技術의 발전에 관한 정보를 알아야 할 (일반적 방법으로) 의무를 갖고 있다. 技術的 發展, 즉 보다 나은 手段은 價値的 暗示를 가지고 있을 수 있다. 이러한 價値暗示 採擇의 失敗, 바른 採擇, 또는 너무나 빠른 採擇은 資源을 얻기 위한 경쟁에서 조직에 영향을 줄 것이고 成長이나 生存可能性을 결정한다. 自動化(outomation)와 같은 변화는 조직구성원에게 근본적인 영향을 준다. 그래서 자기의 개인특유의 가치지향과는 아주 달리 행정가는 어렵고, 미묘하고, 변화가 많고, 부담이 되는 계속적인 規範的 價値監視에 종사해야 한다.

Ⅲ. 人間모델

Miles는 管理 理論에 관한 그의 책에서 組織內 人間에 대하여 가질 수 있는 본질적인 세 입장이 있다고 주장한다(1975, 32, 46). 나아가서 管理者1)는 이 세 입장 중에서 어떤 하나 아니면 다른 입장을 가진다고 그는 주장하고 이러한 입장은 組織設計에 중요한 암시를 준다고 주장한다. 이러한 입장은 組織人間에 대한 態度와 假定의 군집이라 할 수 있는데 이것을 Miles는8) 傳統的 모델(traditional model), (2) 人間關係모델(human relations model), (3) 人間資源모델(human resources model)이라 부른다. 人間資源모델이 변증법적으로 먼저 일어났던 다른 어느 것보다 더 종합적이고 바람직하다는 것을 분명히 제시하고 있다. 먼저 일어났던 이들 傳統的 모델과 人間關係모델은 McGregor의 X理論과 Y理論(1960, 33-57)의 再陳述에 불과하다. 또한 科學的 管理의 初期的 努力과 人間關係運動의 後期的 影響을 반영한 것이다. 반면에 人間資源모델은 Maslow와 같은 생각을 가진 心理學者들의 思索的 理論으로부터 나온 것 같다. 모델은 理論보다 더 독특하게 記述的 形態를 취하지만 이 모델은 實際에 影響을 많이 주기 때문에 그 본질적 측면에 주의를 기울여 볼 수 있다.

傳統的 모델의 基本假定은 대부분의 사람이 타고날 때부터 일을 싫어한다는 것이다. 그러나 더 싫어하는 것은 責任感이다. 그러므로 일은 外的으로, 주로 봉급(pay)과 안정보장(security measure)을 통해서 동기 유발되어야 한다는 것이다. Herzberg와 Maslow의 낮은 수준의 욕구가 지배적이다. 그러므로 감시가 엄격해야 한다는 논리가 따른다. 종업원을 감독하지 않고 내버려 둬서는 안 되고 부하직

---

8) Miles는 이 用語를 전체적으로 사용하고 있지만 그의 이론은 管理에서는 물론 行政에 適用可能하다.

원들로 하여금 자기 나름대로 일하게 내버려 둬서는 안 된다. 또 신 뢰에 대하여 주의를 기울여야 한다. 일반적으로 사람들은 自己追求 (self-seeking)를 할 수 없고, 될 수 있는 한 利益을 취하려고 하며, 심히 무능하다는 것이다. 또 사람들은 權力에 아첨하고 弱者를 경멸 한다. 그러므로 과업의 단순화를 강조하고, 결정을 상투적으로 (routinization)하고, 권위와 명령계통의 선을 분명히 하도록 일을 설 계해야 한다. 그래서 출퇴근 기록 시계와 펀치 카드는 필수적 이다. 階層은 당연한 질서이다. 두려움이 原動力이다.

이 論理는 종업원뿐만 아니라 管理階層에까지 확대된다. 管理者 도 또한 利己的이고 탐욕스러우나 종업원과는 대조적으로 게으르지 는 않은 대신 權力에 굶주리고 야심적이라는 것은 당연한 假定이 다. 이러한 면은 예를 들면 부하직원들이 올라와야 할 上向移動을 위한 階層的 사다리를 설계함으로써 이용될 수 있다.

일반적으로 전통적 모델의 假定 뒤에 깔려 있는 後假定(meta-assu-mption)은 최악의 집단적 구성요소를 가정하는 것은 집단활동에서 가장 안전하다는 의미인 것 같다. 이렇게 해서 사람은 단지 놀라게 된다. 전통적 회계, 전통적 경제, 그리고 일반적으로 사람들이 '서로 정직의 유지'에 대하여 말하는 곳에서는 어디서나 똑같은 원리가 밑 바닥에 깔려 있다.

人間關係모델은 단순한 自己中心을 거부하고 대신에 人間本質의 社 會的 側面을 强調한다. 人間은 社會的 滿足과, 同僚에 의한 受容과 認 定, 集團의 滿足, 어떤 所屬感을 추구한다. 우리는 Maslow와 Herzberg 의 體系의 上部로 올라간다. 類型 Ⅲ의 價値는 類型 Ⅱ가지에 굴복한 다. Napoleon이 말한 것처럼 인간은 하찮은 것에 이끌린다. 인간은 조 작될 수 있다. 금전은 신분의 한 표시에 불과하며 동기요인 중의 하나 이다. 下級者는 배려해주는 것을 좋아하고 세심하게 다루어야 하며, 조직의 일이 어떻게 되어 가는지 알려줘야 하며, 비공식집단에 이끌린

다. 조직의 범위는 그 구성원의 組織外生活(extra-organizational life)
에까지 확대돼야 한다. 행복한 소는 보다 많은 우유를 생산해 낸다.
명령보다 설득이 더 낫다. 집단역동기술과 사회심리학의 조작적 발견
은 X理論의 보다 엄격한 진실과 전통적 모델이 못했던 것을 할 수 있
다. 行政은 士氣, 組織風土, 集團精神에 대하여 관심을 가져야 한다.
政治的 技術은 原動力이다. 형태상의 가치는 類型 Ⅱ B이다.

모든 이 원리는 확대된 힘을 가지고 管理人事에 적용된다. Whyte
의 『組織人間』(Organization Man, 역주: 책이름)의 모습이 나타나기
시작하고, 順應者, 他人指向者, 組織의 産物이 나타나기 시작한다. 人
間關係管理者는 온화하고, 부드럽고, 유순하고, 상당히 유동적이며,
정신적으로 고집이 적고, 핵심에서 벗어난다. Machiavelli는 자신을
잘 알고 또 Machiavelli가 傳統的 모델과 人間關係모델 둘을 뒷받침
했다는 것을 조심스럽게 주목해야 할 것이다.

人間資源모델은 조작을 거부하고, 일을 싫어한다는 것을 부정하
며, Maslow의 제일 높은 수준의 욕구에 가정의 근거를 두고 있다.
民主主義的 偏見도 또한 증거가 된다. 일을 완성할 수 있을 경우,
특히 일의 결정에 또 조직목적 설정에 발언권을 가질 경우 사람들
은 일하기를 좋아한다. 이들은 創意的일 수 있고 責任을 즐길 수
있다. 각 개인은 올바른 행정이 다를 수 있는 '資源'(resources)의
富를 대표한다. 조직생활의 분야는 自己充足(self-fulfilment)의 기회
를 제공할 수 있도록 구조될 수 있다. 일로부터 目的의 發見과 生
의 意味까지도 얻을 수 있다. 民主主義는 自然秩序이다. 사랑은 原
動力이다. 신빙성(authenticity)과 類型 Ⅰ의 價値는 최후의 승리자
이고 類型 Ⅱ와 Ⅲ의 價値를 綜合해 준다.

人間에 대한 틀에 박힌 人間資源的 觀點은 下級者와 마찬가지로
最高執行者(executive)에게도 적용될 수 있다. 內的資源의 創意的
使用의 機會, 성실한 책임과 도덕적 복잡성을 위한 기회는 行政-

管理的 계급상의 모두에게 가장 중요하다는 것은 사물의 階層的 性格上 있을 법하기 때문에 보다 더 힘을 가지기까지 한다. 그러나 자기의 上級者가 人間資源모델을 자기에게 적용하기를 바라는 X라는 行政家라도 반드시 자기 하급자에게 이 모델을 적용하리라고는 생각할 수 없다.

이 세 지향성은 반드시 상호 독립적(mutually exclusive)이라고는 할 수 없다. 이들은 행정가가 순수한 한 모델 또는 몇 개를 결합한 것과 같은 모델형태이고, 행정스타일과 실제에 암시를 주는 모델이다. 기술적·경제적 압박의 제한 내에서 특별히 채택된 모델을 가장 잘 설명할 수 있도록 일을 설계할 수 있고 또 일이 설계되어야 한다는 것이 뒤따른다. 여기서 저자는 이 모델이 맞는다거나 현상에서 채택하는 데 경험적으로 지지된 다는 것을 주장하고자 하는 것은 아니다. 행정가의 인간에 대한 관점은 조직생활의 중요한 부분이라는 것을 인정하는 것만으로도 현재로서는 만족한다. 그리고 가치가 행정실제에 스며드는 방법 중의 하나, 행정철학의 한 측면을 시인하는 것으로 만족한다. 뒤에 가서 저자는 어떤 특정 주장을 선택하지 않고 이 세 인간모델 모두를 포함하는 포괄적 종합형을 찾고자 하는 입장을 주장하게 될 것이다.

Ⅳ. 規範的 偏見

각 행정가는 자기 자신의 個人特有의 價値體系와 자기 자신의 특이한 價値成長背景을 가지고 있다는 것은 事實이다. 이것은 組織의 價値에 대한 특별한 규범적 개입의 정도와 일치한다. 이러한 일치와 조화는 몇 가지 방법, 즉 행정가는 조직의 보장체제를 통제한다는 사실로부터 나오는 것이 가장 의미 있는 것일 텐데 이런 몇 가지 방법으로 촉진된다. 이러한 방법은 조직의 관심과 더 일치하는 그 장면에 있다. 조직의 성공은 조직구성원의 등급보다도 여러 가지 면에서 더 중요하다. 조직을 위하여 좋은 것은 흔히 무시되는 경우도 있지만 구성원을 위해서도 좋고 조직을 위해서 나쁜 것은 흔히 구성원들에게 그렇게 나쁜 것은 아니다. 특히 구성원들이 사실상(de facto) 또는 법적으로(de jure) 임기가 보장된 경우는 그렇다(선장은 가라앉는 배를 마지막으로 떠나는 사람이라는 것은 행정의 현실세계에서 선장만이 유일한 생존자라는 것을 의미한다).

다시 보다 더 큰 상대적 보상을 받고 흔히 보다 더 높은 신분이기 때문에 행정가는 다른 계급의 구성원들보다 더 열심히 더 오래 일할 준비가 되어 있다. 이에 대한 經驗的 證據는 충분하고(Dubin and Spray, 1964, 100-108; Mintzberg, 1973, 28-29), 지칠 줄 모르는 행정가(executive)의 문학작품상의 진부한 틀을 지지해 준다. 이 모든 역동성과 집행자의 역할에 대한 가시적 부여는 행정가를 규범적 가치와 동일시하는 경향이 있다.

성공적인 행정가를 적어도 여러 가지로 불리는 '청교도'(Puritan), '프러시아식으로 엄격한'(Prussian), '신교도'(Protestant) 또는 '근로'(Work)의 倫理에 대한 동정으로 들리는 것은 상식이다. Weber의 책 『신교도・윤리와 자본주의 정신』(The Protestant Ethic and the Spirit of Capitalism, 1930)에서 훨씬 잘 나타난 이 일반적 가치지향성은 자기부정, 피나는 일, 만족의 유보, 미래지향성, 그리고 근면과, 규율, 권위, 생산은 좋은 것이라는 일반적 신념에 의하여 定型化되었다. 하나의 계층으로서의 행정가는 類型 I에 근거하여 이 윤리를 따른다고 주장하는 것은 하나의 왜곡된 것이다. 그러나 하나의 행정적, 가치편견으로 존재한다는 자연적 동족으로 눈을 돌려 주의를 끄는 것은 정당하다. 일은 집행자 인사들에게 자기 충족적 기회를 제공해주기 때문에 그리고 또 계층적 보장체제와의 구조적 연계성 때문에 집행자인사를 위한 하나의 가치로써 높은 순위를 차지하는 경향이 있다.

V. 社會的 偏見

組織外의 文化的 價値는 여러 가지로 조직에 침입해 들어온다. 행정가가 아마추어 타입인 곳에서는 전문가들의 구성원 자격과 비교하여 행정가의 조직구성원의 자격의 약한 성격 때문에 행정가들은 조직외의 관심에 보다 더 민감하다고 주장할 수 있을 것이다. 반면에 전문적 행정가는 사회적 동기의 환경을 의식하지 않을 수 없다는 것은 확실하다. 예를 들면 傳統的인 형태보다도 성격상 더 허용적이고 소비적인 새로운 문화적 가치지향으로의 현대적 전환경향이 있다. 또한 미국에서 소수민족, 여성, 환경에 보다 많은 권력을 나누려는 움직이나 여러 원인들이 있다. 자기 조직에 대한 관심에서 행정가는 이러한 움직임과 類型 II B의 전환을 감시하게 될 것이다. 社會的 價値와 組織的 價値 사이에 갈등이 존재하는 곳에서는 신뢰성의 실패 가능성은 또한 존재할 것이며 행정적 윤리의 결정을 위한 조건은 형성될 것이다.

일반적으로 우리는 (1) 行政家의 個人 特有의 價値指向으로부터 (2) 그의 規範的 價値指向으로, (3) 社會的 價値指向과 전통적 도덕성에서의 合意로 관심이 발전해 나아가는 것을 의식할 수 있다. 이러한 발전의 단계가 바뀌는 곳에서 가치 갈등의 기회는 극대화되고 그래서 동시에 신뢰성의 실패기회도 극대화될 것이다. 신뢰성의 실패가 부정확한 사고적 추리와 같은 평가의 실패를 의미하는 것으로는 생각지 않고 오히려 조작적 가치의 취소 같은 것을 의미한다(자기관심을 추구하고 집단의 관심을 공언하게 되는 곳에서처럼). 전체주의적 환상이 적은 곳에서 個人으로부터 地域社會로 發展해 나아가는 선을 따라서 가치의 통일(unification of value)을 기대하는 것은 아마 이성적이지 못하다. 自然的 條件은 계속적으로 조정되었던 계속인 갈등의 하나이다. 多元的 社會에서는 價値發展의 段階가 倍

加되고 强化된다. 그리고 이 다원적 사회는 또한 行政道德의 複雜性의 要求를 강화한다. 확실히 가치문제(issue)의 해결을 위한 도구와 기법이 있어야 할 것이다.

前章에서 제시된 모델은 이러한 도구로서 사용될 수 있으나 그것을 사용할 때는 항상 사용하는 사회적 상황에 따라 상대적인데, 類型 Ⅱ의 水準－典型的인 行政樣式－에서 가치문제를 해결하려고 하는 價値實踐者(value actor)는 多元的 社會에서 극단적인 가치입장을 가진 사람에게 아마 상황적으로 불리하게 될 것이라는 것을 내포하고 있다. 自己關心(selfinterest)의 열정적인 추구에서는 물론이고 이데올로기적으로 약속하는 宗敎的인 행정가는 가치갈등을 해결할 수 있는 곳과 관심이 있는 곳을 빨리 그리고 쉽게 볼 수 있도록 허락해 주어서 자기의 뜻대로 결정하는 방법이었고 바람직한 것이라는 개념이 널리 퍼지도록 허락하여 자기의 뜻대로 결정하는 방법을 가지고 있다. 이와는 대조적으로 합의, 타협, 결과의 고려를 추구하는 合理的인 행정가(rational administrator)는 어떤 쉽거나 올바른 답을 지각하기가 좀 어렵다. 문제는 '思考의 희미한 시도로 핼쑥해 지고'(sicklied o'er), '해결의 본질적 빛은' 바래진다. 지배적이고, 참여적이고, 공격적이고, 자기추구적인 사람은 흔히 하루를 그냥 그렇게 지나보 낼 수 있다. 그리고 이 가능한 '중심의 허약'은 문화적 다원주의와 도덕적 상대주의의 사회적 상황에서 더 나타날 것 같다.9)

VI. 初期的 病理

行政－組織의 實際에 고질적인 병이 없다면 우리는 記述的·無

---

9) 이 말은 예를 들면 테러주의의 결과로서 민주정부에 당면하는 문제에 적용될 수 있다. 테러주의자들은 그들의 엄격히 기술적인 힘의 위치에 관리적 힘의 위치에 전혀 어울리지 않는 힘(권력)의 이점을 얻는다.

規範的 價值理論을 생각할 수 있을 것이다. 그러나 어느 수준에서나 組織生活은 현재 특징적인 理想이 부족하다는 것은 이 책의 입장이다. 행정의 실제와 조직생활의 많은 측면이 理想의 不在現象일 뿐만 아니라 저자는 한 발 더 나아가 적극적 표현으로 앓고 있다고 선언하고 싶다. 行政哲學者는 組織文化의 醫師인 셈이고 이 의사의 변함없는 과제는 질병을 진단하는 것이다. 우리의 연구에서 우리는 이미 行政이란 身體에서 몇 군데 취약한 점(부분)을 만져서 진단(觸診)한 셈인데 제3부에서 우리는 좀더 철저한 檢診을 하게 될 것이다. 그러나 그 전에 행정에서 가치문제를 만들어 내는 몇 가지 특별한 방법을 생각해 보기로 한다.

行政家들이 自我(ego), 헛된 일을 가지고 있다는 사실에 대하여 이미 언급하였다. 행정가의 階層的 經歷樣式은 McClelland의 N-ach(成就欲求; 1961, 1953)란 의미에서의 成就欲求를 암시한다. 행정가들은 흔히 승진과 認定을 받기 위하여 서로 경쟁할 것이고, 이러한 동기적 촉구로 노력을 위한 원동력을 제공해주는 반면 경우에 따라 조직과 갈등을 일으키고 또 역기능적 類型 I의 關與(commitment: 조직의 번영에 대한 고려보다 상위에 있는 개인의 성공에 대한 충동)를 향한 행정가의 가치지향성을 강요한다. 이것은 널리 퍼진 機會主義의 고뇌이고, 또 보다 더 유해한 형태로서 單純한 마음의 自己追求로 특징지어진다.

機會主義가 방법에의 關與, 自我(ego)에의 관여인 한 조직의 이익에 有害한 분파적인 또한 또래 집단의 다양한 집단관여의 형태가 또한 있다. 이것을 Kipling은 다음과 같이 노래하고 있다.

얼마나 부드럽게 얼마나 재빨리
권좌의 자리로 다가오는지,
나름대로의 호의와 계략으로.

이러한 질병은 행정계승의 현상으로서 組織에 관한 文獻에 나타나 있다. 좋아하는 것을 받아들이기를 좋아하는 경향은 승진의 통로와 임명절차를 통제하는 것과 결합될 때 이러한 현상은 나타나고, 이것은 가치지향의 상호충족양식을 가지고 있는 行政內集團(administrative in-group)의 自己永續化(self-perpetuation)에 도달하게 된다. 여기서 다시 關與(commitment)는 集團性의 利益(good)에 대한 것이 아니고 대신 內的集團(in-group)이나 右派支配의 組織의 權力 構造의 利益과 差等的 利益에 대한 것이다. 이것은 行政家의 繼承이 반드시 나쁘다는 것을 말하는 것은 아니다. 친족운영방식, 원로원식 과두정치, 군주정치와 같은 형태에서 흔히 숭배의 대상이 되지만 조직 내에 病이 있다는 것은 상식적으로 생각하는 그 이상으로 널리 퍼져 있다. 行政職의 任命은 이미 투입된 價値關心의 계속성을 보장해 주는 어떤 비공식적 선발법을 통해서 흔히 이루어진다(겉에 내세운 절차가 무엇으로 채택되든지 상관할 것 없이). 최소한 가치지향성의 편견이란 잠재 가능성은 존재한다.

조직에 대한 관여가 보다 더 보편적인 이익을 능가하는 곳에서, General Motors 自動車會社(또는 美國 CIA)를 의해서 좋은 (이익이 되는) 것은 美國國家를 위해서도 좋은 것으로 생각되는 곳에서 機會主義와 行政家承繼의 논리는 價値病理로까지 확대될 수 있다. 이 價値近視의 形態는 물론 잘 인정되고 또 고질적인 병이다. 이것은 조직 봉건제도의 형태이다.

本章의 目的은 價値, 또 利益에 초점을 두고 조직된 바람직한 것의 개념이 行政活動 어디에나 遍在하고 있다는 것을 보여주는 것이었다. 실증주의의 임의적 채택에 의하여, 심리주의나 도덕적 상대주의의 포기에 의하지 않고는 가치와 관련된 문제는 쉽게 처리될 수 없다. 복잡성에 부딪쳐 포기하고자 하는 유혹이 대단히 크지만 人間모델과 부수적 행정철학 사이에서 구별되는 넓은 가치가정의 체계와 偏見의 자연적 경향을 우리는 구별할 수 있다. 우리는 또 가치적 病에 대하여 간단히 윤곽만을 처음으로 관심을 기울여 보았다.

제8장 組織과 目標

Ⅰ. 目標의 普及

우리는 組織을 目標追求的 實體(P 3)라고 이미 記述하였다. 참으로 조직의 전적인 존재이유는 集團的 目標를 위하여 기여하는 能力이라 할 수 있다. 그러나 조직이 制度的次元(군대, 경찰)에 이를 때까지 조직의 규모와 복잡성은 증대됨에 따라 目標陳述은 점점 더 일반적이거나, 구체적으로 진술되지 않거나 아니면 March와 Simon(1958)이 말한 것처럼 非操作的(nonoperational)으로 되어야 한다. 下位目標의 達成을 위하여 手段이 구별될 때 넓은 의미의 目的(purpose)은 目標(objectives)로 操作되거나 具體化될 수 있다. 그리고 效率性(efficiency)과 效果性(effectiveness)과 같은 기준은 代案的 手段을 비교하기 위하여 존재한다. 그러나 일반적인 것(general)으로부터 具體的(specific)인 것으로의 演繹的인 과정은 믿을 수 없고, 곤란하다. '敎育'의 목표나 '國家的 利益'에 대하여 생각해 보기로 합시다. 이것은 모호하고 일반적이며, 이것을 구체화시킨다는 것은 양면성과 애매성으로 복잡하게 된다.

어떤 조직에도 해당되는 가장 넓은 의미의 目標는 조직 구성원의 복지에 관한 것이다. 그러나 이 集團的 利己性을 표현적으로 공언하는 것은 단지 가장 크고 가장 복잡한 조직, 즉 國家라는 巨大組織의 경우이다. 그리고 여기서까지도 전통적으로 적절한 修辭學的인 말로 表現된다. 政治家는 '公衆福利', '大衆利益', '自由의 保障', '明白한 到達

點'에 대하여 말하고, 集團的 目的追求를 말하기 위하여 비슷한 찬사적 수단을 사용한다. 國家的 水準에서까지도 국제의례의 지배적인 복지이익, 일반성의 이 수준에서 언어로 보급된 이익에 의하여 어느 정도 제약이 가해진다. '人間性 을 해치는 범죄'에 대한 보편적 비난에서처럼 제약은 비공식적이고 이제 막 시작된 도의에 호소하는 권고이다. 또는 유럽경제공동체(European Economic Community)와 UN기구(United Nations Organization)와 같은 국제적 구조(superstructure)로 公式化될 수 있다. 그렇지만 한 두 종류의 위배와 전쟁은 국제(거대조직) 문제(affairs)에서 궁극적 가치속성이라는 것은 아직도 眞實인 것으로 남아 있다.

國家水準보다 조직의 복잡성이 낮은 수준에서는 조직목적의 공개선언은 어떤 높은 수준에서의 관심이 적용되도록 고려되느냐에 따라 제한을 받고 강요를 받게 된다. 이리하여 공교육체제는 自我實現, 社會的 技術, 性格發達과 같은 目標를 선언하는데 이것은 모호하기는 하지만 학교체제에 대한 支援的 環境을 만들어 주는 학생과 학부모라는 대규모 수혜자의 측면에서 陳述된다. 선언되지 않은 목표는 체제 내 종업원의 봉급과 수당, 즉 조직구성원의 복지를 다루어야 할 것이다. 마찬가지로 종업원 근로자는 조직목적(생산의 증가) 또는 조직외의 압력(생활비)이란 면에서 조직에 대한 요구를 정당화 시키고자 한다. 自己關心의 단순한 평가적 의미에서 나온 요구주장은 부당한 것으로 생각된다. 그리고 자기의 조직에 대하여 요구하는 개인 구성원은 장기간의 봉사, 판매실적의 증가, 늘어난 근무부담과 같은 어떤 조직과 관련된 것에 바탕을 두고 요구하게 된다.

명시적 목표의 연결 고리는 자신의 특별한 價値와 目標를 가지고 있는 個人으로부터 下位目標를 가지고 있는 조직의 下位體制를 지나서 組織의 實體와 目標로 연결 확대된다. 고리의 끝은 점차 조

직과 상호 작용하는 개인과 집단으로 이루어진 환경의 地域社會로
바뀌고, 이것은 이어서 점차 국가라는 경계로 한정지어진 사회 전
체와 문화적 지역사회로까지 모르는 사이에 바뀌게 된다. 국제적
회사와 다국적 복합기업의 경우에서처럼 이 마지막 특성은 더 확
대될 것이다. 이러한 확대의 각 단계에서 목표에 관한 진술은 二重
形式으로 될 수 있을 것이다. 즉 목표진술은 다음에 있는 더 높은
수준의 가치와 수사적으로 일치하게 적절히 표현되어야 하고, 또
정치적 이유로 인해서 공개적으로 표현될 수 없는 경우도 있다. 목
표에 관한 언어는 밝혀지는 것 보다 감추어지는 것이 더 많고, 그
래서 믿을 가치가 없기도 하다. 행정가는 수사적 표현과 사실의 조
화의 과업, 목표의 흐름을 감시하고 형성하는 과업, 조직의 가치를
통합하는 과업을 갖고 있다. 그래서 아마추어 행정가는 수사적 類
型 I 수준에서 더 일을 하고, 반면에 專門行政家는 類型 II 수준에
서 더 일할 것이라는 것은 있을 법한 일이다.

II. 合理性

넓은 의미로 보급된 일반목적으로부터 좁은 의미로 定義된 구체적
과업목표로 이어지는 목표라는 線의 論理는 合理性의 허구적 외형이
아니라면 가짜인 것을 조직에 제공해 준다. 이것은 MBO(management
by objectives, 목적관리), PPBS(planning, programming, budgeting,
systems, 기획예산제도), PERT(prgram evaluation review technique,
계획평가검토기법)과 같은 여러 가지 行政題目으로 요약된다. 이러한
方法의 성공여부는 物質的 目標의 具體性에 달려 있다. 만일 이들 목표
를 달성하는 데 필요한 原因-結果의 관련이 知覺될 수 있다면 이것은
수단과 목적을 연결시키는 계획의 단순한 기술적 문제, 즉 資源과 時間
의 실증적 계산의 문제가 된다. 컴퓨터와 自動化로 결합된 現代技術은

이런 종류의 方法을 대단히 촉진시키고 行政으로부터 管理로의 移轉
을 촉진시켰다. 여기서 價値는 그 속에 스며들기 어렵게 되고 價値問題
는 점점 사라지게 될 수 있다. 그래서 價値 대신에 合理性이 승리자가
된다.

合理性의 대두와 함께 적어도 두 가지 어려움이 추론된다. 첫째
어려움은 숨겨진 관심(covert interest)이라고 앞에서 이미 언급하였
다. 이러한 표현되지 않은 관심은 목표의 고리에서 성취단계를 뒤
엎거나 비껴나가게 한다. 둘째 어려움은 목표의 類型을 다루어야
한다. 合理的 方法은 잠수함 건조나 인간의 달착륙과 같은 분명한
목표의 항목을 위해서는 일을 잘 해내는 반면 목표의 항목이 '좋은
교육' 또는 '大衆의 利益' 또는 '조직유지'와 같은 숨겨진, 표현되
지 않은 그런 개념적으로 산만한 곳에서는 이런 合理的 方法은 기
능을 잘 하지 못할 것이다. 만일 목표 항목이 모호하다면 手段－目
的이라는 고리를 분명히 구체화하는 것은 항상 가능한 것은 아니
다. 더구나 모호한 목표 항목은 사람마다 다른 價値를 함축하게 될
것이다. 이 목표들은 애매하고 양면적이다. 새로 설립된 영화제작
회사는 (1) 가능한 한 많은 이익을 보는 것, (2) 예술적 평판을 받
는 것, (3) 오락적 봉사를 제공해 주는 것(목표에 대한 보조수단으
로서 이익과 함께), (4) 조직의 특성 직원에게 경력적 기회를 제공
해 주는 것, (5) 學者가나 母會社를 위해서 세금의 경감을 해주는
것이라는 主目標를 가질 때 사람에 따라 각각 다르게 보여질 것이
다.

組織의 目標는 아마 흔히 단순한 하나이기보다는 多元的이다. 예
를 들면 무역조합은 정치적·복지적 목표를 가지고 있다. 教育은
문자해득, 사회화, 직업준비, 성격발달이라는 몇 개의 서로 경쟁하
고 있는 目標들로 구성되어 있다. 그러나 下位目標의 어느 것도 목
표의 전반적 통합에 손상을 주지 않고 삭제될 수 없다. 그리고 설

상가상으로 우선하는 목표의 통합적 구성요소의 어떤 것은 量化할 수 있는(예를 들면 독서, 수학기능 등) 반면 어떤 다른 것은 質的인(문학감상, 도덕성 발달) 것이다. 이 경우 量的인 것에 대한 合理的 偏見은 目標의 質的인 要素를 낮잡아 보거나 깎아서 보게 된다.

끝으로 진짜(real) 目標가 잘못 知覺될지도 모른다. 大學의 각 科는 아마(최선의 가정을 한다면) 敎授活動(teaching)을 최우선으로 정의하겠지만 실제로 科의 機能을 보면 硏究와 學術的 産物이라고 묘사하는 게 더 적당할지도 모른다. 그리고 科의 成員들은 주로 이것을 경력 상의 승진가도로 삼을 것이다. 이렇게 해서 조직의 합리성은 진짜 목표보다 더 분명하게 되고 가치는 技術의 틈새로 스며들게 된다.

Ⅲ. 古典主義

Barnard는 '目標에 대하여 論議하는데 그의 책의 많은 부분을 할애하였다. 다음 인용문을 통해서 그의 일반적 입장을 많이 짐작할 수 있다.

> 目標의 形成과 定義는 광범하게 분산된 기능이고, 집행되는 보다 더 일반적인 부분이다. 여기에 協同體制(cooperative systems)의 운영에 가장 중요한 고질적인 어려움이 있다. 즉 보다 낮은 수준에서 일반 목표, 주요결정을 주입시켜야 할 필요성인데 그렇게 해서 조직성원들이 단결하고 궁극적인 세부적 결정을 할 수 있게 해 준다. 그리고 보다 높은 수준에서는 집행자들이 이들로부터 격리되는 '궁극적' 기여자의 구체적 결정과 구체적 조건을 항상 이해해야 할 필요가 있다는 데 곤란이 있다. 유목적적 결정을 위한 上·下 간의 調整(up-and-down-the-line coordination) 없이는 一般的 決定과 一般的 目標는 조직이란 진

공 속에서 단지 하나의 知的過程이 되고 誤解로 인하여 現實的
實際로부터 유리되게 된다. 大目標形成의 機能과 이 대목표를
再定義하기 위하여 제공하는 기능은 예민한 의사소통체제와 해
석의 경험, 상상, 책임의 위임을 필요로 하는 경험이다(233).

이 둘은 목표의 보급과 행정가에 대한 특별한 철학적 요구를 인
정하는 반면 동시에 조직에 대한 '최종적 궁극적' 기여자로서의 個
人에 대한 특성적 Barnard식 認定을 주장한다. 그러나 다른 곳에서
Barnard는 目標에 대한 知的理解는 적어도 조직목표의 일반적 수
준에서 고르게 분산 나누어 지지 않았다는 것을 지적하고 있다.

"그러나 일반적으로 복잡한 조직은 일반 목적이나 목표를 완
전히 이해하고 수용하는 데 분명히 부족한 점이 있다는 것으로
특징지어진다. ……가장 중요한 이 목표에 대한 知的理解보다는
그 原因에 대한 信念이 부족한 것이다. 理解 그 自體는 마비되
고 조각난 要素에 불과하다"(137-8).

이 인용문은 下位目標에 대한 知識이 근본적인데 비하여 보다 큰
目標(larger purpose)는 類型 Ⅲ의 情意的(affect) 領域이나 類型 Ⅰ
의 道德的關與(moral commitment)와 관련되어 있다는 것을 시사하
고 있다. 아마도 類型Ⅱ의 수준을 綜合하거나 統合하는 一般目標를
다루는 것은 執行者(行政家)의 機能일 것이다.
　價値葛藤과 그 解決可能性에 대한 Barnard의 認定은 다음에서
분명해진다.

個人의 動機는 필연적으로 內的이고 私的이며 主觀的인 것이
다. 共同目標는 이에 대한 개인적 해석이 비록 주관적이라 할지
라도 필연적으로 外的이고 沒人情的이며 客觀的인 것이다. 이러

한 一般法則에 있어서의 하나의 예외는, 중요한 것인데, 조직목
표의 달성은 많은 조직의 많은 개인에게 個人的 滿足과 動機의
根源이 된다는 것이다. 그러나 組織目標가 유일한 또는 主要 個
人的 動機가 되거나 또는 될 수 있다는 것은 있다 해도 아주
드물고 저자는 단지 특별한 조건하의 家庭組織, 애국적 조직,
종교적 조직과 관련하여서만 생각한다(89).

  (어떤 사람은 組織目標의 진귀성이 주요 개인적 동기라는
Barnard의 주장과 함께 문제를 다루고자할 것이다-이 동기에 대
한 의식적 지지의 가능성에 관해서가 아니라 대부분의 사람의 생
활이 그들의 조직과의 연결에 좌우된다는 실제적 근거에 의하여
최저수준의 욕구가작용하고, 그들 생활의 대부분은 조직 생활이라
는 것이다-그리고 나머지 생활도 조직생활에 의하여 영향을 믿는
다. 그래서 조직목표에 대한 印象은 단순한 動機的 意味만을 갖는
것은 아니다.)
  組織目標에 관한 Simon의 立場에 대하여는 이미 언급한 바 있다
(제2장의 'Ⅰ. 組織理論'). 理想的으로 말하여 조직은 合理的 目標
達成을 위한 도구이고, "높은 계층의 행정가의 내용결정은 낮은 계
층의 행정가의 결정보다 더 궁극적 목적과 보다 더 일반적 과정을
다룬다. 낮은 계층의 행정가의 目標는 상위 행정가의 過程이라고
우리는 말할 수 있을 것이다"(1965, 246). 이것은 좋은 표현이다.
그리고 다시 이렇게 말하고 있다.

    조직이 구성됨에 따라 행정가의 일은 (1) 조직구조에 관한 결
    정과 (2) 조직의 일의 내용에 관한 것으로서 보다 광범한 결정
    을 포함하고 있다. 어떤 형태의 결정도 완전히 또는 예비적으로
    라도 행정이론에 관한 지식이나 행정이론에 관한 재능에만 달려
    있지는 않다. 前者는 組織의 技術(technology)에 굳건히 바탕을

두고 있어야 한다. 그리고 後者는 조직의 기술에 바탕을 두어야
할 뿐만 아니라 이에 첨가하여 (a) 效率性 理論에 대한 철저한
이해와 (b) 조직의 보다 광범한 목표에 적절한 社會科學的 側面
에 관한 知識을 필수적으로 요구한다(246).

그러나 어떤 사람은, 效率性의 理論(theory of efficiency)은 무엇
인가? 라고 질문할 것이다. 이것은 價値를 암시하고 있는가? 조직
의 광범한 목적에 대하여 우리들에게 말해 주고 있는 社會科學 側
面은 무엇인가? 광범한 목적은 정말 무엇을 의미하는가?
一般的 組織目標의 形成은 하나의 行政的 特權이라는 것만을 古
典主義는 우리에게 말해주고 있다. 그러나 이것을 어떻게 이루어야
하며, 어떤 원리를 적용해야 하며, 어떤 분석을 적용해야 하느냐에
대해서는 아무것도 말해주지 않고 있다. 그리고 이 고전주의가 行
政的 意圖의 規範的 純粹性을 가정하는 한 이것은 소박함과 공허
함으로 합쳐진 것이다.

IV. 目標原型(Goal Paradigm)

명백한 것같이 보인다는 이유 때문에 일종의 知的 近視眼을 통해
서 조직의 개념을 目標達成 道具라고 검토하지 않은 채 그대로 받아
들였던 것은 아마 Georgiu(1973, 291)가 시사했던 대로인 것 같다.
그러나 목적추구에 근거한 특별한 하나의 社會的 單位로서의 조직의
의미는 사람이 目的追求 集團에서 함께 일할 때 실제로 무엇이 일어
나는지에 대하여 만족할만한 설명을 해주지 못한다고 Georgiu는 주
장한다. 오히려 조직을 관심에 대한 임의의 초점, 가치에 대한 일종의
市場性으로 묘사하는 것이 더 정확하다. 이런 데서는 構成員들이 목
표의 광범한 다양성을 추구할 때 적응적 구조와 기능은 개발된다.

Georgiu는 Barnard의 통찰에 주의를 기울임으로써 '對應的 原型'(counter paradigm)을 찾고자 한다. Barnard에게 있어서 "個人은 항상 組織內 基本戰略要因이다"(139). 個人은 돌아오는 보상을 바라고 조직을 위하여 일한다. 그리고 중·장기간을 통해서 보면 교환에 있어서 어떤 유리한 균형이 유지된다. 이러한 個人關心의 유지와 확대에 관한 강조는 Barnard의 中心主題, 비공식조직과 관련되어 있다. 이와는 對照的으로 simon은 個人的 關心을 조직의 합리적 목표에 딸린 사람(subordinate)으로 보는 경향이 있고, Katz와 Kahn은 組織目標를, 個人의 목표가 아니고, '基本的 戰略要因(1973, 300)으로 만들고자 하였다. 조직에 대한 對應的 原型의 見解는 조직의 보상체제에 참여한 대가로 기여를 받게 되는 협동적 유인분배 도구로 조직을 보는 것 같다. 이러한 조직의 '市場性'의 교환을 통해서 광범하고 다양한 個人的 目標가 충족된다.

서비스가 적당하게 돌아온다면 價値에 있어서 교환의 호의적인 개인적 균형이 틀림없이 있을 것이라는 생각이 확실한 사실인한 이러한 진실은 조직이란 市場에서 아주 근본적으로 다양한 비탄력성에도 적응할 것임에 틀림없다. 조직 목적에 지속적인 기여자는 그에게 접근 가능한 제한된 수의 조직을 가지고 있다. 아마도 단지 하나의 조직만이 그의 봉사에 바람직하다. 확실히 이의 이동성은 제한되고, 투입한 관심, 자연적 타성의 형태에서의 많은 非誘引的 排列에 의하여 그리고 年功에 따른 증액, 연금체계와 같은 형태에서의 구조화된 보충기구에 의하여 이 개인은 제한을 받는다. 더구나 자기 자신의 관심 속에서 흥정할 수 있는 개인의 능력과 자기의 직업적 목표를 추구하는 속에서 모험을 감행할 수 있는 개인의 능력은 매우 다양하다. Hook가 언젠가 말한 것처럼 "비록 좋은 것일지라도 어떤 변화는 쉽지 않게 수반한다." 다시 한번 구성원이 체제 속에 받아들여지면 조직의 이익과 함께 동일시되는 계속적인 과정의 주체가 된다는 점에서 조직의 목적에 우선한다. 배열순서의 변화는 개인목적과 조직의 목적을 한데 묶는 데 충분치 못하지만 통합의 과정은 끝이 없고 執行者의 주요 기능으로 남아 있다. 織織 간의 교환은 자유롭지 못하고, 또 개인적 가치가 성공적으로 교환된다면 이 개인적 가치는 組織內 무대에서 주로 이 交換을 해야 한다고 결론을 내릴 수도 있을 것이다.

두 價値要素, 즉 組織目標나 個人目標 중 어느 것이나 基本的 '戰略要因'일 때 경험적 문제를 해결하려고 노력 하는 것은 유익한 것 같지 않다. 이 둘 사이에 변증법적인 것이 있고, 헌신적 조직인간의 극단으로부터 개인의 사보타지의 극단에 이르기까지 조화와 갈등의 정도에 변화가 있다는 것은 분명하다. 그러나 조직의 규범적 목적에 대하여 주목해야 할 것은 분명한 單純性, 合理性, 論理性의 경향이며, 또 부유한 것에 대조된 것으로 복잡성, 집중성, 개인특유의 욕구와 가치의 다양성의 경향이다·이 차이는 개성적(personality) 학파에 대한 다양한 강조와 조직이론의 일반체제(general system) 학파 사이의 차와 유사하다. 前者는 類型 Ⅰ과 班의 價値偏見을 나타내주는 반면 後者는 類型 Ⅱ 傾向을 가지고 있다. 다시 組織 研究에 대한 社會科學接近은 規範的 偏見의 경향이다. -발견 가능한 社會法則과 人間行動의 法則이 있다는 것을 받을 수 있고, 또 조직은 가치와 목표에 의하여 사회질서를 추구하는 자동적 수단이라는 것은 믿을 수 있다. 이와는 대조적으로 現象學者는 개인특유의 해석을 강조할 것이다. 조직은 조직구성원의 목표에 의존하고 있으며 권력조각을 위한 분야이다.

개인 특유적 요인의 강점에도 불구하고 조직목표에 중요한 질, 특히 行政-管理 階層上에 있는 구성원을 위해서 중요한 질을 저자는 시인하고자 한다. 그러나 우리는 生物學的誤謬를 피해야 한다. 만일 우리가 組織(organization)과 有機體(organism)를 혼동한다면 이러한 오류가 일어난다(제2장을 보라). 조직은 **살아남지** 못하고, 자연과 인간의 일에서 행사할 수 있는 權力속의 현실(reality)을 발견하는 고안된 社會的 實體이다. 일반적으로 이 권력은 行政과 함께 있게 되는데 다른 조직구성원은 권력의 전개에 참여하기 위하여 때때로 경쟁한다. 行政家의 哲學的 課業은 이 權力을 통제할 수 있는 價値의 바탕을 세우는 것이다. 행정가는 진실한 정당화를 外現的으로 표현하기 위하여 권력을 정치적으로 편리한 것으로 생각하든지 그렇지 않든지 적어도 자기 자신에게만은 권력을 위한 정당화를 분명히 할 수 있어야 한다. 그렇게 하는데서 행정가는 조직목표를 바꾸기 위해 이끌어 가야 하고, 아니면 조직의 목적과 일치하도록 자기 자신의 목적을 변화시키기 위해 이끌어야 할 것이다. 조직의 목적은 自動的인(autonomous)(生物學的 誤謬) 것으로도 보이지 않고 환경이나 구성원 자격에 의하여 지지되는 것으로도 보이지 않는다. 조직목적의 문제와 관련된 기본적 곤란은 가치의 전통적 半合理的(subrational) 要素를 둘러싸고 있는 보다 더 큰 가치를 두고 있는 조직 내의 人間行爲에 대한 科學的·合理的類型 II의 說明과 調和를 이루는 것 같이 보인다. 조직의 의미는 두 가지, 즉 (1) 구성원의 현상학으로부터 성장하는 것과, (2) 합리적 또는 사회학적 전망을 통하여 논리적 환원을 할 수 있는 것이다. 行政家는 가치의 이 두 영역 사이의 틈바귀에 의치하고 있으며 이 둘을 조화시켜야 한다.

V. 二重性

行政은 정신분열병적(schizoid)이다. 우리의 價値모델의 二重性(dualism)은 個人的 放縱(personal indulgence)의 快樂的 價値(hedonic values)(이것은 權力, 社會的 承認, 評判과 名譽와 같은 바람직한 것을 잘 포함할 것이다)와 集團道德性(collective morality) 義務, 超個人的 關與라는 義務的 價値(obligation values) 사이의 구별에 있다. 다른데서 말한 바와 같다.

絶對者(the Absolute)의 믿음이 부족한 어떤 체제에서 사람은 自己主張(selfassertion)과 自己犧牲(self-sacrifice)의 모순되는 動機 사이에서 괴롭힘을 받고, 또 자체를 완전히 파괴함으로써만 그 자체를 충족시킬 수 있는 '欲望'(좋아하는 것)(desire)의 自己撞着(self-contradictions)에 의하여 감염되게 된다(Passmore, 1968, 67).

訓育과 規律 은 放縱과 영원히 싸운다.

放縱을 억누르고 規律이 적어도 부분적으로나마 헤게모니를 쥐기 위하여 두 종류의 制約이 작용한다. 첫째, 전통적인 도덕성, 合意, 강제적인 힘을 가진 規則과 法의 억제로 표현된 組織과 社會의 集團的 制約이 있다. 봉급으로 지불된 수표, 출퇴근시각 표시의 시계와 카드, 行政日誌, 비공식집단의 일, 이 모든 것은 이 類型 II 종류의 압력을 설명해 준다. 規律을 위한 두 번째 종류의 制約은 自己關與(self-commitment), 즉 이데올로기, 종교, 철학적 반성의 방법에 의하여 義務的價値(obligation-value)에 부착된 意志가 있는 곳에서 제공되는 것이다. 後者는 超合理的 行動이고, 그리고 낮은 수준의 價値分析으로부터 評價될 때 물론 과도한 정도에 다다를 수 있다. 그렇지만 이 類型 I은 조직의 등급 속으로의 價値注入의 정도를 측정하기 위하여 조직은 철저한 行政을 흔히 추구한다. 이것은 自制 또는 自律(seif-discipline)이 强制된 規律보다 더 좋다(보다 더 效率的이고 效果的이다)는 것이 상식적으로 인정된다. 이의 失敗와 사건의 일반적 과정에서의 行政은 보다 적은 類型 Ⅱ의 說得을 고정시키기 위하여 마련될 것이고, 또한 필요한 곳에서는 경제체제와 安全保障體制의 統制를 통하여 類型 Ⅲ의 强制를 고정시키기 위하여 마련될 것이다.

이것은 왜 日本의 社員들이 (會)社歌를 합창하기 위하여 아침 조회를 하고, 왜 英國軍人들이 자기의 聯隊史와 傳統을 공부하기 위하여 열심히 몰두하고 있는지, 왜 모든 儀式(ceremony)과, 美國 高等 學生의 (시합전) 기세를 올리는 집회(pep rally)와, 소련의 개척소년단(Young Pioneers)에게 붉은 스카프(red scarves)를 수여하는 의식 등이 制度的 生活과 組織生活의 일부분이 되었는지 설명해 준다. 이것은 Selznick가 말한 것처럼 경우에 따른 合理的 必要性을 뛰어 넘어서, 손쉬운 과업을 위한 기술적 요구를 뛰어 넘어서 '價値注入'(infuse with value)을 지도하려는 것이다(1957, 17). 최선의 경우 이것은 類型 Ⅰ의 열광적 행동을 일으키지만, 어떤 경우에나 이것은 類型 Ⅱ의 規律的 制約을 뒷받침하고 規範的 次元의 헤게모니를 유지한다.

Katz와 Kahn(1966, 341)은 조직구성원의 動機樣式을 네 개의 論理的 集合으로 分析하였다. 첫째, 충성할 것을 명령받는 곳에 법적수락이 있는데 여기서는 조직노동의 機械理論(machine theory of organizational labour)이 적용될 것이다. 이것은 노출된 권력과 X理論의 영역이다. 다음에 (둘째), 보장과 장려(incentive) 체제를 통하여 기여를 유인하는 것이다. 수정된 機械理論과 行動主義者의 S-R(자극-반응)형의 심리학이 여기서 적절할 것이다. 다음에 셋째, 사람은 자기의 특별한 재능과 기술을 발휘할 수 있는 범위(field)로써 조직을 찾고자 하고, 또 사람은 專門的 自己充足(professional self-fulfillment)을 추구한다. 그리고 마지막으로 넷째, 사람은 자신을 조직의 목표와 동일시하게 되고 그래서 자기의 일에서, 조직의 목적을 달성함으로써 自我實現(self-actualization)을 추구한다. 분명히 이것은 Maslow형의 분석이고, 낮은 수준의 욕구로부터 높은 수준의 욕구에 이르는 階梯가 있고, 行政家와 執行者는 動機의 自己充足/自我實現의 범위에서 운영한다고 우리는 가정할 수 있다. 理想的으로 말하여 이러한 休系(scheme) 아래에서 행정가는 물론 조직 환경에서 자기의 특별한 行政的-管理的 才能을 발휘함으로써 생기는 動機的 滿足과 결합된 자기 조직의 목표에 부착된 類型 Ⅰ을 가질 것이다. 그러나 理想的인 것을 변호하는 것은 實際를 묘사하는 것과는 훨씬 다르다. 逆으로 우리가 自然的 誤謬(natualistic fallacy)를 범하지 않도록 하기 위해 우리는 組織目標와 行政家의 個人的 目標사이의 差가 깊이 분리되어 있고(schismatic), 은폐와 불신의 기술을 필요로 한다는 것을 서둘러 인정하기로 한다. 그렇지만 目的行爲樣式의 범위는 냉소적 기회주의의 극단과 조직광신주의의 극단사이의 어느 점일 것이라는 생각은 다시 올바른 가정이다.

조직의 가치갈등 해소의 문제는 個人特有(idiographic)의 價値와 規範的(nomothetic) 價値 사이에 排列하는 문제이다. 평범한 사람에게 이것은 어떤 순응과 타협을 의미하지만 행정가에게 있어서 이것은 공식적 목표와 정책으로 표현된 것과 비공식적 일에서 표현된 양자로서의 組織의 價値와 행정가 자신의 價値에 대한 조심스런 분석을 알맞게 요구하는 문제가 된다. 행정가는 완전히 화해해야 하는 것은 아니다. 그렇게 된다는 것은 있을 수 없고 오히려 행정가는 갈등이나 전쟁 없이 일할 수 없는 상태(모순)가 있다. 이 價値複合에 있어서 變化시켜야 하는 짐은 하나의 行政的 義務이다. 이것은 무거운 짐이며 行政家에게 哲學的 挑戰을 하게 만든다. 이러한 도전에 대하여 성공적요로 대답하는 길은 어느 정도의 후퇴(withdrawal)와 반성(reflection), 즉 행정가 자신들로 하여금 行動指向的 行政家가 되라고 특별히 명령하지 않는 두 행동을 잘 요청하게 될 것이다.

제2부의 要 約

제2부의 목적은 價値槪念을 설명하고 個人特有(idiographic)의 次元과 規範的(nomothetic) 次元에서 價値가 조직 속에 어떻게 배어드는지 알아보려는 것이었다. 價値는 이 두 次元과 세 등급에 비유되는 次元으로 分析될 수 있었다. 이러한 분류등급 중에서 가장 높고 강력한 가치는 信念(faith)이나 意志(will)의 행동을 통하여 個人의 關與(commitment)를 자극하는 것이다. 가장 낮은 것은 感覺的 充足(sensory gratification)을 찾는 自己放縱追求(self-indulgent search)를 자극하는 것이다. 이 양 극단 사이에 관습과 理性에 해당되는 價値의 領域이 놓여 있다. 價値는 오랫동안 그 가장 낮은 수준을 추구하는 경향이고, 行政家는 자기의 일에서 일반적으로 가능한 가장 낮은 수준의 해소로 가치갈등을 고정시키고 싶어 할 것이다. 그러나 實用的 水準이나 理性的 水準의 價値辨證을 위한 行政의 實際에는 自然的 親和(natural affinity) 또는 偏見(bias)이 있다.

連續線은 자기의 특별한 욕구를 가지고 있는 個人으로부터, 자체의 目標를 가지고 있는 組織의 集團性으로, 다음엔 더 큰 地域社會와 社會로 이어진다. 만일 우리가 "檢討되지 않은(unexamined) 삶은 살 가치가 없다(not worth living)"는 Socrates의 말에 同意한다면 우리는 또한 "검토되지 않은 價値(unexamined value)는 지닐 가치가 없다(not worth holding)"고 주장할 수 있다. 다음에 個人으로부터 組織을 통하여 社會에 이르는 關心의 고리는 行政이 哲學에 뿌리를 두고, 目標도 哲學에 뿌리를 두고, 또 전면적으로 哲學을 行動으로 번역한다는 것을 내포한다는 것이 뒤따른다. 그러나 이것이 專門集團으로서의 行政家들은 그들의 哲學的 義務에 특별히 민감하거나 그들에게 특별히 바람직하다는 것을 말하는 것은 아니다. 정말로 많은 執行者(executive)들은 완전한 가치분석과 함께 반성을 피하기를 좋아하는 것 같다. 많은 도피기제나 퇴보기재는 이용하기 쉽다. 이것들 중에는 管理主義에로의 퇴보, 官僚的 合理性과 沒人情性에의 依持, 회의주의나 실증주의로의 복고(relapse)가 포함된다. 더구나 行政家들은 自然的 價値偏見을 가지고 있는데 이 가치편견은 Veblen이 일컫는 '훈련된 무능'(trained incapacities)이 되거나 또는 Burke의 '부적합 속에서 적합하게 되는 것을 통해서 부적합하게'(unfittedness through being fit in an unfitness)되는 것이다. 그러나 이러한 選好는 自然主義的 誤謬의 모험을 감행하게 되는데 왜냐하면 어떤 科學도 社會科學이었든 物理學이었든 무엇이 옳고 무엇이 그른지 우리에게 말해 주지 못하기 때문이다.

行政家들은 도피나, 최저의 저항, 최저 원리의 방법보다 나은 價値 葛藤의 解消技法을 필요로 한다. 이러한 技法을 터득하기 위하여 行政家는 어떤 哲學을 가져야 한다. 첫째 단계는 價値概念에 대한 근본적 이해이고, 그리고 상술한 모델이 갈등해소를 위하여 나중에 사용될 수 있을 것이다.

그러나 價値理論이 정교할지라도 行政家들이 어떤 상황에서나 반드시 최고 수준의 관심을 추구할 것이라고 가정하지 못한다. 여러 가지 형태의 가치질병이나 병리를 위하여 조직생활이 제공하는 기회는 여러 가지이다. 이러한 주제는 보다 더 설명을 요구하지만 자기의 권리위치 때문에 행정가는 가치본질에 대한 보통 이상의 요구에 당면한다는 것은 벌써부터 분명해진다. 이 가치문제의 대부분은 순전히 認知的 處置와 合理的처리를 해 준다. 만일 행정가가 자기 자신의 가치와, 조직과 조직의 상황의 가치를 統合(integrate)

시키려고 한다면 행정가 자신은 집요한 유혹을 극복해야 할 것이다. 행정가는 다른 조직구성원보다 더 가치편견의 몇몇 집합에 대처해야 하고, 그리고 알게 모르게 행정가는 많은 철학적 가정을 망라하고. 인간관과, 조직생활의 질에 영향을 주는 인간관을 개인의 것으로 만든다. 이러한 假定의 노출과 철학으로의 재건은 장님왕국 속의 한 눈 가진 사람(one-eyed man)이 되게 만드는 일을 떠맡는 행정가로 만들수 있는 하나의 모험적인 과제이다.

제3부 哲 學

모든 사람이 좋은 것(the good)을 파는데
어떻게 나쁜 것을 얻겠는가?

-Saul Bellow-

제9장 行政病理

제1절 表面的 病理

Ⅰ. 플라톤적 딜레마

동정과 이해심을 가지고 行政을 論議하려고 하는 데 있어서 곤란한 점들 가운데 하나는 많은 政治學者들을 냉소주의와 실망으로 빠뜨린 축소와 추진의 세계, 즉 '콧대 센'(hard-nosed) 실천의 세계를 아는 것과 교과서의 비현실적 가치중립 사이에 간격이 있다는 사실이다. 중립의 극단은 合理性이란 제단 앞에 자기의 人間性(humanity)의 본질적 요소를 모두 빼앗아 버린 Weber의 理想型 官僚, 즉 조직의 道具 또는 대행자로써 요약될 것이다. 즉 政治的 動物(homo politicus, the political animal)에 의한 '現實世界'(real world)라는 極端은 성공에 대한 지나친 숭배로 인하여 자기 자신의 統合的 人間性을 희생할 것이다. 兩極性은 Plato에서 달리 변장하여 나타난다. 『共和國』(*The Republic*)에서 이것은 딜레마의 형태를 취한다. 왜 인간은 正義(justice)를 분명히, 보다 더 보상받는 실천이 되도록 따르기보다는 올바른(right) 일을 해야 하는 지에 대한 질문에 대답하려고 하면서 Plato는 理想國家(the ideal State)와 그 통치자, 또는 행정가, 또는 관리인(Guardian)을 위한 통합이론(Whole theory)을 개발해야 했다. 관리인(the Guardians)은 진리의 본질에 대한 어떤 통찰, 즉 '善의 形態'(form of the Good)를 가지고 있는 哲學者라는 점에서 독특하다.

이러한 경험은 신화 또는 그와 비슷한 것이다. 그리고 그것 때문에 그리고 그것은 人性의 改造를 낳기 때문에 관리인은 행정에 종사하고 싶어하지 않고 행정활동의 사전 조건을 훨씬 덜 좋아한다. 이들은 소용돌이에 개입되기 보다는 오히려 후퇴적(withdraw, pour cultiver ses jardins)이면서 의무감과, 도덕적 의무, 또는 책임감에 의하여 관리 하지 않을 수 없다. Russell은 사람을 (1) 지배하고자 하는 공격형 (명령자), (2) 지배받고자하는 복종형(submissives)(복종자, obeyers), (3) 오히려 후퇴적(withdraw)이고자 하는 사람의 세 종류의 형을 가정하였다. 이 중에 마지막 형은 哲學的 型이다. 그리고 이것은 어떤 의미에서 이들은 보다 높은 수준(Superior)에 있다는 것을 날카롭게 지적할 수 없다(1975, 19). 그러면 管理者(Guardians)는 좋아하지 않는 것을 하지 않으면 안 되고, 또 동시에 어떤 목표를 가치롭게 생각하지 않는 사람들의 가장 경쟁하는 목표와 바람직한 목표가 되는 것을 하지 않으면 안 된다. 그래서 딜레마는 올바르지 못한, 부당한, 이기적인 사람이 탐욕스럽게 行政職을 추구하는 반면 올바른 사람은 필요한 行政的 訓練을 받지 않을 수 없다는 것이다." 社會를 위하여 또는 평범한 개인을 위하여 正義를 발견하려는 유일한 희망은 진실한 철학 속에 있다는 신념과, 진실한 철학자가 정치적 권력을 잡거나 정치가가 기적적으로 진실한 철학자가 될 때까지 인간은 불화(trouble) 로부터 벗어날 수 없다는 신념을 사실상 갖게 되었다"(Plato, 1975, 16)고 Plato가 말하였을 때 이것은 아마 오히려 건전한 절망적인 주목을 설명하고 있다.1)

　Plato가 틀렸다는 것은 아니지만 Plato의 기적이나 그의 다른 방안을 기대하는 것은 불가능하며 또 非理性的이라는 것이다. 行政家

---

1) Plato는 政治的 指導性의 役割에 대하여 발하고 있지만 그 의미는 필요한 변경을 하여(mutatis mutandis)이 책에서 확인한 세 유형을 행정가에게 적용된다.

는 평범한 사람이 되고 결점 있는 사람으로 계속해서 남아있을 것이다. 그러나 행정가들은 권력과, 그들의 기본적인 자금, 이 모든 부패적 영향을 다룰 것이다. 그 영향에 대처하기 위하여 이들은 철학의 도움을 필요로 한다. 행정가들을 다른 극단으로 몰아넣지 않는 것처럼 행정가를 관리자(Guardians)로 만들지 않게 하기 위해서도 철학의 도움이 필요하다.

價値用語에 있어서 문제는 關心에 있어서의 葛藤問題이다. 만일 우리가 自己關心(self-interest)이 가장 원초적이라는 것을 냉소하지 않고 가정한다면 야심적인 사람의 自我槪念은管理人(Guardian)의 자아 개념과 다르기 때문에 딜레마를 가져온다. 前者, 즉 야심적인 사람의 자아 개념은 불완전한 利己的 自我의 展望을 가지고 있으나 이 利己的 自我는 대부분 合理化되고 또는 親族, 氏族組織을 포함하는 데까지 확대된다. 이 불완전한 전망은 흔히 그 자신의 現實主義的 政治家(Realpolitik)의 私的意味를 책임지는데 현실주의적 정치에서는 강력한 손(手)과 재빠른 위트(wit)가 승리하고 약하고 자비로운 사람은 담 밖으로 밀려난다. 美國의 成功智慧에 관한 격언 중에 '착한 자는 大器晩成'(Nice guys finish last), 또는 '착한 패배자를 보여주시오. 그러면 진짜 패배자를 보여 줄 것이오.'(Show me a good loser and I'll show you a loser)란 말이 있다. 人間本性의 慈悲心을 철저하게 신봉하는 Fromm까지도 Milgram의 공격성 실험에 논평하면서 현실적으로 다른 사람은 해를 받을지라도 사람으로 하여금 자신의 이익을 추구하도록 生活이 가르치고 있다는 것을 시인하고 있다(Fromm, 1975, 75). 管理人(Guardian)의 自我槪念은 아마 이것을 넘어서 비전(vision), 그러나 희미하게 지각되는 비전에 이르게 되는데 거기서 利己的 自我를 초월하거나 아니면 사물의 전체 질서와 조화를 이루거나 어떤 형태의 결합을 하게 된다. 그의 관점은 낮은 수준의 전망을 거부하지 않고 그것을 초월한다. 그는 類型 Ⅲ과 類型 Ⅰ의 價値關與

(value commitments)를 어느 정도 조화하고 또 부정하는 현실과 自
己關心(Self-interest)의 비전을 사실상 가지고 있다. 이러한 자연적
설득은 필연적으로 일종의 Hegel적, Marx적, 또는 전체주의적 '꿀통
의 윤리'(ethics of the hive)와 동등하지 않다. 후자의 윤리는 전적으
로 존재하는 것인데 類型 Ⅲ과 類型 Ⅱ의 價値指向의 조화로써 설명
될 것이다. 管理人(guardian)은 조직과 국가(state) 내의 단순한 질서
와 조화를 넘어서, 공통적요로 이해될 수 있는 사회복지 그 이상을
내다볼 것이다.

  딜레마에 대하여 말하면서 우리는 極端論의 실수를 피하도록 주의
해야 한다. 즉 훌륭한 管理者的 재료가 될 사람은 거의 없고 또 순
수한 Machiavelli적 대상이 될 사람도 거의 없다고 믿는다. 정신병자
(psychopaths)와 聖人(saints)은 가치모델을 설명할 때 우리로 하여금
동시에 우리의 가치모델이 도달할 수 있는 그 이상으로 도달하게 해
준다. 대부분의 사람과 행정가들은 이 양 극단 사이에 正常分布를
이룰 것으로 기대된다. 그렇지만 보통의 행정실제에서는 모든 사람
은 존경할만하다고 하면 안전하지만 너무나 쉽게 위험한 가정을 하
고 있다. 行政의 水準이 아닌 곳에서 X理論이 엄격하게 적용되는 반
면이 X理論이 行政家(executive)에게 적용될 때는 흔히 무시되거나
불충분한 비중을 두게 된다. 성격의 正常分布에 반대하지 않고 조직
의 보상체제의 통제가 행정의 특권이라는 관점에서, 또 우리의 조직
사회에서 지도성 역할에 부여된 명예의 추정된 편견의 관점에서 잘
못된 가정을 한다는 것은 지극히 보수적일 뿐이다. 행정직책을 가지
고 있는 사람과 그 직책을 찾고 있는 사람은 어떤 서비스 정신보다
는 허영과, 욕심, 이기주의에 의한 높은 동기에 첨가하여 동기 유발
된다는 것은 잘못된 가정이다. 더구나 전문직으로 정교하게 되면 이
들은 자기들의 기본적 동기를 더 잘 변장하고, 숨기고, 再演할 수 있
다. 哲學者 王을 發見할 가능성을 거부하면서 아마 우리는 플라톤적

목욕물과 함께 애기를 버리게 될지도 모른다. 그러나 가치 없는 방향에서 어떤 편견을 가정하고 또 病理에 대한 하나의 치료적 방법으로서 철학의 이용을 가정하는 것은 더 안전할 것이다. 그리고 管理人(Guardian)으로 하여금 이들이 어디에 있든지 자기 자신들을 보살피게 하여야 할 것이다.

II. 階層的 딜레마

行政役割과 적당한 動機를 잘 매치시키는 어려움은 소위 階層的 딜레마 때문에 현대의 복잡한 조직에서 발생하고 있다. 이에 대하여는 이미 權力, 權威, 指導性(제5상의 'IV. Thompson의 論題'와 'V. 反權威主義')에서 논의한 바 있다. 일어나는 것은 權力分布가 조직의 보상분포와 달라지게 되는 것이다. 病理的 解釋에서 금전적·신분적 보상은 行政－管理의 연속선에 따라 불균형적으로 돌아오고 반면에 직원과 근로자들은 자기들 자신의 技術的 熟練에 따라 權力의 암시를 점점 더 自覺하게 된다. 이것은 非專門家階層(non-specialist hierarchy)과 갈등하게 되고 불안정하고 무능한 행정가는 연출, 즉 상징과 역할극에 대한 무비판적 기대를 가리키는 Thompson의 용어에 대한 반응에 의지함으로써 불화를 악화시키게 된다. 行政家(executive)는 '자기의 역할수행'을 지도하고, '권위의 상징'을 유지하려 하고, 훌륭한 지도성을 '수행'(Performance)하려 하고, 자기의 管理的'師團'(troup)으로부터의 支持를 구한다. 面談과 會議時 행정가는 자기의 규범적 신분의 의식을 자기 책상에서 풍기게 하거나 혹은 더 나쁜 경우는 자기의 '民主的' 假裝을 강조하기 위하여 책상 뒤에서 나온다. 전반적으로 그의 주요 노력은 상황의 技術的 次元을 포착하거나 처리하는 데 있어서 무능력(incapacity or inability)을 숨기려는 것이다.

다양성이 많다. 가치갈등을 마음대로 또 낮은 수준의 해결로 정
착시키기 위하여 官僚的 役割을 사용하고 있다(제6장, Ⅳ. 假定).
일상적인 일의 공식적인 지연, 하급자와 비서의 방어적인 은폐에
행정가의 접근불가능성, 여행, 회의, 집회 또는 '결속'에 의한 접근
불가능성 같은 방법-이 모든 것이 갈등해소의 속도를 줄이게 하
거나 느리게 하는 데 쓰인다. 요약하면 모든 조직에 필수적인 階層
은 집단적으로 추구하는 목표에 역기능적으로 되거나 뒤집히게 된
다.

이러한 종류의 특별한 조직에서의 病이 技術의 발전과 專門主義
의 발전 과 함께 자라날 것으로 기대되지만 조직을 둘러싸고 있는
모든 價値의 病을 다루는데 이것은 가장 쉬운 방법이라는 것을 주
목하는 것은 중요하다. 행정가는 자기 자신의 一般主義의 특수성
(specialty)을 專門職(profession)으로 만드는데 실패하기 때문에 이
것이 일어나는데, 이러한 실패는 교육과 훈련으로 어느 정도까지는
고쳐질 수 있다. 이러한 전문성은 다른 계급, 다른 전문가
(specialist)에게도 확신성을 갖는다. 이것은 이해되고 의사소통되어
야 하며 물론 이것은 다소의 확신성 없이 일어날 수 없다. 이러한
확신성은 조직의 규범적 가치목적에 윤리적 관여를 내포하고 있다.
管理的 이 자체의 능력과 숙련의 영역을 갖고 하나의 전문직으로
인정될 때 이러한 病理는 줄어들게 될 것이다.

여기에 어려움이 있다. 이 주장은 우리의 專門行政家 類型에 眞
實性을 가지고 있는 반면 非專門家인 아마추어 행정가의 중요한
유형에는 쉽게 맞지 않을 것 같다는 점이다. 각각의 관심이 다양한
것으로 지각될 때 선출된 관리의 權力은 하급자와의 갈등을 불러
일으킬 것으로 생각되고 또 숙련가 권력의 수준을 조정할 것으로
기대된다. 그리고 동료적 행정가(collegial administrator)의 수준에
서 다른 代案에 대한 逆으로 한 분야에서 부적절한 직무수행(또는

부적절한 만족)을 한 것에 대한 보상의 병리적 가능성이 더 있다.
즉 자기 학문분야에서의 학문적 실패가 점차 행정적 야심을 불러
일으키게 되거나 또는 반대로 좌절한 학자적 행정가가 자기의 첫
사랑인 학자로 돌아가기를 원하는 것을 표현하는 곳에서는 더욱
그러하다.

Ⅲ. 表面性

行政에서 점점 더 증대되고 인정되는 다른 결점은 업무부담, 시
간, 정보유통의 상호작용에서 나타나고 있다. 管理者는 널리 알려
지게, 行政家는 다소 덜 알려지게 日程과 구조적인 일상적 약속에
의하여 자기들의 시간자원을 배분하는 경향이 있다. 이들은 조직
내 다른 동료구성원들보다 열심히 일하지 않으면 더 오랜 시간 일
하는 것으로 보이는 표면상으로만 매우 바쁜 사람이다. 그러나
Mintzberg는 이들의 바쁘다는 것은 대부분은 表面性으로 특징지어
진다. 논쟁이 되고 있는 조직의 문제에 관한 심각한 보고서는 그것
을 만들어내는 데 많은 노력이 들었음에도 불구하고 별로 읽혀지
지 않거나 또는 단지 훑어보는 정도라는 것은 특별한 일이 아니다
(정말 보고서나 자문적 연구는 흔히 문제를 해결해주는 데 쓰이지
못하고 지연되거나 '바쁜 시간'에 쓰이고 있다.). 行動을 요구하는
문제는 결정에 대한 압박을 받을 때까지 다른 집행적 약속과 우선
순위를 통해서 빈번하게 지연될 것이다. 어떤 진지한 價値-事實-
可能性分析을 위해서도 아주 짧은 시간만이 가능하고 어떤 哲學的
反省을 위해서는 전연 시간이 없다는 것이 흔히 발견된다(simon et
al., 1950, 533). 專門家(specialist)의 文獻, 專門的(Professional) 學
術誌, 도서들은 단지 읽히지도 않고, 결국 시간도 없고, 중요한 지
식은 조직 내외의 동료와의 비공식적 접촉에 의지하고 있으며 아

니면 비공식적 조직망의 교양 있는 사람과의 접촉에 의존하고 있
다. 문제는 이들의 정책적용 내에서 다루어지지 않고 즉흥적으로
다루어지고 있다. 급박한 對峙도 뒤로 미루어진다. 위원회제도도
편향적으로 사용되거나 아니면 해결점을 지변시키는 데 사용되는데
이 해결점에 도달할 때 반성할 만한 충분한 시간도 없이 도달하게
된다.

이 모든 것이 바쁜 것 같이 보이게 하고 擬似能率(pseudo-effici-
ency)의 분위기를 만들어 준다. 그러나 이것은 '分科主義'(compartme-
ntalization)의 아주 필수적인 실제의 副産物이다. 점심이 끝났을 때
다시 시작을 알리는 벨이 시끄럽게 울릴 때 Hitler는 불끈 울화가 치
미는 것을 억제할 수 있었다는 것은 거짓으로 말하는 것이다. 의제구
성의 실제, '초점에 맞추는 실제, 한번에 하나씩만 처리하는 실천은
기술적으로 권장할만하지만 이것은 각 課 간의 엷은 막이 너무나 교
류하기 힘들고 불투명할 때 전략적 실수, 표면성, 정서적 정신병에 이
르게 된다. 여러 가지 사무적 기술로 인한 反省的 時間의 단축은 모
든 관점이 결정적 설명을 하고 시간적 압박 때문에 의제에서 잃어버
리고, 소외되고, 압박당하였던 사소한 입장을 증가시킬 가능성을 감
소시키고 있다. 그러나 超價値的 立場, 새로운 상상적 아이디어, 타개
책으로부터 더 나쁜 것은 단지 생각되지 않거나 만일 고려된다 해도
실패로 끝날 것이다. 意思決定에 있어서 價値要因(v−factor)은 주어
진 상황적 편견의 영향을 받을 것이다. 그러나 진지한 또는 경솔한
모습으로 변장한 태도는 그 범위에 있어서 깊이가 있기보다는 천박하
게 된다. 비확신성의 범위는 늘어나고 반면에 진실한 고려와 원리의
행사에 따른 기회는 계속적인 임기응변주의의 인상 하에서 시들어버
리게 된다. 그러나 잘못된 행정가는 이 표면성 속에서 죄책감이나 관
심도 발견하지 못하는 반면 오히려 편안함을 느낀다. 왜냐하면 이들
의 분주함은 조직에 대한 자기들의 가치를 설득하는 데 기여하기 때

문인데(이들의 일정은 능력에 맞게 채워지지 않았는가? 이들의 입명은 방해를 받지 않았는가?) 조직은 아직 더 지지적인 참모와 보조원을 제공해 줌으로써 보장해줘야 한다. 이런 상태가 계속될 때 근로윤리 그 자체는 價値病理를 조장해 주고 강화해 준다.

IV. 雜多한 病

行政은 수많은 점에서 잘못될 수 있다. 저자는 단지 몇 가지 중요한 점만을 스케치하고자 한다. 확고한 理論의부족 그 자체가 하나의 病이다. 管理가 科學的 位置를 확보하려고 최선의 노력을 경주하고 있지만 실제적이거나 전면적 이론의 부족으로 인하여 방해를 받고 있다. 이것이 다른 거대한 직업(예를 들면 敎育)과 함께 가지고 있는 하나의 약점이고, 이것이 完全한 專門的 位置를 향해서 成長하려는 것을 손상시키고 있다. 행정에 관한 수많은 교과서들이 있는데도 불구하고 현 발전단계에서는 검증된 행동적 가설의 체계로 대체될만한 보편적으로 인정된 이론을 갖고 있지 못하다. 그리고 社會科學이 빈번하게 行政에 스며들어 오지만 우리는 아직 simon이 말하였던 서로 모순 되는 名言들의 경지를 넘어서서 발전하지는 못하고 있다. 그러나 이것이 복잡한 추론과 같은 하나의 價値缺點은 아니다. 人間有機體(human organism)와 인간의 조직은 과학적 접근으로 요구되는 단순성과 양적 축소를 따르게 하는 데 또는 아직 세밀한 관찰 하에 머물러 있기를 거절하는 데 있어서 널리 잘못된 것이 있다.

이 복잡성은 저자가 典型的 誤謬라고 부른 데서 설명되는 것처럼 그 자체의 誤謬를 낳는다. 행정은 너무나 비과학적이지만 너무나 많은 利害 關聯者들에게 너무나 중요한 것이기 때문에 그 역할 담당자에게 최상의 성격과 질의 속성에 이르게 될 수 있다. 보상체제가 행정가의 손아귀에 들어 있다는 사실과, 文化에 따라 여러 가지로 다르지만 權威에 대한 오랜 동안의 조건화는 人間社會化의 보편적 측면이라는 사실, 또 행정능력은 의사결정과 지도성의 능력이라고 생각된다는 사실을 추가하여 보라. 그러면 부분적으로는 약간 엉성한 思考(지도성과 의사결정의 개념이 얼마나 모호한지 우리는 알고 있다) 때문에, 또 부분적으로는 조직문제의 대형성에 대한 지각 또는 직관 때문에 전형적 오류의 대부분을 행정가에게 돌리기는 아주 쉽게 된다. 行政職의 職務記述은 이러한 주장에서 나온 것이다. 지도자가 되고자 하는 사람은 현명하고 덕이 있을 뿐만 아니라 광범하게 그리고 집중적으로 경험을 쌓고 있으며 학문적인 신뢰도로부터 下位 文化的·政治的 受容可能性에 이르기까지 이것저것 여러 資質을 가지고 있어야 한다는 것이다. 마지막으로 執行者의 자리를 추구하고 있는 사람은 그의 역할을 하찮은 사람, 흔히 내부에서 승진한 사람으로— 그러나 典型的 誤謬의 결과로서 권위적 망토로 드리워진 사람으로 채운다. 조직세계는 대통령의 '신혼여행'(honeymoon) 현상과 매우 친숙하다. 그리고 '임금님의 새 옷'(Emperor's new clothes)이라는 동화는 어떤 행정직 열망자를 위해서, 정말 조직행위를 이해해야 할 모든 사람을 위해서 꼭 읽혀야 하는 것이다.

이를 위한 증거를 수집하기는 어렵지만 행정실천가 중에는 흔히 어떤 反知識主義의 정신이 있다. 이러한 정신은 行動하는 사람(men of action)에 의하여 공동으로 영향을 받는 擬似誇大男性的 性格(pseudo-machismo)으로부터 자라났다. 行政과 管理는 實際的인 일로 생각된다. 전자는 政治의 下位集合이고 후자는 非反省的 技能의 集合인데 이 각각은 단순한 實用的인 것으로 잘못 지각되고 있다. 行政的 反知性主義라고 모개로 몰아서 비난하는 것은 옳지 않지만 하나의 특권계급으로서의 행정가는 학문적 기여로는 유명하지 못하다. 단지 Barnard만은 유일한 예외이다. 더 흔히 행정가들이 전적으로 著作을 할 때 그들은

'偉人'(great men)의 자서전적 문헌에서 무엇인가 자기들의 것을 첨가 함으로써 典型的 誤謬에다 실체적인 것을 첨가하는 경향이 있다.

現時代에 있어서 行政病理의 어떤 놀라운 증거는 價値的 次元을 추적할 수 있는데 자기들 자신을 대중적 의식 속으로 압박을 가해 왔 다. 저자는Watergate, Adolf Eichmann, Calley 中尉의 케이스를 마음 속에 그리고 있다. Watergate사건에서 독특하고 기이한 상황은 미국 대통령의 행정적 친교와 그들의 강제적 노출에 의한 기록인데, 어떤 놀랄만한 경험적 자료를 제공해 주고 있다. 그러나 이들 자료는 개인 특유의 것으로 표면과 行動의 숨겨진 깊이를 밝혀주고 있는데, 앞에 서 언급한 誇大男性的 性格과 反知性主義를 지지하는 증거를 제공해 준다. 진지한 行政硏究의 관점에서 볼 때 事例硏究(case study)는 아 직 시도되지 않았으나 만일 이 행정드라머에서 주변은 이념적으로 성 공하게 되어 있고, 근로윤리에 관여하게 되어 있고, '결점제로'(zero defect)의 관리체제를 엄격하게 운영하도록 되어 있기 때문에 그것은 특히 학자의 주목을 받을 가치가 있는 것 같다. 그들이 실패한 것 (they failed, 'alles in Scherben fällt')은 관리적 잘못이나 행정적 무 능 때문이 아니고 오히려 조직의 도덕적 풍토에 병을 일으킨 價値病 理 때문인 것 같다. 신뢰로운 類型 Ⅰ의 價値關與는 類型 Ⅱ 實用主 義와 Machiavelli적 양식에 의하여 계속적으로 낮게 평가된다. 커닝 (cunning)이 정직보다 더 가치가 있고 權力이 禮儀보다 더 평가를 받 는다. 이탈(disengagement), 표면성(superficiality), 分科化(compartmentalization) 의 병리가 놀랄 만치 밝혀지는 것 같다.

Eichmann과 Calley의 事例는 政治的─官僚的(politico-bureaucratic)이라 기보 다는 軍隊的─官僚的(military-bureaucratic)이지만 行政的 適用에 있어서 똑같이 혼란스럽다. 여기서 문제는 상상적 類型 Ⅰ의 충성의 가치에 의하여 또 권위에 복종하고 명령을 받고자 하는 자발성의 一般的 價 値─態度的 傾向性에 의하여 생긴다. 보다 세밀히 조사해 보면 주요

가치체계에서 높은 위치를 차지하고 있는 成功的 價値(success-values)
(類型 Ⅲ)의 가능성을 밝혀낼 수 있다.

　소속원에게 충성과 계층적 권위의 가치를 과도하게 주입하는 것이
군대조직의 하나의 특징이다. 이러한 조직(예를 들면 인간생활과 의
신의 文化的－傳統的 價値의 군대적 顚到를 고려해보라)에서의 價値
葛藤의 問題는 대행자와 집단책임의 요인 때문에 복잡해지는데 이들
요인에 대하여는 다음 章에서 보다 자세히 논의될 것이다. 그러나 여
기서 이런 질문을 하기로 한다. 어느 정도까지 集團이 개인적 책임과
동등하게 책임을 질 수 있을 것인가? Eichmann은 絞首執行되고
Calley는 軍隊로부터 불명예 제대시키고, 테러분자는 철망에 가두어
둘 수 있으나 나치스 독일정부의 비밀경찰Gestapo를 집행하기 어렵
고, 군대의 한 부대를 처벌하기 어려우며 아일랜드 공화국군(IRA,
Irish Republican Army)을 모두 감옥에 보낼 수는 없다. 集團性은 無
形이며 "집단의 공동표상(common seal)을 교수형에 처할 수 없다."
이러한 의미는 책임성 개념의상상적 또는 응보적 측면이며 類型 Ⅱ
制約의 개입으로 가치갈등의 해소를 압박하기 위한 시도를 내포하고
있다. 개인은 이러한 제약으로 강제 받게 되거나 설득당할 수도 있지
만 조직에까지 이 논리를 확대하기는 어렵다. 조직을 깨뜨려버리거나
해산하거나 파괴할 수는 있지만 조직의 원리, 즉 원래의 가치축적과
자금의 재형성 이외에 다른 어떤 의미로 부활재생할 것이라 기대하기
는 어렵다. 그리고 만일 이것이 변한다면 더 이상 원래의 조직 그 모
습이 아닌 어떤 다른 것이 될 것이다. 우리는 조직의 도덕성의 문제
로 다시 몰아가게 된다.

　군대조직은 국가의 고위조직을 위한 권력기관이기 때문에 특히 가
치갈등의 명백한 예를 제공해 준다. 군대조직이 국가적 가치와 이익
의 가장 낮은 수준에 있다는 것이 분명하기만 하면 이들은 확실히
야비하게 되며, 그래서 심리적 反對誘引價에 의하여 명예, 의무, 애

국심, 허세, 환경과 같은 修辭에 훨씬 예민하게 될 것이다. 그래서 잔인성과 死體取扱은 원래 불유쾌하게 되고(어떤 수준의 가치에서 나), 그러므로 제복, 장식, 퍼레이드, 극장과 지지적 매력을 주는 문학을 만들에 내어 예술적 도움과 같은 수단을 통해서 분장(redress)을 필요로 하게 된다. 반면에 죽음과, 질병, 신체적 부패의 무한한 표면의 실체를 다루는 의학은 방부제 동원, 전문직 분리 같은 도움을 얻고, 멜로드라마적 문학과 예술이란 사소한 산업을 일으키고, 마침내는 조합활동을 통해서 지지적이고 종속적인 환경으로부터 향상된 물질적 보장과 신분을 받아내게 된다. 마찬가지 過程을 밟아서 權力과의 야합으로 價値汚染된 行政은 지도성과 典型的 誤謬를 통하여 칭찬으로 아첨하게 된다.

  이제 價値病理 問題로 눈을 들리고자 하는데 이것은 단지 유감스런 人間條件이 反映된 것이지만 현실적 行政哲學을 짜는데 가장 근본적인 날줄과 씨줄임에 틀림없다.

제2절 深層的 病理

Ⅰ. 利己主義와 Machiavelli

  Machiavelli는 술책과 정치의 분석으로 西歐文化에서 매우 잘 알려졌다. Machiavelli적이란 말은 교활(slyness), 속임수(trickery), 社會心理的 잔꾀(cleverness), 모략적 조각, 어떤 한 수준의 정당성의 측면으로 보아서는 비난의 대상이 되지만 다른 수준의 행동에서는 흔히 존경받고 실천되는 모든 속성과 기술을 함축하고 있다. 사람은 相互依存的이기는 하지만 근본적으로 自己追求的이라는 意味가 내포되어 있다. 지나치게 自己追求的이지만 成功追求者, 權力에 야심적인 사람은 다른 사람의 똑같은 동기를 능률적으로 사용할 수 있다. 그러나 X理論의 Machiavelli型으로 가정된 機力追求者는 자기 자신의 목적에 대하여 특별히 분명한 비젼을 가지고 있는 것으로 특징지어진다. 이러한 목적은 자기를 위한 類型 Ⅰ의 質을 가지고 있으며, 目的達成의 手段은 權力과 成功에 대한 全般的 關與로부터 그 目的의 正當性을 끄집어낸다. 그래서 철저한 Machiavelli主義者는 배신과 상급자를 거꾸러뜨리는 것을 정당한 것으로 모의하고 자기의 동료와 하급자를 수단으로 사용한다. 이것은 그 자체에 목적이 있는 것으로 본 Kant의 생각과는 다르다. 그리고 Machiavelli주의적 권력추구자는 주저 하지 않고, 무정하게, 양심의 가책 없이 그렇게 할 것이다. 그러나 동시에 그는 이것을 눈에 띄게 하지 않을 것이다. 이것은 의식되지 않아야 하거나, 아니면 아주 정반대로 특히 社會性, 協同, 同調를 고양하는 文化에서는 이것이 계속되는 방법에서 완전히 분명하게 된다. 그것은 잘 감춰지고 위장되어야 한다. 그래서 이러한 價値主役은 자신을 특별히 매력적이고, 좋아할 수 있는 사람으로, 솔직하고, 설득적이고, 교활하지 않고, 아마 사양하는 형으로, 어떤 권력적 야심을 외현적으로 거부한다고 고백하는 것으로, 그리고 협동적 가치를 맹세하는 것으로 나타낼 것이다.

그는 필연적으로 모든 인간관계 조작 기술에 있어서 정통하게 되고, 완전한 정치적 기술의 멋진 장식을 모두 습득하고, 20세기 르네상스 세계에서 사회과학의 연구발견으로 강화된 예술과 기술은 모두 습득하게 될 것이다. 자기 가족을 위해서, 부양가족을 위해서, 심지어는 자기 조직을 위해서, 국가를 위해서, 또는 흔해 빠진 생활철학적으로 어떤 다른 사람의 의지를 어길 수 없기 때문에 그렇게 하고 있다고 合理化의 대상을 댐으로써 자기기만에 성공하기까지 한다.

이러한 價値指向은 필요한 조직 에너지의 역동성을 제공해주는 기

반에 근거하여 옹호된다. 예를 들면 Thomson卿은 야심적 충동이 부
족하다는 이유로 영국 행정가들을 문책한 것으로Time誌(Jan. 2,
1976)에 인용되었다. 그의 출신국 캐나다에서는 그의 말로 하면 "나
는 그 잡종 일을 원한다"로 표현된 원칙에 의하여 동기 유발된다.
Thomson 卿은 그들에게 자신의 일을 가질 수 있게 해주지 않고 자가
의 부하들이 가치 있는 방법으로 그것을 원하는 것은 좋다고 생각하
였다. 그러나 이러한 가치개입은 哲學的·心理學的 양면의 근거에 의
하여 비판받게 된다. 이것은 인간은 그 자체가 目的(ends-in-themselves)
이라는 人間主義的(그리고 Kant적) 倫理原理를 지지하는 사람들과
장치되고, 또 功利主義(utilitarianism)의 위장된 版으로써 옹호된다면,
또 이러한 방법으로 지도성역할을 차지하는데 가장 능숙하게 된다면,
또 (Adam Smith씨에게는 실례이지만) 이로운 전체와 集團善
(collective good)을 성취하기 위하여 각자 利己的 目的을 추구하는
데 능숙하게 된다면 그것은 철학적으로 의심스럽게 된다. 그것은 人
間事의 神手(divine hand in human affairs)와 같다. 비록 그 손이 사
슬갑옷(chain mail)과 벨벳장갑(velvet glove) 두 가지를 끼고 있다고
할지라도.

　만일 그 실천이 價値敏感性을 줄인다면 病理의 觀點에서 그것은
또한 心理學的으로 잘못되었다. 合理化가 일어날 때 행정가는 자기
자신의 動機의 빛을 잃고 동시에 다른 사람의 動機에 대하여도 잘못
知覺하게 된다. 그의 能力(competence)도 줄어들게 된다. 매정과 속
임수의 실천은 반대급부적 매정과 반대급부적 배반의 두려움을 낳아
과대방어자세를 만들고, 정력과 노력의 비경제적 허비와 조직의 역
기능 소비를 하게 한다. 이것은 비능률적이다. 보다 더 상상적으로
德의 실천은 知的 明白性을 高潮시키는 반면 그 반대는 정신능력을
둔화시키는　경향이　있다고　옛날부터　시사되어　왔다
(Satprakashananda, 1965, 208 참고). 여기서 德이라 함은 전통적으

로 또 오히려 보편적 형태에서 正直과 利他, 親切 등과 같은 價値에 대한 찬성으로 정의된다.

저자가 강조하고 싶은데 기본질문은 自己本位的 野心과 權力追求는 포기해야 할 惡이 아니고, 즉 확실히 이것은 행정에서 영원히 존재하고 또 행정의 영원한 특징일 것은 경험적 확신성을 갖고 있는 것인데, 기본적 질문은 과도한 Machiavelli적 명백성 속에서 이것들이 오염되고 연기된다는 것이다. 그것은 다만 哲學的 手術을 요하는 病理的 變形에 불과한바 어떻게 치료하느냐(doctoring)에 대하여는 뒤로 미루는 수밖에 없다.

Ⅱ. 攻擊性과 順從

人間의 攻擊性이 타고난 것이고 파괴적이고 惡한 것이냐(Lorenz, 1966), 아니면 건설적이고 생후 학습되며 善한 것이냐(Fromm, 1973)에 대한 질문은 서로 대립되는 주장으로 나타났다. 歷史的인 主張은 확실히 균형상 부정적 쪽으로 심히 기울어져 있지만 본질상 또는 그 결과론적으로 공격성은 악의에 찬 것임에도 불구하고 이 심리적 속성은 행정가 중에 보통에서 보통 이상의 비율로 분포되어 있다고 확실히 가정할 수 있다. 어떤 사람은 공격성 없이 조직의 階層上으로 높이 올라가고 싶어 하지 않는다. 機會는 공격성의 나쁜 결과를 확대하거나 과장하는 行政役割內에서 일어나기 때문에 病理的 表現에 대한 關心이 일어나게 된다. 行政役割은 權威的인 것이며 또 기능적으로 順從의 態度와 受容圈 또는 無關心圈에 달려 있다. 사회심리학의 실험적 연구결과 최근 이 권위의 도덕적 또는 가치적 남용 때문에 존재하는 잠재 가능성을 밝히고 있다.

Milgram의 논문과 책은 특히 권위와 복종의 현상을 직접적으로 다룬다는 것을 보여주고 있다(1963, 1974). 실험적 모의상황에서

그의 연구대상들은 전통적인 類型 Ⅱ 道德性의 價値要求를 위배하
는 명령에까지도 명령에 기꺼이 복종하고자 하는 놀랄만한 자발성
을 나타내고 있었다. 이 실험의 결과와 실험절차는 물론 여러 가지
해석과 비평에 의문점이 있지만 관료적 大組織內의 현대적 경험이
라는 관점에서 평가할 때 특별히 불길한 힘을 가지기에 충분히 설
득력을 가지고 있고 인상적이다. Eichmann과 Calley는 널리 알려
진 예로서 여기서 다시 생각나게 된다.

복종이나 순종은 책임의 포기의 방법이라 요약될 수 있다(제10
장을 보라). 양심은 일시 중단될 것이다. Milgram은 양심이란 개념
을 부정하지는 않는다. 오히려 반대로 자기의 발견을 어떤 도덕적
능력이 존재한다는 증거로서 사용하지만 양심은 어떤 조직환경에서
희미하게 되거나 잃어버리게 된다는 것을 지사하고 또 아마 지금
까지 사회적으로 금지된 공격성에 대하여 사회적으로 증인된 양보
를 함으로써 전통적 가지금지는 어떤 구조적 조건하에서 사라질
수 있다.

> 파괴적 관료체제의 능력 있는 관리자는 가장 무감각하고 둔한
> 사람이 위반하는데 직접적으로 개입되도록 人事配置 할 수 있다.
> 잔인한 실제행동과 멀리 떨어짐으로써 支持的 機能을 수행함에
> 있어서 거의 긴장을 느끼지 않는 사람(남자와 여자)으로 대부분
> 의 人的 構成을 할 수 있다. 이들은 책임의 면제를 느낄 것이다.
> 첫째, 合法的 權威는 이들의 行動에 대하여 완전한 보장을 받는
> 다. 둘째, 이들은 잔인한 행동을 범하지 않는다(Milgram, 1974,
> 122).

물론 여기서 나쁜 의미의 함축은 공격적 행동이 체계적으로 설
계될 수 있다는 것이다. 이런 의미에서 惡(evil)은 앞에서 논의된
心理的 距離感(psychological distancing) 현상에서처럼 단순한 무의

식이나 부수현상이 아닌 行政家의 意識의 範圍안에 놓이게 된다.

　보류가 있어야 한다. 行政哲學者가 어떤 組織을 硏究할 때 항상 두 가지 문제가 괴롭힌다. 첫째로 行政哲學者는 진정한 權力配分(true allocation of power)을 발견해야 하고(비공식 구조와 친밀해야 할 필요성), 둘째로 진정한 價値配分(true allocation of value), 人性構造(personality structure)와 친밀해야 할 필요성을 발견해야 한다. 어떤 이유에서이든 조직구성원들이 權威의 '과대수용'(overaccept)의 태도를 갖추고 있을 때 행정가의 개인특유적(idiographic) 또 규범적(nomothetic) 양면의 가치실현을 허용하는 行政階層에 權力을 양보하게 된다. 이들의 측면에서 이것이 철학적으로 건전치 못할 때-즉 反猶太的 공격(anti-Semitic aggression)(Eichmann)과 결합된 낭만적으로 惡의 이데올로기, 또 공격적 출세제일주의(Calley)와 결합된 손상된 多元的 이데올로기와 같은-단계는 비극적 병리를 위한 환경이다. 이것은 영원한 경계를 해야 할 가치를 가진 단순한 자유가 아니다. 도덕성의 값은 權威의 根據를 계속적으로 감시해야 하는 것이다.

Ⅲ. 出世第一主義(careerism)

　行政家의 공격성은 野心(ambition)으로 이용된다. 공격성과 야심 둘 다 조직이나 행정가의 길에 도달하려는 목표를 위한 정열적인 힘을 제공해 준다. 좌절하게 될 때 이것은 行政家의 정신을 병들게 하지만 이것을 필요로 하고 잘 될 때는 행정가와 조직 양자를 도와줄 수 있다. 그러나 價値의 問題가 있다. 위계적 배열에 있어서 직업적 발전이라는 것은 階層上의 上昇만으로 간단히 보아 넘길 수는 없다. 발전(progress)이라는 것은 이동함으로써 또 상향이 동함으로써 이루어지는 것이지 정체상태에 있음으로써 또는 하향이동함으로써는 확실히 발전이라고 할 수 없다. 그리고 어떤 자유스런 소망과는 반대로 '上層엔 많은 자리'(more room at the top)가 충분히 있는 게 아니다. 이것은 行政家간의 노골적 경쟁이나 피비린내 나는 격전의 결과를 가져올 필요는 없다는 것을 우리는 행정가의 계층과 파벌의 문제를 다루는 데서 이미 살펴보았다. 어떤 相互規制的 競爭과 相互互惠的·協同的 形態의 成長은 어떤 고독한 야만적 상태(solitary savagery)보다는 훨씬 더 있을 법하다. 대규모의 複合的이고 合理的인 官僚制에서 어떠한 절대적인 것은 없다는 것, 또 部分은 대체될 수 있다는 것은 하나의 公理이다. "올라갈 때 만난 사람을 잘 대하라, 아마 내려올 때 또 만나게 될 것이다."라는 옛 先人들의 말씀에서 요약된 것처럼 個人主義를 억제하기 위하여 견제와 균형은 비공식적 수준에서 나타난다. 그리고 이것은 病理的일 필요가 없다. 이것은 아마 조직생활의 리듬을 북돋아주고 계속성의 어떤 質을 가져다준다.

말할 것도 없이 계속성은 가치의 계속성을 의미하는 경향이 있고 또 이것은 역기능적인 조직의 경직성에 이르게 된다. 組織外的 歷史의 긴급성은 한 집단으로서의 出世第一主義者들이 적대시하는 변화를 요구하게 될 것이다. 다시 행정가들이 한번 가졌던 지위에서의 技術的 發展은 자기의 과거경험을 완전히 앞지르는 것이다. 그래서 행정가들은 자연히 외부에서나 내부에서 터치하기 곤란하게 된다. 논리적으로는 가끔씩 순환근무시킴으로써, 또 과거의 가리로 되돌려 보냄으로써 쉽게 이것을 고칠 수 있을 것으로 생각되나 경력적 계층의 모든 계단은 上向하기 위하여 만들어진 것이지 계단을 타고 내려가기(下向) 위하여 만들어진 것은 아니라는 것이다. 管理者가 된 사람은 맨 문간 자리로 되돌아가기를 원치 않을 것이며 政治家도 再選을 要하지 않는 한 피지배자의 자리로 기꺼이 돌아가고자 하지는 않을 것이다. 비록 모택동 정부 하에서까지 '지식계층'(intellectuals)은 노동자와 농민계층과 강제적으로 재결합하지 않으면 안 된다.

이 이상의 어떤 것이 있다. 훌륭한 教師는 行政職으로 昇進되어 가르치는 일을 중단해야 하고, 마찬가지로 훌륭한 판매원은 판매관리자가 되어 판매를 그만둬야 한다. 만일 조직의 입장에서 이들이 後者의 役割(行政職, 管理職)보다 前者의 役割(敎師, 販賣員)에서 보다 더 效果的이었다면 Peter의 法則(原理)(Peter principle), 일종의 行政의 Gresham法則이 작용하고 있는 것이다. 그러나 다행히도 공격성과, 야심, 능력이 함께 작용할 수 없다는 것, 또는 적절한 도덕성 또는 아마 상위의 도덕성까지도 함께 혼합적으로 결합될 수 없다는 것을 따르게 하는 법칙이나 원리는 없다. 여기서 우리의 관심은 病理的 傾向에 대하여 주의를 끄는 것이다. 출세제일주의(careerism)라는 말은 성공적인 조직역할은 뒤로 젖혀 두고 제 자리로 다시 되돌아오는 것은 실패의 형태로 보인다(반드시 표면적으로 그렇게 보이는 것은 아니지만)는 것을 암시하고 있다. 여기에 구조적 예외가 있는데 학술적이었던 行政家가 강의실이나 실험실로 복귀하는 것, 또 아마추어적 行政家가 과거의 전문직으로 복귀하는 것이다. 그러나 전문적 행정가에게 체면유지적 탈출구는 정상적으로 존재하지는 않는다. 단지 하나의 길이 있다면 상위로 올라가는 길 뿐이다. 행정가는 認定을 받기 위해 또 昇進에 대하여 압력을 느껴야 하며 실패의 오명을 씻기 위한 과감한 모험도 있어야 한다.

출세제일주의에 대한 지나친 집착은, 특히 상향적 행정가가 조직 밖으로 승진되어 나가는 경우에는, 그 자체의 특별한 형태의 무책임성을 만들어 낼 수 있다. 이러한 사람은 자기 역할과 '이혼'(divorce)하고 새로운 역할과 '재혼'(remarry)할 때 못 마친 일을 남겨 두고, 決定할 것을 미뤄두고, 마치지 못한 의무를 남겨두고, 도덕적 또는 윤리적 책임의 더미들을 미뤄두게 된다. 조직내부에서의 경력적 승진의 경우에서도 올라가는 사람은 똑같은 책임회피의 결과를 가져오고 내버려진 천임자의 역할을 승계자가 "쪼각 쪼각 주워 모으지" 않으면 안 된다. 재선거를 떠맡는 정부와 役割 追求者가 진정한 집단이익을 위해서 추진해 나아가기보다는 선거에서 이기려는데(예를 들면 자기 자신의 경력적 승진을 위하여) 보다 더 집중하여 결정을 하는 경우 약간 비슷한 현상이 政治生活에서 나타난다.

출세제일주의가 윤리적 문제를 안고 있다는 것은 명백한 사실이지만 지상목적이 승리를 위한 전략을 발견하고 개발하는 것이 되는 權力의 게임(power game)으로 조직생활이 요약될 때 윤리적 이슈(issue)는 적절치 못하다는 것을 주장하는 관점이다. 이러한 관점에서

승진은 개인적으로 공식적 결정을 포함하게 되고 이러한 일이 일어나는 경우마다 여러 가지 중요한 행동의 측면에 대한 추측이 있을 수 있다. 즉 완고한 고집은 德인가 아니면 하나의 죄인가? 자기의 상급자 또는 심한 경우 자기의 상관과 논란을 벌여야 하는가? 자기 課 밖의 자기 일을 위해서 적절한 접촉을 하려고 노력해야 하는가? 이에 대한 대답은 게임에 있어서 각본상태의 판단에 달려 있다. 상황에 따라 행등이 좋을 수도 있고 나쁘게 보여질 수도 있다.

그리고,

승진에 실패한 사람은거의 단정적으로 저급한 전략을 가지고 있는 사람이며 그래서 자기의 개인적 資質을 자신을 발견하는 상황과 매치시키는 길을 발견할 수 없게 된다(美 FDA보고서, 1972, 1974).

같은 보고서 같은 맥락에서 Sisson은 行政家는 다음과 같아야 한다고 말하고 있는데 그것이 인용되었다. 行政家는

"關係性에 관한 哲學的 硏究가 이끌리게 되는 모든 가치문제를 항상 회피해야 한다. 만일 자기의 가장 주력하는 관심이 자신을 頂上으로 끌어올리는 것이라면 價値를 검토하려는 유혹에 의하여 비켜나가게 되지 않을 것이다"(Loc. cit. Sisson, 1959, 20).

이러한 관점들은 고도로 존중을 받는 官僚制에서일지라도 출세제일주의를 病理의 根源이라고 추정 확인하는 것을 뒷받침하고 있다.

이런 것들이 階層의 逆機能現象의 몇 가지이다. 출세제일주의가 病理的으로 될 때 이것은 재생의 어떤 잠재 가능한 이 점을 방해할 뿐만 아니라 보상체제와 집단 내 성원 간의 상호호혜를 교묘하게 통제하는 힘을 가지고 自己永續的 집단(clique)에 이르게 되는 불안정을 만들어 내게 되는데 이 모든 것이 조직적 逆機能이 될 수 있다. 아니면 반대로 經歷體制가 분명하게 경쟁적 체제로 되어 있을 때 이것은 행정가의 스트레스와 불안정 현상에 의하여 개인적 문제를 일으키게 할 수 있다. 끝으로 종신임용(tenure)이 보장되고 경력상의 발전(승진)이 공공행정에서처럼 또는 日本의 産業界에서처럼 주로 年功制의 기능으로 이루어지는 때 더욱 행정가의 무기력, 무책임, 아노미(anomie)의 위험성은 높아진다. 요약하자면 출세제일주의와 계층, 이 두 가지는 행정에 있어서 필수적이고 또 양자는 非病理的 形態로서는 행정의 유리한 측면인데 그 대신 그만큼 쉽게 뒤집히기 쉬워 價値病理의 소지를 너무나 많이 갖게 된다.

Ⅳ. 成功의 哲學

動機나 組織構造에 손상을 주고 또 어느 정도 틀린 또는 나쁜 것으로 생각되는 價値病理(value pathology)에 대하여 살펴보았다. 그러나 이 틀린 것(wrongness)이나 나쁜 것(badness)은 단지 類型 Ⅱ의 傳統的 道德性의 觀點에서 나오거나 類型 Ⅰ의 어떤 價値와 價値指向의 支持, 즉 말하자면 基督教的 倫理에 대한 지지로부터 나오는 것이다. 自己關心(selfinterest)에 대해 과도하게 우선권을 매기고, 제한된 償의 공급과, 權力에 대한 결과적인 충돌과 투쟁을 자기의 基本的인 哲學的 眞理로 생각하는 개인적 成功追求의 觀點으로 볼 때 외곬수적 자기목표의 추구는 논리적일 뿐만 아니라 당연히 윤리적인 것으로 본다. 예를 들면 이런 사람은 실제로 존재하는 세계에 대한 비젼을 갖고 있고 또 그 비젼에 도전하는 용기를 갖고 있다고 믿을 것이다. 이것은 어느 정도까지 신성시되었고 또 수세기까지 Machiavelli 시대에서 나온 東洋의 지혜에서 구체화 되었다. 이 비밀주의는 Hindu人에게는 성공의 비결(arthasastra)으로 알려졌다. 다음 논평은 유명한 印度研究家 Heinrich Zimmer(1951)의 저서에 힘입은 바 크다.

이웃이 접근할 수 있는, 즉 사람을 정치적으로 다루는 네 가지 주요 전략이 되는 네 가지 주요 방법이 있다는 것을 성공의 비결 (arthasastra)은 주장하고 있다.

(1) 첫째는 상대방보다 열등한 權力地位에 있을 때 적용한다(그리고 이기기 위한 경쟁의 정글의 야수세계에서 모든 사람은 적이 된다. 지나가는 역할이 친구 또는 동맹, 또는 정치적 동료의 역할이 되는 사람을 포함하여 모두가 적이다). 이것은 회유 또는 협상의 기술이라 불리어진다. 여기서 사람은 어떤 방법으로든, 개인적 비방을 통해서건, 웅변이나, 아첨을 통해서든, 상관의 진정과 양해

를 탐색한다. 上官은 진정되어야 하고, 안전을 느껴야 하며, 하급자
들로부터의 어떤 위협을 느끼지 말아야 하며 가능한 한 자신감을
느끼고 모든 것이 자기에게 의존한다는 것을 느끼게 되어야 한다.
예를 들면 우리는 意思疏通의 線이 비록 우리가 경멸하는 사람과
도 열려 있어야할 때 이것은 行政家들 중에 널리 퍼져 있다. 權力
은 항상 존중되어야 하며 또 보다 權力的인 것은 회유되어야 할
것이다. 어떤 한 사람은 명령에 의하여 단지 '협상'할 수 있으며,
자기의 利己心 대로 행동할 수 있으며, 교묘하게 환심을 사고, 자
기 허무에 빠지고, 廷臣(courtier), 협상가, 정치기술자, 외교관이 될
수 있다.

  (2) 그러나 어떤 한 사람이 우세한 權力的 地位에 있다고 생각해
봅시다. 그러면 올바른 두 번째 접근은 강압(force)이란 것이 될 것이
다. 만알 한 사람이 權力을 갖게 되면 그것을 휘두르고 그 권력이 눈
에 띄게 하고자 할 것이다. Napoleon이 權力을 가졌을 때처럼 때때로
낮은 사람을 목매달고자 한다. 응징과 처벌이 눈에 띄고 그렇지 않으
면 때때로 상급자의 무기력이 드러난다고 느끼게 된다. 현대적인 말
로 때때로 하급자에게 기대고, 하급자에게 압력을 가하고, 병폐를 일
으키는 것은 대장이 아니라 부관이라는 것을 믿게 하도록 하라고 충
고할 만하다. 우단 속에 들어 있는 칼(steel)은 때때로 우아하게 보일
것이며, 또는 다른 스타일과 다른 상황에서는 철저한 격노, 격성, 울분의
표시는 하급자나 경쟁자를 공포로 몰아넣는 데 커다란 효과를 보여줄
수 있을 것이다. 成功을 追求하는 사람은 이 모든 기술과 방법을 완전히
마스터하고 權力追求過程에서 철저하게 이들을 사용한다. 그러나 권력
관계성이 어떻게 되었든지 나머지 두 접근법-'기증'(donation)과 '분
활'(division)은 언제나 권장할 만하다.

  (3) 寄贈(donation)은 受略(bribery)나 瀆職(graft)과 같은 最大極
端으로서 또 社會的 交換原理 같은 最小의 平凡한 형태로서 오늘

날 우리들에게 잘 알려져 있다(Wright, 1973, 4). 정말 때때로 社會學者들은 보편적 규범 또는 호혜적 超價値(metavalue)의 위치로까지 전략을 향상시키는 것같이 보인다. 사람들은 동료친구에게 점심이나 술을 삼으로써 자기의 社會的 互惠指標(social reciprocity index)를 높인다. 이 기증이 여점원에게 주는 팁이든지 아니면 기증자에게 유리하도록 기증을 받은 사람을 위증하게 하기 위하여 계획되고 꾸며진 性的 聯想을 일으키는 홍청거리는 시골의 주말이 되었든지 응분의 대상(quid pro quo)이 되는 기초적인 전술적 힘은 매우 혼하고 또 매우 강력한 힘을 갖고 있다. 東洋의 어느 부분에서 이의 실제는 흔히 半公式化되어 있는 실정이지만 그 실제 적용은 보편적이고 그 형태의 다양성은 끝없이 많다.

寄贈은 넓은 의미로 선물(gift)이라 해석하면서 선물과 같이 취급되기를 바란다. 이 기증이 상대 적대자를 부패하게 만들거나 반대를 시들하게 하는 데 쓰일 때 우리의 가설적 주장자들에게 특별히 가치 있는 것이다. 上位職에 오르고자 하는 자는 자기의 직속상관에게 직접적으로 이 기증이라는 것을 사용하고자 하지만 아마 상관의 부관과 측근자에게, 상관의 오른 팔에 해당되는 자에게 보다 더 효과적으로 사용하고자 할 것이다. 한 두 간격 거리에서 그 저자에게 애정을 느끼게 하는 것 보다 더 은근한 아첨은 없다. 반면에 자기의 힘의 사용에 제한 받는 현대 행정가는 자기의 아랫사람에게 기증을 분별 있게 사용함으로써 보상해 주고자 할 것이다.

(4) Roma의 分割支配(Roman divide-and-rule), 즉 分割의 古典的 原理가 아직도 남아 있다. 이것은 참된 成功追求者에게 두 번째의 성격으로 나타난다. 만일 올바른 귀에 틀린 말을 해줌으로써 경쟁자와, 라이벌, 동료를 침식하는 데 있어서, 또 혼란을 시키고 조작하는 데 있어서 결과적 혼란이 더 그의 목적을 달성한다면 이런 사람은 반대파의 계급을 갈라놓는 데 있어서, 반대감정을 흩어지게

하는 데 있어서, 또 소문과 불화의 씨를 뿌림으로써 그 반대에 대항하는 데 있어서 명수가 될 것이다.

　지금까지 記述한 4가지 전략은 '사기', '무시', '속임수'의 사소한 전술과 함께 사용될 수 있을 것이다. 만일 이러한 행동을 다른 사람들이 지각한다면 한 사람이 도덕적 義憤을 가장하는 것으로 미루어 생각하는 것과 똑같이 자기의 목적을 위해서 나아갈 수 있는 꾀나, 변절, 사기 같은 것에 기꺼이 기울어지게 될 것이다. 사람들은 대부분 의도적 희생에 우호적이며 또 사람들은 경고도 하지 않고 치고자 한다. 그렇지만 이런 모든 교묘한 책략에도 불구하고 라이벌이 때때로 성공하게 되는데 그렇게 되면 이때 올바른 태도는 '無視'하는 것이다. 무시함으로써 사람들은 반대편의 성공을 얕잡아 보는 것이다. 그렇지 않으면 사람들은 무관심한 척 위장하고 기껏 해야 거짓 칭찬으로 저주한다. 유능한 행정가는 자기가 질 것이라는 것을 아는 모임에는 나타나지 않으려고 한다(외출하거나, 자기의 대리를 보내거나, 보다 더 중요한 일을 만든다). 그리고 자기 자신에게 전적으로 또는 부분적으로 신뢰하지 않는다면 그는 자기 동료 쪽의 승진이나 조직상의 성취를 조심스럽게 얕보거나 얕잡아 본다. 우리가 오늘날 하는 것처럼 올바른 이미지를 보여줄 수 있는 데 필요한 곳에서 위장하는 것, 또 거짓된 표정을 짓는 기술을 익히는 것은 너무나도 중요하다. 정직과, 믿음, 신뢰의 자신 있는 행동을 보여줄 수 있는 것은 특히 중요하다. 현대의 속임수와 함께 현대적 기술방법을 결합하여 사용하는 것은 사탄(Satan)을 천사로 만들 수 있으며 악마를 사회적 가치의 요약으로 만들 수 있다.

　이로써 성공비결(arthasastra)의 대체적인 운을 말해주기에 충분할 것으로 생각된다. 그러나 東·西洋 양쪽에서 좀 引用함으로써 이것을 보장하고자 하는데, 이것은 價値指向의 영원한 성격을 포착할 것이다.

구름이 순간순간 변하듯이 오늘의 그대의 적은 심지어 오늘 당장 그대의 친구가 되리니.

權力은 총부리에서 자라난다.

힘은 正義를 누르고, 正義는 힘으로부터 나오고, 마치 生物이 땅에 뿌리를 박고 있듯이 正義는 힘의 지지를 받는다. 연기가 바람에 따라 움직이듯이 正義는 힘을 따라야 한다. 正義自體는 힘이 전혀 없어 마치 덩굴이 나무에 의지하듯이 정의는 힘에 기댄다.

힘이 바로 正義이다(Macht macht Recht.).

사람들이 그대를 부드럽게 생각한다면 그들은 그대를 경멸할 것이다. 그러므로 잔인해야 할 때는 잔인해야 하고 부드러울 때는 부드러워야 한다.

神은 大部隊 쪽에 있다.

이 세상에서 成功하고자 하는 사람은 누구나 깊은 맹세를 하고, 사랑과 우정을 서약하고, 겸손하게 말하고, 기꺼이 눈물을 흘리고 또 닦을 준비가 되어 있어야 한다.

나의 적의 적은 나의 친구이다.
社會智慧의 最終的인 말은 결코 믿지 말라는 것이다.

이런 입장은 예부터 전해오는 것이지만 現代的이고, 古典的이며 永遠한 것이다. 그리고 行政研究分野에서 그 자리를 굳히고 있다. 저자가 이렇게 길게 늘어놓고 있는 것은 이것을 지지하기 때문이 아니라 행정가의 價値準備의 근본적 구성요소로 믿어지기 때문이요 또 보다 높은 지혜를 추구하는 가능한 출발점으로 믿어지기 때문이다. 만일 행정적 열망자가 이에 대처하는 데 그렇게 정교하지 못하다면 이 열망자는 그에 대처하는 지위에 오르기 어려울 것이며, 그것을 철학적으로 대처하는 직에 오르기 어려울 것이다. 또는 이러한 세계가 있다는 것도, 또 때로는 이것들이 조작되고 사용되고 있다는 것 자체를 아는 지위에도 오르지 못하게 될 것이다. 성공의 비결(arthasastra)은 우리들로 하여금 달의 어두운 부분을 감시할 수 있게 해주며, 우리들로 하여금 行政的本能을 의식하게 해주며, 보다 더 높은 열망에 불꽃을 붙여주는 시발점으로서의 역할을 한다. 일종의 신령의 자율적 실태가 있고, 이러한 세계의 존재를 인정하기를 거절하고, 냉소주의에 굴복하고, 또는 실증주의를 통해서 가치에 대한 논의를 포기하는 곳에서만 단지 이것은 완전히 성공할 수 있을 것이다. 그러나 자유주의와 실증주의적 영향은 둘 다 文獻上으로 널리 퍼져 있으며 냉소주의는 언제나 나타나고 있다. 哲學은 어려운 여건에서 싹트기 시작해야 하는 입장이다. 이것은 불모의, 또는 부적절, 혹은 사소한 것에 대항하여 때때로 고르게 하는 어떤 책임을 거부해야 하고, 목적, 조직의 좋은 집단성을 표면적으로 유혹하는 파멸과 위험에 대하여 우리들로 하여금 민감하게 하는 기초작업을 해야 한다. 行政病理는 哲學이 치료해야 할 질병인 것이다.

제10장 組織의 道德性과 責任性

앞 章에서 著者는 行政家가 조직의 價値病理에 좋든 싫든 기여하게 되는 방법에 대하여 집중했었고, 또 소의 成功의 哲學에 대하여 특히 길게 강조하여 논하였다. 추정된 과학적 계몽시대에서 그러한 사회적 복지와, 발전, 관심에 대하여 행정가가 왜 의식적으로 個人의 道德性의 行動으로써 비밀리에 이러한 哲學을 따르고 있는가? 이에 대한 몇 가지 理由와 方法이 있다. 첫째 대부분의 사람들이 낙관적이기 때문에 또는 어떤 적대적 현실에 당면하여 용기가 부족하고 감각이 무디기 때문에 이러한 철학이 세상에 대한 진실을 가장 잘 반영한다는, 즉 거의 모든 사람이 차라리 부딪치지 않는다고 확신되는 진실을 가장 잘 반영한다는 것을 개인적 현상과 개인적 경험으로부터 믿게 된다. 그리고 그 결과 행정가는 反省的 反應과 理性的 反應으로써 이러한 철학을 채택한다. 악한 세상에서 악하게 되기 위하여 또 세상 자체의 게임에서 세상을 쳐 넘기기 위하여 등등의 이유로 이러한 철학을 채택하는 것이다. 그렇지 않으면 사실이었든 아니었든 이러한 철학을 채택함으로써 여러 가지 이익을 얻을 수 있다고 생각할 것이다. 대부분의 사람들은 너무나 社會的으로 條件化되어 있어서 이러한 哲學을 지지하게 된다. 自由主義의 안전한 半眞實과, 인간에 대한 人間關係論과 人間資源論 觀點의 민감성 때문에 보다 더 대부분 사람들의 취향을 당긴다. 그래서 대부분의 사람들은 무정한 精神을 위하여 기꺼이 바보가 되고자 하고 기꺼이 희생물이 되고자 한다. 이것이 양의 탈을 쓴 이리의 이론이다. 다시 행정가는 비밀주의를 전적으로 받아들이지는 않고, 대신 이것을 부분적으로 또 의미 있게 진실한 것으로 또 그래서 조건적으로 수용할 가치가 있는 것으로 인정한다. 그러면 실용적으로 행정가는 때때로 또 행정가들이 그 철학이 알맞다고 판단하는 곳에서 또 그러한 때는 그 哲學을 기꺼이 지지한다. 이것은 임지 특수적 關與이다. 아니면 행정가는 많은 사람들이 그랬던 것처럼 황야의 시험(the grand temptation)의 유혹에 빠지게 된다. 결국 그게 정의롭다면 結果는 手段을 正當化시킨다. 그래서 哲學은 權力을 얻는 데 사용되고 그래서 한번 권력을 얻고 안정되면 바로 그 법칙과 올바른 행정이 뒤따를 수 있게 된다. Dostoievsky는 그의 유명한『大審判官(종교재판소장)』(Grand Inquisition)의 대화에서 이 책략의 글을 나타내고 있다.

이렇게 해서 權力主義와 이에 해당되는 價値指向은 일상적인 민감성에 대한 어떠한 급격한 반동이나 공격을 전해주든지 아니면 行政的 出世第一主義者가 이런 형태의 哲學的 關與를 할 수 있다. 그러나 행정가가 이렇게 하는 것은 個人的 選擇의 문제이고, 個人的 道德性의 문제이며, 아니면 우리들의 말로 하여 權力과 成功의 價値를 價値化의 類型 Ⅰ의 범위로 번역하는 문제이다. 물론 이것은 다른 哲學的 立場으로부터의 비평의 대상이 되지만 이러한 입장을 주장하는 주장자들이 할 수 있는 모든 것은 理由를 들어 또 수사적으로, 또 자기들 뜻대로 할 수 있는 모든 권력을 동원하여 자기들이 더 좋은 價値를 가지고 있다는 것을 자기의 청중들에게 설득하는 방법을 찾는 것이다. 마침내 選擇活動은 個人的이고 또 그 선택이 自由롭고 意識的이라면 자연히 道德的이 된다.

조직의 觀點, 즉 集團性의 觀點에서 우리는 이제 道德性을 고려해 봐야 하며, 또 조직 그 자체가 어떻게든 도덕적으로 책임성이 있는지 아니면 어떻게든 도덕적 행동에 대하여 방해나 장애가 되는지 물어봐야 한다.

Ⅰ. 組織의 惡意

조직의 도덕성 문제에 있어서 실천의 경우를 Ladd(1970)가 가장 설득력 있게 제시하고 있다. 그는 공식조직과 관료제는 어떤 중요한 측면에서 평범한 도덕성에, 즉 Kant의 법칙에서 요약된 類型 Ⅱ 인 습과 類型 Ⅰ의 倫理에 적대적이라고 Ladd는 주장하고 있다. 合理性 이라는 組織價値와 非人間化의 規範的 原理 때문에 이러한 적대가 생기게 된다. 복잡한 관료제에서 개인은 전체가 아니고 役割所有者 이며 조직 전체에 이용되는 技術의 部分集合에 불과하다. 이들 개인 은 部分이므로 그것에 代置될 수 있고 바꾸어질 수 있는 것이다. 조 직에 있어서 合理的으로 필요한 사람은 없다. 명백한 대조로서 道德 性은 全體 人性의 涵數인데 이 後者인 人性은 어떤 役割보다도 중요 하고 역할을 충만하게 해 준다.2)

어떤 경우에도 조직의 언어적 게임은 그 이름으로 이루어지는 사 회적 또는 집단적 결정을 위해서 적당한 價値를 결정해주기 때문에 이러한 人性이무엇을 느끼거나 생각하느냐는 문제가 되지 않는다. 조 직목표 달성을 위한 合理的 節次와 결합된 조직목표는(인간관계운동 의 정교화로 필요한 곳을 빛나게 하는) 조직생활을 장기두기에 비유 한다. 장기 게임에서는 '바르게'(right) 밭 두기 또는 '잘못'(wrong) 밭 두기란 있을 수 없고 다만 그 저절로 도전받을 수 없는 규칙의 集 合的 體制에 주어진 보다 效率的인 또는 보다 效率的이지 못한 장기 밭 두기가 있을 뿐이다. 평범한 구성원은 논리적인 잡역꾼이 되고, 소 외되거나 조작된다. 비범한 구성원, 행정가까지도 행동의 주역이 아 니고 하나의 代理人(agent)에 불과하여 다른 사람의 이름으로 일을

---

2) 人性(personality)의 구성요소는 역할에 따라 다양하다. 즉 예를 들면 專門 技術家와 行政家는 機械技術者와 군대의 특무상사보다 더 많은 人性의 幅 (persnonality latitude)을 가지고 있다는 것을 인정한다.

하는 사람이다.

行政家가 무책임하게 되는 특별한 길이 있다. 이것은 철학적·심리적 이탈-조직은 개인보다 더 크고 조직 자체의 목적지와 논리를 가지고 있다는 신념-에 의하여 무책임하게 된다. 행정가는 그렇게 되면 生物學的 誤謬와 잘못을 범하게 되고 조직은 단지 현실시할 뿐만 아니라 신성시한다. 그리고 代理人은 集團性의 權威나 權威意識 아래에 있는 활동에 대하여 개인적으로 또는 도덕적으로 책임이 없다. Adolf Eichmann과 다를 바 없는 관료와 공무원, 기업과 교육을 위한 행정가는 자기들이 개인적으로 승인하지 않는 정책을 성실히 집행해야 한다"(Merton et al., 1952, 132). 그리고 외형적으로 好意的인 조직은 惡을 위한 잠재적인 집단적 힘이 될 수 있다.

II. 機關과 責任性

우리는 여기서 기관의 법적 측면에 대하여 관심이 있는 게 아니라 오히려 행장가의 결정을 조직 속에 투입시키는 곳에서 사회적 의사결정이나 집단의 사회심리적 측면에 대하여 관심을 갖는다. 예를 들면 계약의 경우에 있어서 合意에 대한 공식적 결론은 개인적으로 근거를 두지도 않고 또 조직활동이 되는 결과에 대하여 개인적인 책임도 없다. 그리고 집단의 意志나 집단의 지도자가 타당한 반대를 봉쇄하거나 좌우하도록 허용되는 때 우리는 아마 무책임성의 어떤 **전율(frisson)**같은 것을 느끼게 된다.

代理人은 자기 主人의 利益을 위하여 활동하는 것으로 생각된다. 조직은 표면상으로 合理的·利益追求的集團이기 때문에 대리인들의 활동은 그들 조직의 범위 안에 있는 集團의 다음 순서와 보다 높은 순서의 利益과 갈등하게 된다. 이리하여 代理人은 개인적 책임에 있어서 보다 더 자유로운 조건 아래에서 개인적으로 승인하지 않는 일을 하는 데 자기 자신이 때때로 종사하고 있는 것을 발견하게 될 것이다. 과거처럼 알고 있는 변호사로부터 추정하여 대리인은 죄 있는 수혜자의 무죄를 찾고 있다. 그렇지 않으면 조직의 구조에 의하여 규정된 집단은 행정가가 個人特有의 價値根據에 의하여 반대를 받고 있는 하나의 결정에 이르게 된다. Barnard에 의하면 조직의 결정은 '조직의 목적에 대한 조직의 영향과 조직목적과의 관계의 관점으로부터 非個人的으로'(203) 이루어지고 있다. 이에 해당되는 simon의 실증주의적 교과서는 '개인적 관리에 있어서의 결정은 조직을 위하여 설정된 목적을 윤리적 전제로써 취해야 한다는 것이다'(1965, 29). 그러나 윤리적 중립성의 이러한 모양은 조직 내·외에서 類型 Ⅲ의 악의, 원한, 적의를 위한 하나의 구실로 봉사할 수 있고 동시에 類型 Ⅰ 질서(order)의 긍정적 도덕성은 부적절한 것 같이 보이게 만들어질 수 있는 것을 위하여 봉사할 수 있다. 그리고 合理性의 출현은 관료제에 의한 不義를 개인적으로 느끼는 증빙기록의 전부는 아니더라도 대부분 변명해 주는 데 기여할 수 있을 것이다. 모든 反官僚的感情을 다 Thompson의 用語인 官僚主義3)란 말로 설명될 수 없다. 조직의 非人間主義나 沒人間主義는 定義에 의하여 類型 Ⅰ의 集團性을 가진 조직, 즉 종교적 목적을 가진 로마 카톨릭교회(Roma Catholic church)와 이데올로기적 목적을 가진 共産國家의 조직에까지 확대된다. '政治機構'(apparat)가 억압시키고 있다. 行政은 價値를 評價切下시키고 있다. 理性의 냉철한 관점에서 모든 것을 절하고 그리고 機構의 냉정한 分離를 시도한다.

　Ladd는 사회적 결정은 도덕적일 수 없다고 결론을 맺는 시점에 이르기까지 이러한 추리의 선을 추구해 나간다.

---

3) 관료주의는 신경에 비유된다. 즉 어떤 人性(personality)은 沒人情的 態度와 合理的 官僚制의 要求에 적용할 수 없다는 아이디어 존재이다.

　　이리하여 논리적 이유로 인하여 도덕성의 일반원리에 일치하는 조직적 행동을 기대하는 것은 알맞지 못하다. 우리는 공식적 조직 또는 공식적 능력 아래 행동하는 조직의 대표자들이 정직하고, 용감하고, 사려 깊고, 동정적이고 또는 어떤 도덕적 통합성을 가질 것으로 기대할 수도 없고 또 기대하지도 말아야 한다. 조직의 언어게임(language game)의 말하자면 어휘 중에는 이러한 개념은 없다(우리는 또는 장기두기 게임의 어휘 중에서도 이러한 용어들을 발견할 수 없다). 평범한 도덕적 기준에 비추어 볼 때 잘못된 행동은 조직을 위해서도 그런 것은 아니다. 정말 이러한 것들은 흔히 반드시 요구된다. 비밀주의, 스파이 행동, 속임수가 조직활동을 그릇되게 만들지 않고 오히려 이것이 조직의 목적을 위해서 일한다면 이것들은 옳고, 적당하며, 정말로 合理的이다. 조직의 의사결정의 관점에서 볼 때 이것들은 '윤리적으로 중립적'이다(1970, 499-500).

　　이것은 Getzels와 Guba의 모델에 따르면 規範的 側面과 個人特有的 側面의 논리로서 앞에서 언급한 바 있는 行政硏究에 있어서 영원히 존재하는 딜레마의 道德哲學의 觀點에서 再陣述한 것에 불과하다. 道德性이 **다른 사람과**의 관계를 다스리지만 道德性 그 자체가 **個人的**인 문제라는 것은 逆說的이다.

　　價値의 分析에 있어서 우리는 이러한 딜레마를 規律과 放縱간의 하나의 싸움이라고 규정하였으며 이 책 전체를 통하여 행정가는 자신을 集團利益과 同一視해야 한다는 것을 저자는 암암리에 암시하여 왔다. 이제는 이러한 倫理的 暗示를 수정하고 다듬어야 할 필요가 있다. 이것은 단지 좋은 자질을 가지고 있을 때만 옳은 것이다. 예를 들면 여기서 조직은 반드시 유익한 것도 아니고 또 사회적 안녕을 위한 세력도 아니고 조직구성원과 대리인을 부패자로 만들 수도 있다는 것이 시사되었고, 또 "평범한 도덕적 기준에 의하여 볼 때 틀린 행동이 조직을 위해서도 좋지 않을 수도 있다는 것"도 시사되었다.

規範的 側面(nomothetic)을 위한 行政家의 傾向性은 도덕적으로 바탕을 두어야 하며 정교한 正當可能性을 가지고 있어야 한다. 저자는 도덕문제에 관한 Ladd의 분석에 대하여 이의를 제기하려 하지 않는다. 오히려 그와는 반대로 도덕적으로 무의미하고 윤리적으로 위험한 실체로서 그의 조직에 대한 비젼에 대하에 어떤 강점을 제시해주고자 한다. 그러나 저가는 행정가를 조직의 도덕적 풍토와 도덕적 운명을 바꿀 능력이 없는 하나의 代理人으로 얕잡아 보는 문제를 다루고자 한다. 조직의 도덕적 풍토와 도덕적 운명을 변경시키려는 행정가의 힘(權力)은 행정가(또는 저자)가 바라는 바가 아니지만 행정가가 하고 있는 것은 귀중한 잠재 가능성이다. 만일 행정가가 代理人으로서의 등장인물(Persona)을 채택함으로써 이러한 잠재 가능성을 부정한다면 결국 행정가는 빌라도(역주: 예수를 처형한 로마의 총독, Pontius Pilate)처럼 성나게 되고 이제 실증주의적 관료가 되고 만다. 행정가는 단어의 가장 낮은 의미로 機能人, 즉 조직의 創造者가 되지 못하고 자기 조직의 철면피한 피조물이 되고 만다. 그러나 개인의 도덕성을 사회적 결정과 융합시키기는 어렵다. Barnard가 항상 강조한 것처럼 이것은 도덕적으로 복잡한 방법 중에서 너무나 많은 것을 요구하고 있다. 이러한 복잡성을 이해하는 속에서 두 개의 어려운 개념, 즉 自己關心(self-interest)과 責任性을 다룰 필요가 있다. 첫째의 自己關心은 표면적으로는 매우 단순해 보인다. 행정가는 자기 자신의 가장 깊은 관심에 대하여 그리고 그 관심이 갈라지고 놓여 있는 곳에 대하여 분명하게 해야 한다. 이렇게 하기 위해서는 많은 통찰과 어떤 직관을 필요로 하며, 그렇지 않으면 보호자형(guardian-style), 좋음(善)(the good)의 형태로서의 비젼, 그 다음엔 적어도 검은 유리를 통한 사도 Paul의

비젼, 자기 자신의 眞實한 自我에 대한 비젼을 필요로 한다.

두 번째 개념인 責任性은 짜증스럽고 비꼬인 말이며, 그래서 해명하여 밝혀야 하는 말이다. 우리는 이미 "모든 사람이 책임 있을 때 누가 정말 책임 있는가?"라는 질문을 제기한 바 있다. 이제 責任이란 의미를 살펴보기로 하자.

무엇 보다 먼저 法的 責任(legal responsibility)과, 公式的 責任(formal responsibility), 道德的 責任(moral responsibility)을 구별하는 것이 필요하다. '…에 대한'('to'와 'for')이란 언어적 연결 토씨 없이는 이 개념은 빈 껍질에 지나지 않는다. 責任은 반드시 어떤 것(something)에 대한 어떤 사람(somebody)에 대한 책임인 것이다. 세밀한 구별을 하자면 어떤 **사람**(some*body*)은 어떤 사람 자신이 될 것이며 어떤 것(some*thing*)은 內的 現象學的 事件이 될 것이다.

우리는 用語의 原因的 意味(causative sense), 즉 예를 들면 "나는 우연한 실수로 중국 자기를 떨어뜨려 깼다"와 같은 것에는 관심을 갖지 않는다. 저자는 여기서 결과에 있어서 나쁘게 되는 일련의 수반되는 결과의 효율적인 물질적 원인에 대하여 관심을 갖는다. 도자기의 주인은 깨어진 도자기에 대하여 나에게 '책임'을 지도록 할 것이지만 그 의미는 사소한 것이 될 것이다. 그리고 우리는 도덕적 책임을 자발성 또는 자유의지라는 어떤 요소를 지니는 조건을 요구하는 것으로 해석 할 것이다[역주: 자유의지(free will)에 의하여 한 행동에 한해서만 책임].

(1) 法的 責任(legal responsibility)으로 돌아가서 이런 의미에서 人間個體와 法人體 둘 다 法이나 法的 體制(地方, 國家, 國際)에 의하여 설정된 게임규칙의 체제에 대한 자기들의 행동에 대하여 책임을 진다. 당신의 도자기를 깬 나의 事故는 물론 손해에 대하여 당신에게 배상해야 할 의무를 지고 있는데 그것은 우리들이 게임을 하고 있는 법적게임과 상황에 달려 있다. 여기서 유일한 도덕적

요소는 내가 일으킨 또는 갖기로 선택한 어떤 義務感이다. 그러나 법적 게임규칙은 흔히 類型 II의 合意價値와 類型 I의 原理에서 基盤을 찾고 또 여기에서 그 기원을 추적한다.

이러한 주장의 내용에서의 곤란은 法人體를 다루어야 하는 것이다. 一般的 誓約을 처벌할 수 없다는 것은 이미 말하였다. 그리고 法人의 행동을 항상 개인의 행동으로 축소할 수 없다는 것은 분명하다. 만일 저자가 General Motors의 株式 10株을 가지고 있다고 할 때 General Motors가 독점금지법(anti-trust rules)을 위반하거나 국가를 위하여 좋지 않은 일을 한다고 해도 저자는 責任이 없다. 그리고 이 회사가 파산하는 경우 최대의 개인적인 경제적 곤란(hardships)의 결과가 온다 할지라도 저자는 제한된 법적의무(liability)의 규칙 이상으로 재정적 책임을 갖고 있지 않다. 반면에 벌금, 구금, 면허박탈 같은 법적장치를 통해서 法人體의 代理人(agents)이 되는 個人的 배우에게 일종의 責務性(accountability)을 지운다. 法(law)은 순수한 權力的制約을 갖는다. 法的責任의 힘은 法人體의 代理人이 대개는 행정가이기 때문에 특히 절실하게 현실적이만 이것은 道德的 責任과 구별된다.

(2) 公式的 責任(formal responsibility)은 法的 責任(legal responsibility)의 하나의 部分集合(subset)으로 생각될 수 있다. 이것은 한 조직의 게임규칙에 의하여 제약을 받는 責務性(accountability)에 해당된다. 봉급, 승진, 좌천, 면직 등을 포함하여 보상과 처벌의 가능한 체제에 의하여 활동의 제약을 받는다. 行政과 管理의 감시적 기능은 이 責任體制의 한 部分에 해당된다. 그리고 法律이 社會의 價値 속에서 기반을 찾는 것과 꼭 마찬가지로 公式的 責任體制는 組織의 價値와 政策 속에서 그 기반을 찾는다. 다시 法人體에 대한 조직적 對比는 조직 내에서 공식적으로 결정된 集團過程과 構造(위원회, 이사회, 임시특별집단)에서 생기는 집단활동(집단결정) 속에서 발견될 것이다. 그래서 만일 동료위원회가 비밀투표에 의하여 또는 구두합의에

의하여 동료를 축출하는 일을 결정한다면 이 상처를 입은 쪽의 손가락은 누구를 가리킬 수 있을 것인가? 위원회 활동의 신뢰성은 이해할 만하다. 이것은 책임을 책임 있게 회피하는 한 방법이 될 수 있다. 그러나 회피한 책임은 도덕적 책임이 될 것이다.

(3) 마지막 道德的 責任은 단지 개인적인 것으로 축소될 수 있다. 이것은 독특하게 현상학적인 것이다. 이것은 가치의 전 범위에 대한 자기가 집착한 자기 자신에 대한 한 사람의 책임이지만, 특히 자기가 신임하고 따랐던 類型 Ⅰ의 價値에 집착하였던데 대한 책임이다. 이것은 최종적인 責任感이다.

Ⅲ. 道德性과 道德的 複雜性, 指導性

앞에서 記述한 道德性(morality)의 의미는 自己參照的이고 心理的으로 複雜하다. 이것은 양심과 의지와 같은 內的 要因의 존재, 또 原理와 選好 사이의 內的 葛藤의 緊張이 존재한다는 것을 암시한다. 道德論의 內容(content)은 개인 외부의 문제이며 전통적으로 다른 사람과의 관계성을 다룬다는 사실을 모호하게 하도록 이 自己中心性(self-centeredness)이 허용되어서는 안 된다. 倫理學과 道德哲學이란 학문은 개념을 명확하게 해줄 수 있고 논쟁을 시작할 수 있게 하고, 또 類型 Ⅰ과 Ⅱ의 價値를 위한 사례를 만들 수 있는 한 責任性에 대한 우리의 이해를 돕는 데 적절하다. 윤리학과 도덕철학의 기능은 도덕적 행동을 설득하고 도덕적 행동에 이바지하는 것이다. 이것들은 도덕적 행동에 부수되는 것이다. 이것들은 責任의 先行條件은 아니지만 오히려 도덕적 방향을 도와주는 것이다.

組織의 行政家 勢力圈內에서 道德的 行爲者는 말하자면 전적으로 자기 자신이 아니기 때문에 특별한 방법으로 확대된 자기의 價値的 困難을 발견하게 된다. 도덕적 행위자는 技術的으로 公式的으로 한 사람의 役割所有者이다. 만일 우리가 이러한 事實을 個人的 責任의 축소라고 요약한다면 이것은의에서 주어진 기구와 관료제의 비평을 위한 방법을 열어 놓는다. 그러나 한 사람을 위한 行政家는 철면피적 代理人(agent)이 아니며 非人格化된 役割所有者(role incumbent)가 아니다. 적어도 네 가지 조건 때문에 행정가의 과업을 수행하는 데 道德的 複雜性을 더욱 복잡하게 한다. (1) 行政家는 다른 사람을 위해서는 물론 자기 자신을 위하여 役割을 設計하고 創造한다. (2) 行政家는 자기 조직의 規範的 側面(nomothetic aspect)과 個人特有的 側面(idiographic aspect)을 조화시키는 전반적인 책임을 지고 있다. (3) 行政家는 부분적으로 또는 전반적으로 組織의 價値를 결정한다. (4) 行政家는 이 모든 것을 超價値(metavalue) (제11장)에 의한 제한 범위 내에서 해야 한다. 조직구성원들 간에 생기는 價値論爭을 판가름하고, 조직의 언어적 게임을 결정하고, 조직 밖의 利益의 程度를 타협하는 이러한 행동을 행정가의 역할이 포괄하고 있다는 것을 또 생각해 보라. 행정가는 때로는 指導者이며, 때로는 政治家이며, 때로는 哲學者이며, 때로는 判斷 者인 것이다.

이 문제와 관련하여 Barnard는 道德的 技術(moral skills)의 必要性을 인정하고 강조하였다. Barnard는 道德(morals)을 이렇게 定義하고 있다. 즉 "모순 되는 즉각적인 구체적인 욕망, 충동, 또는 흥미를 억제, 통제, 또는 수정하는 경향을 가진, 또 이러한 성질(propensities)과 일치하는 것 들을 강화시키는 경향을 가진 개인의 일반적이고 미묘한 성격(character)의 개인적 요인(forces) 또는 性質(propencities)"이라 정의하고 있다. 이러한 道德이 '강력하고 안정적'(strong and stable)일 때 '責任의 條件'(condition of responsibility)(261)은 존재할 것이다. 그러나 가치가 추상적으로 존재하기보다는 價値를 行動으로 번역하는 것은 Barnard의 주관심인데 그는 이렇게 설명하고 있다.

어떤 사람의 도덕이 전반적으로 나 자신의 도덕보다 윤리적으로 더 낮은 것으로 내가 믿지 않을 수 없는 사람들을 나는 알고 있다. 그러나 이런 사람들은 커다란 곤란에 당면하여 굳건하게 자기들의 도덕률에 집착하고 있기 때문에 나의 주의를 집중시키고 또 때로는 나의 경탄을 자아내게까지 한다. 반면에 '보다 높은'(higher) 도덕성을 가지고 있는 많은 다른 사람들이 앞의 사람처럼 하는 것이 분명히 어려운 것도 아닌 때, 자기들의 도덕률에 집착하지 못하는 것을 나는 관찰하게 된다. 첫 번째 종류의 사람들은 내가 보기에는 보다 높은 윤리적 기준을 가진 두 번째 종류의 사람들보다 높은 責任感을 가지고 있다. 책임은 자기 내부에 어떤 도덕성이 존재하든지 행동에서 효과적으로 되는 개인의 소유라는 것이 초점이다(266∼7, 마지막 부분의 밑줄 친 문장은 Barnard 자신이 한 것임).

저자는 이에 대하여 논쟁을 하고자 하는 것이 아니라 오히려 "자기 내부에 어떤 도덕성이 존재하든지"라는 操作的 文句에 대하여 주의를 끌고자 한다. 行政生活의 要求는 여러 가지 다른 방법으로 반응될 수 있고, 반응은 行爲者의 道德的 本質이 하는 機能일 것이다. 行政家는 자기 자신의 역할의 창조와 수용을 위하여 다른 보통의 구성원들보다 더 넓은 영역을 가지고 있기 때문에 또한 하나의 특별한 지위를 갖고 있다. 이것은 또한 그 행정가의 도덕적 복잡성과 책임감에 좌우되고 또 '자기 내부에 존재하는 도덕성'에 달려 있다. 도덕적 통찰이 높여지거나 낮추어질 수 있는 정도까지는, 그러나 내적 價値構造가 확정될지라도 그 構造와 일치하는 道德的 行動은 최종적 분석에 있어서 私的이고 個人的이다.

저자는 이제 一般假說을 설정하고자 하는데, 그 가설을 전적으로 검증하기 불가능하지는 않다 할지라도 검증하기는 어려운 가설일 것이다. 이 가설은 指導性의 質이 기능적으로 조직의 道德的 風土(moral climate)와 관련되어 있고, 이것은 이어서 지도자의 道德的 複雜性 (moral complexity)과 道德的 技術(moral skills)과 관련되어 있다는 것이다. 여기서 理解되고 있는 指導性은 세 개의 主要 次元, 즉 配慮性 (consideration), 生産性强調(Production emphasis), 狀況的 要因(situational factors)(전술한 제5장을 보라)을 가졌다고 일반적으로 생각된다. 저자는 여기에 제4의 차원, "指導者 內部에 存在하는 道德性"을 가정하고자 한다. 이것은 合法性(legitimacy)과 信賴性(credibility), 카리스마(charisma)까지의 行政現象에 기여하고 미묘하고 外面化될 수 있을 것으로 저자는 시사한다[類型 Ⅰ의 부여(attachments)가 확실히 증명되는 곳에서]. 이것은 경우에 따라 組織生活(organizational life)에다 規範的 側面(nomothetic)을 뛰어 넘어서 대부분의 人間的 側面(human)과 번역의 측면까지 이르게 하는 意味의 質을 불어넣을 수 있다. 평범한 말로 하여 이것은 영감을 불어넣는 것이 될 수 있다. 그러나 指導性의 이러한 측면에 비하여는 社會科學의 水準으로는 아직 未研究되고 未開發된 處女地이다.

만일 이 假說이 確證된다면 責任實踐을 위한 組織의 補償과 道德行動(moral behavior)에 대한 하나의 자극제가 될 것이다. 명예는 아직 재평가되어야 할 가치가 있는 것으로 증명될 것임에 틀림없다.

제11장 超 價 値

　前述한 論議에서 조직을 도덕적으로 中立的實體나 도덕적으로 正的인 實體로 단순하게 받아들이는 것을 경계하도록 주의를 불러일으켰을 것이다. 도덕적 실체들 사이의 경쟁과는 아주 동떨어져서, 그리고 조직의 행정가와 구성원들의 個人特有의 價値構造(idiographic value structures)와는 독립적으로 어떻게 도덕적으로 否定的이 될 수 있는지에 대하여 우리는 살펴보았다. 조직을 도덕적으로 1次的인 價値環境으로 敍述하는 것이 아마 더 정확할 것이다. 生物學的 誤謬를 범하지 않고 Maslow나 Herzberg의 欲求階梯의 낮은 수준 하나하나에 해당되는 價値命令(value imperatives)에 의하여 조직이 다스려지는 경향이 있다고 말하는 것으로 저자는 의미한다. 이들 價値命令이 조직 속에 배어들지만 이것은 行政과 管理라는 下位體制(subsystem)에서 意識의 表面에 가깝고 또 가장 강력한 힘이 있다. 이런 것을 超價値(metavalues)라고 記述한다.

　超價値(metavalue)는 논쟁이나 시비의 여지없이 받아들여지고 인정받는 자리를 확고히 한 그런 槪念을 말한다. 이 超價値는 말할 필요나 검토할 필요도 없는 기본전제로서 개인생활이나 집단생활의 일상적 價値計算(value calculus) 속에 대개 배어들게 된다. 超價値의 보기로는 福祉 또는 生 그 자체를 들 수 있다. 민주사회에서 民主主義는 하나의 超價値이고, 學問世界에서 敎育, 合理性, 一貫性은 보편적인 超價値이다. 超價値는 絶對的이거나 類似絶對的이라기보다는 오히려 대부분 무조건적이고, 以上의 價値(beyond value)이고 그래서 무의식중에 침입하여 價値行動에 영향을 준다. 그러면 이제 중요한 조직의 超價値들에 대하여 살펴보기로 한다.

Ⅰ. 維 持

　第一의 自然法則은 自己保存(self-preservation)이라는 말이 있다. 이 법칙을 집단에 연결하여 적용시켜 보면 組織의 第1法則은 生存의 法則이다. 조직은 조직 자체를 유지해야 한다. 새로운 조직과 신생조직에서 이 超價値는 공공연하게 분명하지만 협회(association)나, 조직, 또는 기관이 설립되고 안전하게 됨에 따라 이 초가치는 意識的 水準에서 멀어지게 된다. 조직은 한번 존재하면 존재의 필요성에 대하여 의심치 않는다. 조직의 忠誠에 부수되는 가치(attendant value)는 갑자기 증식되고 새로운 구성원에 대한 價値敎化(value indoctrination)의 기반을 만든다. 비록 조직구성원의 집단이익에 대한 위협이 높은 수준에 근접하고, 維持價値(maintenance value)의 의식수준을 높인다 할지라도, 生存을 위한 실제적 최선의 수단을 택하는 문제를 따르지 는 못할 것이다. 조직 밖의 관찰자의 눈에는 조직이 어떤 때는 자살적인 것으로 보이기도 하지만—예를 들면 종업원과 조합 자체가 일손을 놓아버리는 노동조합의 경우처럼—이것은 단지 실제적 합리성이 평가적 超合理性(trans-rational) 또는 半合理性(sub-rational)이라는 것과는 구별된다.

　行政家에게 있어서 第一의 任務는 조직을 維持하는 것이라는 것은 두 말할 필요도 없다[이것은 價値 以上의(beyond value) 문제이다]. 조직이 없다면 행정가가 행정을 해야 할 아무것도 없는 것이다. 그렇다고 逆機能的인 下位體制를 제거하기 위해 가끔 있는 行政機能까지를 부정하는 것은 아니다. 이러한 제거는 전체 조직, 즉 행정가 자신을 채용하고 있는 最大의 單位의 利益을 위한 것이다.

Katz와 Kahn은 이것을 다음과 같이 표현하고 있다. "어떤 조직이나 조직의 기본기능을 수행하기 위하여 生存해야 하기 때문에 生存은 조직의 意思決定者를 위한최상의 목표가 된다. (유지적 구조가 만들어낸 力動的 힘은) 현재의 조직형태의 유지를 묵시적 목표 때로는 표면적 목표로 삼고 있다. 많은 행정가나 공무원들에게 있어서 官僚制의 保存에 대한 관심은 第1次的인 중요한 의미로 가정하고 있다. 정말 관료제라는 용어는 Weber적 의미로 자주 쓰이는게 아니라 그 구조의 보존과 그 자체의 조작의 용이성이라는 데에만 흡수된 형식주의(officialdom)라는 의미로 자주 쓰이고 있다"(265, 266).

維持라는 超價値는 規範的이다. 이것은 行政家의 價値偏見의 기본적인 한 부분이다. 이러한 편견을 벗어나기 위해서는 행정가자신이 질문 같지 않은 질문을 해봐야 할 것이다. 내 조직은 존재해야 하는가?

Ⅱ. 成 長

두 번째 超價値는 成長(growth)이다. 조직은 擴張을 추구한다. 조직의 力動性은 확장의 형태를 찾는다. 단순한 生存과 현상유지로는 충분치 못하다. 資源은 언제나 제한되어 있고 정상적인 조건은 서로 통제를 하려고 경쟁한다. 이것은 개인과 마찬가지로 法人體에도 적용되고, 私企業體는 물론 公企業體에도 적용된다. 이것은 또한 組織內的으로도 적용되고 관료제의 연구는 이러한 충동과 초가치를 추적하는 逆機能에 관한 것으로 넘치고 있다. 성장(growth)은 힘을 늘리고 生存에 대한 위협을 막아낼 수 있는 한은 보호적인 것으로 생각될 수 있다. 그래서 이 '成長'은 첫 번째 超價値인 '維持'의 당연한 결과(coronary)이다.

그러나 조직은 生物體가 아니다. 조직은 利益(interest)의 결집이고 성장은 이러한 결집, 또는 Barnard가 그렇게 부른 것처럼 유인가의 경제인 데, Barnard는 초가치가 실현된다면 조직은 성장해야 한다고 말하고 있다는 天性的인 확장근성을 인정하고 초가치를 이렇게 분석하고 있다.

> 유인가의 유지, 특히 명성에 관련된 유인가, 소속의 자부심, 지역사회의 만족감을 위해서는 成長과, 擴張, 擴大를 해야 한다. 내 생각으론 이것은 기본 적이고, 어떤 의미에서 회사, 정부, 노동조합, 대학, 교회 등 모든 조직에서 관료제의 확대의 정당한 이유가 되고 있다. 成長한다는 것은 모든 종류의 적극적인 유인가를 실현할 수 있는 기회를 준다는 것이다.—규모가 작거나 성장의욕이 저해될 때 바람직한 유인가가 존재한다는 지표로서 또는 다른 유인가의 대안적 합리화로서 모든 크기의 조직에서 계속적으로 강조되는 것으로 관찰되는 것이다. 이런 원인으로 생기는 묵과할 수 없는 것은 성공 이외에 조직의 파괴의 근원이 된다는 점이다. 조직의 효과성과 효율성에 대한 반응을 통해서 成長은 너무나 유인가의 절약을 해쳐서 더 이상 적절하게 만들 수 없게 된다(159).

과대확장에 대하여도 주의를 기울여야 한다. 초가치로서의 成長의 위치는 維持의 위치보다는 덜 보장받고 있다. 때때로 크다는 것 그 자체가 좋다는 필요·충분조건을 제공해 주지 않는다는 것이 의식적으로 인정된다. 그리고 成長이 病이 될 수 있고 逆機能이 될 수 있다는 것도 잘 알려진 사실이다. 반면에 生存의 논리는 목표(target)와 위협(threat) 사이에 가능한 한 많은 방파제를 쌓아 놓는 것이다. 적지 않은 많은 부하직원들이 만일 필요하다면 보다 많은 보호적 덮개, 희생적 덮개로 의미될 수 있다. 그리고 비록 비위협

적인 지지적 환경에서 일지라도 조직의 확장은 있을 수 있는 출현
이나 성장을 미리 막는 역할을 하게 된다. 成長은 힘(權力)을 의미
하며 (그 자체가 行政의 超價値인), 힘(권력)을 얻는 다는 것은 자
연적인 행정적 반사현상(reflex)이다. 그러므로 成長의 편견은 維持
의 편견에 대한 당연한 결과이다. 이 超價値에 도전한다는 것은 조
직의 제2법칙과 체제의 자연적 경향에 도전하는 것이다.

III. 效果性과 效率性

하나의 조직이 그 목적을 달성할 수 있으면 그 조직은 效果的
(effective)이고 그렇지 않으면 그 반대이다. 效果的이어야 한다는
하나의 지상명령이 있으며, 效果性(effectiveness)은 조직의 超價値
이다. 어떻게 이 효과성이란 지상명령에 논란의 여지가 있겠는가?
현존하는 많은 非效果的 組織이 있다는 事實的 證據를 지적하는
일이 있는데 그렇다고 이게 超價値 자체에 대하여 논란을 벌이는
것은 아니다. 이러한 증거는 단지 조직의 성공에 대한 어떤 측정
(직관적 또는 객관적)이 있다는 것을 암시해주며, 이러한 기준(또는
초가치)에 의하여 조직이 결손을 가지고 있는지도 지각될 수 있다
는 것을 암시해 준다. 개인적인 用語로 성공이라 불려지는 것은 여
기서 명성과, 평판과, 권력에 대하여 너무 강조한 감이 있지만 조
직의 用語로는 바로 이것은 效果性이라 불려진다. 效果性은 바로
원하는 目的의 達成이다. 하나의 超價値로서의 效果性은 원하는 목
적의 달성의 소망성을 의미하기 때문에 같은 말의 반복
(tautologous)이고, 이 같은 말의 반복(tautology) 때문에 이것을 검
토하려 파고드는 일은 별로 없다. 이 효과성이란 말에 도전할 수
있는 유일한 방법, 목적 자체를 재검토하는 간단한 방법은 社會學
者들이 잠재적 기능이라 부르는 것을 고려해 보는 것뿐이다. 이런

것들은 목적추구에 의하여 지도된 手段과 目的의 연결(means-end chain) 행동의 결과를 가져오는 예상하기 어렵고, 의도하지 못한, 또는 예측하지 못한 부수적 결과(side effects)이다. 어떤 때는 이 잠재적 기능을 예측하고, 의도하고, 암암리에 인정할 수 있다. 예를 들면 行政家會議는 그 표면적 기능으로서 발표되는 서류를 읽고 토의도 하지만 이 기능은 부수적인 사회적 상호작용(특히 그 비용 계산이 경우에 따라 청구될 수 있는 곳에서)으로 가치적으로 지나치게 비중이 두어지고 있는지도 모른다. 만일 잠재적 기능을 발휘하고 표면적 기능의 관점에서 관찰되는 타당성을 요구한다면 위와 같은 경우에 임시특수임무조직(ad hoc organization)(회의와 그 준비)은 效果的이 된다. 效果性의 超價値는 논의의 여지가 없는 하나의 超價値가 되는 것으로 나타나지만—같은 말의 반복 때문에—목적을 위한 행동의 의도된 결과와 무의도적 결과에 대하여 자세히 살펴볼 때 의문을 일으키지 않을 수 없다.

效率性(efficiency)은 Barnard가 다양한 의미로 사용하였기 때문에 古典的 文獻에서 어느 정도 혼동을 일으켜 온 용어이다. Barnard는 效率性을 個人的 動機의 充足과 관련시켜 말하고 있다. 이것은 유인가의 집단성으로 조직을 본 그의 조직에 대한 관점과 일치한다. 조직이 개인의 협조를 충분히 끌어내는 데 성공하는 한 그 개인에게 있어서 조직은 '효율적'(efficient)이다. 협동체제의 效率性은 조직이 할 수 있는 개인적 만족으로 자체를 유지할 수 있는 능력이다.

Simon은 이 용어를 보다 더 전통적 의미로 사용하고 있다. 效率性은 근본적으로 産出(output)에 대한 投入(input)의 比率이고 또 工學的 用語로 생각될 수 있다. 변압기는 投入의 와트(watt)에 대하여 전달되는 와트와 비율로 하면 80%가 效率的이다. 效率性을 금전적으로 측정하면 경제적 계산의 기초가 된다. 경제생활의 주요

사실은 자원의 부족이고 또 이에 대한 의식이 모든 행정적 결정의
밑바닥에 빨려 있고 또 주어진 자원을 이용하여 최대의 결과를 얻
고자 하는 수준에서 선택의 기준을 설정한다. 다른 사정이 모두 같
다면 그에 당면하여 어떤 행정가도 두 개의 代案 중에서 덜 효율
적인 것을 의식적으로 선택하지 않을 것이기 때문에 저자는 이 용
어를 이러한 평범한 의미로 사용하고자 하며, 이것을 超價値로 생
각한다. 그러나 이 행정의 가장 중요한 기본가정을 보다 자세히 살
펴보기로 한다.

   效率性이란 超價値는 (a) 각 방법(수단)(means)에 부여된 동등한
비용이라는 각 代案的 方法이 주어진다면 우리는 최대의 결과
(return), 즉 목적의 극대화를 추구할 것이고, (b) 동등한 결과의 가
치를 가진 대안적 목표가 주어진다면 우리는 방법(수단)의 비용을
최소화하는 목표를 선택한다는 것을 암시하고 있다. (a)와 (b) 둘 다
두 개씩의 있을 수 있는 誤謬의 根源이 있다. 하나는 비용의 의미와
명세성을 다루는 데 있고, 다른 하나는 목표(goals 또는 ends)의 의
미와 명세성을 다루는 데 있다. 현재까지 이런 형태의 명세화가 어
려움을 주고 있다는 것은 분명하다(전술한 제3장 4장). 여기에는 定
量化(quantification)와 定性化(quality)(p요인과 v요인)를 같은 표준
으로 잴 수 없는 곤란(incommensurability)과, 의사결정에서 p요인의
不可量性(imponderability)과, 모든 비용효과 기능을 확인하는 문제
를 포함하여 주요한 개념적 곤란이 있다. 초가치로서의 效率性은 앞
으로 미래에 적용되는 것이지만 하나의 가치로서의 이것은 뒤로 과
거의 측면에 비추어 보아 측정된다. 아마 이것은 과거의 지혜의 관
점에서 왜 그렇게 많은 비효율(비능률)이 조직에서 관찰되는지를 이
것은 설명해 준다. 그래도 이 효율성은 하나의 초가치로 남아 있으
며, 이에 도전한다는 것은 모든 행정철학의 문제를 겨냥해 놓는 것
이다. 행정가는 비능률적 가치를 선택할 수 없고 대신 원한다면 간

접적이고 때로는 다루기 힘든 효율성이란 초가치의 적용을 탐구할
수 있다.

Ⅳ. 道德的 原初로서의 組織

위에서 記述한 네 개의 超價値는 個人보다는 組織에 해당된다는 것
을 되풀이 하여 말해 두고 싶다. 이 네 개는 보편적인 조직의 가치이
다. 네 개가 합쳐서 집단체제를 위한 바람직한 기초 또는 결속적 기초
를 만들어 주고, 조직적 법칙으로 생각될 때 이들은 類似道德的 命令
(quasi-moral imperatives) 또는 행정가를 위한 戒命을 만들에 준다.
예를 들면 하나의 단순한 명령문으로 당신은 "당신의 조직을 파괴해
서는 안 된다"(Thou shall not destroy thine organization!). 그래서 적
극적인 당연한 결과로, "항상 조직의 이익을 추구하라"(Seek its
interest always!)이며, 또 우리(조직구성원)와의 同一性(identification)
을 증가시키는 쉬운 단계와 그들(비조직구성원)과의 구별을 쉽게 하는
단계는 "General Motors를 위해서 좋은 것은 국가를 위해서도 좋다"
이고, 끝으로 "나의 조국, 正義 아니면 不義"이다. 그러나 아마 어떤
밖으로의 연장적 추정 없이 전통적인 지혜로는 行政家는 자기 조직을
維持해야 하고, 성장의 기회라고 인식될 때는 언제나 成長을 추구해야
하며, 자기 조직의 目標達成을 추구해야 하며, 전체를 통하여 가능한
한 效率的으로 그 目的을 추구해야 한다는 것이다. 이 원초적 價値構
造 또는 基礎는 행정가의 개인적 價値指向보다 우선하여 또 개인적 가
지지향에 상관없이 행정가에게 절대적 세력을 갖고 있다. 그리고 이
세력(힘)은 행정가가 능동적으로 그것을 의식하든 않든 적용될 것이
다. 우리는 조직을 도덕적으로 '원초적'(Primitive)인 것으로 생각할
수 있는 것은 이러한 방법에 위해서이다. 集團은 개인도 아니고 生物
的 實體도 아니고, 集團利益의 構造와 法人體로서의 構成은 그 행정가

에 대한 통제적 영향을 가지고 있는 사실상의 하나의 가치형태(value pattern)를 설정하고, 또 人間的 個人基準에 의하여 측정된 이러한 형태는 要素, 原初 또는 정교치 않은 것이라고 불리어진다.

이것은 조직이 조직구성원들의 도덕적 생활이나 가치생활을 필연적으로 부패하게 하거나 낮게 떨어뜨린다는 것을 의미하는 게 아니고, 만일 원초적 명령이 부여되거나, 지배적이거나, 검토되지 않고 무조건적으로 나아간다면 묘하게도 否定的 影響을 줄 것이라는 의미이다. 效果的으로 조직 자체를 維持하고, 조직의 影響力을 擴張하고, 그 目的을 달성하는 효율적인 조직은 바라보기에 경이롭고 또 조직 내적·외적으로 선행의 근원이 된다. 조직은 또한 사람을 희생시키는 神(Juggernaut)이 될 수도 있고, 도덕적 破門(ana thema)이 될 수도 있고, 부패의 엔진이 될 수도 있다. 이러한 病의 예방약(prophylactic)을 처방하기는 아주 간단하다. 이것은 超價値를 정기적으로 재검토하는 속에서 발견될 수 있다. 이것은 다음과 같은 질문을 제기할 수 있다.

1. 조직은 그 기본목적에 있어서 부당성이 없는가?
2. 조직은 그 부차적 목적의 복잡성에 있어서 부당성이 없는가?
3. 조직은 成長하는가? 튼튼해지는가? 축소되는가? 成長形態는 타당하고 보호받을 수 있는가?
4. 조직이 노력을 기울이는 잠재적 기능(latent function)은 무엇이며, 이 잠재적 기능은 타당하고 보호받는가?
5. 이성적인 분석을 하는 한 비수량적(non-quantitative) 비용효과계산의 형태는 무엇인가? 이러한 제한 내에서 조직생활의 質(quality)은 적절한가?
6. 이러한 가치질문과 (a) 類型 II의 道德性, (b) 類型 I의 행정가 關與 사이에 어떠한 一貫性이 존재 하는가?

조직의 政策(方針, **Policy**)과 哲學의 전면적 재검토를 해야 한다
는 것은 언급되지 않았다(만일 이것이 초가치분석 그 자체에 의하
여 직접적으로 이루어지지 않는다면). 이것은 크게 보아 行政哲學
의 문제이고, 초가치에 대한 精査의 초점은 단순히 원초적인 무의
식적 영향을 줄이는 것이고 이것을 보다 의식적이고 精巧한 수준
에서 행정의 價値計算 속에 다시 집어넣는 것이다.

이러한 점에서 저자는 道德的 原初로서의 組織에 대하여 언급했
다. 마찬가지로 原初的인 個人 行政家가 있다는 것은 심리학적으로
는 있을 법하지 않다 할지라도 論理的으로는 가능하다. 行政家도
또한 個人維持, 成長, 效率性, 效果性이라는 조직의 초가치에 대응
하는 자기 개인의 超價値를 갖고 있다. 당연한 결과로서
(corollaries) 우리는 아마 여기에다 權力이라는 道具的 超價値와 成
功이라는 目標의 超價値를 추가할 수 있을 것이다. 조직에서도 정
기적 재검토를 필요로 했던 것과 꼭 마찬가지로 私的 超價値體制
도 정기적 재검토를 할 만한 가치가 있지만 이것은 조직의 경우와
는 다르며 行政哲學의 독립된 部分集合으로 생각될 수 있다. 우리
는 이 문제에 대하여 마지막 章에서 다시 다루게 될 것이다.

超價値는 전적으로 좋은(good) 것이다. 문제는 이것이 올바르냐
(right)하는 것이다. 질문이 적어도 原初性의 부담을 제거하거나 완
화하는 것을 예언하는 도덕적 복잡성과, 의식, 정교의 정도를 대표
하는지 물어봐야 한다.

제12장 選擇과 豫測

I. 極端과 連續線

行政家에게 부닥치는 哲學的 選擇을 평가하는데 있어서 敎條主義者(doctrinaire)가 되지는 않을 것이다. 말하자면 現實主義(realism), 實用主義(pragmaticism), 理想的 功利主義(ideal utilitarianism)와 같은 이름 아래 다양한 價値指向으로 고쳐 쓰는(encode) 것도 어떤 매우 유용한 목적을 제공해 주지 못한다. 전통적인 말은 쓸모 있으나 둥근(round) 行政的(executive) 쐐기를 네모난(square) 哲學的 홈(구멍)에 꽉 차게 박을 수 있을 것이라는 생각은 아마단지 아주 드문 경우뿐일 것이다. 더구나 저자는 體系化(systematizing)하는 것을 피하려고 했고 대신에 哲學的인 活動을 계속적인 논리적 비판과 가치적인 비판의 일로 생각하는 길을 택해 왔다. 이러한 일의 論理的側面에는 어느 정도 同意하겠지만 價値的 側面에서는 훨씬 同意가 적을 것으로 생각된다. 뿐만 아니라 前者(논리적 측면)는 검토를 받을 수 있도록 개방되어 있지만 後者(가치적 측면)는 봉인되어 있어 보기가 어렵다. 이것이 나쁜 일일 수는 없다. 價値의 프라이버시(privacy)는 공공사무실에서조차 정당한 것으로 인정되지만 어떤 경우에는 공개적 검사(inspection)를 받도록 개방성을 강요하는 현실적인 방법은 없다. 그러나 이 책이 설득을 추구하는 곳은 價値의 私的意識을 제고할 倫理的 必要性에 있다. 行政家들에게 確信性(authenticity)을 높이려는 목적과 함께, 저자가 정의한 이 確信性은 매우 새로운 최초의 방법이 아니라 엄격히 말하여 Barnard에 의한 것이며 Hamlet의 희곡 속의 Polonius(역주: Hamlet에 나오는 宰相)가 가졌던 그런 문제로 한 사람 자신의 價値의 集合(one's own set of values)에 진실하게 부합되는 것으로 정의된다. 그러면 確信性은 '어떤 道德性이 그 안에 存在하느냐' 하는 學問分野(discipline)에 따르게 된다.

좀 더 확실히 하면 이것은 어떤 종류의 신뢰로운 행동(act of faith)을 내포하고 있다. 意識, 또는 보다 정확히 말하여 그렇게 확고하게는 아니더라도 고조된 自己意識(self-consciousness)이 좋다는 것을 우리는 믿어야 하고, 그래서 발전적 호의나 또는 개인적 성격의 발전에 의하여 우리는 正義에 다다르게 될 것이다. 저자는 이 超合理的(transrational) 要素를 말하지 않을 수 없고 讀者는 이에 반대하지 않는다면 이 점에 주의를 기울어야 할 것이다. 價値의 自己意識은 價値의 自己批判(self-critique)을 내포하고 아마 자기의 자기비판을 일으키기까지 할 것이며, 이것은 自己正當性(self-righteous)의 獨斷性(dogmatism)으로부터 벗어나게 되거나 또는 이와 마찬가지로 個人價値(individual worth)를 적극적으로 탐색하기 위한 自己正當性의 회의(scepticism)로부터도 벗어나게 될 것이다. 이러한 哲學的 活動은 Yeats의 詩에서 "최선의 것이 확신을 잃고, 최악의 것은 강한 열정으로 가득 차다"일 때 多元主義와 道德的 相對主義, 맹목적인 이데올로기적 參與로 특징지어지는 文化時代에 특히 권장할만한 가치가 있는 것 같다.

行政分野에서 現存하는 極端的(extremes)인 立場에서 스케치하는 것은 이 일을 처음으로 시도하는 그림을 그리는데 도움이 될 것이다. 우리가 할 수 있는 한 최선을 다하여 감정적인 것은 피하기로 합시다. 그러면 하나의 極端에서 우리는 價値的意味에서 不關與(non-commitment) 또는 고심하는 초연을 발견할 것으로 기대할 수 있다. 哲學者들은 대체로 說得的이 아니거나(non-persuasive) 또는 확신시킬 수

없다고 行政家는 느낄 것이며, 또 행정가는 될 수 있는 한 최선을 다
하여 事實(facts) 또는 자기에게 事實인 것으로 보이는 것 같은 것에
근거를 두려고 할 것이다. 이러한 자기의 입장을 지지하기 위하여 행
정가는 組織理論의 결과를 열거하라고 할 것이다. Platc는 이것을 이
렇게 표현하였다.

    ……한 사람이 크고 힘 센 동물에게 맡겨지고 그 동물의 기분
(moods)과 일종의 욕구(wants)에 대하여 연구하였다고 상상해 봅
시다. 그 사람은 언제 접근하여 그것을 다룰 것인가. 그 동물은 특
별히 언제 또 왜 야수적 성질을 나타내거나 또는 얌전해지는가―
그 동물이 내는 여러 가지 다른 소리가 무엇을 의미하는가, 어떤
목소리가 그 동물을 달래거나 진정시키는 데 사용되는가에 대하
여 배우고자 할 것이다. 이 모든 것을 오랜 경험과 접촉을 통해서
배우고 나서는 그것을 과학이라 부르고, 그것을 하나의 체제로 만
들고, 그것을 가르치기 위해 정리할 것이다. 그러나 그는 어떤 피
조물의 취향과 욕망이 존경될 만 하거나 또는 수치스럽고, 좋거나
또는 나쁘고, 옳거나 또는 그른지 정말로 알지 못한다. 그는 단순
히 그 반응에 근거하여 用語를 사용할 것인데, 즉 만족해하는 것
을 좋은 것으로 괴롭히는 것을 나쁜 것으로 부를 것이다. 그렇게
부르는 데 어떤 합리적인 설명을 하지는 못하지만 동물의 本性의
피할 수 없는 요구를 올바르고 훌륭한 것이라 부르고, 실제의 본
성에 대하여, 그리고 불가피성과 좋은 것 사이의 차에 대하여는
전연 모르는 상태로 남겨두고 그게 무엇이었는지에 대하여 어떤
사람에게도 전연 말할 수 없게 된다…(1975, 288).

連續線의 다른 극단의 끝에서 行政家는 公的으로 또는 私的으로
설득되고, 아마 이에 '종사'(engage)하게 될 것이다. 사람들은 단지
설명의 목적을 위해서 일지라도 이제 이름을 붙여야 한다. 그는 (말
하자면) Marx주의의 유목적적 합리주의나 기독교의 비합리적 종교

(non-rational religion)나 아니면 일을 통한 성공경험과 같은 자기가 접근했던 신념체제에 의하여 그의 가치는 지배될 것이다. 그리고 개인의 位階에서 下部價値를 구성하고 알려주는 데 공헌하는 類型 Ⅰ의 원리, 즉 지배적 가치가 있는 한 이것은 문제가 되지 않는다. 하나의 예를 Thompson이 제시하고 있는데 현대의 '다규범'(polynormativism)의 가치조건은 우리가 Kant적 명령이나 黃金律과 동등시하는 '보편주의의 규범'(norm of universalism)에 대한 일반적인 行政參與에 양보해야 한다고 Thompson은 주장한다. 그가 주장하는 現代人은 沒人情性(impersonality)에 불편을 느끼지 않도록 배워야 하며, 행정활동의 사회가치가 개인의 희생보다 더 중요하다는 것을 배워야 한다 (1975, 90-1).

이들 極端 사이의 差異는 質的인 것, 즉 성질상 哲學的일 뿐만 아니라 心理的인 것인데 그것에 의하여 한 극단에서는 參與(關與, commitment)하지 않는 데 意志가 작용하고 다른 극단에서는 그것을 받아들이는 데 의지가 작용할 것이다. 그러나 한 사람이 순수한 실질적 가치중립의 정도를 가질 수 있는 것은 단지 工學的 幻想劇이나 空想科學小說에서나 있을 수 있는 것이라고 저자는 말하고 싶다. 그렇다면 보다 더 현실적 연속선은 쾌락주의적 개인주의로부터 (hedonistic individualism) 전통주의(conventionalism)를 거쳐 原初的 利己的自我(primitive ego)를 넘어서 관심을 확대하는 原理와 體制를 채택하는 극단에 이르기까지의 價値範圍의 분류 또는 묶음이다. 우리가 제6장에서 가정한 類型들을 個人的 價値의 分析에도 또한 적용할 수 있는데 예를 들면 類型 Ⅲ의 幸福은 아마 개인적 기쁨의 충만으로 생각되고, 類型 Ⅱ의 행복은 Bentham적 功利主義[역주: Jeremy Bentham, 영국의 철학자·법률가(1748-1832)로 功利主義者임], 즉 최대 다수의 최대의 행복(the greatest good of the greatest number)으로 생각되고, 類型 Ⅰ의 행복은 사랑과 超自我(love and self-transcendence)의 어떤 형태로 생각된다. 만일 우리가 이러한 것을 실천할 시간이나 인내심을 갖는다면 우리는 또한 여러 가지 이름이 붙은 哲學派와 수없이 많은 일상의 行政的 折衷主義(eclecticism), 즉 아마 비결(비밀주의)(arthasastra)과 소수주의를 포함하여 合理와 非合理의 훨씬 많은 현실적 집합체를 이러한 가치의 位階 내에 놓고 또 이에 따라 분류할 수 있을 것이다.

哲學的 立場과의 연합은 태도와 가치지향의 심리적 콤플렉스(이상심리)이다. Kafka가 묘사하는 관료들은 정체불명(face less)의 모습과, 용무가 없이 한가하게 소일하는 것으로 나타나고 있는 반면에 Weber의 관료들은 공평하게 자비로운 것으로 가정된다. 조직이나 자기 자신을 위해서 실패한 行政家는 시간을 채우기 위하여 어정버정하고, 자기 자리(지위)를 유지하는 데 필요한 또 그에 요구되는 일을 만들려 한다. 이런 사람은 스펙트럼(spectrum)의 떨어진 한 극단으로 옮겨간다. 다른 極端(extreme)에는 참여자(the involved), 종사자(the engaged), 關與者(the committed), 狂信者(fanatical)들이 있다. 兩極端 모두 위험하다고 주장할 수 있다. 한 극단은 무관심(apathy), 아노미(anomie), 非效果性(ineffectiveness)을 만들어 내고, 다른 극단은 피지도자의 무자비한 의지(will)와 강요적 태도에까지 이르게 된다.

極端은 또한 X理論과 Y理論이란 이름으로 또는 이러한 제목상의 약간의 변화된 형태로 행정의 문헌에 나타난다. 즉 조직인간의 틀에 박힌 형태로 나타난다. Miles가 보여준 것처럼 행정가는 자기 假定의 기반이 되고 조직 내 생활의 습관(mores)과 質을 형성해주는 어떤 내포적 철학, 어떤 실제적 인간관(working view-of-man)을 가져야 한다. X理論과 Y理論은 둘 다 타당성이 있지만 부분적 관점이라는 것이 저자의 견해이다. 두 이론이 모두 보다 복잡하고 불가피한, 보다 더 큰 진실적인 면을 제시해 준다. 행정가는 X理論으로 표현되는 人間모델을 자기의 첫 번째 전제로서 택해야 할 것이

다. 그 다음에야 Y理論의 통찰을 합쳐서 이것을 다듬어 정교하게
하는 길을 탐색해야 한다. 이러한(X, Y의) 綜合的(synthetic)인 Z理
論은 人間을 階層上으로 보다 낮은 순서의 열망과 보다 높은 순서
의 열방으로 복합된 것으로 묘사하고 있다. 행정가는 자기의 근로
생활(work-life)에서 그리고 사회에서 自己實現을 발견함으로써 집
단적 조직생활을 위한 궁극적 자원이 되고 자기 자신 속에 하나의
목적을 두지만 아마 자기의 최대의 노력을 구성할지도 모르는 정
신적 만족을 얻기 위하여 집단적 옹호로부터 퇴행함으로써 집단적
조직생활을 위한 궁극적 자원이 될 것이다. 그러나 이러한 창조는
영광의 구름을 쫓지 못하지만 이 모든 것은 개인적 방종, 즉 이기
심, 근시적 쾌락, 끝없는 부패성 등의 방해물이 되고 있다. 이러한
그림(묘사)에 논리적 모순이 있다면, 그리고 이들을 잘 함께 묶어
놓지 못하면 저자는 인간 자체도 조직도 방어하지 못하게 되는 것
이다.

물론 Z理論은 상상적인 것이다. 이것을 實用的으로 檢證하기 위
해서는 일상적인 경험과 실제적 행정에서 나온 통찰적 방법에 의
존하여야 할 것이다. 이것은 행동의 熱과 행정적 반성의 冷却으로
서서히 나아가게 될 것이다. 이것이 복잡한 한에 있어서는 이에 해
당하는 도덕성의 복잡성을 불러일으킨다.

行政家는 자기 조직의 동료들과는 다른 공식적 지도자의 역할과
는 구별되기 때문에, 그리고 權力과 位階라는 사실 때문에 행정가
의 특별한 人間觀, 즉 그의 哲學은 특별한 比重이 주어진다. 哲學
은 專門哲學者만의 專有物이 아니라 모든 사람의 生得權에 해당되
며, 따라서 조직의 지도자가 사람, 사람들, 다른 사람들과의 관계성
을 갖고 있는 사람에 관하여 느슨하게 또는 엄격하게 형성된 價値
命題의 약간 의식적인 集合(set)으로 된 하나의 哲學을 갖는다는 것
은 분명하다. 이러한 철학의 확고성, 명백성, 일관성은 바로 그 철

학의 質에 대한 체계적인 측정이 될 것이다. 그리고 이 철학은 이 章에서 논의된 개념으로 쓰이는 한은 어떤 다른 종류의 철학과 구별되는 行政哲學을 구성 한다. 행정가는 이러한 哲學化(philosophizing)를 위한 특별한 부담을 안고 있다고 저자는 주장하고 있으며, 또 이러한 일을 해내는 데 있어서 指導性을 가지고 있는 利點이 있다는 것도 저자는 시사하였다.

  지도자의 공식적 역할은 보통사람들의 역할과는 분리된다. 여기서 생기는 것은 價値에 의하여 이루어지는 사람과 사람의 관계(man-man relation)이다. 저자의 견해로는 지도자의 확신성은 첫째, 자신의 價値集合(his own set of values)에 대한 자신의 私的인 介入의 質로부터 나오게 되며, 그리고 이들 가치는 조직목적과 관심의 전반적 복합성으로 너무 다양해질 수 없다. 둘째, 지도자를 따르는 추종자들과 이들 가치와의 관계가 어떠냐로부터 나온다. 어떻게 이 두 번째 일이 이루어질 수 있는가? 주로 민감한 참여와, 관찰, 상호작용, 반성을 통해서 형성되는 통찰로부터, 또 인간적 접촉에 의하여 이루어질 수 있지 않나 생각된다. 이렇게 해서 우리가 典型的 誤謬(paragon fallacy)로 되돌아 갈 필요도 없고 이와 함께 진행되는 指導性禮讚으로 되돌아 갈 필요는 없다. 이러한 제안으로 굉장한 행동이 일어나지도 않고 또 행정가의 역할은 지도성 이외 그 이상의 다른 많은 것을 포함하고 있다는 것을 항상 기억해야 한다. 사실상 최선의 지도성(best leadership)은 추종정신(followership)이 되고, 주도성은 어디서나 생긴다는 것을 보여주는 많은 경우가 있다. 그러나 행정가의 사람들과의 관계성, 즉 人間 對 人間의 哲學的 機能 자체는 언제나 신뢰로와야 한다. 그리고 만일 이렇게 된다면 인간이 기본적으로 진정으로 가치로운 존재로 즉 인간 자체를 목적으로 보아져야 한다.

  이 본질적인 Kant적 입장이 한편으로는 보편적 공정이라는 Thompson의 行政規範에 도달하도록(1975, 91) 해석될 수 있는 것과, 다른 한편으로는 개인보다는 집단우의와 Marx적 꿀통윤리(hive ethics)에 도달하도록(Gregor, 1973, 140) 해석될 수 있는 것은 역설적이다. 저자 자신이 읽은 것에 의하면 깊이 뿌리박은 본질적인 인간가치의 근본적인 '기본적' 특성을 강조하였다. 人間은 人間 自體가 目的(end-in-himself)이며, 만일 그렇다면 그 目的(end)에는 자기가 현상학적 실재라는 바로 그 제한에 대항하여 자신이 내던져지는 것을 발견하는 상황에서이다. 간단히 말하면(short of this) Thompson 과 Marx주의자들이 아마 옳을 것이다. 그러나 바로 이 조건(단서)은 類型 Ⅱ의 價値를 類型 Ⅰ의 次元으로 끌어올리고자 하는 윤리체제의 성격과 전반적 색채를 바꾸어 놓는 것이다.

Ⅱ. 關心의 連續線

이 모든 가정된 것을 포함하는 변속선이 있다. 이것을 설명하기 위하여 우리는 自己關心 優先을 우리의 基本前提로 생각하고 있다. 利己的 自我(ego)가 그 다음의 출발점이 되고, 關心의 線이 보다 더 크고 넓은 관심의 범위를 가리키기 위하여 밖으로 확대되어 나아간다. 가족, 혈족집단, 씨족으로 확대된 자아, 작업집단(work-group), 주요 고용조직, 근로와 下位文化(sub-culture)와 여가를 위한 지역사회, 마지막으로 사회와 국가 文化에까지 확대된다. 이 연속선에 따른 각각 구분되는 곳에서 관심과 이해의 갈등이 일어날 수 있다. 이것은 옛 Sanskrit(범어) 격언(Vividshanada, 1957, 188)에 잘 설명되어 있는데 이 격언은 다음과 같이 바꿔 요약될 수 있을 것이다. "가정을 위하여 개인을 희생하고, 지역사회를 위하여 가정을 희생하고, 국가를 위하여 지역사회를 희생하고, 세계를 위하여 국가를 희생하고, 개인적 영혼(individual soul)을 위하여 전 세계(whole world)를 희생한다." 이 격언은 大我의 利益을 위하여 小我의 利益을 버려야 한다는 단순한 법칙(앞에서 우리는 規範的 偏見으로 언급했었는데)으로 선언하는 반면 이것은 또한 개인의 본질적 가치가 우선되는, 즉 인간 자체가 목적이 되는 자기의 質에 의한 개인이 규범적 법칙을 누르고 우선하는 점이 있기 때문에 이 격언에는 깊은 의미를 갖고 있다. 우리의 체계에서 이 點은 類型 Ⅰ 수준의 가치에서만 일어날 수 있고, 이러한 점이 최대한 회피되었다는 것은 행정의 실제적 논리에서 따르게 된다.

利己的 自我(ego)를 定義하는 이 兩極端을 가지고 있는 關心의 連續線은 행정가가 자기 자신의 개인적 철학을 형성하는 하나의 골격 구조로서 유용한 목적으로 기여할 수 있을 것이다. 우리들은 앞에서 規範的 偏見(nomothetic bias)이 행정적 가치체제에 어떻게 적절한지에 대하여 살펴보았다. 주어진 상황에서 일어나는 價値複雜性과, 행정가 자신의 도덕적 복잡성과 인간에 대한 그의 哲學에 의하여 이러한 假定的 편견이 생긴다는 주장이 따르게 된다. 哲學者 王의 출현을 위하여 Plato와 함께 기원하는 것은 쓸데없는 일이지만 행정가를 Platon적 방향으로 움직이게 하는 프로그램을 찾는 것은 非理性的인 것도 아니고 非實際的인 것도 아니다. 어떤 이러한 프로그램도 關心의 連續線을 인정할 것이며 또 적어도 다음과 같은 단계를 포함할 것이다.

첫째, 행정가는 자기의 超價値的 假定(metavaluational assumptions)과 制約(constraints)을 精査(scrutiny)하는 그 행정가의 능력을 최대로 포함하여 개인적 반성에 의한 자기 자신의 가치에 대한 自我的 知識(selfknowledge)을 찾게 될 것이다. 둘째, 행정가는 앞에서 개략한 그런 방법으로 자기 조직의 超價値(metavalues)를 검토하고 나서 조직의 가치영역의 표면적 범위를 검토하게 될 것이다. 셋째, 행정가는 갈등점을 위하여 조직의 이익의 확대를 사회적 환경과, 국가적 환경, 문화적 환경으로 분석할 것이며, 마지막으로 행정가는 자신의 自己關心의 가능한 범위로 의식하게 되고자 할 것이며 이제 조직 속에서 확대된 자아로 또 자기 가정과 정의적 연결 속에서 확대된 자아로 다듬어 보고자 할 것이다. 이 관조적인 활동이 화해 불가능한 갈등을 의식하지 못한다면 더 이상 즉시 화해가 어려울 것이며 自己意識(self-awareness)과 精巧속에서 이득을 가졌을 것이다.

價値葛藤이 생길 때 대부분 확실히 그럴 것인데 일상적인 조직운영에 있어서 우리의 價値모델을 사용하여 갈등해소에 접근할 수 있을 것이다. 포함된 가치는 우선 가치의 類型(形態)이나 水準에 의하여 분석되고 그 다음에 확신성과 도덕적 책임성과 일치하는 최저수준의 해소에서 位階의 假定 위에서 결정되거나 안정된다. 이 점에 대하여는 다음 절에서 좀더 따져보기로 한다.

이 모든 要素들－價値類型, 確信性, 責任性－은 事實狀況에 따라 상대적이지만 최종적으로 하나의 극단으로 집중된다. 極端點에서 關心이란 連續線의 끝에 도달하고 행정적 통합정의 최종적 검증에 이르게 된다. 이러한 점에 대하여 말하기는 어렵지만 '全世界를 희생하는 것'은 아마 정말 필요할 것이다. 그러므로 행정철학이 어떤 주저와 언짢음을 야기시킬 수 있고, 또 매우 조심스럽게 행정철학을 접근시켜야 한다는 것은 어느 정도 이해할 만하다. 모르는 것이 약이 아니라는(Ignorance is not bliss) 신념과 "너 자신을 알라"(Know Thyself)가 보상적 교훈이라는 신념을 가져야 한다.

아마 덜 哲學的이고 보다 더 心理學的인 것으로 이러한 일반적 아이디어를 표현하는 다른 방법이 있다. 우리는 규율(discipline)과 관여(commitment)라는 개념을 사용할 수 있다. 행정적 도덕성의 본질적 핵심은 두 가지로 생각될 수 있다. 첫째, 행정가의 人性(personality)과 개인적 상황(자기 자신의 價値分析에 의하여 결정된 것처럼)에 알맞은 최고수준의 관심에 대한 의식적 관여와, 둘째, 결과적인 가치를 행동으로 번역하고 행동 속에 제한된 규율이다. 보다 더 명료화와, 분석, 이해를 요청 하는 心理學的 用語는 주로 규율과 관여에 관한 것들이지만 분리, 分課化, 完成, 自我, 同一化, 자아실현, 권력 등을 확실히 포함할 것이다. 행정실무자에게 있어서 철학적 분야와 심리학적 분야 사이의 희미한 학문적 선은 제일 중요한 문제가 되는 것은 아니다. 관심의 연속선을 분석 하는 데 있어서 행정가에게 최선으로 도움을 주는 수단이나 은유가 무엇이 되었든지 행정가가 사용할 수 있도록 하여야 한다.

Ⅲ. 例 (illustrations)

價値分析의 최저수준에서 문제를 결정하고 갈등을 안정시키는 것에 대하여 앞에서(앞의 節'Ⅱ. 關心의 連續線') 지적한 점은 좀 더 자세히 살펴볼 필요가 있다. 이것을 좀 더 단순화시킨 例를 제시하는 방법으로 좀더 명백히 하고자 한다.

먼저(first) 下級者를 임명하는 케이스를 살펴보기로 한다(앞의 제3장도 보라). 결정권이 행정가에게 있다고, 또 모든 공식적 절차를 다 밟았다고 우리는 가정한다. 행정가는 결정을 하기 위하여 이제 세 類型의 價値를 가져올 수 있을 것이다. (1) 후보자에 관한 자기의 개인적 호감과 애정(affect)(類型 Ⅲ), (2) 다른 사람과 참조집단에 대하여 표현된 見解(類型 Ⅱ B), (3) 哲學的, 道德的, 理念的, 또는 主要價値基盤에 근거하여 후보자의 일치 또는 불일치 같은 어떤 原理的 質問을 제기한다(類型 1). 그리고 나서 결정이 이루어지는 수준에서 제2의 판단을 위한 문제가 있다. 이 후자의 판단의 근거는 도덕적 복잡성의 뿌리에 놓여 있으며 많은 狀況的 要因을 포함할지도 모른다. 선택된 경우에 중요한 요인은 일반적인 조직의 복지를 위한 역할의 중요성(significance)이 될 것이다. 가장 높은 중요성으로 평가된다면 모

든 수준이 포함되고 類型 III, II B, II A 수준에서 받아들일만한 후
보자는 아마도 類型 I의 考慮 때문에 거절될 것임에 틀림없다. 반대
로 만일 역할이 덜 중요하다면 행정가들이 개인적으로 싫어한다 할지
라도(類型 III) 후보자는 아마 조직에 대한 그 행정가의 규범적 기반
(類型 II A)에 근거하여 그 행정가에 의해 선발될 것이다. '가장 쉬
운' 상황에서 이 문제를 처리하는 데 단순한 選好(preference)가 따를
수 있을 것이다. '처리의 수준'(level of settlement)이나 제2순서의 價
値判斷은 행정가의 도덕적 책임성의 문제이며 주어진 상황에서 행정
가의 분석이 얼마나 신랄하냐의 문제이다. 그러나 모든 문제를 최고
수준에서 처리되기를 기대하는 것은 옳지 않다. 행정(집행)이란 옷이
해지고 찢어지는 것이 지나치고, Thomas More 卿[역주: 영국의 정치
가(1478~1535), "*Utopia*"의 저자]이나 Martin Luther(역주: 독일의
신학자·종교 개혁자(1483-1546))의 관록에 존재하는 것을 대치하는
것은 최후의 수단으로서만 고려될 것이다.

　행정적 재량의 영역에서 다른 例를 끌어낼 수 있다.4) 政策目標
가 분명치 않을 때나 반대되는 이익에 의하여 단지 내용에서만 목
표가 분명할 때 특히 公共行政의 分野에서 行政的 裁量이 생긴다
(Leys, 1943, 10-23). 첫 번째 경우는 公敎育에서 잘 설명될 수 있
다. 행정가들은 이 공교육영역에서 모순 되는 결정을 내린다. 그러
나 정책지침이 모호하기 때문에 이러한 모순을 의식하지 못하고
지나치게 된다. 이러한 상황에서 원리적 문제를 일으키는 때와 그
문제를 피하려는 때를 알아야 하는 도덕적 복잡성의 요구는 더욱
강조될 수 있고 그 문제를 실용적 수준에서 또는 낮은 수준에서
해결해야겠다는 유혹은 대단히 설득력이 있다. 두 유형의 행정가,

---

4) 자유재량의 범위는 行政家는 물론 管理者에게도 생긴다. 이들의 구별점은
　수단이나 목적에 대한 명료성의 부족과 決定者(decision 'buck')의 통과이
　다.

즉 전문행정가와 정치적 행정가가 정책결정에 사실상 종사한다는
사실 때문에 문제는 더욱 복잡해진다.

目的은 분명하지만 반대에 부딪치는 경우에 행정가는 다양한 광
범한 목적을 가진 문제를 갖게 되고 서로 자기주장을 내세우는 집
단들과 맞부딪치게 된다. 케이스에 적절한 모든 가치와, 모든 유형
또는 모든 수준의 가치를 고려의 대상에 의식적으로 집어넣고 있
다는 것을 보장한다는 것이 여기서 복잡한 것이다.5) 왜냐하면 반대
파들은 자기들에게 유리하다고 생각되는 곳에서 은폐하거나 숨기고
자할 것이기 때문이다. 이에 따라 일방적인 승리에 의한 해결을 위
한 압력이든 아니면 타협에 의한 해결을 위한 압력이든(類型 I 對
類型 II B) 결정은 모든 참여자의 암시를 갖고 있는 제2순서의 價
値判斷일 것이다. 행정가가 풍부한 개인적 價値構造와 이에 상응하
는 價値技能을 갖고 있는 것이 바람직하다는 것은 확실히 분망하
다. 그리고 제기되는 질문은 이것을 비공식적 우연한 기회로 놓아
두는 것이 최선의 방법이냐 아니면 일어나는 어떤 일이 어떤 공식
적 방법이나 훈련으로 개선 향상될 수 있느냐 하는 것이다.

Ⅳ. 專門主義

行政分野에서 실무에 종사하는 사람 모두 그리고 아마 대부분이
조직이론, 의사결정기술, 정책결정, 지도성의 독특한 능력을 갖기 위
한 공식적 훈련이란 의미에서 전문직 준비교육을 받지 못했다고 본
다. 많은 사람이 비공식적인 길로, 즉 정치적 고속도로를 타고 또는

---

5) Leys(Mailick and Van Ness, 1962, 81. 93)는 그들의 철학적 관련과 함께.
6개의 주 類型 I 價値, 즉 행복(happiness), 합법성(lawfulness), 조화(harmo-
ny), 생존(survival), 통합성(integrity), 충성심(loyalty)을 고려할 것을 보장해
야 한다는 흥미 있는 제안을 하고 있다.

친구에 의한 옆길을 타고, 그렇지 않으면 우연한 인연으로 행정가의 역할을 떠맡게 된다. 특수 전문직 전문성(specialist professional expertise)을 가지고 있다고 주장하는 사람들조차도 哲學과 자기의 方法(methods)에 노출되고 훨씬 하나의 구체적인 행정철학에 노출될 것이라는 것은 규칙이 아니다(프랑스와 영국의 관리들에게서는 기대되지만). 왜냐하면 이러한 일은 현재 존재하지 않기 때문이다. 이 책은 기껏해야 그 서론에 지나지 않는다. 그러나 이제 이러한 노출에 호의적인 주장은 아주 강력해 보이며 갖지 않을 수 없는 行政哲學을 필요로 하는 것같이 보인다.

現代人은 '組織人間'(organizational man)이다. 그리고 이와 마찬가지로 行政을 받는(administered) 人間이다. 이것이 行政哲學을 正當化시켜 주는 것이다ㅡ행정은 논리성을 가지고 있는 반면 연구와 실천의 분야로서는 너무나 복잡하여 하나의 科學으로 생각하기 어렵다는 사실과 함께 論理가 數學에 기여하듯이, 또는 科學哲學이 科學에 기여하는 것과 마찬가지로 이러한 철학은 현시점에서 行政思想에 도움을 주지 못하지만, 敎育哲學이 敎育實際에 정보를 제공해 주는 것과 마찬가지로 정보를 제공해 준다.

더구나 행정에 관한 知識體系를 검토해 보면 病理(pathology)를 분별해주는 표시(mark)를 밝혀 준다. 行政의 理論이나 實際도 완전히 건전하지 못하다. 만일 어떤 사람이 인간과 그 인간의 복지를 사물을 재는 기본적 측정으로 생각한다면, 크고 복잡한 조직 속에서 사람을 행정하고 행정을 받고 한다는 것은 責任性의 문제, 正義의 문제, 組織의 道德性의 문제를 포함하는 중에 一次的인 哲學的 重要性의 문제에 부닥친다. 指導性의 道德的 構成要素에 대한 質問과 超價値(metavalue)의 調和에 대한 질문은 價値精巧化의 필요성을 또한 지적해주고 있다.

우리의 의미의 集合(set) 내에서 行政家는 불가항력(force majeure)

에 의한 行動哲學者(philosopher-in-action)라는 입장과, 그리고 行
政은 대부분 價値命題의 明瞭化이고, 價値命題의 宣布이며, 價値命
題의 具體化라는 입장을 저자는 견지해왔다. 그러므로 철학의 어떤
요소는 행정가에게 중요한 의미를 주고 있는데 저자는 이것을 보
다 더 구체적으로 다음과 같이 확인하고자 한다.

1. 행정적 보편성은 語意論的(semantic)이기 때문에 言語와 意味
   에 관한 것이다.
2. 행정적 보편성은 점점 더 技術的(technological)인 것으로 되
   기 때문에 어떤 形式論理의 學問分野이다.
3. 행정적 보편정은 점점 더 誤謬介入的이기 때문에 일반적인
   중요한 技術(general critical skills)을 필요로 한다.
4. 價値에 主要關心을 둔다.

이 마지막 것은 어떤 보편적 모델과 어떤 인간에 관한 이론을
전제로 한다.
  행정가는 비공식적으로 이런 것을 알게 된다. 만일 그렇다면 이
행정가에게 많은 신임을 두게 되지만 만일 이것들을 專門的 身分을
갖기 위한 인정된 조건으로 이용한다면 그것은 더욱 좋을 것이다.
공식적으로든 또는 비공식적으로든 이것들의 이점은 지적되었다. 최
소한 이러한 기술은 決定의 計算을 밝히는 데 도움을 줄 것이며 최
선의 경우에는 行政家個人의 目的意識, 마음의 平和, 精神健康에 도
움을 줄 것이다. 게시된 어떤 신념과 활력이나 카리스마적 마력의
정당한 획득으로 혼란을 밀어낸다는 것은 행정에서 바람직한 것이
다.
  모든 행정경력을 통해서 세 단계가 계속적으로 일어나고 있는 것을
살펴보고자 한다. 첫째, 役割을 처음으로 맡고 組織에 관여하는 것이
다. 이 단계는 管理的에의 참여의 평범한 수준을 대표한다. 둘째, 성격

상 철학적으로 관조하는 것이지만 조직의 과정과 목적을 위한 논리와 가치를 고려하고 평가하기 위하여 필요한 초연적 또는 반성적 활동을 한다. 셋째, 보다 더 높고 보다 더 완전히 理性的 水準에서 組織生活에의 再關與와 再介入이다. 행정의 전문직 훈련을 위한 하나의 요소로서의 行政哲學의 機能은 이러한 수고를 아주 쉽게 해주고 또 촉진시켜줄 것이다. 또한 이러한 대부분의 行政體系를 구성하고 있는 아마추어 형과 동료 형 행정가는 이러한 전문직 요소에 접근 가능해야 한다. 이것은 조직생활의 질을 개선하는 데 목적을 두고 있기 때문에 이러한 접근가능성에 대하여 살펴보는 것은 전문가의 하나의 의무이고, 또 비전문직 행정가(non-professional administrators) 자신으로 하여금 이것을 가치 있게 이용하고 일을 하는 데 기여할 수 있도록 하는 것은 비전문직 행정가의 책임이다.

현재로서는 독특한 行政哲學이 존재하지 않는다. 또한 政治哲學 (political philosophy)이 절실히 도움이 되는 것도 아니다. La Porte가 지적한 바와 같이 "정치철학자가 주의를 기울였던 것은 주로 신랄한 비평의 형태로 나타나거나 人間接觸의 정당한 형태로서의 복잡한 조직 전체를 거부하는 것으로 나타난다"(Marini, 1971, 33). 독특한 행정전문직도 존재하지 않는다. 그러나 행정철학과 행정전문직 양자의 씨(種子)와 핵(nuclei)은 도처에서, 가장 현저하게는 행정과 경영의 학술적 학과에서 발견된다. 여기서 주장하는 새로운 발전은 행정을 하나의 科學으로 축소될 수 없는 중요한 행동의 집합으로, 또 오히려 社會科學과 計量的 方法에 대한 현재의 强調가 하나의 보조적 수단이 되어 공헌하게 되는 基本的 人間主義(basic humanism)를 구성하는 하나의 중요한 행동의 集合으로 行政을 認定하는 데 그 근거를 두고 있다. 이 책에서 개발된 命題와 主題들은 이 人間主義를 설계하는 데 아마 기여할 것이다. 그러나 하나의 認定된 行政專門職을 위한 중요한 기반으로서의 行政哲學의 出現은 行政實踐家, 理論

家, 哲學者, 社會科學者의 집단적 노력에 위해서만 가능하다. 이러한 작업을 위한 자료는 도처에 있고 또 이의 필요성은 아주 절실하다. 이것은 現代生活의 質을 높이는 데 아주 중요한 것이다.

제13장 行政哲學을 위한 命題

현재 상태로서의 行政科學의 知識 體系는 이론가와 실천가들이 자신들을 또 서로 간에 꿈에서 깨어나게 할 수 있는 그런 상태이다. Self(1972: 50)는 이것을 科學的 行政, 人間關係論, 體制理論의 "연약하고 무미건조한 綜合的 醸造"(brew)라고 혹평하고 또 그는 學者와 實踐者 사이는 단지 社會科學이 궁극적으로 '버린'(pay off) "실용적 Dewey주의의 미국적 믿음"으로 겨우 가늘게 연결되어 있다는 것을 시사하였다. 行政思想의 진정한 과학적 위치가 무엇이었든지 그리고 과학과의 語意的 關聯이 주로 정말 존경되든지 哲學的(philosophical) 위치는 아직 잘 손질되어 있지 않았다(in yet worse repair)는 것은 확실하다(Hodgkinson, 1975). 그리고 행정가가 행하는 여러 행동의 集合은 사람들의 일 속에 너무나 배어들고 너무나 힘이 있고, 또 生活의 質을 위하여 너무나 기여하는바 크다는 것을 생각해 볼 때 이것은 매우 이상하다. 더구나 價値의 非事實的 要素(a-factual element of value)의 중요성에 대한 일반적인 認定과 도덕성이란 주제에 대한 Barnard(1972: 261~95)의 뚜렷한 관심은 실제 다가오는 것보다 행정철학의 방법에서 더 예견되는 것 같이 보인다. 행정이 너무나 중요한 활동이어서 計量的 方法이라는 종합되지도 않고 끝없는 탐구나 또는 행정가 자신의 실용적인 무관심으로 내버려둘 것을 주장하는 것은 非理性的인 것은 아니다. 이 책 전체를 통하여 저자는 두 가지 목표를 주장해왔는데 이렇게 간단히 말할 수 있을 것이다. 첫째, 哲學者와 行政家 사이의 親交(communion)의 부활과, 둘째, 행정가 자신들의

편에서는 哲學意識(philosophical consciousness)(특별히 가치의식)의
수준을 높이는 것이다. 이제 이들 두 목표 중에서 첫 번째 것을 두 진
영의 각각에 진을 치고 있는 잘 알고 있는 동료들의 반응에 맡겨버려
야 할 시간인데 그래서 이것은 저자의 통제범위를 넘어서 효과적으로
지나가버린다. 그러나 둘째 목표를 위해서 그리고 자기 자신의 비평
적 반성의 힘(powers of critical reflection)을 행사하고자 하는 行政
의 讀者를 위하여, 자기의 개인철학을 날카롭게 하고 정교하게 다듬
을 수 있는 讀者의 편에서 간결하지만 이 反省的 批評(reflective
critique)을 불러일으키는 데 기여하는 하나의 형태인 이 연구 속으로
논쟁이라는 피륙의 여러 가지 실을 함께 끌어들이고자 저자는 노력하
려고 한다. 科學哲學의 유명한 권위자 Karl Popper卿과의 인터뷰 한
토막을 여기서 기억하고자 한다.

  면접자: 그래서 경의 주장(thesis)은 이렇지요: 우리 모두가 哲學
的 理論(philosophical theories)을 갖고 있고 또 그에 따라 행동한
다는   의미에서   우리는   모두   實踐的   哲學者(practicing
philosophers)이다. 그러나 흔히 우리는 우리가 하고 있는 것이 무
비판적으로 한 이론의 진실을 받아들이고 있다는 것을 의식하지
못하고 있다.

Karl Popper경: 예.

  면접자: 그리고 어떤 이론가들은 진실인 반면 어떤 다른 이론
가들은 허위적일 뿐만 아니라 해롭기까지 하다고 경은 말씀하셨
죠. 그리고 철학을 위한 진실한 일은 우리들이 무의식적으로 종
종 갖는 哲學的 偏見을 비판적으로 검토해 보는 것이며 교정이
필요한 곳에서 바로 잡아주는 것이라고 경은 말씀하셨죠.
  Karl Popper경: 예, 꼭 맞아요(Magee, 1973).

다음에 열거한 命題(propositions)들은 科學的 方法을 쉽게 수정하거나 접근하기 어려운 行政生活의 어떤 현실을 언급하고자 한다. 현실이라는 용어가 아주 중요하다. 우리들이 단수인 하나의 현실에 위해서가 아니라 복수인 세 종류의 현실에 의해서 생각하는 것은 아마 여러 가지로 유리할 것이다. 이 三重的 현실은 전술한 제6장의 가치모델과 일치하고 일관된 것이다. 이 體系에서 現實 III은 科學의 經驗的 次元이고, 因果的인 決定主義世界이며, 어려운 極端의 世界이며, 만져서 알 수 있는 실체이며, 경험적 물건이요 도구이다. 여기서 命題는 예측적이고, 검증가능하며, 아마 $I=E/R$ 또는 $e=mc^2$과 같은 '法則'(laws)의 형태를 취할 것이다. 이것은 우리 모두가 살아야 하는 현실이고, 일반적으로 科學이 이 현실에 대하여 우리에게 더 많은 것을 말해줄 수 있으면 있을수록 더욱 좋다.

두 번째 現實, 現實 II는 社會科學에 적절한 영역일 것이다. 여기서 命題는 엄격한 형태를 덜 갖추고 있으며(less rigorously shaped), 보다 더 확률적이며(probabilistic), "고도의 명세적 목표를 가지고 있는 조직이 낮은 정도의 목표명세성을 가지고 있는 조직보다 훨씬 더 높은 정도의 效果性을 가질 가능성이 있다"와 같은 형태로 되어 있다. 또는 '$B=f(P, E)$': 行動은 人性(personality)과 환경(environment)의 함수(function)이다. 또는 "만일 내가 종업원에게 충분히 봉급을 주지 않으면 그들은 내 회사의 목표달성을 위하여 기여하기를 그만 둘 것이다." 이와 같은 형식이다. 이러한 現實에는 自由의 범위(自由度,degrees of freedom)가 있다. 이 범위는 단지 부분적으로만 결정된다. 이것은 부분적으로는 측정 불가능하고 '언어'(language)의 命題는 假說的(hypothetical)이라 불리어질 수 있을 것이다. 다시, 그리고 일발적으로 사회과학이 이러한 현실에 대하여 말하는 命題가 더욱 검증될 수 있고, 거짓이 아님이 증명되면 될수록 더욱 좋다.

끝으로 우리는 現實 I을 認定하고 해석해야 하는데 이것은 적어도 그 가능성으로 보아 자발적(voluntaristic)이거나 자유로운 개인경험의 現象學的領域이다. 現實 Ⅱ와 Ⅲ의 공통된 공통점은 정신병적인 성인이나 정상적인 성인을 위하여, 또 어린이, 실은 어떤 두 사람을 위하여 아주 다른 주위상황(mise-enscene)을 만든다. 그러므로 이러한 영역을 터치하는 命題는 '더 낮은'(lower) 또는 '더 단단한'(harder) 현실에 의하여 제약되고 또 이에 의하여 허위임이 입증되는 반면 보다 더 주의를 환기시키거나 또는 더 철학적이다. 즉 이러한 현실들은 관찰자의 눈과 독자의 마음을 통해서만 기능을 하고 또 이들이 궁극적으로 가치와 타당성을 갖고 있느냐 하는 것은 價値性向(value orientation), 생활경험, 수용자(recipient)의 현상학적 위치에 달려 있다. 이런 현실들은 철학을 위한 原資料(raw material)가 되며, 이들이 하는 기능은 認知的(cognitive)이기보다는 훨씬 더 情意的(affective)이다. 여기서 사용하는 命題라는 用語는 "수용자의 친밀성, 지식, 또는 이해의 변화를 실제로 일으키거나 일으킬 가능성이 있는 메시지"로 정의될 수 있다 (Ackoff and Emory, 1972, 249).

命題에 번호를 매겼는데 번호를 매기는 체제(numbering system)(Wittenstein씨에게'는 실례지만, 1922)는 논리적 연속성과 의미를 반영하고자 한 것이다. 예를 들면 번호 1.12로 시작하는 명제들은 서로 관련되어 있는데 그러나 1.12111은 중간적 주장인 1.121과 1.1211보다 더 末梢的(peripheral)이다. 일반적으로 번호의 수자의 길이가 짧으면 짧을수록 전체적 진술의 의미는 더욱 크다. 이 命題들은 다음과 같은 제목아래 대체적으로 분류될 수 있는 7개의 시리즈로 정열 되었다. 시리즈 1은 哲學으로서의 行政의 性格을 다루고 있으며, 시리즈 2는 專門的·實際的 活動으로서의 行政에 관한 것이다. 시리즈 3은 組織의 性格과 行政活動分野를 다루고 있다. 시리즈 4는 組織人間으로서의 人間의 本性(nature)과 組織內 生活의 質을 직접적으로 다루고 있다. 시리즈 5는 行政의 道德的 側面에 특별히 관심을 두었다. 시리즈 6은 權

力, 權威, 指導性의 側面을 다루고 있다. 마지막 시리즈 7은 價値現象을 다루고 있는데 이것은 물론 行政哲學의 中心概念을 다루고 있지만 行政專門職에만 특별히 직접적으로 관련된 것은 아니다. 각 명제의 끝에 있는 괄호안의 수자는 명제가 나왔던 章에 해당되는 수자인데 만일 독자가 관심이 있다면 복습하기 위하여 참고로 사용할 수 있을 것이다.

이 체제 또는 이런 어떤 체제도 그 저자의 價値假定에 의하여 편파적으로 기울어진다는 것은 피할 수 없는 사실이다. 즉 독자가 여기에 자기 자신의 假定과 偏見을 가져오리라는 것도. 또한 피할 길이 없지만 이런 식으로 前提들에 순서를 배겨 정열해 주면 각 독자가 자기 자신의 풍부한 경험과, 지식, 통찰을 개념체계(conceptual matrix) 속으로 가져올 수 있도록 허용해주는 보충적 요소(compensating factor)를 갖게 된다. 行政의 非實證主義的 哲學(non-positivistic philosophy)이 마지막이 형성되어야 한다는 것은 아마 命題的 論理에 의하여 이 마지막 시리즈의 명제들로부터 나오게 되겠지만 감각성(sensitivity)과 精巧性(sophistication)에 의하여 조화를 이루게 될 것이다.

Ⅰ. 命題(P): 1-7. 7

※ ( ) 안의 수자는 관련 章을 가리킴.

1. 哲學으로서의 行政(ADMINISTRATION AS PHILOSOPHY)

1　　行政은 行動哲學이다. (1) (Administration is philosophy-in-action.)

1.1　　행정은 일반주의이다. (1) (Administration is a generalism.)

1.11　　자신과 다른 사람을 위한 목적을 형성한다는 것은 철학화 하는 것이다. (1) (To form purposes, for oneself or others, is to philosophize.)

1.111　　조직 목적의 지성적 이해는 불균형적으로 분포되었다. 그것 은 행정의 특권이다.(8) (Intellectual understanding of orga-nizational purpose is unevenly distributed; it is the prero-gative of administration.)

1.12　　철학은 하나의 활동이다-논리적 활동과 가치판단의 활동이 다. (1) (Philosophy is an activity-the activity of logic and the activity of making value judgments.)

1.121　　철학은 또한 하나의 인간관이다. (1) (Philosophy is also a view of man.)

1.1211　　철학을 한다는 것은 모든 사람의 권리이며 행정가의 특별 한 임무이다. (12) (To do phiiosophy is the right of all men, and the special obligation of administrators.)

1.12111　행정철학은 교육분야에서 그 첫 모델을 가질 수 있을 것이 다.(12) (The philosophy of administration will take its first model from the field of education.)

1.122 　행정가는 인간모델을 갖는다. 이 모델은 인간과 세계에 대한 개념이고 일하기 위한 도구이며, 본질상 철학적이며, 외현적 또는 내재적인데 행정가는 이 모델에 의하여 행정적 활동과 반성을 조직한다. (1) (Administrators possess models-of-man. These are concepts and working tools, philosophical in nature, explicit or implicit, of man and the world, by which they organize their administrative action and reflection.)

1.1221 　행정가는 '철학자에게 경청하는 법을 배워야 하고 철학자는 행정가에게 어떻게 말해야 할 것인가를 배워야 한다. 만일 여기에 대화가 없다면 희망이 없다. (12) (Administrators must learn how to listen to the philosophers and the philosophers must learn how to speak to them. If there in no dialogue here, there is no hope.)

1.1222 　행정의 심리학과 행정철학 사이의 경계가 잘 그어져 있지 않다. 규율과 관여는 양자를 위한 중심적 용어이다. (12) (The boundary between a psychology and a philosophy of administration is ill-defined. Discipline and commitment would be central terms for them both.)

1.123 　행정은 활동적 측면은 물론 반성적 측면을 갖고 있다. (1) (Administration has a reflective aspect as well as an active aspect.)

1.1231 　반성적 측면은 이중적이고 변증적이다.(1) (The reflective aspect is dualistic and dialectical.)

1.1232   행정에 있어서 주요 철학적 필요는 가치정교화를 위한 것이
다. 이것은 논리적 비평을 포함한다. (12) (The main phi-
losophical need in administration is for value sophistica-
tion. This entails logical critique.)

1.1233   반성적 분석과 비평은 행정가가 철학을 하는 방법이다. 행정
가의 대상은 자기 자신과, 자기 조직과, 세계이다.(12) (Re-
flectiveanalysis and critique is the way in which the
administrator does philosophy. His subjects are himself, his
organization, and the world.)

1.12331 행정가는 행동철학자가 되지 않을 수 없으나 자기 철학의
질을 개선할 수 있다. (12) (The administrator cannot help
being a philosopher-in-action, but he can help the quality
of his philosophy.)

1.2   행정철학은 행정개념과 행정 언어의 분석과 조사에 관심을
가져야 한다. (1). (A philosophy of administration must be.
concerned with the analysis arid investigation of admi-
nistrative concepts, the language of administration.)

1.201   첫 분석에서 행정철학은 문화적 환경과 이념에 의하여 제약
을 받고 또 결정되어야 한다.(1) (In the first analysis, a
philosophy of administration must be constrained and de-
termined by cultural context and ideology.)

1.202   마지막 분석에서 행정철학은 문화적 환경과 이념을 초월해
야 한다. (1) (In the last analysis, a philosophy of admi-
nistration must go beyond cultural context and ideology.)

1.203   행정철학은 그 자체가 권력의 현실주의 정치와 그 심리적 기제에 관심을 가져야 한다. (5) (Administrative philosophy must concern itself with the *Real-politik* of power and with its psychomechanics.)

1.2031 행정철학자는 두 가지를 알아야 하는데 가치가 어디 있으며 어디에 권력이 있는지 알아야 한다. (9) (The philosopher of administration must know two things: where the values are and where the power lies.)

1.2032 행정은 정신분열적이다. 규율은 방종과 싸우고 자기주장은 자기희생과 싸운다. (8) (Administration is schizoidal. Discipline wars with indulgence, self-assertion with self-sacrifice.)

1.2033 이탈과 관여, 일관성과 불일치, 개입과 불개입, 이들은 행정철학과 심리학의 극단들이다. 이들이 하는 기능은 극단이 아닌 중간 시점에 우리의 주의를 집중하게 하는 것이다.(12) (Detachment and commitment, consistency and inconsistency, to be engaged or disengaged: these are the extremes of administrative philosophy and psychology. Their function is to direct our attention to the middle ground).

1.204   어떻게 관조적안 활동을 하고 활동을 반성적으로 하는가? 이것이 행정철학의 문제이다. (9) (How to make the contemplative act and the active reflect? A problem for administrative philosophy.)

1.2041 철학적 활동은 위험하게 될 수 있다. 값이 없이는 상도 없다. (12) (Philosophical activity can be dangerous. No prize without price.)

1.21   조직이론은 행정철학을 위하여 문제를 내서 단지 시험할 수
       있다. (1) (Organization theory can only pose the problem
       for administrative philosophy.)

1.211 사회과학이 철학이 될 때까지는 조직이 어떻게 목표를 형
       성해야 하는지에 대하여 우리에게 아무것도 말해줄 수 없
       다. (8) (Until social science becomes philosophy it can
       tell us nothing about how organizations should form
       their goals.)

1.212 철학은 더러운 데서 시작된다. (9) (Philosophy begins in
       the dirt.)

1.2121 행정철학자는 조직문화를 고치는 의사이다. (7) (The admi-
        nistrative philosopher is a physician of organizational cu-
        lture.)

1.22   언어는 기본적인 행정도구이다. (5) (Language is the basic
       ad-ministrative tool.)

1.221 언어는 권력을 덮어 가리고 또 힘을 갖는다. (5) (Language
       cloaks power and *has* power.)

1.2211 행정적 어조는 명령적 무드이다. (5) (Administrative utte-
        rances are in the imperative mood.)

1.222 행정가는 변론가이어야 하고 또 웅변가이어야 할 것이다.(5)
       (The administrator must be dialectician and rhetorician.)

1.3   행정은 결정의 성격을 가지고 있다. (1) (Administration has
       a decisional character.)

1.31   결정은 독특한 행정활동이다. (3) (Decision is the distincti-
       ve administrative act.)

1.32   합리적 결정은 하나의 문제해결 양식이다. (3) (Rational de-
       cision is a mode of problem solving)

1.321 결정자료는 이중적인데, 즉 사실적이면서 가치적이다.

(3) (Decisionaldata are dualistic; factual and valuational.)

1.3211 행정과학은 불확실성을 줄이고 반면에 행정철학은 가치를 명료화 해 준다. 그러나 서로 상대방의 영역을 침입하지 않으면 안 된다. (3) Administrative science would reduce uncertainty while administrative philosophy would clarify values. But each must trespass upon the other's territory.)

1.3212 결정논리는 이중적이며 변증적이다. (3) (Decisional logic is dualistic and dialectical.)

1.322 순위를 매긴 선호의 계량화는 순서수를 기수로 번역하는 것인데 만일 가능하다면 결정을 위한 계산을 할 수 있게 해 준다. 그러나 그렇더라도 결과적 결정은 정당화의 필요가 있다. 그리고 계량적 계산으로 할 수 없는 것이다. (3) (The quantification of ranked preferences, that is. the translation of ordinals into cardinals. would enable and permit a decisional calculus, if it were possible. But then the resultant decision would need *justifying*. And this is beyond quantitative calculus.)

1.33 최종분석에서 모든 결정은 둘 중에서 하게 된다. 즉 이거냐 저거냐가 된다. (3) (In the final analysis all decisions are binary, That is, they reflect an either-or.)

1.34 기본적 결정과정은 분석적이고 배당하기이다. 분석은 대안들을 탐색하고 배당하기는 가치와 확률을 할당한다.

(3) (The basic decision process is analytic and imputational. Analysis explores alternatives, imputation assigns values and probabilities.)

1.341　분석기술은 지각의 기능, 상황의 전술적 요인을 분별하는 능력에 달려 있다. 배당의 기술은 개념화의 기능, 전략적 요인을 분별하는 능력에 달려 있다. 두 기술 다 상상력을 요구하는데 후자는 의지를 필요로 한다.(3) (The art of analysis depends upon skills of perception, the ability to discern the tactical factors of the situation. The art of imputation depends upon skills of conception, the ability to discern strategic factors. Both arts invoke imagination and the latter invokes will.)

1.342　진정한 결정은 개방적이고 초논리적이다. 단지 계산에서만 논리적일 뿐이다. 그러므로 기계는 결코 결정할 수 없다.(3) (True decisions are open and extralogical. Only calculations can be logical. Therefore, machines can never decide.)

1.3421　합리성은 의도에 종속된 것이다. 의도는 합리성으로 표현되는 한계를 정해 준다.(3) (Rationality is subordinate to intention. Intention sets the limits within which rationality may be expressed.)

1.3422　합리성은 항상 제약을 받고 있지만 별로 소멸되지 않는다. 합리성은 의사결정을 위한 필요조건이지 충분조건은 아니다. 하나의 규범이다.(3) (Rationality is always constrained but rarely extinguished. It is a necessary but not sufficient condition for decision making. A norm.)

1.3423 어떤 진정한 결정과정도 결정자 인성을 전적으로 배제하도록 계획될 수 없다. (3) (No true decision process can be designed so as to exclude entirely the personality of the decider.)

1.35 결정은 인정에 의하여 영향 받고 또 인성을 만든다. 양자는 미래를 창조한다. 이게 행동철학이다. (3) (Decisions are both possibility-determined and possibility-determining. They create futures. This is philosophy-in-action.)

1.351 불확실성과 가치는 결정가능성에 한계성을 갖게 한다. (3) (Uncertainty and value set the limits to decision possibility.)

1.3511 결정가능성에 대한 유일한 한계는(그리고 행정철학에 대한 한계는) 상상과 의지에 의하여 정해진 것 들이다. (3) (The only limits to decisional possibility(and to administrative philosophy) are those set by the imagination and the win.)

1.36 정책은 논리 그 이상이다. (4) (Policy goes beyond logic.)

1.3601 정책은 전략적 의사결정이다. (4) (Policy is strategic decision making.)

1.361 정책은 미래에 대한 조직인간의 요구이다. (4) (Policy is organizational man's claim on the future.

1.362 정책은 없앨 수 없는 어떤 모험적 요소를 갖고 있다. 이것은 인간사에 있어서 불확실성이 편재하기 때문이다. 그래서 정책결정은 초논리적이다. (4) (Policy contains an irreducible element of gambling. This is because of the omnipresence of uncertainty in the affairs of men. Hence policy making is metalogical.)

1.363 사실에 앞서 이념적 방법에 의하여 조직생활의 변화를 계획하고 실현할 수 있다. (4) (Metamorphic changes in the organizational life are envisioned and realized by way of ideology-before the fact.)

1.3631 사실 다음에 변화는 역사적 숙명주의의 결과로 보여질 수 있다. (4) (After the fact, metamorphic changes can be seen to be the result of historical determinism.)

1.3632 점증주의는 계산적 방법과 영감에 의한 방법 사이의 수단이다. (4) (Incrementalism is the mean between calculation and inspiration.)

1.4 행정은 의사소통적 성격을 가지고 있다. (1) (Administration has a communicative character.)

1.5 행정은 인간주의이다. 행정은 과학이 아니다. (1) (Administration is a humanism. It is not a science.)

1.51 한 사람의 자기관심이 다른 사람들의 자기관심을 희생시키는 결과가 될 수 있다는 것은 상식이다. 그러나 "자기"라는 말이 무얼 의미하는가? 이 개념은 문제의 핵심을 가리고 있다. (9) (It is commonplace that the self-interest of one can be a cost to the self-interest of others, But what is meant by *self*? This concept enshrouds the core of the problem.)

1.511   행정가는 자기관심 우선을 인정해야 한다. 이것이 행정철학의 출발점이다.(9) (The administrator must acknowledge the primacy of self-interest. It is the point of origin for administrative philosophy.)

1.512   자기관심에의 관여는 半合理的이거나 超合理的이다. 이것은 용기의 질과 진리의 가치에 대한 노력으로 향상될 수 있다. (9) (The commitment to self-interest can be subrational or transrational. It can be elevated by the quality of courage and devotion to the value of truth.)

1.52   Machiavelli주의는 철학적·심리학적으로 건전치 못하다-파괴보다는 준수에서 더 존경받고 있지만.(9) (Machiavellianism is philosophically and psychologically unsound-though more honoured in the observance than the breach.)

2. 專門職과 實際로서의 行政(ADMINISTRATION AS PROFESSION AND PRACTICE)

2   우리는 모두 행정을 받거나 행정을 하고 있다. (1) (We are all either administered or administering.)

2.01   상급자와 하급자의 관계는 많은 미검증의 가설이 쌓여져서 된 것이다. (7) (The relations between superior and subordinate are funded by a wealth of unexamined assumptions.)

2.011   行政的 假定을 한번 살펴볼 때 우리는 우리에게 최선의 가정이 적용되기를 바란다. 다른 사람에게도 반드시 적용되기를 바라는 것은 아니지만. (7) (Once aware of the administrative assumptions we wish the best assumptions to be applied to ourselves-though not necessarily to others.)

2.02 　　보수적 실제의 핵심은 최악의 경우를 가정하는 것이다.
　　　　　(7) (The essence of conservative practice is to assume the
　　　　　worst.)

2.03 　　정치기술의 핵심은 조작을 잘 숨기는 것이다. (7) (The esse-
　　　　　nce of political skill is the concealment of manipulation.)

2.1 　　　행정은 조직을 위한 조직구성원의 봉사를 보장해 주는 것
　　　　　이다. (1) (Administration secures services *from* men *for*
　　　　　organizations.)

2.101 　 행정은 자동이 끝나는 곳에서 시작된다. 행정은 사람이 사람
　　　　　에게 하는 어떤 것이다. (1) (Administration begins where
　　　　　automation ends. It is something men do to men.)

2.102 　 조직에서 두 전략적 요소가 작용한다: 규범적 측면과 개인
　　　　　특유적 측면이다. 양자는 다 조직목표에 나타나기를 바란다.
　　　　　그러나 후자의 가치는 탄력적인데 전자의 가치는 비탄력적
　　　　　이다. (8) (Two strategic factors operate in organizations:
　　　　　the nomothetic and the idiographic. Both seek their
　　　　　expression in the organization's goals but the values of the
　　　　　latter are elastic, of the former inelastic.)

2.103 　 진짜 목적은 대개 밝혀지지 않고 수사적인 것이 가치행동에
　　　　　근본적이다. 행정가는 이에 동의한다. (8) (True purpose is
　　　　　usually unenunciated and rhetoric is essential to value
　　　　　behaviour. The administrator accedes to this.)

2.11 　　구조의 결정('선을 긋는 것')은 주요한 행정권의 특권이다.
　　　　　(2) (Determining structure('drawing the line') is the key
　　　　　administrative power prerogative.)

2.12 　　충고다 명령이 될 수 있다. (2) (To *advise* can be to *comm-
　　　　　and*)

2.121　참여의사결정은 합의의 가능성과 조작의 가능성을 높여준다. 과정의 의도를 흐리게 할 때만 과정은 논리적으로 탈선하게 된다. 과정이 상상을 늦추는 한에 있어서 과정은 탈선하지 않고 단지 비능률적이고 비효과적일 뿐이다.

(3) (Participatory decision making improves the possibilities for consensus and manipulation. The process becomes logically aberrant only when it obscures intentions. To the extent that it retards imagination it is not aberrant, only inefficient and ineffective)

2.1211　의지적 또는 쾌락적 심리적 충동은 이성을 압도할 수 있다. 그러므로 합리적(이성적) 행정가와 관료는 아마 약할 것이다. (7) (Will or hedonic compulsion can override reason; therefore, the rational administrator and the bureaucrat may be weak.)

2.122　의사결정자(참여자)는 결정채택자(집행자)와는 구별된다. (3) (Decision makers(participants) are to be distinguished from decision takers(executives.)

2.123　입법기구에 비유된 조직의 기구는 의사결정 집단이다. (10) (The organizational analogue to the legal corporation is the decision making group.)

2.1231　위원회: 책임 있는 무책임성의 어떤 양식이다. (10) (Committees: a sometime mode of responsible irresponsibility.)

2.124   조직의 결정생활에서의 자유재량의 범위는 가치의 재창조의
        가능성을 가지고 있다-또는 가치창조의 가능성. (12) (Are-
        as of discretion in the decisional life of the organization
        afford the possibility of the regeneration of value-Or de-
        generation.)

2.13   어떤 복잡한 조직에서 행정은 행동과 멀리 떨어져 있다.
        (2) (In any complex organization *administration* is distanc-
        ed from action.)

2.2   행정은 조직과 환경사이에서 조정한다. (1) (Administration
        mediates between organization and environment.)

2.21   조직의 행정은 조직의 외교이다. (1) (The administration
        of an organization is its diplomacy.)

2.211   행정의 수사학은 조직의 복지를 조직 외의 선으로 나타나게
        만들려고 추구할 것이다. (8) (Administrative rhetoric will
        seek to make organizational welfare appear as extra-organ-
        izational good.)

2. 212 행정가는 초가치에 의하여 제한을 받는다. 행정가는 초가치
        를 능가하거나 초월할 수는 있을 것이나 거부하지는 못한다.
        (11) (The administrator is bound by the metavalues. He
        can exceed or transcend but not deny them.)

2.213   협상가는 가치를 감추고자 하고, 중재자는 밝히고자 하며,
        행정가는 이해하려 한다.(12) (The negotiator seeks to con-
        ceal values, the arbitrator to reveal them, the administrator
        to understand them.)

2.214   가치기술은 우연으로 자주 돌려 진다ー민주적 해답이다. 교육에는-Platon적 해답을 한다.(12) (Value skins are best left to chance, the democratic answer. To education. the Platonic answer.)

22.2   기구의 허구는 위험스럽다. (10) (The fiction of agency is dangerous.)

2.3   행정과 관리는 하나의 연속선이다. 전자는 논리적으로 후자에 우선한다. (1) (There is a continuum from administration to management and the former is logically prior to the latter.)

2.31   행정의 영역은 목적이고 관리의 영역은 수단이다. (1) (The precinct of administration is ends, of management, means.)

2.32   행정과 관리 양자는 조직에 스며든다. (1) (Both administration and management pervade the organization.)

2.321   정책결정을 하는 사람은 누구나 행정행위에 종사한다. 이렇게 해서 관리자는 행정가가 된다. (4) (Whoever makes policy is engaged in administrative behaviour. In this way managers become administrators.)

2.322   행정적 일의 부담은 반성적 사고를 할 수 있도록 조직될 수 있다. 분주는 표면성과·상호 관련되어 있다. (9) (Administrative work loads can be organized so as to prevent reflection. Busyness is correlated with superficiality.)

2.3221   격리는 필요하지만 그 위험성은 경지될 수 있다. 이것은 신뢰성부족, 상상력부족, 관련적이다. (9) Compartmentalization is necessary but its dangers can be overlooked. These are lack of authenticity, unimaginativeness, and freneticism.)

2.4 행정은 상상력을 요하는 전문직임에도 불구하고 분별될 수 있는 전문직이다.(1) (Administration is a discernible though putative profession.

2.401 행정은 적자를 내쫓고 부적자에 아필한다; Platon적 딜레마. (9) (Administration appeals to the unfitted while it repels the fitted; the Platonic dilemma.)

2.4011 대부분의 행정가는 정신병도 아니고 그렇다고 성자도 아니라고 생각하는 것은 이성적이다. 그러나 부정적 방향에서 편견이 있다고 가정하는 것은 보수적이다. (9) (It would be reasonable to assume that most administrators are neither psychopaths nor saints. But it would be conservative to assume that there is a bias in the negative direction.)

2.40111 사람들은 더 나쁜 다른 사람이 직책을 맡지 않도록 하기 위해 행정직을 추구한다. (9) (Men may seek administrative office to prevent its being held by others who are worse)

2.41 행정전문직은 어떤 특수행정능력을 가져야 한다. (1) (An administrative profession must entail some special administrative competence.)

2.411 평등은 기여를 보상해주기 위한 보상을 요구한다. 모든 조직에 행정가의 기여는 최도? (9) (Equity requires rewards commensurate to contribution. In all organizations is the administrator's contribution the greatest? In most?)

2.4111 연출법은 능력 있는 '연기'로 무능력을 보상하는 것이다. (9) (Dramaturgy is compensation for incompetence by competent 'Performance'.)

2. 412 행정의 숙련은 일반주의의 특수성이다. 그러나 이제 모든 사람이 행정숙련가라는 것을 따르지는 않는다.(5) (Administrative expertise is the specialty of generalism. But it does not follow that everyone is an administrative expert.)

2.413 행정적 전문주의는 계층의 원리를 재정당화할 것이다.

(9) (Administrative professionalism will relegitimize the principle of hierarchy.)

2.414 행정은 이론이 부족하다. 행정은 하나의 학문분야가 아니라 학제적 종합학문이다. (9) (Administration lacks theory; it is not a discipline but an interdisciplinary nexus.)

2.42 행정은 많은 아마추어가 종사하는 전문직이다. (4) (Administration is a profession in which many amateurs are engaged.)

2.421 어떤 행정가는 전문가이고, 어떤 사람은 정치가이고, 어떤 사람은 이 양자의 겸비이다. (4) (Some administrators are professional, some political, and some a combination of both.)

2.422 만일 행정이 실제적 일이라면 지정은 의심을 받는다. 그는 제 길에 들어선 것이다. 그리고 정치적일이라면 그는 제길 이상에 있다-그는 위험하다. (9) (If administration is a practical affair then the intellectual is suspect. He is in the way. And if it is a political affair he is more than in the way-he is dangerous.)

2.423 우리는 연구하는 의사를 바라지만 행정가가 연구하기를 요구하지는 않는다. (12) (We require of our doctors that they study but we do not do so of our administrators.)

2.5 행정은 미래가 현재보다 더 압력을 가하는 영원한과정이다. (7) (Administration is a perpetual becoming in which the future is more pressing than the present.)

2.6 경력의 사다리는 제동적 효과를 가지고 있다. 강임은 평가 절하이고 방해이다. (9) (A career ladder has a ratchet effect. Descent is devalued and deterred.)

2.61 도당주의는 경력주의에 대항하는 하나의 방어, 자기 보장의 형태이다. (9) (Cliquism is a defence against careerism, a form of self- insurance.) 2.62 계층의 원리는 기능적 재순환을 막는다. (9) The principle of hierarchy prevents functional recycling.)

2.621 유능한 비행정기능은 유능한 행정기능을 내포하지도 않고 포함하지도 않는다. (Peter의 원리). 그러나 그것은 내포하지도 포함 하지도 않는다. (9) (Skilled non-administrative function neither implies nor entails skilled administrative function (the Peter principle). But neither does it not imply nor entail it.)

3. 組織 – 行政活動의 領域(ORGANIZATIONS-THE FIELD OF ADMINISTRATIVE ACTION)

3 인간조직은 인간조직의 필요·충분조건이 목적, 인간, 기술이 되는 집합이라 할 수 있다. (1) (Human organizations are collectivities whose necessary and sufficient conditions are purposes, men, and techniques.)

3.01 조직은 행정활동의 영역이다. 행정가는 조직을 강조, 보존, 파괴한다. (1) (Organizations are the fields of administrative action. Administrators create, preserve, and destroy organizations.)

3.0101 법인체는 법적허구이고 조직은 개념적 허구이다. 법률가와 행정가는 환상의 대리인에 불과하다. (10) (A corporation is a legal fiction; an organization is a conceptual fiction. Lawyers and administrators are the agents of phantasy.)

3.02 사적부분에서 이익추구 동기는 조직을 위한 필요조건이지만 충분조건은 아니다. 공적부분에서 봉사적 동기는 조직을 위한 필요조건이지만 충분조건은 아니다.(1) (In the private sector the profit motive is a necessary but not a sufficient condition for organization. In the public sector the service motive is a necessary but not a sufficient condition for organization.)

3.03 조직은 가치문화를 만들어 낸다. 이 문화는 사회의 가치를 재해석한다(초가치). (7) (Organizations generate a value culture. This culture reinterprets(transvalues) the values of society.)

3.031 조직의 일이 더 큰 문화에 깊이 뿌리박은 가치에 대항하여 다툴 때 그것은 가치침입이 될 것이다. 그래서 군의 칭송, 독재자 영광, 행정가 찬양이 된다. 그래서 또한 의사, 장의사, 경찰의 전문주의가 된다. (9) (When the work of an organization contends against deepseated values in its larger culture, it must be transvalued. Hence the glorification of the military, the dictator, the administrator. Hence too the professionalism of the surgeon, the undertaker, the police.)

3.1 조직은 조직과 행정과 무관한 기준에 의하여 평가된다. 이러한 기준이 초가치이다. (1) (Organizations are evaluated upon criteria which are extraneous to organizations and administration. These criteria are metavalues.)

3.101   장기게임이 초도덕이듯이 합리적 행정도 초도덕적이다. (10) (As chess is amoral so is rational administration.)

3.1011 조직은 도덕적으로 본원적이다. 조직의 초가치로 정의될 때. (11) (Organizations are morally primitive. When defined by their metavalues.)

3.102   초가치는 가치이상의 것이다. 논란의 여지도 검토의 여지도 없다. (11) (Metavalues go beyond value; undisputed, unexamined.)

3.1021 개인적 초가치와 조작의 초가치가 있다. 후자는 집단의 힘을 갖기 때문에 정의에 대한 최초의 주장을 갖고 있다. (11) (There are individual and organizational metavalues; the latter have the force of the collectivity and hence an initial pretension to righteousness.)

3.1022 예방적 초가치는 정기적 분석이다. (11) (The metavalue prophylactic is periodic analysis.)

3.11   초가치는 감시과정에 스며든다. (7) (Metavalues pervade the monitoring process.)

3.12   능률은 초가치이다. (8) (Efficiency is a metavalue.)

3.121   능률은 미래의 초가치이고 과거의 가치이다. (11) (Efficiency is a metavalue for the future and a value for the past.)

3.1211 능률은 투입과 산출의 비율이다. 이 진술 자체는 비능률이다. 의도한 것보다 훨씬 덜 말하고 있다. (11) Efficiency is the ratio of output to input. This statement is itself inefficient; it says much less than it intends.)

3.122   주요 사실은(가치의 알) 자원의 부족이다. (11) (The prime fact(and the ovum of value) is the scarcity of resources.)

능률의 매력은 계량화의 오류에 이르게 된다. 어떤 비용과 목적은 계량화의 불가능이다. 진실한 계산은 항상 불완전하다. (11) (The lure of efficiency leads to the fallacy of quantification. Some costs and some ends are non-quantifiable. True accounting is always incomplete.)

3.123

효과성의 초가치는 동의어 반복이며 사소한 것이지만 이것은 행동의 목적을 가리킨다. (11) (The metavalue of effectiveness is tautologous and trivial but it points to the ends of action.)

3.124

효과적으로 되는 것은 충분치 않다. 사람은 또한 능률적으로 효과적이 되기를 추구한다. (11) (It is not enough to be effective; one seeks also to be efficiently effective.)

3.1241

종교와 마찬가지로 군대조직은 초합리적 가치에 의존한다. 충성은 이 조직의 초가치이다. (9) (Military organizations, like religions, are dependent upon transrational values. Loyalty is their metavalue.)

3.13

집단성은 처벌될 수 없다. 조직은 보복에 면역되어 있다. (9) (Collectivities cannot be punished; organizations are immune from retribution.)

3.131

조직의 제일법칙은 유지이다. (11) (The first law of organization is maintenance.)

3.14

조직은 자신의 존재 필요성을 묻지 않는다. 조직은 존재하기 때문에 존재할 필요가 있다. (11) (Organizations do not question their need to exist. They need to exist because they do exist.)

3.141

조직의 제이법칙은 성장이다. (11) (The second law of organization is growth.)

3.15

3.151   성장(보상이 줄어들 때까지)은 일종의 유지, 생존의 한 양식
이다. (11) (Growth (up to diminishing returns) is a kind
of maintenance, a mode of survival.)

3.1511   조직의 성장은 이익의 성장이다. 그리고 이것은 권력의 성
장을 내포한다. (11) (Growth of organizations is growth
interest. And this implies the growth of power.)

3.2   조직의 기본적 긴장은 한 사람과 많은 사람 사이에 존재한
다. 조직은 근본적으로 이중적이고 변증적이다. (2) (The
basic organizational tension is between the one and the
many. Organizations are fundamentally dualistic and diale-
ctical.)

3.21   조직가치의 변증은 끝이 없으나 편재적이다. (8) (The diale-
ctic of organizational value is unending but biased.)

3.3   조직은 에너지와 정보유통의 형태이다. (2) (Organizations
are patterns of energy and information flow.)

3.31   에너지와 정보는 유통의 한 참조 조직사건에 비교적 역동적
측면과 정체적 측면이 있다.(2) (Energy and information
are the dynamic and static aspects respectively of the one
referent of flow, the organizational event.)

3.311   負적엔트로피는 직접적으로 그리고 긍정적으로 정보와 관련
되어 있다.(2) (Negentropy is directly and positively related
to information.)

3.4   조직은 목적적이고 문제해결적이다. 목적과 문제가 없다면
조직은 이들을 만들어내는 경향이 있다. (2) (Organizations
are purposive and problem solving. If there be no purpose
or problem the organization win tend to create them.)

3.401   조직의 목적(문제)은 아직 미완성일 것이다. (2) (The orga-
nizational purpose(problem) may be inchoate.)

3.402   조직의 목적은 정체되어 있을 수 없다. 조직의 목적은 사건
         에 의하여 항상 조정되고 있다.(4) The organizational pu-
         rpose cannot remain static. It is constantly being modula-
         ted by events.)

3.4021 목적의 다양성과 일반목적의 모호성은 조직의 규모와 복잡
         성을 증대시킬 것이다. (8) (Multiplicity of ends and vag-
         ueness of general purpose will increase with organizatio-
         nal size and complexity.)

3.41   우주는 유목적적이지만 측량불가능이다. 조직의 목적과 개인
         의 목적은 측량가능하다. (6) (The universe is purposive but
         inscrutable. Organizational purposes and individual purpo-
         ses are scrutable.)

3.411   하나의 조직은 부적절한 상태이다. 조직은 현 상태와 가능성
         의 상태 사이의 갭에 가까이 끌린다. 하나의 목적을 갖는 것
         만으로는 절대적으로 불만족하게 된다. (7) (An organization
         is a state of inadequacy. It strains to close the gap between
         what is and what can be. To have a goal is to be diss-
         atisfied, by definition.)

3.5   조직은 유기체가 아니고 그 부분의 합에 질적으로 동등한 조
         직도 아니다. (2) (Organizations are not organisms nor are
         organizations qualitatively equivalent to the sum of their
         parts.)

3.501   조직은 불합리하다. (8) (Organizations are irrational.)

3.6   조직은 계층을 전제로 한다. 계층은 原型이다. (2) (Organi-
         zations presuppose hierarchy. Hierarchy is archetypical.)

3.61   조직은 지위의 계층과 목적의 위계를 갖고 있다. (2) (Orga-
         nizations have a hierarchy of status and a hierarchy of
         purpose.)

3.611 1 : 1의 비율로 조직위계를 통합하는 것은 이상적인 논리적 형태를 만들어낸다. (2) (To unite the organizational hierarchies in a one-to-one ratio would yield an ideal logical form.)

3.6111 지위조정은 반드시 목적조성인 것은 아니다. (2) (Status co-ordinates are not necessarily purposive coordinates.)

3.6112 조직의 위계와 조직의 보상체제를 상호관련 짓는 것은 다시 논리적으로 이상적이다. (2) (To correlate the organizational hierarchies with the organizational reward system would again be logically ideal.)

3.7 조직은 결정과정의 유통 영역이다. (3) (Organizations are flow fields of decision process,)

4. 組織人間(ORGANIZATIONAL MAN)

4 인간은 조직을 통해서 자기 생활의 모양을 만든다. (1) (Man shapes his life through organizations.)

4.01 사람은 살아간다. 그런데 조직에 의해서 살아간다. 직접적으로 또는 간접적으로 우리는 모두조직구성원이다. (1) (Man lives in and by organizations. Directly or indirectly we are all organization members.)

4.02 조직의 목적은 외향적이고, 몰 인간적이고, 객관적이지만 조직구성원에게는 내적이고, 사적이며, 주관적이다. 조직의 목적은 개인의 목적을 조정한다. 그리고 적은 범위에서는 그 반대이다. (8) (Organizational purpose is external, impersonal, objective, but for the member it is internal, personal, subjective. Organizational purpose modulates individual purpose. And, to a lesser extent, conversely.)

4.03   조직은 이중적 의미를 갖고 있다－안으로는 조직구성원, 밖
        으로는 세계에 의미를 갖고 있다. 행정가는 이런 관점을 조
        화시켜야 하는데 그렇게 하기 위하여 합리성은 충분치 않다.
        (8) (Organizations have a double meaning-inward to their
        members, outward to the world, The administrator has to
        reconcile these perspectives, and to do so rationality is not
        enough.)

4.031   조직은 조직구성원의 복지를 위해서 존재한다. 이것은 기
        본적 진리이다. (8) (Organizations exist for the welfare
        of their members. This is the basic truth.)

4.1   조직구성원으로서의 인간은 계량화할 수 있는 변인이며 계
        량화할 수 없는 변인이다. 어느 쪽에 더 비중을 두느냐는 행
        정명제의 작용상황에 달려 있다.(1) (As organization me-
        mber man is a quantifiable variable and a non-quantifiable
        variable. Which aspect preponderates is dependent upon
        the working context of administrative propositions.)

4.2   인간의 직무 동기는 이중적이고 변증적이다. (1) (Human
        work motivations are dualitive and dialectical.)

4.201   기본적으로 인간은 두려움에 의하여 움직인다－방어적 가정.
        (7) (At base men are moved by fear-a defensible assu-
        mption.)

4.2011 인간은 두려움을 해소시키려는 해독제로서 권력을 추구한
        다. 그러나 두려움이 올바르게 자라면 그 치료는 병을 확대
        하는 것이다. (7) (Men seek power as an antidote to fear;
        but if fear grows correlatively then the cure enlarges the
        disease.)

4.202   인간은 집단 압력에 의해 힘 있게 움직인다. 위대한 것은 집
단의 힘이다. 그러나 더 큰 것은 자기의 진정한 의지에 의하
여 움직이는 한 사람의 힘 이다.(7) (Men are powerfully
moved by group pressures. Great is the power of the
group. But greater still is the power of the man moved by
his true will.)

4.203   조직은 기쁨의 근원이 될 수 있다. 어떤 사람에게 조직은 생
의 의미와 목적을 줄 수 있다. (7) (The organization can be
a source of joy. To some men it can give their meaning
and purpose in life.)

4.21   기술적으로 말하여 일을 수행하는 하나의 최선의 방법이
있다. (1) (Technologically, there must be one best way
of performing work.)

4.22   인간적으로는 일을 수행하는 하나의 최선의 방법은 없다.
(1) (Humanistically, there is no one best way of perfo-
rming work.)

4.23   X이론과 Y이론은 대치되는 것이 아니고 양자가 다 진리이
다. (12) (Theory X and Theory Y are not contradictories;
both are true.)

4.231   인간의 본성은 복합적이고 구별해내기 어렵다. Z이론의 필
요한 일반성은 항상 불일치의 대강이 있고 각 행정가에 의
해서 계속적으로 재평가 받는다. (12) (The nature of man
is mixed and ineluctable; the necessary generalties of a
Theory Z must always be inconsistent approximations,
continually reassessed by each administrator.)

4.3 우리는 조직의 '생활', '활력소', '사기', '풍토'에 대하여 말한다. 이러한 개념은 행정의 기능이다. 즉 조직생활의 질은 행정에 달려 있다.(2) (We speak of organizational 'life', 'vitality', 'morale', 'climate,' Such concepts are functions of administration. That is, the quality of organizational life depends on administration.)

4.31 조직의 유사생활의 본질은 상징적이다. 이것은 상징조작의 문제이다. (2) (The essence of the organizational quasi-life is symbolic. It is a matter of the manipulation of symbols.)

4.32 정책은 조직의 게임을 지시한다. 게임규칙은 안내를 가져야 한다. 그러나 규칙은 결코 불변인 것은 아니다. (4) (Policy dictates the organizational game. The rules of that game must have some persistence. But they are never immutable.)

4.321 의식행사는 초 합리적 수준에서 동기유발하기를 추구한다. 합리적 수준에서는 이것은 불리하다. 半合理的 수준에서도 이 의식은 기쁨을 주거나 고통을 초래한다. (8) (ceremonial seeks to motivate at the transrational level. At the rational level it is absurd; at the subrational level it gives pleasure or incurs pain.)

4.4 조직구성원은 단지 조직구성원이 됨으로써 자기의 자율성 부분을 포기한다(Barnard, Simon); 조직구성원은 권리와 습관과, 어떤 의사결정권을 잃는다. (3) (Organization members surrender a part of their autonomy simply by being members(Barnard, simon); they lose the right, and the habit, of making certain decisions.)

4.5 　조직은 추상적이고, 무의식적이며, 의지가 없다. (2) (Organizations are abstractions, unconscious, and without win.)

4.51 　조직은 유사의식과 유사의지를 보여 준다. (2) (Organizations exhibit quasi-consciousness and quasi-win.)

4.511 　조직은 유사 도덕적이고 거의 유사 불멸이다. (2) (Organizations are quasi-moral and quasi-immortal.)

4.52 　투자된 조직의 이익은 신봉건주의의 한 종류이다.
(7) (Vested organizational interest is a species of neofeudalism.)

5. 行政의 道德性(ADMINISTRATIVE MORALITY)

5 　행정의 도덕적 측면이 있다. (1) (There is a moral aspect to administration.)

5.01 　행정결정은 특별한 도덕적 책임을 갖고 있다. 행정결정은 다른 사람을 위해서 또 다른 사람에 관해서 만들어 졌다.
(3) (Administrative decisions bear a special moral charge. They are made for and about *others*.)

.5.011 　역할담당은 도덕적 책임성을 줄일 필요가 없다. 행정가를 위해 역할담당은 도덕적 책임성을 높인다. (10) (Role incumbency need not reduce moral responsibility. For the administrator it exaltsit.)

5.02 　부하직원들이 규범적 차원으로 제약을 받는 한 행정가는 하급자의 가치자율성을 줄인다. (7) (Administrators lack the value autonomy of their subordinates insofar as they are constrained by the nomothetic dimension.)

5.03 　행정가는 직무윤리를 위한 당연한 인척관계를 갖고 있다.
(7) (The administrator has a natural affinity for the work ethic.)

5.04 감독이란 말은 윤리적 함축을 갖고 있다. 감독의 지상명령 은 집단의 선에 있다. 감독은 조직 안은 물론 밖을 내다 봐야 한다. (7) (Supervision has an ethical connotation. It must look outside the organization as well as in.)

5.05 행정도덕성의 가장 단순한 규칙은 대승적 이익을 위해서 소 승적 이익을 포기하는 것이다. 그러나 이것은 부드럽게 다듬 어져야 하고 정교하게 되어야 한다. (12) (The simplest rule of administrative morality is, 'submit the lesser to the larger interest'. But this must be tempered and sophisticated.)

5.1 책임성의 개념은 행정의 도덕적 측면을 불러일으킨다. (1) (The concept of responsibility invokes the moral aspect of administration.)

5.11 집단성은 행위자가 있으나 집단 자신의 행동을 갖고 있지 는 않다. (10) (Collectivities author but do not own their acts.)

5.111 기계장치는 가치를 망친다. (10) (Apparat degenerates value).

5.12 행정가는 단순한 집단의 대리인이 될 수 없다. 이것은 관리 로의 전략－무책임성이다. (10) (The administrator cannot be a mere agent of the collectivity. This would be the lapse into management-irresponsibility.)

5.13 책임성은 z를 위한 x로부터 y로의 전이이다. 그러나 x=y는 가능하고 z는 x의 한 부분이 될 수 있다. (10) (Responsibility is transitive: from x to y for z. But x=y is possible and z may be a Part of x.)

5.131   법의 체제는 책임성의 언어적 게임이다. 그것은 도덕적이 아니다. 비록 도덕성에서 그 기반을 찾고 있지만. (10) (The system of law is a language game of responsibility. It is not moral. Though it may seek its ground in morality.)

5.14   책임성은 어떤 의지활동을 요구한다. 이것은 기계적 책무 선 이상으로 간다. (10) (Responsibility requires some act of will. it goes beyond mechanical accountability.)

5.141   도덕성은 개인에게로 되돌아온다. 궁극적으로 개인만이 책임을 진다. (10) (Morality reduces to the individual. Ulimately only the individual is responsible.)

5.142   신뢰성은 가치관여의 함수이다. (12) (Authenticity is a function of value commitment.)

5.15   도덕적 책임성의 요인은 가치구조, 가치복잡성, 가치강점, 이기적 자아, 의지, 역할, 상황, 정교화들이다. (10) (The factors of moral responsibility are value structure, value complexity, value strength, ego, will, role, situation, and sophistication).

5.151   조직의 도덕적 경제성의 문제는 조직구성원이기 때문에 생기는 그 사람에 대한 신분상의 이득이 역할담당과 도구 성으로 생기는 손해를 능가한다는 것을 어떻게 보장해주느냐 하는 것이다. (10) (The problem of the moral economics of organization is to ensure that the gains to the status of man accruing from membership outweigh the losses deriving from role incumbency and instrumentality.)

5.2   행정의 문제는 규범적 측면과 개인 특유적 측면을 이렇게 조
       화를 이루느냐 하는 것이다(Hetzels & Guba). 조직의 문제는
       전자가 후자의 우위에 두는 것이다. 행정 철학의 문제는 후자
       에 의하여 전자를 정당화시키는 것이다. (5) (The problem of
       administration is the reconciliation of the nomothetic and
       idiographic dimensions. (Getzels and Guba) The problem
       of the organization is the superimposition of the former on
       the latter. The problem of administrative philosophy is the
       justification of the former in terms of the latter.)

5.3   인간은 인간 자체의 목적이다. 그래서 인간 관여와 인간관
       계는 진정한 지도성의 구상요서이다. (12) (Man is an end
       in himself. So human commitment and human relations
       become the components of leadership authenticity.)

5.4   결정의 궁극적 기반은 의식이다. 즉 의도이다. 책임성은 각
       결정으로 이루어진다. (13) (The ultimate ground of decisi-
       on is consciousness. That is, intention. Responsibility runs
       with each decision.)

5.41   목적의식은 미래를 현실로 바꿔놓는 것이고 결정은 그 반
       대이다. (3) (Purposiveness translates the future into the
       present, and conversely, by way of decision.)

5.42   어떤 결정과정은 뒤바뀔 수 있다. 뒤바뀜은 불합리성을 포함
       하지 않는다. 그러나 비논리성은 의도의 혼동으로부터 나온
       다. (3) (Any decsion process can be subverted. Subversion
       does not entail irrationality. But illogic follows confusion
       of intent.)

5.43   가치의식의 고양은 하나의 윤리적 지상명령이다. (12) (The
       raising of value consciousness is an ethical imperative.)

5.5   당위성은 사실로부터 생길 수 없다(More). 사실적 명제는 가치명제를 증명할 수 없다. (3) (An *ought* cannot be derived from an *is*(Moore). No factual proposition can prove a value proposition.)

5.51   정의와 선의 관계는 바람직한 것과 좋아하는 것의 관계와 같다. (6) (Right is to good as desirable to desired.)

5.511 욕망이 그 소멸로 충족되고 소원은 나 자신의 소멸로, 즉 규범적 측면에서 이기적 자아의 소멸로 충족된다. (6) (Desire is satisfied by *its* extinction, the desirable by *my* extinction, that is, by loss of ego in the nomothetic domain.)

5.512 낮은 가치는 높은 가치를 대치하고자 한다. 낮은 가치 높은 가치 둘 다 욕망의 소멸이나(심리학) 소원에 대한 의지에 의하여 초가치가 된다.(6) (Lower values seek to replace higher. They are transvalued either by extinction of desire(psychology) or the will to the desirable(philosophy.))

5.5121 도덕적 갈등은 정상적인 행정의 조건인데 주장과 자기회생 사이에 존재하는 끝없는 전쟁이다. (6) (Moral conflict, which is the normal administrative condition, is the unending war between assertion and self-sacrifice.)

5.6   개인의 관심은 항상 3면적이다: 자아(확대된 자아를 포함하여), 조직(다른 조직을 포함하여), 사회(크게는 인류 전체를 포함하여), (4) (Individual interest is always tripartite: self(including the extended self), organization (including other organizations), society(including mankind at large.))

5.601 자기(자아) 관심은 결코 단순하지 않다. (10) (Self-interest is never simple.)

5.61 게임의 관심과 조직의 관심을 확인하는 것은 상호교환적일 필요는 없다; 이것은 아마 자동적일 것이다. (7) (Identification of individual and organizational interest need not be reciprocal; it may be intransitive.)

5.611 관심은 자기로부터, 조직을 통해서 사회로 발전한다. (7) (The progression of interest is from self to society, through the organization.)

5.6111 다원주의가 통합을 추구하는 반면 전체주의는 관심의 발전의 통일을 추구한다. (7) (Totalitarianism seeks unification of the progression of interest while pluralism seeks its integration.)

5.62 만일 모든 것이 상대적이고 선호적이라면 자기추구는 제일 단순한 전력이다. 자기 관심은 실증주의가 만들어낸 진공을 채워 준다. (7) (If all is relative and preferential, then self-seeking is the simplest strategy. Self-interest fills the vacuum created by positivism.)

5.621 기회주의는 제일의 조직가치의 질병이다. 행정의 계승은 굳어진 기회주의이다. (7) (Opportunism is the first organizational value sickness; executive succession is congealed opportunism.)

5.7 동정, 감정이입, 동정적 상상은 행정도덕성의 필요조건들이다. (4) (Compassion, empathy, and sympathetic imagination are necessary conditions of administrative morality.)

5.71 인간적 이해는 행동과의 거리에 반비례하여 다양하다. (4) (Humane comprehension varies inversely with distance from action.)

5.72   정책결정의 언어는 계속적인 철학적 精查, 즉 도덕적 정사를 필요로 한다. (4) (The language of policy making requires continuous philosophical, that is, moral scrutiny.)

5.721   소망스런 목적은 계획된 목적과 구별되어야 한다. 후자는 해당되는 수단을 對하고 포함한다. (4) (Ends as desirable must be distinguished from ends as projected. The latter subtend and subsume the associated means.)

5.7211 수단과 목적은 항상 서로 읽혀 있다. 이것을 해결하는 것은 행정철학의 하나의 문제이다. (4) (Means and ends are always intertwined. Their disentanglement is a problem in administrative philosophy.)

5.7212 목적이 수단을 지시할 수 있지만 정당화시킬 수는 없다. 각 수단은 그 자체가 하나의 목적이다. (7) (While ends can dictate means they cannot justify them. Each means is an end in itself.)

5.8   양심은 먼저 우리에게 집단책임을 알려주고 다음에 보다 더 높은 책임들이 아직 남아 있다는 것을 알려 준다. (6) (Conscience is that which informs us first of collective responsibility and then of higher responsibilities still.)

5.81   가치의 최고와 최저는 개인 특유의 것이다. 이 최저와 최고 사이에 규범적 전체에 속하는 가치 영역이 있다. (6) (The highest and the lowest of values are idiographic; between lies the realm of value belonging to the nomothetic mass.)

5.811   관리는 가치의 중간 영역에 자연적 친근성을 갖고 있다. (6) (Management has a natural affinity for the middle realm of value.)

5.8111 관리는 도덕으로부터 인간에 이르는 하나의 유일한 단계이다. 안전은 부도덕성 안에 있다. (6) (It is but a step from the moral to the mortal. safety lies in amorality.)

5.82 행정가가 조직과 싸워야 하거나, 조직을 떠나거나, 불확실성의 길을 따라 내려가야 하는 점, Luther의 점이 있다. (8) (There is a point, the Luther point, at which the administrator must fight his organization, or leave it, or go down the paths of unauthenticity.)

5.83 행정철학의 주결실은 도덕적 복잡성과 정교성이다. (10) (The chief of administrative philosophy is moral complexity and sophistication.)

5.831 Machiavelli와 Plato 중에서 우리는 후자를 택합시다. 그게 더 낫다. 전자를 후자에 동화시키기 위해서만 선택하지는 맙시다. (12) (Between Machiavelli and Plato let us choose the latter. Better. Let us not choose but assimilate the former to the latter.)

5.832 관여는 전행정경력을 통하여 새로워지고 다듬어져야 한다. 이것은 철학을 통해서 이루어진다. (12) (Commitment should be renewed and refined throughout the administrative career. This is done by philosophy.)

5.833 의지는 이유를 낳는다. (6) (Will supervenes reason.)

5.9 행정의 성격은 교활한 기술에 보상을 주는 그런 것이다. 위장(숨김)하고 못 본 체하는 기술은 이로울 수 있다. 아니면 아마 필요한 것이다. (9) (The nature of administration is such that it rewards the skills of guile. The arts of concealment and dissembling can be advantageous. Or they can be neccessary.)

5.901   불신이 극장에서 중지될 수 있듯이 양심은 조직에서 중지될 수 있다. (9) (As disbelief can be suspended in the theatre, so conscience can be suspended in the organization.)

5.91   권력에 대한 양심과 동경은 행정가를 동기 유발시킨다. 의문은 이 가치들이 개발될 수 있느냐 하는 것이다. (9) (Ambition and love of power motivate the administrator. The question is, Can these values be civilized?)

5.92   책임성은 앞으로, 위로, 밖으로 이동함으로써 회피될 수 있기 때문에 경력주의는 무책임성을 낳는 데 기여한다.

(9) (Careerism conduces to irresponsibility since responsibilities can be shed by *moving*: onward, upward, outward.)

5.921   경력발전이 인공에 의하여 나아가고 임기보장에 의하여 보호를 받을 때 위험성은 무책임성, 무능력, 아노미 현상이다. (9) (When career progress is paced by seniority and guarded by tenure the dangers are irresponsibility, impotence, and anomie.)

5.93   오류의 원리는 보편적이고 영원한 것이다. 모든 사물은 자기의 값을 가지고 있다. 그러나 값은 협상의 대상이다. 그리고 사람은 받기 위해서 준다. 주는 것 이상 받기 위해서.

(9) (The principle of *quid pro quo* is universal and eternal. All things have their price. But the price is subject to negotiation. And one gives in order to receive. More than one gave.)

5.9311   사람은 선물로 묶여 매인다. 헌납은 구조를 보충해주고 행정가는 상호이익을 위한 상인이다. (9) (One binds by gifts. Donation supplements structure and the administrator is a merchant of reciprocity.)

6. 權力, 權威, 指導性(POWER, AUTHORITY, LEADERSHIP)

6   권력은 행정사전에서 제일 중요한 용어이다. (5) (Power is the first term in the administrative lexicon)

6.01   영향은 비교하기 곤란하다. 영향은 인간행동자의 상호작용으로부터 저절로 생긴다. 이것은 무책임하다. (5) (Influence is incommensurable. It arises spontaneously from the interaction of human actors. It is irresponsible.)

6.011   영향의 형태는 조직의 경계를 넘어서 넘쳐흐른다.
(5) (Patterns of influence overflow organizational boundaries.)

6.1   행정의 권력은 의지의 기능이다. 의지들 간의 경쟁은 권력의 실용적 검증이다. (5) (Administrative power is a funcition of the will. The contest of wills is the pragmatic test of power.)

6.11   Machiavelli주의의 초가치는 성공이다. 이것은 권력용어로 정시된다. (9) (The metavalue of Machiavellianism is success. Defined in tesms of Power.)

6.111   경력주의자를 위하여 경쟁의 패배로 생기는 고정성의 보장은 없다. 성공은 야심을 기른다. (9) (For the careerist there is no immobility save that provided by defeat. Success feeds ambition.)

6.12   한 사람이 권력을 가지면 그 권력을 휘두르려는 마음이 생긴다. 유능한 발휘는 권력을 증대시키고 미숙한 발휘는 권력을 감소시킨다. (9) (If one has power be of a mind to wield it. Skiful display augments power, unskilful display diminishes it.)

6.121   현명한 분노, 통제의 계산된 손실 같은 일이 있다. (9) (There is such a thing as the judicious rage, the calculated foss of control.)

6.121   廷臣의 기술은 상위자를 다루는 것을 다스린다. (9) (The arts of the courtier govern the dealings with superiors)

6.13   애매모호성과 불안정은 속임을 좋아한다. (9) (Ambiguity and ambivalence favour beceit.)

6.1301   적어도 사람은 정직하고 참여하고, 믿을 수 있는 것으로 보여야 한다. (9) (At the least one must apperar to be honest, committed, credible.)

6.131   반대가 있는 곳에서는 그것을 나눠 놓기를 바란다. 그리고 나눈 것을 다시 나눈다. (9) (Where there is opposition seek to divide it. And redivide the divisions.)

6.132   권력의 범위 내에서 친절을 의식하라. 우정을 의식할 필요는 없다. 그것은 존재하지 않는다. (9) (Beware of friendliness in the realms of power. There is no need to beware of friendship. It does not exist.)

6.132   라이벌의 성공을 줄여야 한다.(9) (A rival's success must be diminished.)

6.14   법적 게임과 조직의 게임은 권력의 제약에 있다. (10) (The law game and the organization game rest upon the sanctions of power.)

6.2   권위는 합법화된(정당화된) 권력이다. (5) (Authority is legitimized power.)

6.201 논리적으로 말하여 권위는 자기 정당화이다. 그러므로 반권
       위주의는 허무적이거나 또는 더 권위적이기를 요구한다.
       (5) (Logically, authority is self-justifying. Anti-authoritaria-
       nism is therefore nihilistic or else it is a claim for more
       authority.)

6.21   권위는 행정으로부터 나오는 게 아니고 조직구성원으로부터
       나오고 그것은 지각에 달려 있다. 즉 지각하는 사람의 가치
       에 달려 있다.(5) (Authority stems from the membership
       not from the administration, it rests on perception. That
       is, upon the values of the perceiver.)

6.2101 첫 분석에서 행정가는 무능력과는 거리가 멀다. 受容圈은 그
       들이 믿는 것보다 더 넓다. (6) (In the first analysis admi-
       aistrators are far from impotent. The zone of acceptance
       may bewider than they believe.)

6.2101 행정의 권위는 편리하고 필요한 허구이다. 마지막 분석에서
       행정가는 무능력하게 된다. (5) (Administrative authority is
       a convenient and necessary fiction. In the last analysis
       administratiors are impotent.)

6.22   권위의 합법성은 조직의 목적과 연결되는 데 있다.
       (5) (The legitimacy of authority rests on its connection
       with the organizational purpose.)

6.221 불법적 권위는 목적의 애매성 때문에 무성하게 된다.
       (5) (Illicit authority thrives upon obscurity of purpose.)

6.222   技術的 전문주의는 전통적 권위를 위협하고(Victor Tho-mpson) 마침내 대항하는 행정적 전문주의에 이르게 된다. (5) (Technological Professionalism threatens traditional authority(victor Thompson), and leads to countervailing administrative professionalism.)

6.22   보상은 권위를 따라가고, 권위는 전문성을 따라가고, 전문성은 목적을 따라간다. (이것은 사실적 명제가 아니라 규범적 명제이다.) (5) (Rewards follow authority: authority follows expertise; expertise follows purpose. (This is a normative not a factual proposition.)

6.3   권위는 논리를 초월한다. (5) (Authority transcends logic.)

6.4   지도성이란 용어는 추종자에 마법을 걸기 위한 주문이다. (5) (The term leadership is an incantation for the bewitchment of the led)

6.401   기술적 능력과 역할 권위는 지도성을 위한 필요조건이지만 충분조건은 되지 못한다. (5) (Technical competence and role authority are necessary but insufficient conditions for leadership.)

6.41   지도성은 하나의 사건이지 인성의 속성은 아니다. 이 지도성은 행동의 역동적 복합에 주어진 하나의 設述이다. (5) (Leadership is an event, not an attribute of a personality. It is a description given to a dynamic complex of action.)

6.4101   최선의 지도성은 흔히 추종성이다. (12) (The best leadership is often followership.)

6.411 지도성은 상황의 복잡한 내적 영역이기 때문에 분리될 수도 없고, 떼어낼 수도 없고, 시장에서 교환될 수도 없다.
(5) (Because leadership is a complex intrinsic property of a situation it cannot be detached, isolated, and traded in the market place.)

6.42 지도성은 기술적 능력과 도덕적 복잡성과 연결되어 있다. (Barnard) (5) (Leadership is the conjunction of technical competence and moral complexity(Barnard).)

6.4201 실력사회는 논리적으로 민주주의에 좋은 것이다. (5) (Meritocracy is logically preferable to democracy.)

6.421 지도자는 집단의 가치를 만든다. 이러한 가치의 신성은 지도자의 은혜를 포함하고 또 지도자의 접근불가능성도 포함한다. 또는 가치는 발휘를 요청하고 지도자의 가시성을 요청한다. (5) (Leaders embody collective values. The sanctity of these values may entail their concealment, and the leader's inaccessibility. Or the values may call for display, and the leader's visibility.)

6.422 지도성의 본질은 언제 도덕적 문제를 일으킬 것인지 언제 피할 것인지 아는 것이다.(6) (The essence of leadership is to know when to raise and when to avoid moral issues(Broudy).)

6.43 카리스마는 목적을 위한 우리의 욕망에 작용한다. 카리스마적 지도자는 우리의 삶에 희망과 의미를 줄 것이다. (5) (charisma plays upon our lust for purpose. The charismatic leader will give hope and meaning to our lives.)

6.431 권력과, 카리스마, 사람 사이의 연결을 위조하는 것보다 더 위험한 행정의 측면은 없다. (5) (There is no aspect of administration more dangerous than that which forges the link between power, charisma, and men.)

6.432 조직의 복잡성은 조직을 다루는 인물의 필요성을 우리에게 설득한다. 우리는 새로운 지도자가 걸물이어야 한다는 것을 우리 자신에게 설득해야 하고 우리는 지도자에게 사무실은 물론 관복을 제공한다. (9) (Organizational complexity persuades us of the need for a paragon to deal with it. We then persuade ourselves that the new leader must be a paragon and we invest him with a robe as well as an office.)

6.433 도덕적 지도자는 카리스마적이다. (10) (The moral leader is charismatic.)

6.5 가설: 조직풍토와 지도성의 질은 행정가의 도덕성의 함수이다. (10) (Hypothesis: Organizational climate and leadership quality are functions of the administrator's morality.)

7. 價　值(VALUES)

7 사실의 세계는 주어진 것이고 가치의 세계는 만들어진다. (6) (The world of fact is given, the world of value made.)

7.01 우리는 사실을 발견하고 가치를 부여한다. (6) (We discover facts and impose values.)

7.011 사실은 정의되지 않은 채로 있어야 한다. (6) (Facts must go undefined.)

7.012   가치는 특별한 종류의 사실이다. 그러나 결코 참이나 거짓도 아니다. (6) (Values are special kinds of facts; but never true or false.)

7.0121   우리는 사건의 시나리오로부터 가치를 걸러낼 수 없다. 그러나 우리는 항상 사건의 시나리오에 의하여 가치를 비추어 볼 수 있다. 그것이 우리의 의지이다. (6) (We cannot distil value from the scenario of events. But we can always project value upon it. That is our win.)

7.0122   전적으로 가치 있거나 아름답거나 착한 것은 없다. 거기서 가치 없고 아름답지 않고 좋지 않은 것이 여기서만은 가치 있고, 아름답고, 좋을 수 있다. (6) (There is nothing at all valuable or beautiful or good *out there*, only *in here*.)

7.02   좋은 것은 옳은 것과 다르다. (11) (What is good is different from what is right.)

7.1   욕망이 모든 일을 더럽힌다. 더러움 없는 지각이나 개념은 없다. 그러나 가치는 표면적 영역 그 이상이다. 이것이 커다란 미스테리이다. (6) (Desire taints all things, there is no immaculate perception or conception. And yet value is other than its field of manifestation. This is a great mystery.)

7.11   가치평가는 합리성의 전제가 된다. 사람은 단지 가치에 의하여 정해진 한계 내에서만 합리적일 수 있다. (8) (Valution preceeds rationality. One can only be rational within the limits set by value.)

7.2   가치는 동기 유발하는 힘과 함께 바람직한 개념이다. (6) (Values are concepts of the desirable with motivating force.)

7.21   우리의 가치체제는 심리적 통합성의 한 표현이다. 우리가
        더 많은 가치를 가지면 가질수록 체제의 필요성은 더욱 절
        실해진다. (6) (Our value system is an expression of our
        psychological integrity. The more values we sustain the
        more our need for system.)

7.21   우리는 세상이 나쁘다고 하나 개인적으로 좋다는 것을 선택
        한다. 그렇게 하는 것이 바로 도덕적일 것이다. (10) (One
        can choose) what the world calls evil and call it, privately,
        good. To do so rightly would be moral.)

7.212   도덕성은 개인적 문제인데 다른 사람과의 관계를 다룬다.
        (10) (Morality, an individual matter, governs relations
        with others.)

7.213   윤리는 도덕적 항해에 나침판이라 할 수 있다. 우리가 원한
        다면 윤리라는 나침판 없이 항해할 수 있을지 모른다. 그러
        나 우리는 그런 항해는 위험하다고 무시한다. (10) (Ethics
        is an aid to moral navigation. We can sail without it if
        we wish. But we ignore it at some peril.)

7.22   가치는 자아, 타인, 자아도 타아도 아닌 것으로부터 생긴
        다. (6) (Values stem from the self, from others, and
        from that which is neither self nor others.)

7.23   등급은 가치의 본질이다. 계서는 보편적 질서의 본질이다.
        (6) (Rank is the essence of value; hierarchy is the essence
        of universal order.)

7.231   계서는 타락의 가능성을 안고 있다. (6) (Hierarchy implies
        the possibility of degradation.)

7.2311 가치는 흘러간다. 태어나고, 살아가고, 마침내 사라진다. 마치 우리 인간과 같이 사회라는 가슴 속에서 길러지고 언젠가는 버려지게 된다. (6) (Values run down. They are born, live and die. Like us they are nurtured within the bosom of societies; and finally rejected.)

7.24 가치갈등은 최저수준에서 해소되는 것이다. (12) (Value conflict is to be resolved at the lowest level.)

7.241 제일 첫 순서의 가치화는 확인이고 어떤 경우에는 가치의 분석이다. (12) (First order valuation is the identification and analysis of the values in a case.)

7.242 제이 순서의 가치화는 가치의 결정이 그 경우에 노력하는 데 사용되도록 하는 것이다. (12) (Second order valuation is the determination of the values to be used in trying the case.)

7.3 욕구는 일의 지각된 상태와 마음에 품은 상태 사이의 차이다. 이것이 가치의 근원이다. (6) (Needs are discrepancies between perceived and conceived states of affairs. They are sources of value.)

7.4 동기는 가치의 근원이다. 이것은 어두운 면 또는 밝은 면에 있게 된다. 어두운 면의 경우에 이것은 우리를 밀고, 우리는 이것을 충동이라 부른다. 두 번째 밝은 면의 경우 우리를 끄는데, 이것은 이성이라 부른다. (6) (Motives are Sources of value. They may be in the dark or in the light. In the first case they push us and we call them drives, in the second they pull us and we call them reasons.)

7.41 우리의 동기의 아무것도 승인하지 않는 것은 동물이 되는 것이고, 모든 것을 승인하는 것은 신이 되는 것이다. 도덕성 이상으로 가는 것은 초인이 되는 것 아니면 금수가 되는 것이다. (6) (To approve none of our motives is to be animal, to approve them all is to be a god. To go beyond morality is to be superman or beast.)

7.5 태도는 가치의 제일 공공적 표현인데, 태도는 세상에 대한 우리의 주의를 구성한다. (6) (Attitudes are the first public manifestations of value, they structure out attention to the world.)

7.6 관심과 흥미는 개인과 집단의 활동적인 가치지향성이다. 이것은 사실을 참조한 가치이다. (6) (Interest is the active value orientation of an individual or group. It is value referred to fact.)

7.7 의식은 내적으로 가치로운 것이다. 의식 자체의 목적에 대한 수단이다. (12) (Consciousness is intrinsically valuable; the means to its own end.)

II. 命題의 機能

방금 제시된 명제들은 기대가 큰 공명과 반향을 일으킬 의도를 가지고, 그렇지만 좌절의 의도, 또 그렇게 하는데서 때때로 우리를 번뜩이는 통찰의 세계로 안내하는 딜레마적 형태의 대뇌활동을 자극할 의도를 가지고 전달하는 함축적 메시지들이다. 이 명제들은 하나의 '모델'을 제공해주기 위해서가 아니라 수용자(recipients)의 親密性이나, 知識, 理解에 있어서 변화를 일으키려는 목적을 가지고 명제들을 論理的 複合으로 조직한 것이다. 그래서 그 기능이 대상(audience)의 성격에 따라 달라지는 자극(stimuli)을 의미하는 형태가 있다. 행정학도를 위하여 이들이 본래 행정실천가였든지, 아니면 행정직으로의 열망자였든지, 이 명제들은 이해를 깊게 하려고 의도되었고, 또 이 명제들은 조직생활의 도덕적 복잡성을 통찰하도록 자극해 줄 것이다. 이론가와, 학자, 연구자, 경험주의자를 위해서는 과학적 위협을 저지시키기 위해서가 아니라 人間要因의 복잡성과 민감성에 대한 인식을 고조시키기 위해서 이 명제들은 行動主義와, 外延(denotation), 操作的 定義(operational definition)를 위한 강압에 대항하는 하나의 반대급부적 자극(counter-irritant)으로 작용하게 하려고 의도되었다. 마지막으로 行政哲學者를 위해서는, 만일 이런 분야의 사람이 있다면, 인간생활의 조직적 조건에 대한 흥미와 그 조건의 논리적 명료화에 대한 흥미를 자극하려고 의도되었다.

제4부 敎育行政家의 哲學研究

－朱三煥－

제14장 敎育行政家의 行政 哲學과 行政行爲*

　이 글은 첫째, 敎育行政에서 哲學이 중요하다는 점을 강조하고, 둘째, 행정과학과 행정철학의 형성경향에 대하여 살펴보고, 셋째, 행정가의 철학과 행정행위의 관계를 설명하는 몇 개의 槪念的 틀에 대하여 언급하고, 넷째, 철학의 소박한 개념으로서의 신념·이론·가치와 행정행위와의 관계에 대하여 살펴보고, 다섯째, 여러 철학파의 교육행정에 대한 시사를 고찰하려는 데 목적을 두고 있다.

　여기서 철학이란 어떤 特定 主義의 체계나 세계관이나 세계의 체계, 또는 하나의 특별한 인식론이나 가치론·심미학을 의미하지 않고, 다만 正確한 思考의 과정과 가치화(valuing)의 과정, 즉 합리성 또는 이론, 그리고 가치·신념을 의미하는 것으로 쓴다. 다만 뒤에 가서 각 철학파의 주의의 교육행정에 대한 시사를 약간 다룬다. 그리고 행정행위라 함은 의사결정과 정책결정 등 결정행위를 중심으로 하되 기획·조정·의사소통·변화집단과정·지도성 등의 겉에 드러나는 행정행동의 모두를 말한다. 교육행정가도 特定地位나 職責을 지정하지 않고 교육행정의 일을 하는 사람을 의미한다.

　이 논문은 교육행정에 대한 철학적 접근의 하나의 시도로서 간단한 문헌적 고찰에 불과하며 필자의 主觀性도 완전히 배제하지 못한 점이 있다.

---

* 이 論文은 『새교육』 84. 10, 11월호(대한교육연합회)에 연재되었던 것임.

Ⅰ. 行政哲學의 重要性

우리 인간은 살아가는 동안 수많은 決定을 내린다. 물건 하나 고르는 사소한 일에서부터 주말계획을 하는 일, 학교나 직업을 선택하는 일, 배우자를 선택하는 중요한 일에 이르기까지 살아가는 과정 전체가 어떤 결정으로 이루어진다고 해도 과언이 아니다.

교육행정가는 이와 같은 사적인 결정 이외에도 수많은 중요한 결정을 한다. 上位職으로 올라갈수록 많은 결정의 서명과 날인을 한다. 교사와 교육행정가는 어린이 학생의 먼 장래에 영향을 주는 敎育的 의사결정을 하는 일을 피할 길이 없다(Fitzgibbons, 1981, p.8). 이 의사결정은 행정행위의 가장 핵심이 되는 활동이다.(Simon, 1976).

그런데 행정가들은 똑같은 조건, 똑같은 상황에서 다른 행정가와 각각 다른 결정을 내릴 수 있다. 이것은 그 사람 개인의 人性과 性 · 연령 · 종교 같은 人口的 變因(demographic variable)의 차에서 오는 경우도 있지만 많은 경우 그 사람이 가지고 있는 가치관 · 신념 · 철학이 다르기 때문이다. 행정가의 행정행위에는 어떤 이유가 밑에 깔려 있으며 그 행동의 이유를 이론적으로 설명할 수 있을 때 그는 철학을 가졌다고 할 수 있다. 다시 말하면 행정가의 의사결정을 수반하는 수많은 이유 있는 행정행위는 그의 철학이 반영되어 나온 것이다. 교육행정가는 그의 행동에서 다른 사람과는 다른 철학적 假定을 반영하는 것이다(Graff and others, 1966, p.306). 결국 교육행정 실천가들은 그 영역 내에서 價値를 시도하고 倫理를 실천하는(Simon, Smithburg and Thompson, 1950, Pp.539, 554) 것이다. 한 마디로 말하여 행정은 行動哲學(philosophy in action)(Hodgkinson, 1978, p.3)이라고 할 수 있다.

그런데 때로는 자기의 행동이유를 충분히 이론적으로 설명하지 못하고, 그렇다고 어떤 믿음에서 나오지도 못한 즉흥적인 행동도 있을 수 있다. 이런 행정가의 행동에는 일관성도 없고 이랬다 저랬다 제멋대로인 철학 없는 행동인 것이다. 이러한 哲學的 指向性이 없는 행정가는 자기의 指導性 役割을 포기하고 일상적·관리적 일을 다루는 데 정력을 소비하고 이것이 자기의 주요 기능인 것으로 착각하는 사람도 있다. 이들은 학교 관리적 사소한 일이라는 바다를 미친 듯이 헤엄치고 다니며 방향감도 없이 닥치는 대로 일을 처리하고는(Graff and others, 1966, p.10) 열심히 일을 많이 했다고 생각한다. 철학지향성이 없는 어떤 다른 행정가는 기회주의 형태의 機關運營法을 나름대로 개발하여 사용하게 된다. 어떤 신념이나 철학이 없이 아래의 눈치와 기회를 보아 행동하는 것이다. 어떻게 보면 이것도 그의 행동철학이라고 할 수 있다. 철학지향성이 부족한 행정가들의 행정행위는 위와 같은 행동을 자기의 일에 반영한다. 그런데 대부분의 교육행정가에게 이렇게 중요한 철학지향성을 개발할만한 적당한 기회가 주어지지 않았었고 또 교육행정에서 철학적 측면을 강조하여 다루지 못했었다는 데 문제가 있다.

지금까지 교육행정에서 행정과정에 가치나 신념·철학 등이 어떻게 스며드는지에 관한 관심은 비교적 적었고, '주로 機能위주의 管見이 주류를 이루어'(김광웅, 1983, p.4) 기획·조직·인사·지휘·조정·보고·예산·통계(POSDCORB) 등의 제 기능에 많은 관심을 두어 왔다. 다시 말하면 겉에 드러나는 행정가의 행정행위와 과정의 연구에 관심이 많이 쏠렸었고 행정행위의 밑바탕에 깔려 있는 핵에 해당하는 철학에 대한 硏究的 관심이 적었다. 이 논문은 행정행위의 밑바탕에 깔려 있는 철학적 측면과 표면에 드러나는 행정행위를 연결지어 보려는 것이다.

교육행정가가 하는 수많은 意思決定 속에는 교육목적결정·교육내용결정·교육방법의 결정 등 어린이의 운명을 좌우하는 교육결정이 있으며, 이 때마다 그의 철학이 스며든다고 할 때 교육행정가의 철학은 아무리 강조해도 오히려 부족하다. 앞에서 교육행정가가 철학이 없을 때의 문제점을 잠깐 지적하였으나 또 중요한 것은 교육행정가가 잘못된 철학을 가지고 있을 때이다. 학생과 교사, 우리의 교육 전체를 엉뚱한 곳으로 끌고 갈 염려도 있고 또 혹시 끌려가지 않는다 하더라도 올바른 철학을 갖지 못한 행정가는 철학 없는 행정가와 마찬가지로 비난의 대상이 될 것이기 때문이다.

상위직의 행정가일수록技術的(tcehnical)·管理的(managerial) 일을 하는 하위직 행정가보다 더 철학적인 결정을 하게 되며 그러므로 철학은 더욱 중요시된다.

Ⅱ. 行政科學과 行政哲學의 形成

교육의 중요한 결정들을 다루는 교육행정에 최근 두 接近傾向性이 대조적으로 나타나고 있다. 한판에서는 행정과 교육의 과학화 또는 科學的 接近(김광웅, 행정과학서설, 1983: 李敦熙, 교육과학의 이론, 1983) 등이 있고, 다른 한편에서는 의사결정과 행정에 哲學的 接近(Fitzgibbons, *Making Educational Decisions: An Introduction to Philosophy of Education*, 1981: Hodgkinson, *Towards a Philosophy of Administration*, 1978; Graff and others, *Philosophic Theory and Practice in Educational Administration*, 1966: Bellone, *Orgaization Theory and the New Public Administration*, 1980)의 경향이 나타나고 하나의 학문영역으로 발돋움하려 하고 있다. 이 두 경향에 대하여 의의 (괄호 안의) 문헌을 중심으로 살펴보고자 한다.

과학과 철학은 원래 같은 것으로부터 출발하였다. 과학은 아마 철학의 한 가지(branch)였다고 말하는 것이 보다 더 정확한 것이다 (Graff and others, 1966, p.38). 그래서 초기의 과학자들은 자신들을 자연철학자로 생각했었다. 그러나 모든 면에서 과학이 중시되면서 그 근원을 잊고 대등한 위치로 올라서고 있으며 논리 실증주의 철학에서는 科學性이 강조되고 또 과학철학도 나오게 되었다.

교육에 있어서도 '교육목적의 탐구는 철학이고 교육방법의 탐구는 과학적이라고 구분하는 것은 지나친 단순화'라고 하더라도 "명백히 교육목적의 탐구에는 哲學的 探究의 노력을 科學的 探究의 노력보다 더 요구하며, 교육방법의 탐구에는 그와 반대된다고 할 수 있다"(이돈희, 1977, p.14). 교육에서 철학적 탐구행위와 과학적 탐구행위를 동시에 요청(상게서, p.47)하고 있는 것은 사실이다. 교육행위는 바로 목적지향적인 과정이며(상게서, p.15), 행정은 목적달성에 있어서 調整과 統制의 과정에 붙여진 이름이다(Graff and others, 1966, p.48). 목적을 다루는 것은 주로 철학적 측면이며, 그 달성방법에서 과학적 방법을 동원하는 것이다. 다시 말하면 교육행정은 목적을 실현하기 위한 관리(management)를 위해서는 물론이고 계속적인 교육목적의 재개발을 위한 도구가 되어야 한다"(Graff and others: 1966, p.3).

Taylor의 科學的 管理運動 이래 Gulick과 Urwick의 *papers on, the Science of Administration*의 출판은 과학적 관리운동의 결정을 이루었다(Gulick and Urwick, 1937). 이들은 성공적인 관리자의 경험분석과 실패사례의 분석은 효과적인 관리기술을 밝힐 것이라 확신했었다.

그 후 1960년대에 行政科學의 성립과 발전을 위한 노력은 강화되었다. 이러한 경향은 (1) 행정 연구에 대한 學際的(interdisciplinary) 접근과, (2) 행정의 일반이론과 특수이론의 발전, (3) 행정가가 일해야 하는 사회학적·정치학적·심리학적 環境을 이해하기 위한 수단으로서 조직론 개발에 대한 관심의 증대, (4) 행정이론과 조직이론에 기반을 둔 체계적 연구에 대한 노력의 증가 등의 움직임으로 인해서 더욱 분명해졌다(Sergiovanni and Carver, 1980, p.3).

또한 교육행정에 PERT, CPM, PPBS 등의 기법과 계량화 기법, 컴퓨터 등 工學的 技法의 도입과 발달로 교육행정의 과학화는 가속되었다.

그 동안 우리나라에서도 행정의 과학적 접근과 과학화의 노력은 꾸준하였으나 행정과학이란 이름이 붙은 책은 김광웅의 『行政科學敍說』(1983)이 처음인 것 같다. 과학으로서의 행정은 조직목적 달성과 관련되는 조직현상과 인간행위를 기술·설명·분석·예언하는데 관심을 갖는다. 행정에의 과학적 접근은 客觀性과 中立性을 요구한다. 이 접근의 초점은 일반적으로 행정에 널리 적용해 온 원리들을 확인하고 서로 연결시키려는 데 주어진다(Sergiovanni and Carver, 1980, p.5). 그리고 행정과학은 교육에 있어서 독특한 가치체제에 의하여 그 명제를 평가할 수 없게 한다. 예를 들면 행정과학 개발의 선구자 Simon은 信念體制는 과학에서 설 자리가 없다는 것을 상기시켜 준다. 즉 "다른 어떤 과학과 마찬가지로 행정과학은 순전히 사실적 진술에 관심을 갖는다. 과학체제에는 윤리적 주장의 여지가 없다. 윤리적 진술이 나타날 때마다 사실적 진술과 윤리적 진술의 두 부분으로 분리된다. 그런데 사실적 진술만이 과학에 적절하다"(Simon, 1976, p.253)는 것이다.

행정에의 과학적 접근이 정확한 지식·개념·기본적 이해라는 형태로 의사결정에 귀중한 투입을 해 줄 수 있지만 교육행정가를 위한 운영전략의 형성에는 거의 직접적으로 도움을 주지 못한다. 그래서 행정과학의 강점, 즉 객관성·중립성·광범한 적용성은 또한 그 약점이 되기도 한다. 가치부재·목표강조의 취약, 특수상황에의 적용 곤란성 때문에 교육행정가는 교육이란 독특한 價値體制의 관점에서, 또 자기 학교에 특이한 목표의 관점에서 科學的 命題를 수정해야 한다(Sergiovanni and Carver, 1980, p.7). 그래서 일반 행정을 다루고 있는 김광웅도 가치 배제적인 한 학문 그 자체는 과학적 학문의 수준에 이르지 못한다고 하여 그의 『行政科學敍說』은 가치 전체적 성격이 강한 과학적 학문으로서의 행정학을 뜻한다고 말한다. 그는 사실 위주의 '科學的 行政學'과 경험을 바탕으로 한 규범과 價値定向의 '行政科學'을 구별하여 사용하고 있다. 그래서 이의 행정과학 속에는 가치와 철학적 요소까지 포함시킨 것을 의미하는데, 실제로 그의 책에는 충분히 포함시키지 못한 것을 아쉬워하고 있다. 어쨌든 가치와 윤리를 다루는 철학적 바탕이 있어야 하며, 응용과학에 속하는 교육행정에서는 철학적 측면이 더욱 중요시되고 있다.

이제 행정의 철학적 측면을 살펴볼 차례이다. 김광웅은 행정에 철학이 있는가에 의문을 제기하며 이에 부정적이라 하며 그 이유로 지금까지 行政思想을 아리스토텔리안의 방식으로 통합하고 체계화된 틀 속에서 정리한 行政哲學者나 理論家가 아직 없기 때문(김광웅, 1983, p.194)이라고 지적하고 있다. 그는 지금까지 행정학 분야에서 정진한 수많은 학자들이 행정학의 철학적 배경을 얼마나 규명하려고 애썼는지에 의문을 제기하면서도 그들이 각 분야의 지식을 동원하여 행정학의 價値基盤을 굳히는 데 공헌하였던 게 사실이라 인정하고 있다. 그리고 그의 책에서 행정학의 발달순서에 따라 여러 학자들의 주장과 철학관을 중심으로 행정을 철학적으로 조명하고 있다.

Simon은 戰後의 행정에 철학적 혁명을 주도한 인물이라 할 수 있는데, 그는 행정의 핵심은 意思決定이라 하고 결정행위에는 크건 작건 행정가 자신의 가치를 주입하게 된다는 것이다. 그리고 결정이란 여러 대안들 중에서 선택하는 것이기 때문에 각 결정은 윤리적·가치적 내용을 담게 된다고 하였으며 Broudy도 교육자는 가치 이외에 아무것도 취급하지 않는다(1965, p.52)고하여 행정에 있어서 價値를 강조하고 있다.

1960년대 후반에서 1970년대 전반에 걸쳐 나타난 新行政學(New Public Administration)의 모임은 윤리적 명제를 제일주의로 삼는 일종의 철학운동으로 민주주의 철학과 인간의 존엄성을 최고로 조작적 가치와 관료적 결정행위의 종국목표(김광웅, 1983, p.222)로 하고 있다. 이들의 노력은 과거의 전통적인 입장에서 행정현상을 기능적으로 보던 官見에서 탈피하고 과학적 연구를 주장하는 行態科學의 조류에서도 벗어나면서 가치와 규범을 과학적 사고에 접목하려는 것이다. 그 중의 한 사람인 Bellone(1980)은 행정학을 價値와 規範에 관한 논의에 초점을 맞춰 학문적 位相을 성립하려 하여 (1) 규범과 가치, (2) 가치지향, (3) 인식론, (4) 합리성, (5) 개인의 욕구와 조직의 욕구의 통합, (6) 조직성과의 측정, (7) 조직과 환경의 상호관계, (8) 합의적 결정, (9) 기술과 미래를 그의 책 서론에서 행정학의 관점에서 종합하고 있다.

Hodgkinson은 『*Towards a Philosophy of Administration*』(1978)을 Ⅰ. 논리, Ⅱ. 가치, Ⅲ. 철학의 3部로 구성하고 행정철학의 형성가능성을 제시하고 있다.

Fitzgibbons(1981)는 교육적 의사결정을 철학적으로 접근하여 (1) 지성적 교육의사결정에 필요한 교육철학, (2) 합리적 교육의사결정을 위한 기반으로서의 논리학, (3) 교육의사결정과 윤리학, (4) 교육의사결정을 다루고 있다.

Graff外는 『*Philosophic Theory and Practice in Educational Administration*』(1966)에서 교육행정가에게 필요한 철학이론과 실제 사례를 제시하고 있다. 제Ⅰ부는 '철학과 행정가, Ⅱ부는 철학사상체계, Ⅲ부는 철학적 개념과 행정행위로 나누어 行政家에게 등한시되었던 철학적 무장을 강조하고 있다.

Sergiovanni와 Carver는 교육행정은 근본적으로 좋은 또는 더 좋은 과정, 좋은 또는 더 좋은 수단, 좋은 또는 더 좋은 목적과 관련된 하나의 윤리과학(ethical science)이며 그래서 가치·선호·아이디어·열망·희망을 완전히 내포한다고 하며, 교육행정을 行動指向的(action-oriented) 응용과학으로 보고 과학적 측면과 직관적 측면, 평가적 측면(신념 체제·철학·교육목적·자아개념)을 동시에 강조하고 있다. 이들도 행정에 있어서 의사 결정의 중요성을 강조하고 의사결정에 영향을 주는 요소로 (1) 행정가 내부요인, (2) 인간체제 요인, (3) 조직 내 요인, (4) 환경요인으로 구분 하였는데, 내부요인은 信念體制를, 인간체제는 倫理科學을 가리키는 것으로 둘 다 철학적 측면이라 할 수 있다.

지금까지 행정의 철학적 측면을 다룬 사람과 책을 중심으로 살펴보았는데, 행정에 있어서 철학적 측면은 더욱 중요시되고 있으며 그래서 行政哲學이라는 하나의 분야로 형성될 가능성까지 엿보이고 있다. 그리고 최근의 행정과학은 과거의 과학적 행정과는 달리 가치전제적·규범적·윤리적·철학적인 면까지 포함하려 하고 있다는 것을 지적한다.

III. 敎育行政家의 哲學과 行政行爲의 關係

지금까지 행정과학과 행정철학의 형성경향에 대하여 언급하였다. 이제 본론에 해당하는 교육행정가의 철학과 행정행위와의 관계에 대하여 논하고자 한다. 행정은 결국 행정행위로 겉에 나타나게 되어 교육행정을 行動指向的(action oriented) 응용과학(applied science)이라고 하는 사람도 있다. 그런데 이 행동의 밑바탕에는 철학이 깔려 있다는 것은 이미 지적하였다. 그렇다면 행정은 결국 철학을 행동으로 번역하는 것이다. 人間本性에 대한 철학적 가정이 행정가의 행동과 행정행위에 영향을 주어 겉에 드러나게 된다. 예를 들면 의사결정이나 정책결정도 철학적 기반으로부터 나오며, 행정에 있어서 중요한

문제는 거의 다 철학적 개념과 분리하여 해결 될 수 없다. 그래서 정
책결정은 이론적으로 그리고 가치적으로 行政行動, 즉 행정의 眞髓이
며, 행동철학의 축도로 고려하기도 하며(Hodgkinson, 1978, p.67),
심지어 '정책과 철학은 합동'(p.66)이라고까지 한다.

　이제 행정가의 철학이 어떻게 행정행위로 스며 나오는지 그 槪
念的 틀(conceptual framework) 몇 개를 살펴보고자 한다.

　Sergiovanni와Carver(1980)는 우리가 이미 살펴본 과학적 측면과
예술적(art)·직관적 측면을 투입시켜 철학적 측면의 평가적 網으로
걸러내서 行動이 나와야 효과적인 행정행위가 나온다는 행정효과성
모형을 <그림 1>과 같이 제시하고 있다.

　이 모형에서는 행정의 科學的 측면과 예술적·直觀的 측면을 포
함하고 있으며, 양자는 서로 관련짓고 상호작용 함으로써 둘 다 성
장하고 발전하며 과학성과 예술성이 직접 행동으로 나타나는 게
아니라, 지금까지 강조해 온 철학적 측면의 신념체제·경영철학·
자아개념 등의 평가적 망에 의하여 걸러서 행동이 나와야 행정의
效果性이 높아진다는 것이다. 이미 언급한 것처럼 의사결정에 영향
을 준다고 생각하는 신념체제·인간체제·조직체제·정치체제·행
동체제에 의하여 *The New School Executive*를 꾸미고 있다.

　Hack外는 체제적 사고에 의하여 행정행위가 나오는 것을 '先行
要因'(antecedents)이 행정가라는 '사람'(man)에 투입(input)되어 '표
현'(manifestations)으로 산출(output)되는 것으로 <그림 2>와 같이
설명하고 있다.

　행정의 국면(facet)으로 (1) 철학적 기초(philosophical base), (2)
이론 (theory), (3) 환경(setting), (4)사람(man), (5) 직무(job), (6) 조
직(organization), (7) 과정(process)을 들고 이 7개의 국면으로 이들
의 책을 구성하고 있다. 이 그림에서 교육 행정가로서의 '사람'은 그
사람 자신의 독특한 '가치' 양식, '지각' 양식, '기술과 능력'이라는

프리즘적 구조로 '선행요인'인 (1) '철학', (2) '행정이론', (3) '사회적 환경 '을 굴절시켜 행정가의 (4) '직무'가 정의되고, (5) '조직'이 구체화되고, (6) 행정 '과정'이 결정되어 '표현'으로 등식화된다.

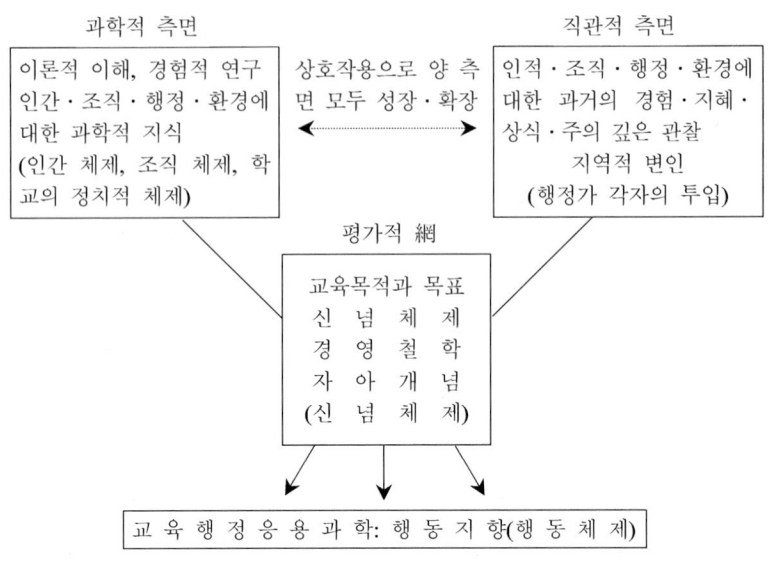

<그림 1> 행동효과성 모형(Sergiovanni & Carver, 1980, p.54. 약간 수정)

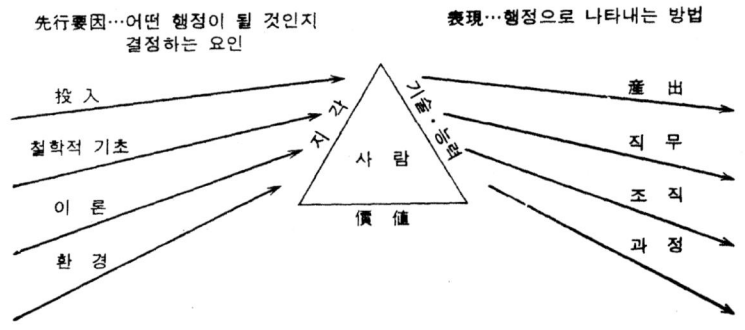

<그림 2> 교육행정의 프리즘적 구조(Hack and Others, 1965, p.7)

  Sergiovanni와 Carver의 行政效果性 모형에서는 과학적 측면과 직관적 측면을 철학이 걸러내는 평가적 기능을 한 반면 Hack外의 프리즘적 구조에서는 철학과 가치를 나누어 철학이 투입요인이 되고 행정가의 價値觀이 길러내는 평가적 역할을 하고 있다. 이렇게 약간의 차는 있으나 철학은 행정행위의 전제가 되며 투입요인 또는 평가적 기능으로 행정행위에 영향을 주고 있음을 알 수 있다.
  Harmon(1980)은 행정가의 자아개념을 능동적 自我 대 수동적 自我, 原子的 自我 대 社會的 自我로 나누어 보고, 사회적 자아와 능동적 자아, 그리고 이를 둘러싸고 있는 환경의 상호작용에 의해서 행정행동이 나오는데, 이는 사회적 가치와 능동적 영역의 가치와 목표의 실현을 위해서 취하는 행동으로 <그림 3>과 같이 나타내고 있다.

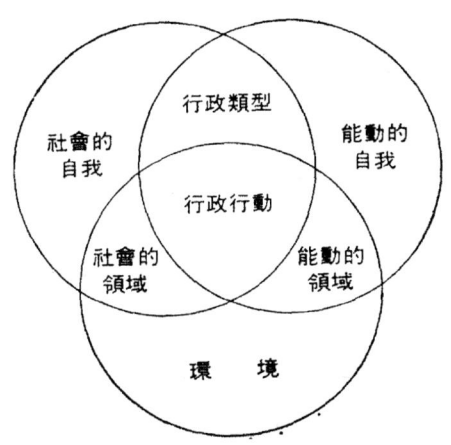

<그림 3> 行政行動 模型(Harmon 1980. p.189)

  지금까지 철학이 행정행동으로 나오는 모형을 세 개 소개하였는데, 특정 행정가의 철학적 核, 신념체제로부터 인간 공통의 인간체제와, 보다 넓은 조직체제, 또 조직내외의 정치체제를 거쳐서 표면적인 행정행동으로 나온다고 <그림 4>와 같이 정리하고자 한다.

행정가의 철학이 튼튼하여 중심을 잘 잡을 때 인간체제·조직체제·정치체제를 통과하는 동안 크게 변질되지 않고 이지러지지 않아 표면에서 크고 둥근 行政行爲라는 원을 그릴 수 있는 것이다.

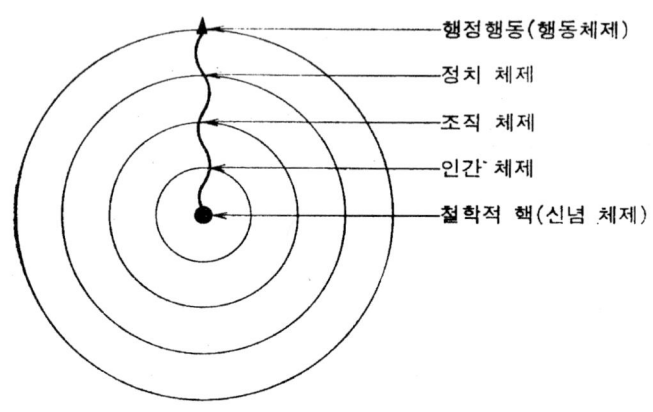

<그림 4> 교육행정가의 철학과 행정행위

Ⅳ. 信念·論理 價値와 行政行爲

哲學를 소박한 말로 바꾸면 信念·論理·價値란 말과 가까워진다. 이제 이들과 행정행위를 관련지어 간단히 살펴보고자 한다.

'당신의 敎育哲學은 무엇입니까?'라는 질문은 '당신의 敎育에 대한 信念은 무엇입니까?'로 대치될 수 있다. 신념은 교육에 대한 個人哲學를 구성하고 '교육철학은 교육에 대 한 일련의 신념'(Fitzggibbons, 1981, p.23)이라고 할 수 있는데, 한 사람의 교육적 신념에는 경험적 신념과 철학적 신념의 두 종류의 신념이 있을 수 있다.

敎育行政家가 어떤 결정을 할 때도 그 사람의 신념에 기반을 둔다. 어떤 결정을 하려면 여러 代案들을 고려하기 때문에 意思決定者는 무엇보다 먼저 여러 대안들이 존재한다는 것 자체를 믿어야 한다. 둘째, 신념이 합리적 결정을 위한 근거가 되는 방법은 어떤 결정의 '合理性'(rationality)을 다룬다는 것이다. 어떤 결정에는 이유가 있으며 바로 그 이유가 합리성이 되며 이 합리성은 그 결정자의 신념에서 나온다. 신념이 합리적 결정의 근거가 되는 세 번째 길은 각 결정에 대한 이유가 적절해야 한다는 것이다.

教育行政家가 인간은 본래 선하다는 인간에 대한 신념을 가질 때 그는 McGregor의 Y理論의 經營哲學을 가질 것이며, 그 결과 부하직원에게 많은 자율성과 재량권을 주고 위임하는 행정행위로 번역되어 나올 것이며, 인간은 믿을 수 없는 존재라는 신념을 갖는다면 X이론의 경영철학으로 번역되어 그 반대 행정행위가 나오게 될 것이나, 교육에서 무엇이 어떻게 이루어져야 한다고 믿느냐는 바로 그 사람의 행정행위를 결정한다.

어떤 결정을 위한 합리성은 바로 논리적 사고라고 할 수 있다. 행정가의 많은 행정은 논리성과 논리적 판단에 의하여 나오지만 반드시 그럴 수만은 없다. 意思決定이나 政策決定의 합리적 모델 (rational model)이나 合意決定模型(consensus decision making)에는 제한이 있게 마련이다. 처음부터 인간의 합리성에는 한계가 있기 때문이다(Simon, 1976). 예를 들면 조직 내외의 힘에 의한 정치적 영향이 行政行爲에 강하게 작용하여 결정에 이르게 되는 정치적 모형이 있다. 즉, 학교수준이나 지방자치의 교육청 수준에서의 어떤 결정은 교육행정가의 어떤 합리성이나 논리성 이외에 각 이익집단간의 힘의 다툼과 균형에 의하여 이루어지는 수가 많다. 그렇다고 해도 행정에 있어서의 논리는 행정과학과 행정철학의 양면에서 중요한 위치를 차지하고 있다.

Hack 外의 모델에서나 Bellone 등의 新行政學의 모임에서는 가치를 행정의 중심으로 삼고 있다. 과학적이라는 것은 무엇보다도 '價値排除'(value-free)로 번역되었다. 현대의 비평은 가치배제적 사회과학은 불가능하다고 한다. 사실은 관찰자와 독립하여 존재할 수 없고, 우리 인간의 신념·소망·가치·사회화는 우리가 '보는 것'(see)을 채색한다.

Bellone(1980)은 價値定義 接近으로 (1) 主觀主義(subjectism), (2) 有機社會主義(biosocialism), (3) 論理實證主義(logical positivism), (4) 相互 主觀性(intersubjectivity)을 들고 '어떤 대상에 붙여진 인지적—정의적 의미'라 정의한다.

그리고 가치를 (1) 인간의 창조로서의 가치, (2) 사회—심리학적 과정으로서의 가치 창조, (3) 대상—지향 활동으로서의 가치로 보고 있다. clay-ton (1980)도 (1) 행정가는 결코 가치중립일 수 없고, (2) 행정가는 공적인 일을 할 때 가치를 창조·변화시키며, (3) 기술(technolgy)은 점점 더 중요한 역할을 한다고 주장한다(p.74). 그리고 행정가는 가치에 관한 인지적 기반을 제공해 주는 사전·사후 교육만으로 충분치 못하고 실제 문제(real issues)를 풀어야 하며(p.77), 기술자는 무엇이 가능한가를 명백히 해줄 수 있지만 행정가는 무엇이 바람직한가를 명백히 할 수 있도록 도와줄 필요가 있는 것이다 (p.78).

비단 행정가뿐만 아니라 "각 조직구성원은 하나의 價値實踐者(a value actor)(Hodgkinson, 1978, p.126)라 할 수 있다. 여러 개의 대안 중에서 하나를 선택하는 의사결정은 價値位階 또는 '價値順序'에 근거하여 선호의 순서를 포함하는 것이다. 기술적·정치적·과학적·심리적·논리적 가치 체제(Huebner, 1966, p.14)등의 기준에 의한 비중에 의하여 가치의 순서를 매기고 행정가의 선호가 작용하여 결정에 이르게 된다.

정책이란 것도 가치를 조작적으로 진술한 것(Kogan, 1975, p.55)에 지나지 않으며 가치를 추구하기 위하여 작용한다(朱三煥, 1983, p.57). 어쨌든 가치의 실현을 위해서 行政行爲로 나타난다.

V. 여러 哲學派의 教育行政行爲에 대한 示唆

哲學派를 여러 가지로 이름을 달리하여 분류할 수 있으나, 여기서는 Graff外에 따라 (1) 이상주의(idealism), (2) 현실주의(realism), (3) 논리실증주의(logical positivism), (4) 실용주의(pragmatism), (5) 실존주의(exisentialism)의 교육행정행위에 대한 시사점을 간단히 요약하고자 한다. 각 학파에 대한 설명은 생략하기로 한다.

1. 理想主義

이상주의의 주요 특징은 변화에 대한 저항이다. 이상주의는 현상유지를 추구한다. 현지대의 사회적·경제적·정치적·공학적 혁명에 당면하여 이상주의는 '아름다웠던 옛날로의 복귀'(go back to the good old days)인 것 같이 보인다. 그러나 오늘날의 행정가는 변화에 대처할 행정능력을 증대시키는 철학적 전망을 요구받고 있다. 그래서 이상주의는 오늘날의 교육행정에서는 적절치 않은 것 같다. 우리의 세계는 변화의 세계이며 우연성과 가능성의 세계이기 때문이다. 이상주의적 신조를 계속 실천하고 있는 교육행정가는 시대에 어긋났을 지도 모른다. 그런데도 어떤 행정가는 자기 일의 어떤 측면에서 이상주의적 의미를 수용하고 있으며, 또 이상주의는 교육행정에 중요한 영향을 끼쳐왔고 또 계속 영향을 주고 있다. 이상주의자는 개인의 권위에 의지하고 어떤 문제점에 부닥치면 그것을 해결하기 위한 방도로 직원들을 소집하여 '아이디어 교환'을 하게 하고 '해결'에 동의하게 할 것이다. 또 사회사건으로부터 교사와 학생을 보호하려는 입장을 취하고 결과적으로 학교는 지역사회와 담을 높이 쌓게 된다. 이상주의 교육행정가는 보수적 행정행동을 취하게 될 것이다.

2. 現實主義

현시대의 많은 사람들이 인간은 우주의 심층적 비밀을 발전할 것이라는 신념을 즐기고 있다. 완전한 철학체제로서의 현실주의의 성장은 대개 과학의 발달과 병행하여 이루어졌다. 현실주의는 서구 문화의 과학의 성장과 발전을 위한 중요한 철학적 기반을 제공해 주었다. 대부분의 초기 과학자들은 현실주의자였다. 그들은 자연의 보편적 법칙을 발견하고 있었다. 현실주의자들은 저절로 이상주의의 적이 되었고 다양한 가정 때문에 공존은 불가능하게 되었다. 이 들은 실제 세계는 감각을 통해서 의식으로 직접 해석된다고 가정하였다.

교육행정은 현실주의자의 사고에 의하여 많은 다양한 방법으로 영향을 받아 왔고 또 지금도 받고 있다. 이 분야의 많은 학자들은 특히 과학적 방법에 대한 현실주의자의 강조를 끌어들여 왔다. 다른 어느 분야에서보다 행정분야에서 과학적 연구의 가치가 인정받아왔다. 학생진급・정적평가 체제, 건물・건축 재정 체제의 조직은 정확한 과학적 방법이 실제에 있어서 가장 중요한 전환으로 작용해 온 부문이다.

특히 敎育行政과 公共行政에서 과학적 관리운동은 현실주의 운동에 의하여 나온 것이다(Graff and others, 1966, p.140). 교육행정에 대한 현실주의의 초기의 경향은 교육행정을 하나의 연구분야로 성립시키는 데 하나의 자극제로서 크게 공헌하였다.

3. 論理實踐主義

현대 論理實證主義 또는 論理的 經驗主義는 하나의 철학으로 발전하는 데 Vienna 대학교의 소집단 학자(Vienna Circle)들에 힘입은 바 크다. 교육에서 많은 교육실천가와 교육인사들은 증대되는 과학적 방법에 대한 안내로 많은 득을 얻은 게 사실이다. 論理實證主義에 안내된 사람들은 과학은 사람이 살아가기 위한 최선의 길을 밝혀 줄 것이라 믿기 때문에 가치를 발전시키는 것은 교육의 관심으로는 적당치 않다고 생각하였다. 더구나 論理實證主義者들에게 가치는 과학적 과정에 들어가지 않기 때문에 가치문제는 의미가 없다는 것이다. 이것은 이 논문에서 가치를 강조한 것과는 정반대의 견해이다. 그러나 교육에 대한 論理實證主義의 가장 큰 기여는 사고의 명백성, 언어의 정확성, 추리의 일관성, 그리고 행동의 합리성에 대한 주장이라고 할 수 있다.

논리실증주의자들의 합리적·논리적·과학적 경향성을 띤 저서들은 전통적으로 교육행정가들에게 강하게 어필해 왔다. 우선 이들은 사실의 문제와 가치의 문제를 구별하여 사실의 문제는 과학의 영역이며 가치의 문제는 과학적 방법으로 해결될 수 없다고 주장하는 데 실증주의자들과 합세하였다. 그러므로 만일 교육행정이 하나의 과학이라면 'What ought to be'가 아닌 'What is'에 관심을 가져야 한다는 것이다. 어쨌든 사실과 가치, 'What is'와 'What ought to be'의 양분은 교육행정에 중요한 영향을 주었다. 사실과 가치의 구별을 위한 시도로 Simon의 『Administrative Behavior』가 이론을 위한 출발점이 되고, 이 책으로부터 철학과 교육행정을 관련지어 관심을 갖게 되었다. 논리실증주의자들의 주장에 의하면 교육행정이 과학이 되려면 철학적이지 말아야 한다는 것이며, 과학을 통해서만 교육행정에 대한 지식의 체계가 발견될 수 있다는 것이다.

교육행정에 대한 논리실증주의의 영향은 교육행정의 과학화인데, 이들의 주장은 김광웅의 價値前提的 行政科學와는 달리 價値排除的·價値中立的인 과학적 행정이라 할 수 있다. 교육행정이 진실로 과학적이고자 한다면 경험적으로 검증되지 않은 가치·윤리·도덕의 문제(규범적이고 당위적인 고려)는 제거되어야 한다는 이들의 주장은 이 논문이 강조하는 논리와 어긋난다.

4. 實用主義

실용주의는 미국의 철학으로서 교육에도 영향을 준 바 크다. 실용주의는 교육이라는 경험 속에 전인적 어린이(whole child)·생물적 어린이·사회적 어린이를 포함시키는 게 중요하다고 강조한다. 또 이들은 이 세상에 절대적인 것도, 궁극적 실재도, 권위적 인물도, 영원한 다양성도 없다고 믿는다.

행정은 어떤 '解答'과 '解決'을 추구하고 실행하는 과정의 중심이기 때문에 행정기능의 실용주의적 개념은 다른 철학적 입장에 의하여 지지되는 행정개념에 비하여 그 범위와 중요성에 있어서 훨씬 더 넓고 크다(Graff and others, 1966, p.186).

또 실용주의는 진정한 민주행정을 위한 철학적 근거를 제공해 준다. 모든 사람이 교육에 관한 어떤 결정에 의하여 영향을 받아야 하기 때문에 결정에 의하여 영향을 받는 모든 사람을 의사결정과정에 포함시켜야 한다는 것이다. 이러한 생각은 參與行政, 參與獎學(participative supervision) 등을 낳게 되었다. 만일 공중에게 기본 이슈에 대하여 알 수 있는 기회가 주어진다면 최선의 대안이 선택될 것이라고 믿는다. 그래서 실용주의는 교육에 관련된 공공정책을 형성하는 데 있어서 교육행정가의 지도적 역할에 주민참여를 위한 철학적 근거가 된다. 현대사회에서 지적결정을 하려면 점점 더 이러한 참여가 필요하다는 것이다.

실용주의철학은 다른 가설이 검증되듯이 교육행정가들도 자기의 신념과 가치를 검증할 것을 촉구한다. 행정가들의 옳고(rightness) 그름(wrongness) ―그들의 도덕성―은 그들이 산출하는 결과로 나타날 것이다. 어떤 행정가의 행위는 그 결과에 대한 지적 평가에 근거하여 긍정되거나 부정될 것이다. 실용주의철학은 행정과정의 본질을 솔직하게 조사하여 모든 측면에서 행동(action)을 위한 지적 기반에 도달해야 한다고 주장한다(Graff and others, 1966, p.187). 어쨌든 실용주의가 민주교육행정을 위한 기반이 된 것만큼은 확실하다.

5. 實存主義

전통적 철학들을 객관적 견지에서 대우주의 질서를 찾아보려는 철학이라고 한다면, 실존주의는 주관적 입장에서 사람자신을 살펴보려는 철학이라 할 수 있다. 실존주의는 우리와 멀리 떨어져 있어 우리와 직접 관련이 적은 외적 세계에 관심이 있는 것이 아니라, 사람 자신의 문제, 우리와 절실한 관계에 얽혀 있는, 哀歡과 生死와 사랑과 운명과 같은 실제 생활에 관한 문제에 보다 더 큰 관심을 가지고 있다. 이러한 관심은 자연교육에 지대한 영향을 미치지 않을 수 없다(오천석, 1982, pp.110~111).

오천석(1982)은 실존주의자가 교육에 주는 의의로 (1) 개인 중요성의 강조, (2) 사회적 적합에 대한 반항, (3) 전인교육, (4) 인격교육, (5) 自我認知를 위한 教育課程을 들고 있다(pp.110-117).

교육행정가는 교육목적, 전문성의 향상, 교육행정 조직의 바람직한 목표와 목적에 강력히 참여할 필요가 있다. 행정가는 자기 자신의 신념과 가치를 확인할 책임감과 자기가 자기 자신의 生에 이르고자 하는 철학적 가정과, 자기의 행정행위의 근거가 될 철학적 가정은 선택에 대한 책임감을 요구한다. 일어나는 것에 대한 책임에 주의를 기울일 것을 강력히 요구함으로써 실존주의는 교육행정에 영향을 주고 있다.

실존주의자에게 과학은 인간이 어떤 목적을 선택하든 그 목적을 위한 단순한 하나의 도구에 불과하다는 것을 우리들에게 기억시켜

주고 있다. 교육행정가는 오늘날 과학과 과학적 방법으로부터 많은 것을 배워야 하는 동시에 과학의 한계성과 인간의 도구로서의 기능을 인정해야 한다. 개인은 자기 자신의 행동강령과 자기 행위방법을 완전히 자유로이 선택하되 그것에 대하여 책임을 져야 한다는 것을 교육행정가에게 일러준다. 또 실존주의는 교육행정가에게 논리적 실증주의의 과학적 결정주의가 위험한 것과 꼭 마찬가지로 도덕적 상대주의와 비합리주의가 위험하다는 것을 가르쳐 준다. 즉, 행정가는 뭐든지 원할 수 있고, 원하는 대로 행동하고 자유로이 마음대로 하고자 하는 한 자기가 바라는 대로 기회적이고, 조작적이고, 개발적이되 실존주의자의 견해로는 반드시 책임감이 있어야 하며 도덕적이어야 한다는 것이다. 그러므로 실존주의적 교육행정가는 부하직원들에게 자율성과 동시에 책임성, 인간존엄성을 강조하는 행정행위를 나타낼 것이다.

지금까지 이상주의, 현실주의, 논리실증주의, 실용주의, 실존주의의 교육행정행위에 대한 시사를 간단히 살펴보았는데, 교육행정가가 어떤 철학학파의 견해를 가지고 있느냐에 따라 똑같은 조건, 똑같은 상황에서 똑같은 行政課題를 놓고도 각각 다른 行政行爲를 하게 된다고 할 수 있다.

VI. 결 론

行政家들이 똑같은 상황에서 각각 다른 행정행위를 보여주는 것은 그 사람이 가지고 있는 신념이나 가치관, 또는 사물이나 상황에 대한 지각 등이 다르기 때문이며 그 중에서 행정가의 신념이나 가치관 등 그 사람이 갖고 있는 철학은 행정행위에 중요한 영향을 줄 것이라 하였다.

그럼에도 불구하고 지금까지 겉에 드러나는 행정행위나 기능에는 많은 관심을 기울여 왔으나 행정행위의 밑바닥에 깔려 있는 행정가의 철학에 대하여는, 또 철학과 행정행위와의 관계에 대하여는, 비교적 관심과 연구와 문헌이 적었던 것 같다.

그러나 최근 한쪽에서는 행정의 과학적 접근으로 행정과학이 나오는 반면 또 다른 한쪽에서는 행정과 철학을 접목시키려는 행정철학의 움직임이 보이고 있다. 행정과학이라 하더라도 論理實證主義에서처럼 價値排除的인 事實偏重의 과학이 아니고 價値附與的·規範的·倫理的科學으로서의 행정과학의 성립은 행정에 있어서의 철학적 측면까지를 포함하는 것이다. 그러나 행정에 있어서 철학적 측면에 비중을 더 둔다면 이 방면에 대한 체계적 연구를 필요로 하여 하나의 연구분야로 대두될 가능성이 있다.

Sergiovanni와 Carver의 행정의 효과성을 위한 개념적 틀에 있어서 행정가의 신념체제와 철학은 교육행정에서 다루고 있는 과학적 측면의 제이론과 직관적 측면의 경험을 걸쳐서 평가한 다음 행동으로 옮겨야 한다는 좋은 모델이었다. Hack外의 모델에서 철학과 이론은 投入變因이었으나 행정가의 가치관이 투입요인들을 걸러내는 媒介變因의 역할을 하여 겉에 드러나는 행정현상을 올바르게 해 준다는 것을 알 수 있었다. Harmon의 행정행동은 사회적 자아와 능동적 자아와 환경의 관계 속에서 설명하였고, 필자는 우선 행정가의 신념체제에 해당하는 철학적 핵으로부터 Sergiovanni가 말한 人間體制·組織體制·政治體制를 거쳐 표면의 행동으로 나타난다고 하였다. 어쨌든 이러한 모델에서 행정가의 행동은 그 사람의 철학에 비추어 본 다음 나오게 되며 또 그래야만 올바른 행정행위가 나올 것이라는 것을 알 수 있다. 그런데 비추어 볼 거울이나 프리즘적 역할을 하는 행정가의 신념이나 철학, 가치관이 없거나 또 잘못되었을 때는 문제가 될 것이라는 것을 암시해 주고 있다. 여기서 행정가에 대한 철학적 기반의 중요성이 강조된다.

그리고 행정가가 어떤 주의나 철학에 기울어져 있느냐가 교육행정행위에 어떤 영향을 주느냐에 대하여도 약간 살펴보았다.

이상의 論議를 바탕으로 몇 가지 나름대로 정리할 필요가 있다.

첫째, 교육행정에 있어서 철학적 접근이 중요시되며 하나의 연구분야로 형성될 가능성이 있다.

둘째, 교육행정에 있어서 철학은 행정행위를 만들어 내는 투입요인들을 걸러내는 평가적 역할을 하고 있다.

셋째, 교육행정가가 어떤 철학(주의)를 가졌을 때 어떤 행정행위를 보여주는가에 관한 경험적 연구가 필요하다. 또 우선 교육행정가·교사·학부모 등이 어떤 철학에 많이 기울어져 있는가에 관한 조사·연구부터 해볼 필요가 있다. 여기서 각 집단 간에 신념·철학·가치 등에 차가 있다면 갈등의 원인이 될 수도 있기 때문이다.

넷째, 교육행정가의 철학을 위한 교육프로그램·교재개발 등이 시급히 요청되고 있다.

이 논문은 교육행정에 있어서 행정행위와 행정가의 철학과의 관계에 관한 간단한 문헌적 고찰과 약간의 의견에 불과하다. 앞으로 각 용어의 개념정의에서부터 분명히 하는 기초연구로부터 철학과 행정행위의 관계를 다루는 경험적 연구에 이르기까지 보다 집중적인 연구가 요청된다. 교육행정가에게 철학의 중요성이 강조되는 계기가 되었으면 한다.

參考文獻

1. 金光雄, 『행정과학서설』, 서울: 박영사, 1983.

2. 白賢基, 『교육행정의 기초』, 서울: 배영사, 1977.

3. 吳天錫, 『교육철학신강』, 서울: 교학사, 1982.

4, 李奎浩, "교육현상과 교육학" 한국교육학회편, 『교육의 철학적 이해』, 서울: 배영사, 1971.

5. 李敦熙, 『교육과학의 논리』, 서울: 교육출판사, 1983.

6. 李敦熙, 『교육철학개론』, 서울: 박영사, 1977.

7. 鄭世九, 『가지이론과 가치교육』, 서울: 교육출판사, 1984.

8. 朱三煥 譯, 『교육정책의 새로운 방향』, 서울: 교육과학사, 1983.

9. 한동일 역, 『교육철학』, 서울: 종로서적, 1983.

10. Bellone, (ed.), *Organizational Theory and the New Public Administration*, Boston: Allyn and Bacon, 1980.

11. Broudy, Harry S., "Conflict in Value", *Educational Administration-Philosophy in Action*, Robert Ohm and William Monohan, eds., Norman: University of Oklahoma, College of Education, 1965.

12. Clayton, Ross, "Technology and Values: Implications for Administrative Practice" in Bellone's Ibid.

13. Fitzgibbons, *Making Educational Decisions: An Introduction to Philosophy of Education*, N. Y.: Harcourt Brace Jovanovich, Inc., 1981.

14. Graff, Orin B. and others, *Philosophic Theory and Practice in Educational Administration*, Belmont, California: Wadsworth Publishing Co., Inc., 1966.

15. Gulick, Luther and Lyndall Urwick(eds.), *Papers on the Science of*

Administration, N. Y.: Columbia University, Institute of Public Administration, 1937.

16. Hack, Walter G., John A. Ranseyer, William J. Gephart and James B. Hock, (eds.), *Educational Administration: Selected Readings*, Boston: Allyn and Bacon, 1965.

17. Harmon, Michael, "Toward an Active social Theory of Administrative Action: Some Emprical and Normative Implication" in Bellones *Ibid.*

18. Hodgkinson, Christopher, *Towards a Philosophy, of Administration*, N. Y.: St. Martin's Press, 1978.

19. Huebner, Dwayne, "Curriculum Language and Classroom Meanings" in *Language and Meaning*, James B. MacDonald and Robert R. Leeper, eds., Washington, D. C.: ASCD, 1966.

20. Kogan, Maurice, *Educational Policy-Making*, London: George Allen & Unwin Ltd., 1975.

21. Miles, Raymond E., *Theories of Management: Implications for Organizational Behavior and Development*, N. Y.: McGraw-Hill Book Co., 1975.

22. Sergiovanni, Thomas J. and Fred D. Carver, *The New School Executive*, 2nd ed., N. Y.: Harper & Row, Publishers, 1980.

23. Simon, Herbert A., *Administrative Behavior: A Study of Decision-Making Processes in Administrative Organization*, 3rd ed., N. Y.: The Free Press, 1976.

24. Simon, Herbert A., Smithburg, D., & Thompson, V., *public Administration*, N. Y.: Knopf, 1950.

ABSTRACT

Educational Administrators' Administrative
Philosophy and Their Administrative Action

Joo, Sam Hwan

Chungnam National University

The Purposes of this paper were fivefold;

(1) to emphasize the importance of administrators' philosophy,

(2) to describe both tendencies of administrative science and administrative philosophy formation,

(3) to introduce some conceptual frameworks presenting the relationship of administrators' philosophy and their administrative action,

(4) to explain the relationship between belief, logic and value, and administrative action, and

(5) to suggest the impact of each philosophical "ism" to administrative action.

I

Educational administrators take too many actions in their administrative life. Sometime administrators show different action from others even in the same condition and situation with same task. The major different action in the same situation is considered to be come from individuals' different belief, value or philosophy which each action is based on. Therefore basic philosophical foundation is very important as key factor in the behavior of individuals.

In other words administrative action comes from and should come from right administrative philosophy, and the best of human behavior is bassed on intellectualized, systematized, and personalized philosophical concepts. Nevereless, students of administration has been concerned mainly to superficial administrative phenomena and administrative process at the surface, not to its philosophical core at the center of sphere which they should be based on. And till now no appropriate opportunity of education and training on their administrative philosophy has given to educational administrators.

II

There are recently two tendencies of approaching to administration, one of them is formation of strict administrative science and the other is efforts towards a administrative philosophy. Administrative science has been developed from Taylor's scientific management and Gulick's *Papers on the Science of*

Administration(1937) and recently began to emphasize and include value and ethic in its field. On the other hand other groups recently are trying to bridge and to dialogue between administration and philosophy. This movement will form administrative philosophy as a new study area.

Since Taylor's scientific management, administrative science focused on fact, "what is," objectivity and neutrality continuously has developed as a discipline. Administration as a science is concerned with describing, explaining, analyzing, and predicting organizational phenmena and human behavior as they relate to the accomplishment of organizational goals(Sergiovanni and Carver, 1980, p.5). The strength of a science of administration-objectivity, neutrality, and wide applicability-are also its weaknesses. The absence of values, the lack of goal emphasis, and the difficulty in developing carry-over in particular situations require that educational administration continually assess and modify scientific propositions in the light of a value system unique to education and the goal unique to each schools.

However New Public Administration circle began to emphasize values, norms and ethic and to focus on them in administration, excluded in the old scientific management.

On the other tendencies there is a philosophical approach to administration, it is the position that "Administration is philosophy in action." Recently dialogue between two realms, philosophy and administration was begun and more concern tends to focus on the logical and value aspects of philosophical administration and administrative philosophy.

Ⅲ

some conceptual frameworks explaining the relationship between administrators' philosophy and their administrative action were introduced in this paper. Sergiovanni and Carver in their Administrative Effectiveness Model(1980) used belief system, management philosophy, educational goals and objectives, and self concepts, that is, "philosophical base," as a evaluation screen which evaluate the "scientific dimension" and "intuitive dimension" and then creat right and effective "administrative action."

In Hack and others' prismatic construct, however, "philosophical base" was used as one of ANTECEDENTS and Man's "value" as one of mediating variables. On the highlight of this model, "as an educational administrator, Man has his own unique pattern of values, perceptions, and skills and abilities. In an administrative position he is subject to ANTECEDENT forces-a philosophy, a theory of administration, and a setting. As these antecedents to administrative action are refracted through the unique construct of MAN's values, perceptions, and skills and abilities, they emerge as MANIFESTATIONS of administrative action. At this point the job of the administrator is defined, the organization is specified, and the administrative process is determined. Thus, the ANTECEDENTS might be grossly equated with inputs, the Man with mediating variables and the MANIFESTATIONS of administrative action with outputs(Hack and others, 1965, p.7).

Harmon's administrative action model was that the situation in which administator acts was represented by the areas of overlap among the three circles of (1) Social and (2) Active domain, and (3) Environment. Administative action depicts the projects under taken by the administrator (1) in response to values and claims within the social domain, and (2) in order to realize values and goals in the active domain that are congruent with his or her administrative style.

The writer in tentative position explained administrative action at the surface comes out of philosophical core at the center of sphere through human system, organizational system, political system as follow figure.

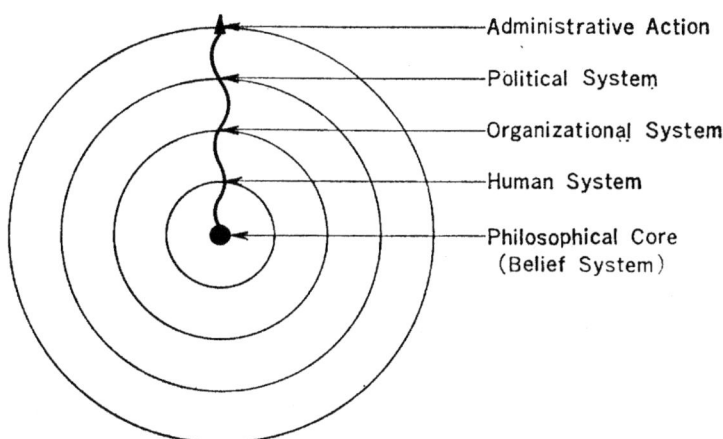

Figure 1. Educational Administrators' Philosophy and
Administrative Action

IV

The author also explained administrative action in relation to "belief," "logic," and "values."

V

Finally the writer discussed the relationship between each philosophical "ism" and administrative action under the assumption that if administrator is specifically oriented to one of Idealism, Realism, Logical Positivism, Pragmatism, and Existentialism, their administrative action will be different from others with other "ism."

Framework of this thesis can be summarized as follow figure.

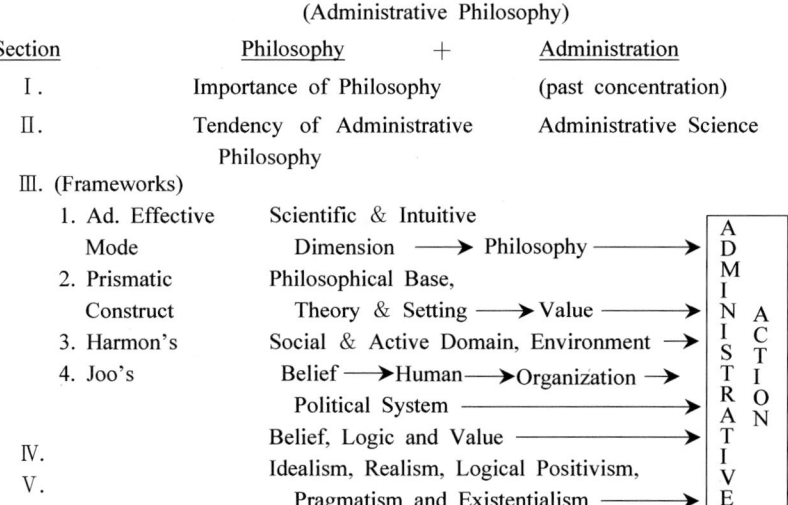

Figure 2　Framework of Thesis

제15장 教育行政家의 哲學研究*

I. 序 論

이 연구는 "教育行政家의 行政行爲에 대한 哲學的影響" (朱三煥, 1983)과 관련된 하나의 後液研究라 할 수 있다. 教育行政家의 行政行爲는 그 사람의 철학으로부터 나와야 하고 또 많은 행정행위가 그 사람의 철학과 관련되어 있는 것이 사실이기 때문에 교육행정가의 행정행위를 올바로 이해하기 위해서는 그의 철학을 이해하여야 할 것이다. 그런데 지금까지 교육행정에서 행정과정에 철학이나 신념, 가치등이 어떻게 스며드는지에 대하여는 비교적 관심이 적었고 겉에 드러나는 기능의주의 기획, 조직, 인사, 지휘, 조정, 보고, 예산, 통제 등행정행위에 주로 관심과 노력이 집중되어 왔다. 그 이유 중의 하나는겉에 드러나는 行政行爲는 관찰하기 쉽고, 측정하기 쉽고, 따라서 計量化하기 쉬운 반면 教育行政家의 哲學나 信念, 價値등은 觀察도, 測定도, 計量化도 어렵기 때문이었을 것이다. 또 하나 생각할 수 있는것은 科學的 管理運動 이후 simon의 「行政行爲」(Administrative Behavior)에서 價値排除的 行政이 주장되고 論理實證主義의 行動科學의 영향으로 다양한 計量技法에 압도되어 行政(administration)이管理(management) 水準으로 떨어지고(양자의 관계에 대해서는 Hodgkinson, 1978, pp.4-6 참조), 行政行爲의 根源이 되는 哲學的 側

---

* 이 論文은 『教育發展論叢』 第Ⅵ券 1號, 忠南大教育發展研究所, 1984에 게재(예정). 원 제목은 "獎學士와 敎師의 敎育的 信念에 관한 硏究"이었음.

面에 대하여는 關心이 적었던 게 사실이다.

　그리고 敎育行政이 敎育學를 母學問으로 한다면 價値前提的이고 倫理的·哲學的인 것을 밑바탕에 깔고 출발하여야 할 텐데 一般行政이나 敎育學의 技法들에 너무 치우치고 그 쪽에서 하는 대로 교육행정이 덩달아 춤을 추었던 점도 있다. 그런데 公共行政(public administration) 부문에서도 1968 Minnobook 회의를 기점으로 少壯 행정학자 중심으로 가치전제적·윤리적·철학적 측면을 강조하는 新行政學(New Public Administration), (Marini, 1971; Frederickson, 1980; Bellone, 1980 참조)을 형성하고 Hodgkinson(1978)같은 사람은 行政學와 哲學를 接木시켜 行政哲學(朱三煥, 1984)을 形成하려 하고 있으며, 敎育行政분야에서도 Sergiovanni와 Carver가 信念體制(belief system)를 *The New School Executive*(1980)의 한 部로 다루고, Kimbrough와 Nunnery가 그들의 책에서(1976) 價値(value)의 문제를 취급하고, 우리나라에서는 白賢基(1977)가 약간 철학적 측면을 다루었고, 최근 南廷杰(1984)이 「行政觀과 敎育哲學」을 한 개의 章으로 다루었다. 어쨌든 敎育行政에서 행정가의 哲學, 信念, 價値 등에 대하여 새로운 관심을 돌려야 할 입장에 있다.

　이 硏究는 이러한 배경과 전술한 연구자의 문헌연구에 바탕을 두고 1차적으로 교육행정가가 실제 어떠한 철학을 가지고 있는가 알아보고자 하는 經驗的 硏究이다. 여기서 철학이란 말을 소박한 표현으로 하여 敎育的 信念이라 하였고, 敎育行政家 중에서도 奬學士(官)에 관심을 집중하였다. 교육적 신념은 (1) 人間의 本性, (2) 知識, (3) 價値의 세 영역을 포함하는데 (1) 理想主義(觀念論), (2) 本質主義, (3) 實用主義, (4) 實存主義, (5) 行動主義로 나누어 보게 된다.

　이 연구의 주요 관심을 구체적으로 표현하면 다음과 같다.

　(1) 奬學士들의 敎育的 信念은 위 5갈래 중 어느 쪽으로 기울어지는지,

(2) 獎學士와 敎師 간에는 敎育的 信念에 差가 있는지,

(3) 獎學士와 敎師 전체의 下位集團 간(男: 女, 初: 中等, 師: 非師系, 高: 大: 大學院 出身과, 敎育經歷, 年齡의 多: 中: 少)에 敎育的 信念에 差가 있는지 알아보고자 하는 것이다.

獎學士와 敎師의 敎育的 信念을 알아봄으로써 우리의 교육이 어느 방향으로 가고 있나를 알 수 있고, 또 우리교육이 나아갈 敎育目標設定의 근거로 도움이 될 것이며, 獎學士와 敎師, 또 다른 下位集團 간에 敎育的 信念에 差가 있다면 이것이 獎學에 있어서 葛藤의 한 原因이 되는 것이 아닌가 알아볼 수도 있다.

硏究對象인 忠南道內 200명의 敎委, 敎育廳 獎學士(官)와 90명의 敎師(1個 高校에서 50명, 1個 國校에서 40명)에게 "敎育的 信念 質問紙"(Minnesota Analysis of Beliefs in Education; MABE를 연구자가 번역하여 한국 상황에 맞게 수정한 것, Minnesota Department of Education, Division of Instruction, Elementary and Secondary Education Section이 개발)를 적용하여(장학사에게는 우편으로, 교사에게는 인편으로 배부 회수) 자료를 수집하였다(회수율은 73.5%). 질문지의 회수상황은 다음 표와 같으며 실제 분석된 대상은 장학사(관) 124명, 교사 89명, 계 213명이었다. 초등 장학사 68, 중등장학사 56; 초등교사 40, 중등교사 49; 남자 185, 여자 28; 사범계 출신 154, 비사범계 출신 59; 고졸 95, 대졸 118(대학원 6명 포함); 경력은 4~19년 54, 20~29년 82, 30~40년 77, 4~40년 범위에 평균경력은 25.25년; 연령은 2, 30代 35, 40代 61, 5, 60代 117, 26~61세 범위에 평균 연령은 47.68세였다.

<표 1> 표집분포상황표

		성별		출신계		학력	경력(년)				연령(년)			계		
		남	여	사범	비사	고졸	대졸(원)	4~19	20~29	30~29	26~39	40代	50~61			
장학사	초등	66	2	56	12	59	9	0	19	49	0	16	52	68	124	213
	중등	55	1	39	17	6	50	0	36	20	0	5	51	56		
교 사	초등	26	14	33	7	26	14	18	14	8	14	16	10	40	89	
	중등	38	11	26	23	4	45	36	13	0	21	24	4	49		
계		185	28	154	59	95	118	54	82	77	35	61	117			
		213		213		213			213			213				

이 표집으로 보아 장학사가 많이 표집되고, 남자가 많으며, 장학사와 교사 사이에 경력과 연령에 너무나 많은 차이(장학사 평균 경력 30.6년, 교사 평균 경력 17.7년: 장학사 평균 연령 52.4세, 교사 평균 연령 41.1세)를 나타내는 偏布를 이루고 있다.

이 질문지는 敎育에 대한 신념을 "人間本性"(human nature)(1~30번 문항), "知識"(knowledge)(31~60번 문항), "價値"(value)(61~90번 문항)의 세 영역에서(각각 30개 문항) (1) 理想主義(Idealism)(3, 10, 13, 17, 21, 29; 35, 39, 41, 48, 55, 58; 64, 68, 71, 76, 84, 87), (2) 本質主義(Essentialism)(4, 9, 15, 20, 22, 29; 31, 36, 43, 49, 54, 56; 65, 69, 73, 80, 82, 88), (3) 實用主義(Pragmatism)(2, 6, 12, 18, 23, 26; 34, 38, 42, 46, 53, 60; 61, 66, 75, 78, 83, 90) (4) 實存主義(Existentialism)(5, 8, 11, 16, 24, 27; 33, 40, 45, 50, 52, 59; 63, 67, 74, 79, 85, 89), (5) 行動主義(Behaviorism)(1, 7, 14, 19, 25, 30; 32, 37, 44, 47, 51, 57; 62, 70, 72, 77, 81, 86)(각각 18문항씩)에 "대체로 同意"(mostly agree)하는가 "대체로 同意하지 않는가"(mostly disagree)를 알아보아 同意한다고 표시한 빈도수를 세어 어느 主義에 많이 기울어지는가를 알아보게 되어 있다. 이 질문자는 個人 敎育的 信念뿐만 아

니라 集團의 信念도 分析할 수 있게 되어 있고, 또 專門用語 (technical term)를 안 쓰고 평이한 용어를 써서 교육자뿐만 아니라 지역사회 주민, 학부모의 교육적 신념도 잴 수 있도록 되어 있다고 하나, 실제로는 워낙 철학적·추상적 용어가 많아 문항의 뜻 이해에 아직도 어려움이 있다. 원래 MABE의 Pearson 상관계수에 의한 재검사 신뢰도는 이상주의 $r=.69$, 본질주의 $r=.64$, 실용주의 $r=.71$, 실존주의 $r=.53$, 행동주의 $r=.79$였다.

자료처리는 "대체로 同意한다"에 표시된 문항의 빈도수를 5개의 철학 주의별로 세어 개인점수를 내고 집단의 평균을 내어 그 집단의 대체적인 경향을 알아보았고, 그리고 집단 간의 차의 비교는 F 검증을 하였다. 자료분석은 충남대 전자계 산소의 STATS 프로그램을 사용하였다.

이 연구의 결과는 (1) 敎育者들이 어떤 철학적 지향(philosophic orientation)으로 이끌고 있는지 알 수 있고, (2) 특히 獎學士가 어떤 哲學에 의하여 獎學의 指導性(supervisory leadership)을 발휘하는지 알 수 있으며, (3) 獎學士와 敎師 사이에 敎育的 信念에 차가 있는지 알아 갈등의 원인을 밝히게 될 것이며, 그래서 결국 (4) 교육목표 설정, 교육과정 구성, 학습지도 방법에 어떤 단서를 주게 될 것이며, (5) 獎學의 質向上에 어떤 단서를 줄 것으로 기대한다.

Ⅱ. 理論考察

敎育行政家의 올바른 행정행위는 그의 올바른 철학으로부터 나오게 되는데 Sergiovanni와 Carver(1980)는 哲學, 信念, 自我槪念, 敎育目的과 目標가 敎育學의 科學的 側面과 個人의 直觀的 側面을 걸러내어 겉에 드러나는 行政行爲를 내보내는 評價的 網이라는 行政效果性 模型을 제시하고 있다(주삼환, 1983에서 모형 참고). 그러나, Hack外

는철학적 기초를 투입요인으로 보고, 대진행정가의 지각·기술과 능력·가치가 걸러내는 프리즘의 기능을 하여 행정행위가 산출되는 것으로 보고(주삼환, 1983에서 프리즘적 구조참고), Harmon의 모델은 能動的 自我(active self)와 社會的 自我(social self)가 環境(environment)과 상호 작용하여 행정행동(administrative action)을 만들어 내는 것으로 그림과 같이 나타내고 있다.

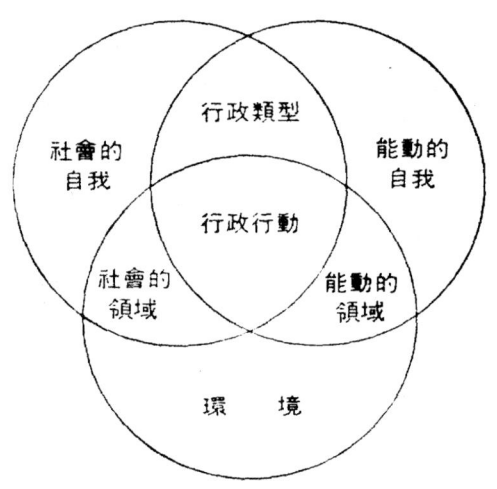

<그림 1> 行政行動 模型(Harmon 1980, p.189)

　　연구자는 이를 검토한 후 행정가의 "철학적 핵"(신념체제)에서 출발하여 인간의 욕구, 바램, 열망, 희망 등의 "人間體制"의 영향을 통과하고, 그가 숨쉬고 일하는 조직의 조직형태, 권위형태, 조직역동성 등 조직풍토라는 "組織體制"의 影響을 거치고, 보다 더 넓은 정치적 문화적 상황이라는 "政治體制"의 영향을 통과해서 행정행동을 하는 "行動體制"로 나타난다고 다음 그림과 같이 정리한 바 있다(주삼환, 1984 b).

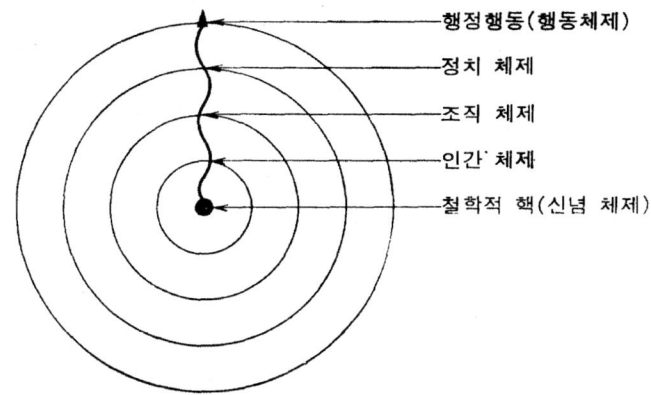

<그림 2> 교육행정가의 철학과 행정행위(주삼환, 1984b, p.89)

　물론 철학과 관련 없이 나타나는 우연한 행동이나 즉흥적인 행동, 외부의 압력에 의한 행동도 있을 수 있으나 이는 올바른 행동이라 할 수 없고 또 이러한 행동도 어떤 의미에서 보면 그 자체가 그 사람의 철학에 의한 행동이라 할 수 있다.

　철학과 행동과의 이러한 관계는 장학사의 장학행위나 교사의 교수행위에서도 마찬가지일 것으로 본다. 장학사의 철학에서 나온 장학행위는 교사의 교수행위에 영향을 주려 할 텐데 장학사의 장학행위가교사의 철학이나 신념과 다를 때 이는 심각한 갈등을 일으킬 것으로 미루어 생각할 수 있다. 그래서 이 연구에서 장학사와 교사의 교육적 신념에 差가 있는지 알고자 하는 것이다. 이것을 그림으로 표현해 보면 다음과 같다(그림 3).

　哲學는 주로 實在하는 것이 무엇이냐(reality)를 다루는 形而上學(metaphysics)과 知識(knowledge)이 무엇이냐를 다루는 認識論(epistemology), 價値(value)가 무엇이냐를 다루는 價値論(axiology)으로 나누어 볼 수 있으나 敎育的 信念質問紙(MABE)는 교육과 관련이 깊은 "人間本性"(human nature)를 形而上學 대신에 넣어 구성하

게 되었다. 人間의 本性을 어떻게 보느냐는 人間觀, 즉 學生觀과 직접 관련되기 때문이다. 나머지 "知識"과 "價値"에 관한 것은 마찬가지로 다루고 있다.

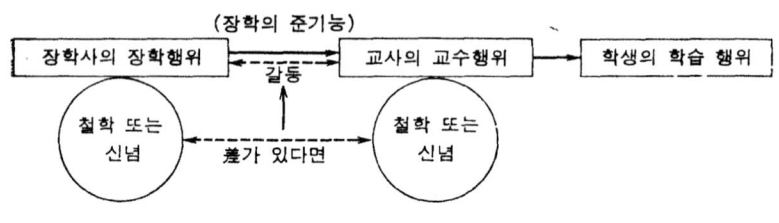

<그림 3> 奬學士와 敎師의 敎育的 信念과 奬學

哲學의 學派를 나누는 데는 學者에 따라, 책에 따라 여러 가지로 나누고 있으나 여기서는 MABE의 분류에 따라 다섯으로 나누어 간단히 살펴보고자 한다.

理想主義(Idealism)는 觀念論이라고도 하며 감각적 실재의 세계를 Idea의 세계가 지배한다는 입장을 견지한다. 心身二元論이지만 精神의 能力(faculties of mind)(Graff and others, 1966, p.106)을 중시하여 강조점은 정신적 훈련(mental discipline), Idea와 개념의 개발, 보편적 진리의 추구에 주어진다. 존재하는 이상적 진리를 발견하도록 돕는 것이 교육에서 할 일이다. 그래서 자연히 歷史, 數學, 文學를 중시하게 된다. 또 이상주의자는 절대적이고 불변하는 가치가 존재한다고 믿는데 理性과 論理의 사용으로 이러한 가치에 대한 믿음을 지지할 수 있다고 생각한다.

本質主義(Essentialism)는 어떤 본질적인 지식과 신념이 존재한다는 사실에서 나온 이름이다. 이것은 이상주의와 現實主義(Realism)의 主要信念을 합치려고 하는 입장이다. 본질주의자들은 학생은 학습으로부터 탈출하고자 한다고 본다. 이러한 假定은 原罪나 Adam과 Eve의 罪에 해당하는 假定이다. 이를 믿는 교육자는 학습과 가치 있는 생활을 위하여 필요한 自律(self discipline)을 학생들이 발전시키도록 일관된 훈련(discipline)을 실시해야 한다고 믿는다. 본질주의자는 교사를 학습의 완성자로 보고 학습을 교사가 가지고 있는 지식을 나누어주는 것으로 생각한다. 이상주의자와 마찬가지로 절대적 불변의 가치가 있다고 믿는다.

實存主義(Pragmatism)는 후기 진보주의 운동에 해당된다. 진리는 생활 속에서 발견된다고 믿고 Idea는 그 결과를 검토해 봄으로써 검증된다고 생각한다. 즉 진리는 상대적이고 시대와 장소에 따라 달라진다는 것이다. 또 實在는 그 사람의 經驗으로 보기 때문에 실용주의의 입장은 過程中心(process-oriented)이라 할 수 있다. 교육에서 실용주의는 학생들로 하여금 물리적·사회적 현실세계의 경험을 통해서 배우도록 자극하고 경험으로 문제해결을 하도록 격려한다.

實存主義(Existentialism)는 個人(individual)에 초점을 둔다. 각 개인은 特異하다고 생각하고 集團의 價値(group value)를 개인에게 주입하려는 것은 용납 안 된다. 개인의 독특한 특성을 개발·유지하기 위해서는 고도의 개인적 자유가 보장되어야 한다는 것이다. 개인은 이상적 또는 절대적 진리를 추구하는 게 아니고 자기 자신의 존재와 자기 자신이라는 사람을 알고자 노력하는 것이다·마찬가지로 개인적 자유를 갖고 있는 각 개인은 중요한 가치를 결정한다. 이 철학적 입장은 주관적이다. 교육에서 실존주의는 학생으로 하여금 학생 자신을 독특한 존재로 창조하도록 돕고 개인적 자유를 인정하고 실천하도록 돕는다. 개인적으로 선택한 경험을 통해서 自己知識(self knowledge)을 키워 나가고 自己充足(self-fulfillment)을 성취하게 된다.

心理學으로부터 나온 하나의 체제로 분리될 수 있는 두 측면이 있는데 철학적 입장으로서의 行動主義(Behaviorism)와 하나의 技術

(technology)로서의 行動工學(behavioral engineering)이다. 철학적 입장은 인간은 생의 모든 단계에서 반응하도록 조건지어진다는 것을 주장한다. 이에 의하면 인간행동은 자유가 아니고 환경의 자극에 의하여 결정된다는 것이다. 이러한 환경을 통제할 수 있기 때문에 결국 인간행동을 통제할 수 있다는 생각이다. 행동주의자들은 價値라는 주제에 대하여는 침묵을 지킨다. 肯定的으로 자극을 강화해주는 행동은 좋은 것으로 생각할 뿐이다. 교육에서 행동주의자는 학습을 하기에 올바른 조건을 유지하려는 데 주의를 집중한다. 그리고 計量化할 수 있는 방법으로 학습의 명세적 행동목표를 진술하려고 한다.

이상 다섯 철학학과에 대하여 몇 개의 文獻(吳天錫, 1982; 李敦熙, 1983; Graff 外, 1966; MABE 사용지침) 考察을 종합하여 간단히 살펴보았고 이제 硏究結果를 제시하고자 한다.

Ⅲ. 硏究結果 및 解析

硏究結果는 (1) 敎育者(全體 調査對象 213명)의 敎育的 信念의 어떤 경향성을 분석하고, (2) 獎學士(124명)의 敎育的 信念을 별도로 알아보고, (3) 獎學士(124명)와 敎師(89명)의 敎育的 信念을 비교해보고, (4) 全體(213명) 下位集團 간[初: 中等; 男: 女; 師: 非師範系 出身; 高(師範高): 大(師大): 大學院(敎育大學院) 卒業者; 經歷의 少 (5~19년): 中(20~29년): 多(30년 이상); 연령 少(2, 30代): 中(40代): 老(5, 60代)]의 敎育的 信念을 비교하는 순서로 제시하고자 한다.

1. 敎育者의 敎育的 信念

분석대상 213명의 敎育的 信念은 높은 것으로부터 實用主義

(15.24), 實存主義(14.24), 行動主義(14.11), 本質主義(13.03), 理想主義(12.16)의 순서이다. 이 순서는 서홍식(1984)의 연구결과와 일치한다. 이 순서는 각 下位集團別로 보았을 때도 거의 마찬가지였다. 평균점과 표준편차는 <표 2>와 같다.

이 다섯 主義 간의 관련의 정도를 알아보기 위한 각 주의의 순서가 의의 있는 차이인가를 알아보기 위한 상관관계와 t 검증 결과는 <표 3>과 같다. t 검증의 결과 다섯 개의 철학 사이에는 의의 있는 차가 있다. 다시 말하면 앞에서 제시한 순서는 우연한 근소한 차가 아니라 의의 있는 차라고 해석할 수 있다. 이것은 장학사만의 것도 교사의 것도 마찬가지였다(표4, 5).

<표 2> 敎育者의 敎育的 信念

	M	S.D	순 위
1. 이 상 주 의	12.16	2.79	5
2. 본 질 주 의	13.03	2.34	4
3. 실 용 주 의	15.05	2.28	1
4. 실 존 주 의	14.24	2.07	2
5. 행 동 주 의	14.11	2.02	3

* 각 主義의 모든 문항에 동의한다면 18점

<표 3> 다섯 철학주의 간의 차(관계)(전체)

	이상주의	본질주의	실용주의	실존주의	행동주의
이상주의	1				
본질주의	r=.57				
	t=10.08**	1			
실용주의	r=.44	r=.53			
	t=7.29**	t=9.22**	1		
실존주의	r=.50	r.=.46	r=.52		
	t=7.62**	t=7.62**	t=8.97**	1	
행동주의	r=.49	r=.53	r=.52	r=.50	
	t=8.32**	t=9.16**	t=8.91**	t=8.52**	1

상단의 숫자는 r, 하단은 t, *는 .05수준, ** .005수준.

<표 4> 다섯 철학주의 간의 차(관계)(장학사)

	이상주의	본질주의	실용주의	실존주의	행동주의
이상주의	1				
본질주의	r=.46				
	t=5.78	1			
실용주의	r=.50	r=.55			
	t=6.40	t=7.35	1		
실존주의	r=.35	r=.38	r=.52		
	t=4.23	t=4.63	t=6.77	1	
행동주의	r=.41	r=.43	r=.50	r=.38	
	t=5.03	t=5.36	t=6.47	t=4.60	1

t 2. 63=.05수준, t 2.37=.01수준

<표 5> 다섯 철학주의 간의 차(관계)(교사)

	이상주의	본질주의	실용주의	실존주의	행동주의
이상주의	1				
본질주의	r=.65				
	t=8.16	1			
실용주의	r=.41	r=.50			
	t=4.31	t=5.47	1		
실존주의	r=.64	r=.55	r=.56		
	t=7.81	t=6.24	t=6.39	1	
행동주의	r=.59	r=.65	r=.55	r=.66	
	t=6.87	t=8.01	t=6.27	t=8.22	1

t 2. 63=.05수준, t 2.37=.01수준

人間의 本性, 知識, 價値의 세 영역 중에서 어느 영역이 특별히 철학의 각 主義와 관련을 갖는가 알아보기 위해 상관관계로 알아본 결과 어떤 영역에도 치우친 관련이 없이 골고루 높은 관련을 갖고 있다<표 6>. 다시 말하면 세 영역이 모두가 主義를 이루는데 골고루 기여하고 있다고 할 수 있다.

<표 6> 각 철학적 主義와 철학의 세 領域과의 관계

	인 간 본 성	지　　　식	가　　　치
이 상 주 의	.69	.82	.67
본 질 주 의	.73	.68	.55
실 용 주 의	.57	.81	.78
실 존 주 의	.61	.65	.68
행 동 주 의	.65	.68	.60

2. 獎學士의 敎育的 信念

이 논문의 주요 관심 중의 하나가 敎育者 全體보다도 獎學士의 敎育的 信念에 있었다. 獎學士의 敎育的 信念의 分析도 敎育者 全

體의 것과 비슷하게 나타났다. 奬學士의 敎育的 信念은 높은 것으로부터 實用主義(14.72), 實存主義(14.28), 行動主義(14.06), 本質主義(12.81), 理想主義(12.06)의 순서이다. 實用主義, 實存主義, 行動主義가 비슷하게 높은 반면 本質主義와 理想主義는 비슷하게 낮은 점수를 보이고 있다<표 7>.

<표 7> 奬學士의 敎育的 信念

N=124

	M	S.D	순 위
이 상 주 의	12.06	2.31	5
본 질 주 의	12.81	2.13	4
실 용 주 의	14.72	2.35	1
실 존 주 의	14.28	1.96	2
행 동 주 의	14.06	2.03	3

이 결과로부터 奬學士의 敎育的 信念은 어느 한 主義에 기울어져 있다고는 할 수 없으나, 理想主義나 本質主義보다는 實用主義, 實存主義, 行動主義의 信念을 가지고 있다고 할 수 있다.
그러면 이러한 奬學士의 敎育的 信念은 이들이 奬學하는 敎師의 信念과도 일치 할 것인가?

3. 奬學士와 敎師의 敎育的 信念의 比較

奬學士와 이들이 奬學하고 있는 敎師의 信念에 差가 있는가? 그래서 혹시 이러한 신념의 차가 장학하는 데 갈등의 원인이 되지나 않을까 하여 이 두 집단의 敎育的 信念의 점수를 각 主義別로 F검증하였다<표 8>. 그 결과 두 集團이 거의 비슷한 敎育的 信念을 갖고 있다고 할 수 있으나 "實用主義"와 "本質主義"에서만 奬學士보다 敎師가 統計的으로 意義있게(.01 水準) 더 높은 반응을 보였다.

　장학사와 교사, 그리고 전체의 프로파일(profile)을 그려보면 <그
림 4>와 같다.

<표 8> 獎學士와 敎師의 敎育的 信念의 差

장학사 $n_1$24, 교사 n_2=89

집 단　　　　　　　　　　　　교육적 신념	장　학　사		교　　　사		F	P
	(M)	순위	(M)	순위		
이　상　주　의	12.06	5	12.29	5	.34	
본　질　주　의	12.81	4	13.36	4	2.91	**
실　용　주　의	14.72	1	15.52	1	6.51	**
실　존　주　의	14.28	2	14.20	2	.07	
행　동　주　의	14.06	3	14.20	2	.06	

*p<.05, **p<.01

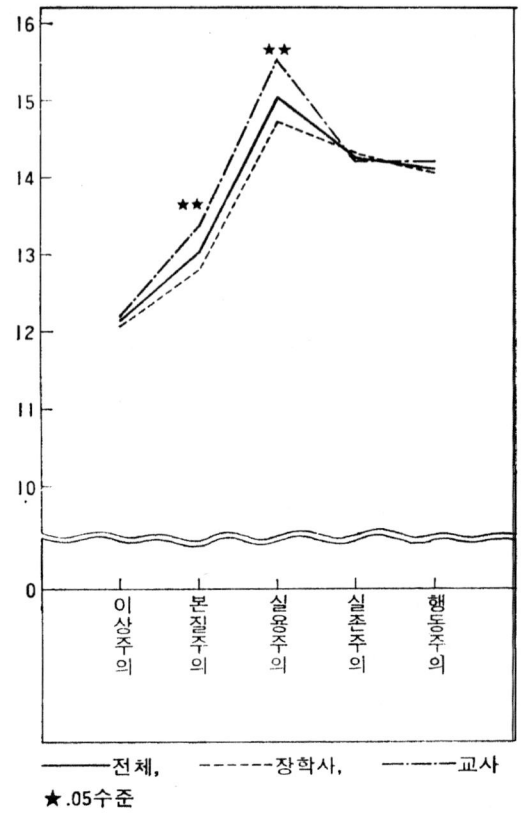

<그림 4> 獎學士와 教師의 教育的 信念 프로마일

이 결과를 보면 教師가 獎學士보다 더 實用主義的 信念과 本質主義의 信念을 갖고 있다고 할 수 있다.

4. 全體의 下位集團 간의 教育的 信念比較

全體(213명) 教育者의 下位集團 간에 教育的 信念에 差가 있는지 알아보기 위하여 F 검증한 결과는 <표 9>와 같다.

초등교원이 중등교원보다 다섯 主義에서 모두 통계적으로 의의 있게 높은 것으로 나왔는데 그렇다고 다섯 개 主義에 모두 높은

敎育的 信念을 갖고 있다고는 할 수 없다. 어느 主義에 통계적으로 의의 있게 높은 신념을 가지고 있다면 다른 主義의 信念은 낮아야 하기 때문이다. 이러한 통계적 결과는 初等敎員이 질문지위 각 문항의 "대체로 同意한다"는 쪽에 전반적으로 많이 반응하는 경향을 보였을 것으로 추측 해석된다. 또 高卒學歷의 敎員이 大卒이나 大學院修了 敎員보다 네 主義에서 통계적으로 의의 있게 높은 반응을 보인 것도 初等敎員이 전체적으로 "대체로 同意한다"에 반응하는 경향인데, 고졸학력의 많은 사람이 初等敎員에 속하기 때문인 것으로 해석된다(中等敎員 중 10명이 高卒임).

그러나 女子敎員이 男子보다 더 本質主義, 實用主義, 行動主義의 敎育的 信念을 가지고 있다(.01 水準에서 意義있게)고 해석할 수 있다. 그런데 여기서 조심스럽게 해석할 점은 남자는 185명이 표집 되었는데 비하여 여자는 불과 28명이 표집된 편포라는 점이다. 또 여자는 주로 敎師에서 나왔다(장학사에서는 3명)는 점도 고려해야 한다. 그러나 초·중등의 여교사 표집비율은 비슷하였으므로(초등여교사는 14명, 중등 여교사는 11명) 초·중등에서 오는 차라고는 할 수 없다.

다음은 통계적으로는 의의가 없으나 젊은 교원(경력 5~19년까지, 연령, 2, 30代)이 실존주의 보다 행동주의의 신념을 더 갖는다(통계적으로의 의논 없지만)는 점에 주의를 기울여야 한다. 이 연구의 주요 관심이 장학사(교육행정가의 구체적 한 대상)의 교육적 신념의 분석이었기 때문에 장학사는 충남도 내 전체에 질문지가 배포되어 124명이 분석대상이 되고, 교사에게는 2개교 (초동 1, 중등 1)를 대상으로 하여 89명이 분석대상이 되었다는 점이다. 만일 교사가 더 많이 표집 되어 젊은 교사가 분석의 대상에 많이 들어갔더라면 행동주의의 신념이 통제적으로 의의 있게 높이 나타났을지도 모른다.

<표 9> 하위집단 간 교육적 신념의 차(F 검증)

변인	집단	N	이상주의 M(순위)	이상주의 F(P)	본질주의 M(순위)	본질주의 F(P)	실용주의 M(순위)	실용주의 F(P)	실존주의 M(순위)	실존주의 F(P)	행동주의 M(순위)	행동주의 F(P)
전체교원		213	12.16(5)		13.03(4)		15.05(1)		14.24(2)		14.11(3)	
지위	장학사	124	12.06(5)	.34	12.81(4)	2.91**	14.72(1)	6.51*	14.28(2)	.07	14.06(3)	26
	교사	89	12.29		13.36		15.52		14.20		14.20	
학교	초등	108	12.61	5.84*	13.39	5.02*	15.59	13.0	14.65	8.40	14.65	16.11
	중등	105	11.70		12.68		14.50	0	13.84		13.57	
성별	남	185	12.08	1.27	12.88	6.90	14.94	3.37**	14.21	.47	14.04	2.18**
	여	28	12.71		14.11		15.79		14.50		14.64	
출신	사범계	154	12.30	1.37	13.05	.02	15.01	.15	14.29	.24	14.21	1.27
	비사범계	59	11.80		13.00		15.15		14.14		13.86	
학력	고졸	95	12.67	4.19	13.36	2.58	15.54	5.79	14.65	3.32	14.51	3.38
	대졸	112	11.83		12.85		14.75		13.92		13.83	
	대학원	6	10.17		11.50		13.00		14.00		13.33	
경력	19년 이하	54	11.72	1.05	13.28	.42	15.26	1.12	14.07	.77	14.09	2.32
	20～29년	82	12.18		13.01		14.76		14.15		13.79	
	30년 이상	77	12.44		12.90		15.22		14.48		14.48	
연령	2.30代	35	12.06	.15	13.69	1.74	15.40	.49	14.31	.46	14.49	1.55
	40代	61	12.03		13.03		15.02		14.03		13.77	
	5, 60代	117	12.36		12.85		14.97		14.34		14.19	

*$p < .05$, **$p < .01$

IV. 要約 및 結論

이 研究는 教育行政家의 行政行爲와 哲學와의 關係에 관심을 갖고 연구하던 중 실제 教育行政家가 어떤 哲學을 갖고 있는지 조사·분석해볼 필요가 있다고 느껴 經驗的 研究를 하기에 이르렀다. 教育行政家 중에서도 특히 教師를 奬學·指導하는 奬學士의 哲學에 관심이 집중되었으며, 혹시 教師의 哲學과 차이가 있지 않을까 하여 教師에게까지 연구가 확대되었고 부차적 관심으로 여러 下位集團 간에 哲學的 差가 있는지 알아보게 되었다. 여기서는 哲學를 소박한 말로 하여 "教育的信念"이라 하였으나 큰 차이를 두고 사용하지는 않았다.

忠南道內 全奬學士(官) (사용된 자료는 124명분)와 初等 1個校 教師(40명), 中等 1個校 教師(49명)에게 미국 미네소타 주교육국 初·中等教育課에서 開發한 것을 研究者가 번역·수정한 MABE를 적용하여 忠南大 電子計算所의 도움을 받아 分析한 結果를 要約하면 다음과 같다.

(1) 教育者의 教育的 信念은 높은 반응의 순서대로 실용주의, 실존주의, 행동주의, 본질주의, 이상주의이다.

(2) 教育者 全體의 다섯 主義 간의 差의 意義度를 알기 위한 t 檢證의 결과 다섯 철학파 간에는 모두 의의 있는 차가 있었다.

(3) 教育的 信念중 다섯 主義가 哲學의 세 분야 즉 "人間의 本性", "知識", "價値"와 골고루 높은 상관을 보였으며 극단으로 치우치지 않았다.

(4) 奬學士의 教育的 信念도 全體의 결과와 비슷하여 實用主義, 實存主義, 行動主義, 本質主義, 理想主義의 순이며 전자의 세 主義가 集團(실용, 실존, 행동)을 이루어 후자의 두 主義의 集團(본질, 이상)보다 차이가 나게 높은 반응을 보였다.

(5)장학사와 교사의 교육적 신념의 경향은 비슷하며 단지 제일 높은 "實用主義"와 비교적 낮은 "本質主義"의 신념에서만 통계적으로 의의 있게 교사가 더 높은 반응을 보였다.

(6) 下位集團 간의 敎育的 信念에는 큰 差가 없고 다만 女子敎員이 男子敎員보다 "本質主義", "實用主義", "行動主義"의 신념에 더 높은 반응을 보였으며 (통계적으로 의의 있게), 젊은 敎員은 "實存主義"보다 "行動主義"에 높은 반응을 보였으나 통계적으로 의의는 없었다.

이러한 結果로부터 다음과 같은 몇 가지 結論을 얻을 수 있으나 標集과 硏究設計가 엄격하지 못하였으므로 조심스럽게 다루어야 한다. 즉 장학사는 전도 내 장학사를 대상으로 한데 비하여 교사는 두 학교에서 임의 선정되었고, 장학사의 경력과 연령은 높고(40代는 소수이고 거의 50代), 거의 남자이며(3명의 여장학사 포함), 장학사는 우편으로 질문지를 적용하고 교사는 인편으로 적용했던 점에서 엄격성이 부족했다.

(1) 奬學士와 敎師全體의 敎育的 信念은 극단적인 하나의 主義에 기울어져 있지 않고 實用主義의 신념이 가장 높고 다음으로 實存主義, 行動主義이며, 本質主義와 理想主義의 信念은 적다. 이것은 美國의 敎育哲學의 영향과 비교적 최근에 나타난 敎育哲學의 영향으로 생각해볼 수 있다.

(2) 奬學士의 敎育的 信念도 극단으로 치우치지는 않았지만 實用主義, 實存主義, 行動主義에 많이 기울어져 있으며 本質主義와 理想主義는 적다. 이러한 현상은 忠南道內 奬學士集團이 性別(주로 남자, 3명만 여자), 經歷(높은 경력, 모두 20~40년), 年齡(20명만 40代, 주로 50代), 出身(주로 師範系, 29명만 非師系)에 있어서 同質性이 많기 때문이 아닌가 생각된다.

(3) 奬學士와 敎師의 敎育的 信念은 거의 같다고 할 수 있다. 그

러므로 교육적 신념이 장학에 있어서 장학사와 교사의 갈등의 원인이 된다고 할 수는 없다. 그러나 敎師가장학사보다 더 "實用主義"와 "本質主義"의 信念을 갖고 있다고 할 수 있다. 이 점은 獎學士가 敎師를 장학할 때 고려하여야 할 것이다.

(4) 獎學士와 敎師를 다시 합쳐서 全體를 여러 下位集團別로 나누어서 敎育的 信念을 살펴보았을 때 거의 差가 없었으므로 敎育的 信念은 대체로 個人的 變因에 상관없이 비슷하다고 할 수 있다.

(5) 그러나 女敎師가 (여장학사는 3명만 포함되어 있으므로) 男子보다 "本質主義", "實用主義", "行動主義"의 신념을 더 갖고 있다고 할 수 있다. 그러므로 男女 간에는 敎育的 信念에 差가 있다고 할 수 있다.

(6) 젊은 敎師들은 多用主義 다음에 實存主義보다는 行動主義의 信念을 더 갖는 경향이다. 이 점도 앞으로 장학시 고려되어야 할 것이다.

(7) 女敎師는 實用主義, 行動主義, 實存主義, 本質主義, 理想主義 순서로 높은 신념을 갖지만 本質主義에 있어서 男子보다 훨씬 높은 굳은 신념을 갖고 있다고 할 수 있다. 그 원인은 밝힐 수 없으나 남자보다 보수적 경향을 보이고 있다고 할 수 있다.

이러한 결론을 바탕으로 몇 가지 시사점을 얻을 수 있다.

(1) 장학사의 교육적 신념과 장학행위와의 관계, 교사의 교육적 신념과 교수행위와의 관계를 밝히는 확대연구가 필요하다.

(2) MABE가 다섯 철학 간의 차를 밝힐 수 있는지 계속 사용해 보고 더욱 다듬어야 할 것이다.

(3) 보다 엄격한 연구설계와 표집에 의한 연구를 실시하여 연구결과를 확신성을 갖고 일발화시킬 수 있어야 한다.

(4) 장학에 있어서 개별 장학이 어렵다면 집단별로 약간 교육적 신념이 다르기 때문에 최소한 남녀별, 젊은 층과 연로 층별 등 작

은 집단별로라도 나누어 그 집단에 맞는 장학을 하여야 할 것이다.

(5) 장학사는 자기의 교육적 신념을 교사에게 주입하기보다는 교사들의 교육적 신념을 이해하고 차이를 줄이는 데에도 노력을 기울여야 할 것이다.

參考文獻

金光雄,『行政科學敍說』, 서울: 朴英社, 1983.

白賢基,『敎育行政의 基礎』, 서울: 培英社, 1977.

吳天錫,『敎育哲學新講』, 서울: 敎學社, 1982.

李敦熙,『敎育哲學槪論』, 서울: 朴英社, 1977.

서홍식, "학교행정가의 철학과 개인적 배경과의 관계", 건국대 교육대학원 석사학위논문(원고), 1984.

朱三煥,『行政哲學』, Christopher Hodgkinson, *Towards a Philosophy of Administration*, N. Y.: St Martin's Press, 1978의 역, 서울: 法文社, 1985.

朱三煥, "敎育行政家의 行政行爲에 대한 哲學的 影響", 敎育發展論叢, 제 Ⅴ권 제1호, 충남대 교육발전연구소, 1983.

朱三煥, "敎育行政家의 行政哲學과 行政行爲",『새교육』, 84. 10, 11月號, 대한교육연합회, 1984(b).

Bellone, Carl J. (ed.), *Organizational Theory and the New Public Administration*, Boston: Allyn and Bacon, 1980.

Clayton, Ross, "Technology and Values: Implications for Administrative Practice" in Bellon's *Ibid*.

Frederickson, H. George, *New Public Administration*, University, Alabama: The University Alabama Press, 1980.

Graff, Orin B. and Others, *Philosophic Theory and Practice in Educational Administration*, Belmont, California: Wadsworth Publishing Co., Inc., 1966.

Hack, Walter G. and Others(eds.), *Educational Administration: Selected*

Readings, Boston: Allyn and Bacon, 1965.

Harmon, Michael, "Toward an Active Social Theory of Administrative Action: Some Empirical and Normative Implications," in Bellone's *Ibid.*

Hodgkinson, Christopher, *Towards a Philosophy of Administration*, N. Y.:St. Martin's Press, 1978.

Marini, Frank(ed.), *Towards a Philosophy of Administration*, N.Y.: St. Martin's Press, 1978.

Minnesota Department of Education, Minnesota Analysis of Beliefs in Education, User's Guide.

Sergiovann, Thomas J. and Fred D. Caver, *The New School Executive*, 2nd ed., N. Y.: Harper & Row, Publishers, 1980.

Simon, Herbert A., *Administrative Behavior*, 3rd ed., N. Y.: The Free Press, 1976.

附　錄: 교육적 신념에 관한 질문지

본 조사지는 교육적 신념을 분석해보려는 것인데 교육에 바쁘실 줄 믿사오나 학문적 발전에 도움을 주신다는 뜻에서 기꺼이 응답해 주시면 고맙겠습니다. 귀하의 반응은 연구 이외의 목적으로는 결코 사용하지 않을 것을 약속드리며, 부탁드리고 싶은 것은 대리작성된 것은 연구에 무의미하오니 꼭 본인 이 응답해 주시면 고맙겠습니다.

Ⅰ. 인적사항; 다음의 해당란에 V표, 또는 숫자를 써주십시오.
  (1) 성별 ① 남__ ② 여__ (2) 연령(만)세 (실연령으로)
  (3) 출신별(해당란 모두) ① 사범학교__ ② 고등학교__ ③ 사범대학 _ ④ 일반대학__ ⑤ 교육대학원__ ⑥ 기타대학원__
  (4) 현직위 ① 교사__ ② 주임교사. ③ 교감__ ④ 장학사－⑤ 장학관__ ⑥ 기타__
  (5) 현직위재직연수( )년 (1년 미만은 반올림)
  (6) 총교육경력연수( )년 (〃 〃)
  (7) 재직 학교 급별 ① 초등, ② 중등__ ③ 고등,
  (8) 설립자별 ① 사립__ ② 국공립__ (9) 학급수 ( )학급
Ⅱ. 교육에 대한 신념의 분석
  ※ 본 조사지위 서술과 선생님의 견해(신념)가 대체로 같을 때는 "대체로 동의 한다"에, 대체로 보아 같지 않으면 "대체로 동의 하지 않는다" 난에 V표 해주십시오. (철학적 측면이라서 문장 이해에 어려움이 있을 것이오나 가능한 한 모든 문항에다 응

답해 주십시오.)

	(인간의 본성)	① 대체로 동의한다.	② 대체로 동 의 하 지 않는다.

(1) 인간의 행동을 지시하고 개선하기 위하여 기술적(技術的) 방법을 사용해야 한다.   ①_____ ②_____

(2) 사회적 상호작용과 인간 관계성의 개발은 인간발달에 아주 중요하다.   ①_____ ②_____

(3) 지적 개발은 아동을 보다 진실한 인간이 되도록 하는 데 기여하는 바 크다.   ①_____ ②_____

(4) 아동은 학습을 싫어하고 성인의 지시를 필 요로 한다.   ①_____ ②_____

(5) 직관적 경험과 정서적 경험은 인간 발달에 필수 불가결하다.   ①_____ ②_____

(6) 인간은 일상 생활상의 문제를 해결하는 좋 은 방법을 성공적으로 발견함으로써 성장감 과 성취감을 경험한다.   ①_____ ②_____

(7) 한 사람은 그가 처한 환경의 조건에 반응 한 것이 합쳐져서 바로 현재와 같은 사람이 되었다.   ①_____ ②_____

(8) 사람은 자기 자신이 진실로 누구인지 알게 될 때 자기완성의 상태가 나타난다.   ①_____ ②_____

(9) 아동은 규칙에 복종하도록 훈련시켜야 하 며, 또, 꼭 복종하도록 해야 한다.   ①_____ ②_____

(10) 아동에게 가장 절실한 흥미와 욕구를 표 현할 수 있는 기회를 줄 때, 그들은 제일 잘 배운다.   ①_____ ②_____

(11) 각 개인은 자기 자신이 될 수 있는 자유
와 자기 자신이 누구인지 표현할 수 있는
자유가 필요하다.   ①_____ ②_____

(12) 아동이 경험한 것은 아동을 위하여 절실
하게 되는 것이다.   ①_____ ②_____

(13) 학생은 인류의 사상과 이상에 대해 천성
적으로 호기심을 갖고 있다.   ①_____ ②_____

(14) 환경 조건의 변화에 따라 행동은 변한다. ①_____ ②_____

(15) 학생은 이성과 논리를 현실적 문제에 적
용시킬 수 있는 능력을 길러야 한다.   ①_____ ②_____

(16) 한 사람은 자유 선택적 결정이 모아져서
바로 현재와 같은 사람이 되었다.   ①_____ ②_____

(17) 인간 본성은 결코 변하지 않기 때문에
과거의 관념은 중요한 것으로 남아 있다.   ①_____ ②_____

(18) 사람은 세상의 현실문제에 대한 훌륭한
해결책을 찾아냄으로써 점점 성장한다.   ①_____ ②_____

(19) 사람은 부정적인 조건은 회피하고 탈출
하고자하며, 긍정적으로 강화해 주는 조건
에는 접근한다.   ①_____ ②_____

(20) 주어진 학습과제로부터 멀리 떨어져 나
가지 않도록 학생 자신을 위해서 어떤 때는
벌을 줄 필요가 있다.   ①_____ ②_____

(21) 아동은 착해지려고 하는 경향이 있다.   ①_____ ②_____

(22) 현실 세계의 사실과 지식을 이해하도록
학생들이 훈련될 수 있다면 학생들은 어리
석은 일을 별로 하지 않을 것이다.   ①_____ ②_____

(23) 인간의 가치는 적응성과 생산성의 관계성
  속에 있다. ①_____ ②_____
(24) 인간은 우주 속에서 개인의 중요성과 무
  의미성 사이에서 파악된다. ①_____ ②_____
(25) 인간은 사회에 적응하도록 형성시키고 조
  건화시킬 수 있다. ①_____ ②_____
(26) 아동은 변화하는 사회에 대응하여 변화할
  능력을 갖고 있으며, 또 계속적으로 변하고
  있다. ①_____ ②_____
(27) 사람은 자기가 자유로이 선택한 행동에
  의하여 자기 자신이 된다. ①_____ ②_____
(28) 교사는 교실에서 최고 의사 결정자의 역
  할을 담당해야 한다. ①_____ ②_____
(29) 아동이나 성인의 중요한 능력은 이상과
  사상을 갖는 것이다. ①_____ ②_____
(30) 개인은 자기의 과거 이력에서 강화 받는
  것이 무엇이냐에 따라 각각 다르게 된다. ①_____ ②_____

(지식)

(31) 학교에서는 학생들에게 역사와 문법과 철
  자법에 관한 것과 같은 사실들을 가르쳐야
  한다. ①_____ ②_____
(32) 학습은 측정가능한 행동의 변화에 의하여
  결정된다. ①_____ ②_____
(33) 학생들은 자기 자신의 학습 과정(과목)을
  자유로이 선택할 수 있어야 한다. ①_____ ②_____
(34) 지식의 일차적 목적은 실생활에 적응하는
  데 있다. ①_____ ②_____

(35) 문학, 미술, 음악 등과 같은 인류의 위대
한 작용들은 최고의 지식의 근원이 된다.　①＿＿＿　②＿＿＿

(36) 토막상식의 반복이나 외우기 등과 같은
연습은 두뇌 훈련을 돕는 좋은 방법이다.　①＿＿＿　②＿＿＿

(37) 한 개인이 과업을 수행할 수 있을 때만
그것은 완전한 지식이 될 수 있다.　①＿＿＿　②＿＿＿

(38) 아이디어의 가치는 실제 결과로 나타난다
는 것을 아동들이 알 수 있도록 교사는 도와
주어야 한다.　①＿＿＿　②＿＿＿

(39) 지식이란 이상을 통해서 가장 잘 경험할
수 있는 진리를 탐구하는 것이다.　①＿＿＿　②＿＿＿

(40) 현명한 교사는 지식습득의 과정에서 머리
보다 마음을 강조한다.　①＿＿＿　②＿＿＿

(41) 학교는 우리의 문화유산을 보존하고 존경
할 수 있도록 이를 전승해야 한다.　①＿＿＿　②＿＿＿

(42) 아동은 실생활문제를 해결하면서 가장 잘
배운다.　①＿＿＿　②＿＿＿

(43) 안다는 것은 이성과 논리를 세상의 현존
문제에 적용하는 과정이다.　①＿＿＿　②＿＿＿

(44) 교사는 학생을 강화해 주는 조건들을 찾
아낼 필요가 있다.　①＿＿＿　②＿＿＿

(45) 학생은 어떤 선택이나 참여를 결정하려
할 때 현실 문제와 부딪친다.　①＿＿＿　②＿＿＿

(46) 학교는 현존사회에 적응하기 위하여 끊임
없이 변화되어야 한다.　①＿＿＿　②＿＿＿

(47) 학습이 일어나려면 학생은 자신의 행동
결과에 의하여 자극을 받아야 한다.　①＿＿＿　②＿＿＿

(48) 학교에서는 사회적, 신체적, 정서적 발달
　　에 앞서 지적 발달을 강조해야 한다.　　①＿＿＿　②＿＿＿

(49) 학습은 힘들게 일하는 것이며, 학생은 이
　　에 따라 요구되는 자율성(자기억제력)을 발전
　　시킬 필요가 있다.　　①＿＿＿　②＿＿＿

(50) 개인이 사랑과, 죽음, 인간관계성에 접하
　　면서 현실 문제와 부딪치게 된다.　　①＿＿＿　②＿＿＿

(51) 좋은 학교는 프로그램 학습과 행동 수정
　　의 활용을 조장한다.　　①＿＿＿　②＿＿＿

(52) 학생은 자기의 감정을 표현하고 느낄 필
　　요가 있다.　　①＿＿＿　②＿＿＿

(53) 결국 각 학생은 사회적으로 정의되고 성
　　립된 규범에 비추어 보아 참되다고 생각되는
　　바에 따라 행동한다.　　①＿＿＿　②＿＿＿

(54) 모든 아동에게 가르쳐야 할 학습의 근본
　　적 핵이 있다.　　①＿＿＿　②＿＿＿

(55) 교육은 아동을 이상과 사상의 세계로 인
　　도해야 한다.　　①＿＿＿　②＿＿＿

(56) 훌륭한 교사는 아동이 무엇을 배워야 하
　　는지 알고 있으며, 그것이 바로 가르쳐야 할
　　내용이다.　　①＿＿＿　②＿＿＿

(57) 교사와 교육행정가는 행동목표와 목적을
　　분명히 진술함으로써 학생이 가야 할 바람직
　　한 방향을 설정해 줘야 한다.　　①＿＿＿　②＿＿＿

(58) 교육의 주목적은 개인으로 하여금 지적으
　　로 성장할 수 있도록 도와주는 것이다.　　①＿＿＿　②＿＿＿

(59) 학생들이 다른 어떤 사람이 진리라고 말한
　　것을 받아들이도록 강요되어서는 안 된다.　　①＿＿＿　②＿＿＿

(60) 교사는 학생들에게 학습과제를 지시하기보
다는 안내 해줘야 한다.   ①_____ ②_____
(가치관)

(61) 미술이나 음악, 무용 작품이 가치가 있느
냐 없느냐는 대중이 수용할 가능성과 그 유
용성에 의해 결정된다.   ①_____ ②_____

(62) 선(善)은 개인에게 강화 받는 결과에 이르
는 행동이다.   ①_____ ②_____

(63) 미술과, 음악, 무용에 대한 규칙과 기준은 개
인의 창의성과 표현을 억압하는 결과가 된다. ①_____ ②_____

(64) 미(美)의 개념은 변화할 수 없다.   ①_____ ②_____

(65) 아름다운 미술과 음악은 실생활에서 자연적
으로 일어나는 것이 반영되어 나온 것이다. ①_____ ②_____

(66) 미(美)에 대한 절대적 기준은 없다.   ①_____ ②_____

(67) 미(美)란 각 개인에 따라 다르다.   ①_____ ②_____

(68) 훌륭한 미술과 음악은 이상(理想)을 반영
하기 때문에 지적으로 향상된다.   ①_____ ②_____

(69) 학생은 미의 기준을 찾기 위해 자연을 살
펴봐야 한다.   ①_____ ②_____

(70) 학생의 행동은 사회를 위해서 최선을 다
하도록 변화시킬 필요가 있다.   ①_____ ②_____

(71) 근본적 도덕가치는 결코 변하지 않는다.   ①_____ ②_____

(72) 인간은 도덕적 선택을 자유롭게 결정하지
못한다.   ①_____ ②_____

(73) 비록 아동이 정의를 실천하는 데 어려움이
있을지라도 아동은 불의로부터 정의를 배울
수 있는 능력을 갖고 있다.   ①_____ ②_____

(74) 창조적 예술의 가장 중요한 점은 자유와
개인적 표현이다.   ①_____ ②_____

(75) 가치는 상대적이며 변한다.   ①_____ ②_____

(76) 교사는 학습과 학문, 도덕적 행동의 모범
이 되어야 한다.   ①_____ ②_____

(77) 가르쳐야 할 기본적 가치는 인간의 생존이
다.   ①_____ ②_____

(78) 보다 바람직한 행위를 촉진시켜 준다면 그
것이 선(착함)이다.   ①_____ ②_____

(79) 학생들로 하여금 자기의 자유에 대한 책임
감을 의식 할 수 있도록 하여야 한다.   ①_____ ②_____

(80) "대접받기 바라는 것을 남에게 대접해 줘
라"라는 보편적 도덕률을 아동들이 이해할
필요가 있다.   ①_____ ②_____

(81) 인간은 동물과는 달리 인간만의 도덕성을
만들어 왔다.   ①_____ ②_____

(83) 이상이란 것은 그것이 유용하냐 실제적이
냐에 따라 판단된다.   ①_____ ②_____

(84) 고대의 예술은 아름다운 것으로 인정받기
때문에 미의 판단원칙은 결코 변치 않는 것
으로 우리는 알고 있다.   ①_____ ②_____

(85) 부도덕적인 사람은 자유선택에 대한 책임
을 거부한 사람이다.   ①_____ ②_____

(86) 인간은 도덕적 투쟁을 하지 않는다.   ①_____ ②_____

(87) 정직과 진실에 대한 근본적인 생각은 옛사
람이나 현대인 모두에게 같다.   ①_____ ②_____

(88) 학생이 자연 세계에 대하여 연구할 때 무
엇이 선이며 가치로운지 이해하게 된다.   ①_____ ②_____

(89) 학생은 단지 자유선택의 가치만을 진정

으로 받아들인다.   ①_____ ②_____

(90) 개인은 단지 결과적 측면에서 가치로운

것이 무엇인지 결정할 수 있다.   ①_____ ②_____

ABSTRACT

A Study on Supervisors' and Teachers Belief
in Education in a, Selected Board of Education

Joo, Sam Hwan

Assistant Professor of Education

Chungnam National University

This is a posterior study of "Philosophical Impact on Educational Administrators' Administrative Behavior"(Joo, Sam Hwan, 1983) and "Educational Administrators Administrative Philosophy and Their Administrative Action"(Joo, Sam Hwan, 1984).

The Purposes of this study were (1) to investigate educational supervisors' belief in education, (2) to find whether there are any differences between supervisors' belief in education and their teachers', and (3) to identify whether there are any differences in belief among subgroups of whole supervisors and teachers, for example, between male and female, elementary and secondary, teachers school graduates and non-teachers school graduates, high school graduates and college graduates, long teaching experienced and short teaching experienced, and young and old educators.

"Minnesota Analysis of Belief in Education," translated and adapted by this researcher (originally developed by Minnesota Department of Education), was administered to one hundred and twenty four supervisors and eighty nine elementary and secondary school teachers in Chungnam Board of Education.

The major results were as follows.

(1) Whole sample teachers' and supervisors' belief in education was appeared in order from high, Pragmatism, Existentialism, Behaviorism, Essentialism and Idealism. Pragmatism, Existentialism and Behaviorism made a higher group than the others(Essentialism and Idealism).

(2) Because there were statistically significant differences among scores of five philosophical "isms" as the results of t-tests, the above order from high can be said significant.

(3) Supervisors' belief in education in order from high was also almost same to whole samples, that is, Pragmatism, Existentialism, Behaviorism, Essentialism and Idealism.

(4) Supervisors' belief in education in order were same to teachers', but teachers' scores were significantly higher than supervisors' only in both Pragmatism and Essentialism.

(5) Female educators(supervisors plus teachers) had higher orientation to Essentialism, Pragmatism and Behaviorism than male.

In conclusion, educators highly oriented to Pragmatism, Existentialism and Behaviorism, however there were no significant differences between supervisors and teachers and among any other subgroups of educators in belief in education.

For further study, the researcher highly recommend to study on the relationships between supervisors supervisory behavior and their belief in education, and teachers' teaching behavior and their belief in education.

In practice, supervisors are suggested to approach differently to each subgroup, for example, male and female, and young and old teachers at least, and to try to understand teachers' belief in education when they supervise teachers.

參考文獻

Abbott, Max B. and Lovell, John T., eds. *Change Perspectives in Educational Administration*. Auburn: U. Ala., 1965.

Ackoff, R. L. and Emery, F. E. *Purposive systems*. Tavistock: London, 1972.

Alderfer, C. P. 'A New Theory of Human Needs.' *Organizational Behavior and Human Performances*, 1969, 4, 142.

Arendt, H. *Eichmann in Jerusalem*. New York: Viking, 1963.

Argyris, Chris. *Personality and the Organization*. New York: Harper & Bros., 1957.

Argyris. *Understanding Organizational Behaviour*. Dorsey, 1960.

Argyris. *Management and Organizational Development*. New York: McGraw Hill, 1971.

Argyris. 'Personality and Organization Theory Revisited.' *Administrative Science Quarterly*, 1973.

Ayer, Alfred Jules. *Language, Truth and Logic*. London: Gollancz, 1946.

Bailey, J. J. and O' Connor, R. J. 'Operationalizing Incrementalism: Measuring the Muddles,' *Public Administration* Review, 1975, 35 : 60.

Bakke, E. Wright, in von Bertalanffy, L., and Rapoport, A., eds. *General Systems* Yearbook. Soc. for Gen. Systems Research., 1960.

Barnard, Chester I. *The Functions of the Executive*. Cambridge, Mass.: Harvard U. P., 1972.

Blake, R. R., Mouton, J. S., *et al.* 'Breakthrough in Organization Development,' *Harvard Business Review*, Nov-Dec. 1964.

Blau, Peter M., and Schoenherr, Richard A. *The Structure of Organizations*. New York: Basic Books, 1970.

Blau, P., and Scott, W. *Formal Organizations*. San Francisco: Chandler, 1972.

Boulding, Kenneth E. 'General Systems Theory-Skeleton of a Science,' *Management Science*, 1956.

Braybrooke, David and Lindblom, Charles E. *A Strategy of Decision. Policy Evaluation as a Social Process*. Free Prese Glencoe. New York, 1963, p.78

Braybrooke, 'A Strategy of Decision,' rev. *American Sociological Review*, 1964, 29B: 930.

Brittan, S. *The Treasury undder the Tories*. Harmondsworth: Penguin, 1964.

Broudy, Hary S. 'Conflicts in Value's Ohm, R. E., and Monahan, W. G., eds. *Educational Administration: Philosophy in Action*. U. of Oklahoma, 1965.

Carey, Alex. 'The Hawthorne Studies: A Radical Criticism,' *American Sociological Review*, Vol. 32, 403-416.

Carlson, S. *Executive Behaviour: A Study of the Work Load and the Working Methods of Managing Directors*. Stockholm: Strombergs, 1951.

de Chardin, P. Teilhard. *The Phenomenon of Man*. New York: Harper, 1959.

Clark, Kenneth. *The Pathos of Power*. New York: Harper and Row, 1969.

Clayre, Alisdair. *Work and Play*. London: Weidenfeld and Nicholson, 1975.

Collins, O. F., and Moore, D. G. *The Organization Makers*. New York: Appleton, 1970.

Cooper, D. E. Collective Responsibility, *Philosophy*, 1968, 43, 258-268.

Dalton, Melville. 'Conflicts between Line and Staff Managerial Officers,' *American Sociological Review*, 1950, Vol. is, 342-51.

Dror, Y. 'Muddling Through- 'Science' or Inertia?' *Public Administration Review*, 1964, 24 : 153.

Dubin, Robert. 'Industrial Workers' Worlds: A Study of the "Central Life Interests" of Industrial Workers,' *Social Problems*, 1956, V. 4, 136.

Dunsire, A. Administration, *The Word and the Science*. Martin Robertson and Halsted Press, 1973.

Etzioni, A. A *Comparative Analysis of Complex Organizations*. New York: Free Press, 1961.

Etzioni, *Modern Organizations*. New Jersey: Prentice-Hall, 1964.

Etzioni. *The Active Society: A Theory of Societal and Political Processes*. New York: 1968.

Fayol, H. *Administration, industrielle et générale*. Paris: 1916. tr. J.A. Coubrough, London: Pitman, 1929.

Fiedler, F. E, *A Theory of Leadership Effectiveness*. New York: McGraw-Hill, 1966.

Filmer, P., Phillipson, M., Silverman, D., and Walsh, D. *New Directions in Sociological Theory*. London: Collier-MacMillan, 1972.

Finer, Herman. *Administration and the Nursing Services*. New York: MacMillan, 1952.

Follett, M. P. *Creative Experience*, London: Longmans, 1924.

Franklin, Jerome L. 'Down the Organization: Influence Processes across-Levels of Hierarchy,' *Administrative Science Quarterly*, Jan. 1975, 153.

French, Wendell L. and Bell, Cecil H. *Organization Development*. New-Jersey: Prentice-Hall, 1973.

Fromm, Erich. *The Anatomy of Human Destructiveness*. Greenwich, Conn; Fawcett, 1973.

Gantt, H. L. *Industrial Leadership*. New Haven: Yale U. P., 1916.

Gantt. *Organizing for Work*. Harcourt, Brace, and Howe, N. Y. 1919.

Georgiu, P. 'The Goal Paradigm and Notes Towards a Counter Paradigm,' *Administrative Science Quarterly*, 1973, Sep. 18 : 291.

Getzels, Jacob W. and Guba, Egon. 'Social Behaviour and the Administrative Process,' *School Review*, 1957, Winter 423.

Gilbreth, Frank B., and Lilian M. *Fatigue Study*. London: Routledge, 1916.

Gilbreth. *Applied Motion Study*. New York: Sturgess and Walton, 1917.

Goldhamer, Herbert, and Shils, Edward A. 'Types of Power and Status,' *American Journal of Sociology*, 1939, XIV 171.

Golembiewski, Rohert T. *Men, Management and Morality*. New York: McGraw-Hill, 1965.

Gore, W. J., and Silander, F. S. 'A Bibliographical Essay on Decision Making,' *Administrative Science Quarterly*, 1959, Vol. 4.

Granger, Robert L. *Educational Leadership*. In text, Pa.: Seranton, 1971.

Greenfield, T. Barr. *Theory in the Study of Organizations and Administrative Structures*. Canadian Assoc. for Study of Educational Administration(paper) 1974; also in Educational *Administration: International Challenges*. London: Athlone Press, 1975.

Gregor, A. J. 'Classical Marxism and the Totalitarian Ethic' in Laszlo, E., and Wilbur, J. B., *Value Theory in Philosophy and Social Science*. New York: Gordon and Beach. 1973.

Griffiths, Daniel E. *Administrative Theory*. New York: Appleton-Century-Crofts, 1959.

Gulick, Luther, and Urwick, L., eds. *Papers on the Science of Administration*. New York: Inst. of Pub. Admin. Columbia U., 1937.

Haas, J. E. and Drabek, T. E. *Complex Organizations*. New York: Macmillan, 1973.

Halpin, Andrew W. *Theory and Research in Administration*. New York: MacMillan l966.

Herzberg, F. 'The Motivation-Hygiene Concept and Problems of Manpower,' *Personnel Administration*, 1964, 27 I 3.

Herzberg. *Work and the Nature of Man*. Cleveland: World Pub. 1966.

Herzberg. 'One more time: How do you motivate employees?' *Harvard Business Review*, 1968, 46, 53-62.

Hodgkinson, Christopher, 'Why Democracy Won't Work,' *Phi Delta Kappan*, 1973, LIV 5 316.

Hodgkinson. 'Philosophy, Politics, and Planning. An Extended Rationale for Synthesis' *Educational Administration Quarterly*, 1975, Winter XI 11.

Homans, G. C. *The Human Group*. New York: Harcourt Brace, 1950.

House, R. J., and Wigdor, L. A. 'Herzberg's Dual-Factor Theory of Job Satisfaction and Motivation,' *Personnel Psychology*, 1967, 20: 369.

Kant, Immanuel, tr, Abbott, T. K. *Critique of Practical Reason*. New York: Longmans Green, 1909.

Kaplan, Abraham, *The Conduct of Inquiry*. San Francisco: Chandler, 1964.

Katz, Daniel, and Kahn, Robert L. *The Social Psychology of Organizations*. New York: Wiley, 1966.

Keeling, D. *The Administrative Process in Britain*. Methuen, 1970.

Kohlberg, L. 'Sequences in the Development of Moral Thought,' *Vita Humana*, 1963, 6 : 11.

Ladd, John. 'Morality and the Ideal of Rationality in Formal Organizations,' *The Monist*, 1970, Vol. 54, 488-516.

Lambert, William W., and Lambert, Wallace E. *Social Psychology*. New

Jersey: Prentice-Hall, 1965.

Laszlo, Ervin. *Instructtion to Systems Philosophy*. New York: Harper, 1972.

Leavitt, Harold J. *Introduction Psychology*. U. of Chicago, 3rd ed. 1972.

Lerner, D., and Lasswell, H. D., eds. *The Policy Sciences*. Palo Alto, 1951.

Lessem, R. 'A Philosophy of Organizations,' *Systematics* Pt. I Sep. 1972 Vol. 10; Pt. II Sep. 1973 Vol. II.

Lewis, R. and Stewart, R. *The Boss*. London: Phoenix House, 1958.

Leys, Wayne A. R. 'Ethics and Administrative Discretion,' *Public Administration Review*, 1943: 3, 10.

Leys. 'The Value Framework of Decision Making' in Mailick, S., and van Ness, E. H., eds. *Concepts and Issues in Administrative Behaviour*. New Jersey: Prentice-Hall, 1972.

Likert, R. *New Patterns of Management.* New York: McGraw-Hill, 1961.

Likert. *The Human Organization*. New York: McGraw-Hill, 1967.

Lindblom, Charles E. 'The Science of Muddling Through,' *Public Administration Review*, 1959, Spring, 155-169.

Litchfield, G. H. 'Notes on a General Theory of Administration,' *Administration Science Quarterly*, 1956, Jan.

Lorenz, K., tr. Wilson, M. *On Aggression*. New York: Harcourt and Brace, 1966.

Machiavelli, N. *The Prince*. London: Routledge, 1886.

Magee, Bryan. *Modern British Philosophy*. St Albans: Paladin, 1973.

March, J. G., and Simon, H. A. *Organizations*. New York: Wiley, 1958.

Marini, *Toward a New Public Administration: The Minnowbrook Perspective*. San Francisco: Chandler, 1971.

Maslow, A. H. 'A Theory of Human Motivation,' *Psychological Review*, 1943, 50, 370.

Maslow. *Motivation and Personality*. New York: Harper, 1954.

Maslow. *Eupsychian Management*. Irwin, Ⅲ.: Homewood, 1965.

Maslow. *Toward a Psychology of Being*. 2nd. ed. New York: Van Nostrand, 1968.

Mayo, Elton. *The Human Problems of an Industrial Civilization*. New York: MacMillan, 1933.

Mayo. *The Social Problems of an Industrial Civilization*. London; Routledge and Kegan Paul, 1949.

McClelland, D, C., Atkinson, J. W., Clark, R. A., Lovell, E. L. *The Achievement Motive*. New York: Appleton-Century, 1953.

McClelland. *The Achieving Society*. New Jersey: Van Norstrand, 1961.

McGregor, D. *The Human Side of Enterprise*. New York: McGraw-Hill, 1960.

MaGregor, C., and Bennis, W. G. eds. *The Professional Manager*. New York: McGraw-Hill, 1967.

Merton, R. K. Gray, A. P., Hockey, B., Sevin, H. *Reader in Bureaucracy*. New York: Free Press, 1952.

Michels, R. tr. Paul, E. and Paul, C. *Political Parties*. New York: Free Press, 1949.

Miles, Raymond E. *Theories of Management*. New York: McGraw-Hill, 1975.

Milgram, S. 'Behavioral Study of Obedience,' *Journal of Abnormal and Social Psychology*, 1963, 67：371.

Milgram. *Obedience to Authority*. New York: Harper & Row, 1974.

Miller, J. 'Two Concepts of Authority' *American Anthropologist*, 1955 LVII; 271.

Miller, James G. 'Living Systems: Cross-Level Hypotheses,' *Behavioral Science*, 1956 10 No.4.

Mintzberg, Henry, *The Nature of Managerial Work*. New York: Harper &, Row, 1973.

Mooney, J. D. *The Principles of Organization*. New 'York: Harper & Bros, 1937.

Moore G. E. *Principia Ethica*. Cambridge U. P., 1903.

Morphet, Edgar L., Johns, Roe L., Reller, Theodore L. *Educational Organization and Administration* 2nd ed. New Jersey: Prentice-Hall, 1967.

Noustadt, R. E. *Presidential Power: The Polities of Leadership*. New York: Wiley, 1960.

Oakeshott, M. J. *Hobbes on Civil Association*. Oxford: Basil Blackwell, 1975.

Ouchi, William G., and Dowling, James B. 'Defining the Span of Control,' *Administrative Science Quarterly*, 1974, Sep. 357.

Parsons, T. *The Structure of Social Action*. Glencoe: Free Press, 1937.

Parsons. *The Social System*. New York: Free Press, 1951.

Parsons. *Structure and Process in Modern Societies*, New York: Free Press, 1960.

Parsons, T., and Shils, E. A., eds. *Toward a General Theory of Action*. New York Harper, 1962.

Passmore, John. *A Hundred Years of Philosophy*, 2nd ed. Harmondsworth: Penguin, 1968.

Perrow, C. *Organizational Analysis*: *a Sociological View*, Belmont, Calif., 1970.

Peters, R. S., ed. *Nature and Conduct*. London: MacMillan, 1975.

Piaget, J. *The Moral Judgment of the Child*. London: Kegan Paul, 1932.

Pollard, Harold R. *Developments in Management Thought*. London: Heinemann, 1974.

Plato. *The Republic*. Harmondsworth: Penguin Classics, 2nd ed. rev. 1974.

Rathe, A. W., *Gantt on Management*. New York: Amer, Mgmt. Assoc., 1961.

Rather, D. and Gates, G. P. *The Palace Guard*. New York: Warner, 1975.

Reddin, W. J, *Managerial Effectiveness*. New York: McGraw-Hill, 1970.

Report of First Division Association 'Professional Standards in the Public Service,' *Public Administration*, Vol. 50, 1972, 167-182.

Rokeach, M. *Beliefs, Attitudes, and Values*. San Francisco: Jossey-Bass, 1968.

Rokeach. *The Nature of Human Values*. New York: Free Press, 1973.

Russell, Bertrand. *An Inquiry into Meaning and Truth*. London: Penguin University Books, 1973.

Russell. *Power*. London: Unwin, 1975.

Satprakashanada, Swami. *Methods of Knowledge*. London: Allen and Unwin, 1965.

Sayles, L. R. *Managerial Behaviour: Administration in Complex Organization*. New York: McGraw-Hill, 1964.

Schneider, B., and Alderfer, C. P. 'Three Studies of Measures of Need Satisfaction in Organizations,' *Administrative Science Quarterly*, 1973, 18: 489.

Schneider, J., and Locke, E. A. 'A Critique of Herzberg's Incident Classification System and a Suggested Revision,' *Organizational Behaviour and Human Performance*, 1971, 6: 441.

Schutz, W. C. 'What makes Groups Productive?' *Human Relations*, 1955, Nov., 429-31.

Scott, William A. *Values and Organizations*. Chicago: Rand McNally, 1965.

Self, Peter. *Administrative Theories*. London: Allen & Unwin, 1972.

Selznick, P. *Leadership in Administration*. Evanston, Ill.: Row, Peterson, 1957.

Shannon, Claude E., and Weaver, Warren. *The Mathematical Theory of Communication*. Urbana, Ill., 1949.

Shartle, C. L. 'Leadership and Executive Performance,' *Personnel*, 1949, 25：370-80.

Shartle. *Executive Performance and Leadership*. New Jersey: Prentice-Hall, 1956.

Simon, Herbert A. *Administrative Behaviour*. New York: Free Press, 2nd. ed. 1957, 1965.

Simon, H., Smithburg, D., Thompson, V. *Public Administration*. New York: Knopf, 1950.

Sisson, C. H. *The Spirit of British Administration*. London: Faber & Faber, 1959.

Skinner, B. F. *Beyond Freedom and Dignity*. New York: Knopf, 1971.

Snow, C. P. *Science and Government*. Oxford, 1961.

Spencer, Herbert. *Principles of Sociology*. London, 1910,

Stake, Robert E. 'The Countenance of Educational Evaluation,' *Teachers College Record*, 1967, Vol. 68, 523.

Steers, Richard M., and Porter, Lyman W. *Motivation and Work Behaviour*. New York: McGraw-Hill, 1975.

Stewart, R. *Managers and their Jobs*. London: MacMillan, 1967.

Stieglitz, H. *The Chief Executive-and his Job*. Nat. Indl. Conf. Bd. New York: Study No. 214, 1969.

Stogdill, Ralpd M. 'Personal Factors associated with Leadership,' *Journal of Psychology*, 1948, 25, 1, 35-71.

Stogdill, R. M., and Coons, A. E., eds. *Leader Behaviour: Its Description and Measurement*. Ohio State U. 1957.

Stufflebeam, D. L. *et al. Educational Evaluation and Decision Making*. Itasca, Ill.: Peacock, 1971.

Subramaniam, V. 'Fact and Value in Decision Making,' *Public Administrarative Review* 1963, 23, 232-237.

Subramaniam. 'The Fact-Value Distinction as an Analytical Tool,' *Indian Journal of Public Administration*, Vol. 17, 1971,

Suppes, P. 'The Philosophical Relevance of Decision Theory,' *Journal of Philosophy*, Vol. 57, 1961.

Taylor, F. W. *Shop Management*. New York: Harper Bros,. 1911.

Taylor. *The Principles of Scientific Management*. Harper & Bros. New York 1915.

Taylor. *Scientific Management*. London: Harper & Bros. 1964.

Thompson, Victor A. *Modern Oeganization*. New York: Knopf, 1961.

Thompson. *Without Sympathy or Enthusiasm. The Problem of Administrative Compassion*. U. of Alabama Press, 1975.

Tribe, Lawrence H. 'Policy Science: Analysis or Ideology,' *Philosophy and Public Affairs*, 1972, Fall 66-110.

Tyler, Ralph, Gagne, Rocert, Scriven, Michael. *Perspectives of Curriculum Evalation*. Chicago: Rand McNally, 1967.

Vickers, Sir Geoffrey. *The Art of Judgment*. London, 1965.

Vickers. *Value Systems and Social Process*. London: Penguin, 1970.

Vividishananda, Swami. *A Man of God*. Mapras: Sri Ramakrishna Math, 1957. Vollmer, H. M. *Employer Rights and the Employment Relationship*. U. of Calif., 1960.

von Bertalanffy, L. 'The Theory of Open Systems in Physics and Biology' *Science*, 1950, III, 23-28.

von Bertalanffy. 'General Systems Theory,' *General Systems*(Yearbook 1) 1956, 1-10.

von Bertalanffy. *General Systems Theory*. New Yark., 1968.

Vroom, V. H. *Work and Motivation*. New York: Wiley, 1964.

Waldo, Dwight. 'Organization Theory: An Elephantine Problem, *Public Administration Review*, 1961, Autumn, Vol. XXI 210.

Weber, M., tr. Parsons. *The Protestant Ethic and the Spirit of Capitalism*. New: Scrbner, 1930.

Weber. tr. A. M. Henderson, T. Parsons. *The Theory of Social and Econo-mic Organization*. New York: Free Press, 1947.

Whyte, W. *The Organization Man*. New York: Doubleday, 1957.

Wiener, Norbert. *The Human Use of Human Beings: Cybernetics and Society*. New York: Garden City, 1954.

Wiles, David K. 'Politics and Planning: A Rationale for Synthesis in Educational Administration,' *Educational Administration Quarterly*, 1974, Winter X. 1 44.

Wittgenstein, L. *Philosophical Investigations*. Oxford: Basil Blackwell, 1953.

Wittgenstein. *Tractatus Logico-Philosophicus*. Oxford: Routledge and Keg-an Paul, 1961, 1922.

Wittgenstein. *On Certainty*. Basil Blackwell, 1969.

Woodruff, A. D. 'Personal Values and the Direction of Behaviour,' *School Review* 1942, 50, 32-42.

Wright, M. 'The Professional Conduct of Civil Servants,' *Public Admin-istration*, Vol. 51, 1973, 1-16,

Zimmer, Heinrich. *Philosophies of India*. New York: Bollingen Foundation, 1951.

人名索引

事項索引

●역자●

주삼환
(朱三煥)

서울교육대학 교육학과 졸업, 서울대학교 교육대학원 교육행정전공(교육학 석사)
미국 미네소타 대학교 대학원(박사), 서울시내 초등교사, 충남대학교 사회 교육원장
한국교육행정학회 회장(1999), 현) 충남대학교 교육학과 교수

• 주요 저서 •

「교양인간관계론(공역, 법문사, 1987)」, 「교육정책의 새로운 방향(교육과학사, 1983)」
「교육학개론(공저, 정민사, 1983)」, 「교육행정 및 교육경영(공저, 삼광출판사, 1995)」
「교육행정 및 교육경영(공저, 학지사, 2000)」, 「교육행정감독(원미사, 1999)」
「교육행정논단(성원사, 1992)」, 「교육행정사조(배영사, 1987)」
「교육행정연구(성원사, 1985)」, 「교육행정의 새로운 접근(공역, 양서원, 1992)」
「교육행정학개론(박영사, 1986)」, 「대학평가(대학교육협의회, 1988)」
「도덕적 지도성(공역 1999, 비매품)」, 「동기위생이론(배영사, 1983)」
「많이 가르치고도 실패하는 한국교육(대교출판사, 1998)」
「변화하는 시대의 장학(원미사, 1997)」, 「비교교육학 입문(성원사, 1986)」
「사회과학이론 입문공역, 성원사, 1991)」, 「새로운 세기의 교장과 장학(성원사, 1992)」
「수업관찰과 분석(공저, 원미사, 1998)」, 「신장학론(교육출판사, 1979)」
「우리의 교육, 몸으로 가르치자(대교출판사, 1995)」
「인간자원장학론(공역, 배영사, 1987)」, 「장학·교장론 특강(성원사, 1990)」,
「장학·교장론: 교육의 질 관리(성원사, 1990)」, 「장학론(갑을출판사, 1982)」,
「장학론(공역, 학문사, 1984)」, 「장학론(공저, 한국교육행정학회, 1995)」
「장학론(공저, 한국방송통신대, 1990)」, 「장학론: 선택적 장학체제(문음사, 1986)」
「장학론: 임상장학방법(학연사, 1983)」
「장학론: 장학사와 교사의 상호관계성(교육출판사, 1987)」
「전환기의 교육행정(성원사, 1996)」, 「지도자의 철학(법문사, 1989)」
「학교경영과 교내장학(학지사, 1996)」, 「행정철학(법문사, 1987)」

본 도서는 한국학술정보(주)와 저작자 간에 출판권 및 전송권 계약이 체결된 도서로
서, 당사와의 계약에 의해 이 도서를 구매한 도서관은 대학(동일 캠퍼스) 내에서 정
당한 이용권자(재적학생 및 교직원)에게 전송할 수 있는 권리를 보유하게 됩니다.
그러나 다른 지역으로의 전송과 정당한 이용권자 이외의 이용은 금지되어 있습니다.

敎育行政哲學

●초판 인쇄	2005년 8월 1일
●초판 발행	2005년 8월 1일
• 저 자	C. Hodgkinson
• 역 자	주삼환
• 펴 낸 이	채종준
• 펴 낸 곳	한국학술정보㈜
	경기도 파주시 교하읍 문발리
	파주출판문화정보산업단지 526-2
	전화 031) 908-3181(대표) · 팩스 031) 908-3189
	홈페이지 http://www.kstudy.com
	e-mail(e-Book사업부) ebook@kstudy.com
• 등 록	제일산-115호(2000. 6. 19)
• 가 격	37,000원

ISBN   89-534-2526-3 93350 (paper book)
        89-534-2527-1 98350 (e-Book)